本丛书出版得到广东省高水平大学重点学科建设项目支持

系统功能语言学文献丛书

丛书主编：彭宣维 黄国文

系统功能语言学与外语教育研究

STUDIES ON SYSTEMIC FUNCTIONAL LINGUISTICS
AND FOREIGN LANGUAGE EDUCATION

张德禄 ◉ 著

上海外语教育出版社
SHANGHAI FOREIGN LANGUAGE EDUCATION PRESS

图书在版编目(CIP)数据

系统功能语言学与外语教育研究/张德禄著. —— 上海:上海外语教育出版社,2020
(系统功能语言学文献丛书)
ISBN 978-7-5446-6430-1

Ⅰ.①系⋯ Ⅱ.①张⋯ Ⅲ.①功能(语言学)—研究②外语教学—教学研究 Ⅳ.①H0②H09

中国版本图书馆 CIP 数据核字(2020)第 103680 号

出版发行:**上海外语教育出版社**
（上海外国语大学内） 邮编:200083
电　　话:021-65425300 (总机)
电子邮箱:bookinfo@sflep.com.cn
网　　址:http://www.sflep.com
责任编辑:李健儿

印　　刷:上海信老印刷厂
开　　本:635×965　1/16　印张 32.75　字数 518千字
版　　次:2020年9月第1版　2020年9月第1次印刷
印　　数:1 100 册

书　　号:ISBN 978-7-5446-6430-1
定　　价:100.00 元

本版图书如有印装质量问题,可向本社调换
质量服务热线:4008-213-263　电子邮箱:editorial@sflep.com

系统功能语言学文献丛书

编委会名单

主　编：彭宣维　黄国文

副主编：于　晖　何　伟

编　委（按姓氏拼音顺序）：

　　常晨光　方　琰　何　伟　胡壮麟
　　黄国文　李战子　刘承宇　刘世生
　　苗兴伟　彭宣维　任绍曾　王振华
　　王　勇　严世清　杨炳钧　杨信彰
　　杨雪燕　杨延宁　杨　忠　于　晖
　　张德禄　张克定　朱永生

总　序

彭宣维　黄国文

初学者对文献的重要性往往缺乏足够的认识,想写文章的时候绞尽脑汁却一筹莫展,勉强凑一个东西出来却不入流:缺乏研究背景,缺乏研究问题,缺乏研究方法,缺乏创新观点,缺乏学科用语,缺乏组织策略,也缺乏格式规范。

确定一个研究方向,可先从汉语文献中选择自己感兴趣的章节入手,再及英文著述,半年一年,便会有所心得;三年五载,自当独树一帜。实践表明,知识来源于文献,己见发端于文献,学科推进更是少不了文献。文献的重要性由此可见一斑。

为此,我们组织汇编了这套"系统功能语言学文献丛书",方便后学查阅细读,揣摩审视。丛书中既有综述介绍,也有前沿研究;有独著,也有合作;作者之中,有德高望重的耄耋长者,有硕果累累的学派中坚,也有勤奋精进的青年才俊。我们想借此机会感谢各位师友积极配合。

本丛书的内容涉及系统功能语言学理论与应用的各个方面,既体现了各位学者在学术领域孜孜不倦的研究历程,也凝结了中国系统功能语言学团队的集体智慧,代表了中国学人在这一领域的研究水平。读者可以看到,其中有不少高水平的成果发表于国外知名期刊,走向了国际学科前沿;有理论开拓,也有应用尝试。

今后,除了国际化和理论探索,本土化与应用研究仍将是一个需要集体努力的基本方向。从理论上看,除了语篇语境、词汇研究和语音书写,研究者还需放眼其他学派和其他学科领域,协同求进,积极从议题上做超学科思考。我们希望,应用研究能够成为各位同仁的责任意识,在诸如翻译理论与操作框架、语言生态视角、外语教育学、汉语系统描写、辞书多元义项梳理、语言过程的计算表征、语言的生理神经机制、语言的脑成像实证研究、语言病理、国家话语等等领域,打开全新的研究局面,取得丰硕的研究成果。

  我们衷心感谢上海外语教育出版社对本丛书出版的鼎力支持,感谢各位责编的精心付出。

目　录

前　言 ·· xxix

第一部分　社会符号学与多模态话语研究

1　论以语言符号为语言研究的基本单位 ····························· 3
　1.1　语言研究的基本单位 ··· 3
　1.2　符号与语言符号 ·· 4
　1.3　语言符号意义的确定 ··· 5
　1.4　语言符号之间的协同性 ··· 7
　1.5　以语言符号为基本单位的理论评价 ······················ 10

2　符号的系统性与语言的意义系统
　　——汉英语言符号系统对比 ·· 11
　2.1　引言 ·· 11
　2.2　符号的系统和系统网络 ······································· 12
　2.3　符号系统的特性 ·· 13
　2.4　语言的意义系统中的空缺形成的原因 ·················· 21
　2.5　结语 ·· 23

3　论语言符号的形式特征 ·· 24
　3.1　引言 ·· 24

3.2	能指与所指	28
3.3	所指的形式功能	30
3.4	结语	36

4 论社会符号学的适用性 38

4.1	引言	38
4.2	社会符号学的适用性	40
4.3	社会符号学的适用特点	44
4.4	适用性多模态话语分析	45
4.5	评论和评价	54

5 社会符号学理论建构问题探索
——社会符号的性质和应用研究 57

5.1	引言	57
5.2	社会符号学	59
5.3	普通符号与社会符号	61
5.4	社会符号的产生	63
5.5	不同层次的符号	65
5.6	社会符号的实践性	66
5.7	社会符号的应用	68
5.8	结语	70

6 论话语基调的范围及体现 71

6.1	话语基调的定义	71
6.2	对话语基调定义的比较	72
6.3	话语基调的范围	76
6.4	话语基调在语义和形式上的体现	78
6.5	结语	81

7 韩礼德、韩茹凯访谈解评 82

7.1	引言	82

7.2	《功能语法导论》第三版	82
7.3	衔接研究	83
7.4	马丁的评价体系	84
7.5	加的夫语法	85
7.6	计算语言学	86
7.7	多模态语篇分析	87
7.8	批评语篇分析与语篇分析	89
7.9	结语	90
	附：访谈笔录	91

8 论多模态话语设计 97

8.1	引言	97
8.2	设计概念	99
8.3	设计的制约因素	103
8.4	设计过程	106
8.5	结语	109

9 多模态语法建构问题探索 110

9.1	引言	110
9.2	建构多模态语法的主导因素	111
9.3	结语	121

10 多模态话语分析的双重视角
——社会符号观与概念隐喻观的连接和互补 123

10.1	引言	123
10.2	两种研究视角的理论基础	124
10.3	两种视角在语言哲学层面上的连接	125
10.4	两种视角在语境理论上的连接	126
10.5	两种视角在主体理论构建上的互补	129
10.6	实例分析	131
10.7	结语	135

第二部分　功能视角下的语法和文体研究

11　语法隐喻研究在中国 ······ 139
11.1　引言 ······ 139
11.2　语法隐喻理论的产生与发展 ······ 139
11.3　我国语法隐喻研究的发展 ······ 142
11.4　我国语法隐喻研究的主要特点 ······ 144
11.5　我国语法隐喻研究存在的不足 ······ 146
11.6　语法隐喻研究展望 ······ 147
11.7　结语 ······ 149

12　语法隐喻理论的发展模式研究 ······ 150
12.1　引言 ······ 150
12.2　语法隐喻理论的发展模式 ······ 151
12.3　语法隐喻研究：问题与展望 ······ 161
12.4　小结 ······ 163

13　论语法概念隐喻中一致式与隐喻式的形似性原则 ······ 165
13.1　引言 ······ 165
13.2　概念隐喻中形似一致式和非形似一致式的验证 ······ 167
13.3　概念隐喻形似一致式确立的要求 ······ 171
13.4　结语 ······ 177

14　论汉语形似介名化产生的条件 ······ 179
14.1　引言 ······ 179
14.2　介名化与语法隐喻 ······ 181
14.3　形似介名化产生的可能条件 ······ 181
14.4　形似介名化产生的现实条件 ······ 188
14.5　结语 ······ 190

15 形式与意义的范畴化
　　——兼评《评价语言——英语的评价系统》 ········· 191
　　15.1 引言 ·· 191
　　15.2 韩礼德的功能语法中的评价系统 ······················· 193
　　15.3 马丁的评价理论 ··· 194
　　15.4 结语 ·· 198

16 加的夫语法述评 ··· 200
　　16.1 引言 ·· 200
　　16.2 加的夫语法 ··· 201
　　16.3 加的夫语法的特点 ·· 207
　　16.4 讨论 ·· 210
　　16.5 结束语 ·· 211

17 系统功能语言学的句法研究 ······································ 213
　　17.1 引言 ·· 213
　　17.2 系统功能语言学的句法研究模式 ······················· 214
　　17.3 形式、功能和意义 ·· 219
　　17.4 结束语 ·· 224

18 论英语反意问句中附加问句与主句的可分离性 ········· 226
　　18.1 引言 ·· 226
　　18.2 祈使句 ·· 227
　　18.3 祈使句式中的限定成分 ··································· 228
　　18.4 祈使句的主句与其附加问句在语气上的分离性 ········· 230
　　18.5 结语 ·· 237

19 汉语语气系统的特点 ·· 238
　　19.1 引言 ·· 238
　　19.2 汉语的语气系统 ··· 239

- 19.3 语气标记 239
- 19.4 主语与限定成分 241
- 19.5 特殊疑问成分 243
- 19.6 汉语语气的特点 244
- 19.7 结语 252

20 语篇结构的多层次性及其与小句的关系 253

- 20.1 引言 253
- 20.2 语篇的多层次性研究 254
- 20.3 语篇多层次结构的体现 258
- 20.4 结语 260

21 韩礼德功能文体学理论述评 261

- 21.1 引言 261
- 21.2 功能的思想 262
- 21.3 突出与前景化 263
- 21.4 突出的方式 264
- 21.5 语境、功能与相关性标准 267
- 21.6 总结与评价 269

22 多模态功能文体学理论框架探索 272

- 22.1 引言 272
- 22.2 语言与图像在交际中的协同作用 273
- 22.3 多模态功能文体学理论框架的构建 275
- 22.4 实例分析 278
- 22.5 结语 284

第三部分 外语教学研究

23 系统功能语言学在外语教学中的应用 287

- 23.1 韩礼德及其继承者在语言教学研究中的主要贡献 287

  23.2 教学目标的设计 ·········· 290
  23.3 主题交流教学大纲 ·········· 292
  23.4 语境教学法 ·········· 293
  23.5 语法教学 ·········· 295
  23.6 语篇教学 ·········· 297
  23.7 听说教学 ·········· 299
  23.8 阅读教学 ·········· 300
  23.9 写作教学 ·········· 302
  23.10 语言测试 ·········· 304
  23.11 结语 ·········· 305

24 韩礼德功能语言教学思想探索 ·········· 307

  24.1 引言 ·········· 307
  24.2 语言学在语言教学中的作用 ·········· 308
  24.3 语境与语言教学 ·········· 310
  24.4 系统语言学与外语教学 ·········· 312
  24.5 机构语言学与语言教学 ·········· 313
  24.6 儿童语言发展与语言教学 ·········· 315
  24.7 语言比较与语言教学 ·········· 317
  24.8 简评 ·········· 318

25 功能语言学的语言教学研究成果概观 ·········· 320

  25.1 引言 ·········· 320
  25.2 交际教学法 ·········· 321
  25.3 特殊用途英语 ·········· 323
  25.4 以文化和语境为基础的教学 ·········· 324
  25.5 以体裁为基础的教学 ·········· 326
  25.6 课程设置研究 ·········· 329
  25.7 小结 ·········· 330

26 语言教学目标系统及应用 ·········· 332

  26.1 教学目标研究 ·········· 332

	26.2	发展学生的意义潜势	333
	26.3	语言教学目标系统网络	335
	26.4	实际语言教学目标	340
	26.5	结论	344

27 语境理论与视听教学 — 345

- 27.1 语境在各种外语教学方法中的作用 — 345
- 27.2 语境理论简介 — 346
- 27.3 语境与多媒体教学 — 347
- 27.4 语境与视听教学 — 349
- 27.5 小结 — 355

28 系统功能语言学对机助外语教学的启示 — 356

- 28.1 引言 — 356
- 28.2 计算机辅助外语教学的特点 — 357
- 28.3 计算机辅助外语教学与外语学习 — 359
- 28.4 机助外语教学的系统性和功能性 — 365
- 28.5 结语 — 368

29 多模态话语理论与媒体技术在外语教学中的应用 — 370

- 29.1 引言 — 370
- 29.2 多模态话语分析的理论基础 — 372
- 29.3 多模态话语综合理论框架 — 372
- 29.4 现代技术条件下多模态选择 — 375
- 29.5 结语 — 382

30 多模态学习能力培养模式探索 — 384

- 30.1 引言 — 384
- 30.2 多元读写理论建构 — 385
- 30.3 发展多元读写能力 — 391
- 30.4 多元读写能力培养模式 — 395

30.5	评论	399
30.6	结语	400

31 论设计学习——多元读写能力培养模式探索 401

31.1	引言	401
31.2	通过设计学习研究概观	403
31.3	设计学习理论要素	405
31.4	设计学习理论框架构建	409
31.5	简评	411
31.6	结语	412

32 外语多元读写能力培养教学设计研究
——以学生口头报告设计为例 414

32.1	引言	414
32.2	多元读写能力教学模式	416
32.3	多元读写能力教学培养框架的应用	418
32.4	口头报告中多元读写能力培养对外语教学的启示	424
32.5	结语	427

参考书目 428

附录 中英文摘要 447

CONTENTS

FOREWORD ·· *xxix*

PART ONE SOCIAL SEMIOTICS AND THE RESEARCH ON MULTIMODAL DISCOURSE ANALYSIS

1. On Taking the Linguistic Sign as the Basic Unit of Linguistic Analysis ·· 3

   1.1   The basic unit of linguistic research ······································· 3
   1.2   Sign and the linguistic sign ··· 4
   1.3   The meaning of the linguistic sign ··· 5
   1.4   The synergy between linguistic signs ····································· 7
   1.5   Theoretical comment on taking the linguistic sign as the basic unit of analysis ··· 10

2. The Systemic Nature of Signs and the Meaning of Language
— Contrastive study between the semiotic system of Chinese and that of English ·· 11

   2.1   Introduction ··· 11
   2.2   Sign system and its network ·· 12
   2.3   The features of the semiotic system ······································ 13
   2.4   The reason for the gaps in semantic system of language ············ 21

2.5 Conclusive remarks ········ 23

3. On the Formal Features of the Linguistic Sign ········ 24

3.1 Introduction ········ 24
3.2 Signifier and signified ········ 28
3.3 The formal function of the signified ········ 30
3.4 Conclusive remarks ········ 36

4. On the Appliability of Social Semiotics ········ 38

4.1 Introduction ········ 38
4.2 The appliability of social semiotics ········ 40
4.3 Characteristics of the appliable social semiotics ········ 44
4.4 Appliable social semiotics ········ 45
4.5 Comment and evaluation ········ 54

5. Issues in the Theoretical Construction of Social Semiotics
— The nature of the social sign and its practical use ········ 57

5.1 Introduction ········ 57
5.2 Social semiotics ········ 59
5.3 The sign and the social sign ········ 61
5.4 The production of the social sign ········ 63
5.5 Signs at different ranks ········ 65
5.6 Social sign in practice ········ 66
5.7 The application of the social sign ········ 68
5.8 Conclusive remarks ········ 70

6. On the Scope of Tenor of Discourse and its Realization ········ 71

6.1 The definition of tenor ········ 71
6.2 Comparative study of the definitions ········ 72
6.3 The scope of tenor ········ 76
6.4 The realization of tenor in form and meaning ········ 78

6.5　Conclusive remarks ·········· 81

7. Interpretation and Comment on the Interview of M. A. K. Halliday and R. Hasan ·········· 82

7.1　Introduction ·········· 82
7.2　*Introduction to Functional Grammar* (3rd Edition) ·········· 82
7.3　Cohesion ·········· 83
7.4　The Appraisal Theory by Martin ·········· 84
7.5　Cardiff Grammar ·········· 85
7.6　Computational Linguistics ·········· 86
7.7　Multimodal discourse analysis ·········· 87
7.8　Critical discourse analysis and discourse analysis ·········· 89
7.9　Conclusive remarks ·········· 90
Attached: Script of the interview ·········· 91

8. On the Design of Multimodal Discourse ·········· 97

8.1　Introduction ·········· 97
8.2　The concept of design ·········· 99
8.3　The constraints on design ·········· 103
8.4　Designing ·········· 106
8.5　Conclusive remarks ·········· 109

9. Issues in the Construction of Multimodal Grammar ·········· 110

9.1　Introduction ·········· 110
9.2　The main factors significant for the construction of multimodal grammar ·········· 111
9.3　Conclusive remarks ·········· 121

10. The Dual Perspectives of Multimodal Discourse Analysis
— The connection and complementarity between social semiotics and cognitive metaphor ·········· 123

10.1　Introduction ·········· 123

10.2　Theoretical basis for the two perspectives ·················· 124
10.3　The connections between the two perspectives at the philosophical level ·· 125
10.4　The connections between the two perspectives on context theory ·· 126
10.5　The complementarity between the two perspectives in terms of theoretical construction ································· 129
10.6　An example ··· 131
10.7　Conclusive remarks ·· 135

PART TWO RESEARCH ON GRAMMAR AND STYLE FROM A FUNCTIONAL PERSPECTIVE

11. On the Study of Grammatical Metaphor in China ········· 139

11.1　Introduction ·· 139
11.2　The emergence and development of the theory of grammatical metaphor ··· 139
11.3　The development of research on grammatical metaphor in China ··· 142
11.4　The main features of the study of grammatical metaphor in China ··· 144
11.5　The drawbacks of grammatical metaphor study in China ······ 146
11.6　The prospect of research on grammatical metaphor ········ 147
11.7　Conclusive remarks ·· 149

12. On the Developmental Models of Grammatical Metaphor ··· 150

12.1　Introduction ·· 150
12.2　The model of development for grammatical metaphor ······ 151

   12.3   Research on grammatical metaphor: Issues and prospects 161

   12.4   Conclusive remarks 163

13. On the Formal Similarity Principle in Ideational Grammatical Metaphor between Congruent Form and Metaphorical Form 165

   13.1   Introduction 165
   13.2   Testifying the form-similarity and non-form-similarity in ideational metaphor 167
   13.3   The requirement for form-similarity in grammatical metaphor 171
   13.4   Conclusive remarks 177

14. On the Conditions of Preposition-Noun Nominalization with Formal Similarity in Chinese 179

   14.1   Introduction 179
   14.2   Proposition-nominalization and grammatical metaphor 181
   14.3   The possible condition for Form-similarity proposition-nominalization 181
   14.4   The real condition for Form-similarity proposition-nominalization 188
   14.5   Conclusive remarks 190

15. Formal and Semantic Categorizations
   — Reviewing *The Language of Evaluation: Appraisal in English* 191

   15.1   Introduction 191
   15.2   Evaluation on Halliday's functional grammar 193
   15.3   Martin's appraisal theory 194
   15.4   Conclusive remarks 198

16. A Survey of Cardiff Grammar — 200

- 16.1 Introduction — 200
- 16.2 Cardiff Grammar — 201
- 16.3 The characteristics of Cardiff Grammar — 207
- 16.4 Discussion — 210
- 16.5 Conclusive remarks — 211

17. Syntax in Systemic Functional Linguistics — 213

- 17.1 Introduction — 213
- 17.2 The model of research in SFL — 214
- 17.3 Form, function and meaning — 219
- 17.4 Conclusive remarks — 224

18. On the Detachability of Tags from the Main Clause in Tag Questions in English — 226

- 18.1 Introduction — 226
- 18.2 Imperative — 227
- 18.3 Finite in the imperative — 228
- 18.4 The separatability of the main clause of an imperative and its tag question — 230
- 18.5 Conclusive remarks — 237

19. Some Characteristics of Chinese Mood System — 238

- 19.1 Introduction — 238
- 19.2 Mood system in Chinese — 239
- 19.3 Mood markers — 239
- 19.4 Subject and Finite — 241
- 19.5 Wh-element — 243
- 19.6 The characteristics of Chinese mood — 244
- 19.7 Conclusive remarks — 252

20. Multi-Level Nature of Text Structure and Its Relationship with the Clause ········ 253

20.1 Introduction ········ 253
20.2 The multi-level nature of the text ········ 254
20.3 The realization of the multi-level structures in text ········ 258
20.4 Conclusive remarks ········ 260

21. Review of Halliday's Functional Stylistic Theory ········ 261

21.1 Introduction ········ 261
21.2 The idea of function in functional stylistics ········ 262
21.3 Prominence and foregrounding ········ 263
21.4 Modes of prominence ········ 264
21.5 Context, function and the principle of relevance ········ 267
21.6 Conclusion and evaluation ········ 269

22. On the Theoretical Framework of Multimodal Functional Stylistics ········ 272

22.1 Introduction ········ 272
22.2 The synergy of language with image in communication ········ 273
22.3 The construction of the theoretical framework for multimodal discourse analysis ········ 275
22.4 An example ········ 278
22.5 Conclusive remarks ········ 284

PART THREE PEDAGOGICAL RESEARCH FROM A FUNCTIONAL PERSPECTIVE

23. The Application of Systemic Functional Linguistics in Foreign Language Teaching ········ 287

23.1 The major achievements in research on language teaching by Halliday and his followers ········ 287

23.2　The design of teaching objectives ········· 290
23.3　Theme-interaction syllabus ········· 292
23.4　The situational approach ········· 293
23.5　The teaching of grammar ········· 295
23.6　The teaching of text ········· 297
23.7　Audio-lingual teaching ········· 299
23.8　The teaching of reading ········· 300
23.9　The teaching of writing ········· 302
23.10　Language testing ········· 304
23.11　Conclusive remarks ········· 305

24. Reflections on Halliday's Theory of Language Teaching ········· 307

24.1　Introduction ········· 307
24.2　The role of linguistics in language teaching ········· 308
24.3　Context and foreign language teaching ········· 310
24.4　Systemic linguistics and foreign language teaching ········· 312
24.5　Institutional linguistics and language teaching ········· 313
24.6　Child language development and language teaching ········· 315
24.7　linguistic comparison and language teaching ········· 317
24.8　Brief comment ········· 318

25. A General Survey of the Achievements Made by the Application of Functional Linguistics to Language Teaching ········· 320

25.1　Introduction ········· 320
25.2　Communicative method ········· 321
25.3　English for specific purpose ········· 323
25.4　Teaching based on context and culture ········· 324
25.5　Teaching based on genre ········· 326
25.6　Syllabus design ········· 329
25.7　Conclusive remarks ········· 330

26. The System of Language Teaching Objectives and Its Use — 332

26.1 Research on teaching objectives — 332
26.2 Developing students' meaning potential — 333
26.3 System network for language teaching objectives — 335
26.4 Actual language teaching objectives — 340
26.5 Conclusive remarks — 344

27. The Theory of Context and Audio-Visual Teaching — 345

27.1 The role of context in foreign language teaching methods — 345
27.2 Inducing the context theory — 346
27.3 Context and multimedia teaching — 347
27.4 Context and audio-visual teaching — 349
27.5 Conclusive remarks — 355

28. Systemic Functional linguistics and CAI in Foreign Languages — 356

28.1 Introduction — 356
28.2 The characteristics of computer-aided foreign language teaching — 357
28.3 Computer-aided foreign language teaching and language learning — 359
28.4 The systemic and functional nature of the computer-aided foreign language teaching — 365
28.5 Conclusive remarks — 368

29. The Application of Multimodal Discourse Theory and Media Technology in Foreign Language Teaching — 370

29.1 Introduction — 370
29.2 The theoretical basis for multimodal discourse analysis — 372
29.3 A comprehensive theoretical framework for multimodal

          discourse analysis ·· 372
29.4   Multimodal choices with the aid of multimedia technology
          ··· 375
29.5   Conclusive remarks ·· 382

30. A Model for Developing Multiliteracies ······················· 384

30.1   Introduction ··· 384
30.2   The theory of mutliliteracies ·· 385
30.3   Developing multiliteracies ··· 391
30.4   Teaching model for multiliteracies ·· 395
30.5   Comment ··· 399
30.6   Conclusive remarks ··· 400

31. On Learning by Design — Developing multiliteracies ······ 401

31.1   Introduction ··· 401
31.2   Survey of research on learning by design ·· 403
31.3   The main factors for learning by design ·· 405
31.4   The theoretical framework on learning by design ···························· 409
31.5   Brief comment ··· 411
31.6   Conclusive remarks ·· 412

32. Pedagogical Design on Developing Students' Multiliteracies in FL Learning — A case study of students' classroom oral presentation ·· 414

32.1   Introduction ··· 414
32.2   A teaching model for multiliteracies ··· 416
32.3   The use of the multiliteracies teaching model ································· 418
32.4   The implications of developing multiliteracies through oral
       report in foreign language teaching ·· 424
32.5   Conclusive remarks ··· 427

Reference ·· 428

Appendix   Bilingual Abstracts ·· 447

图形列表

图 2-1　系统的意义分布 ································ 14
图 2-2　方位副词系统的演变 ·························· 14
图 2-3　同义词的意义交叠 ···························· 14
图 2-4　词汇意义的部分整体关系 ···················· 15
图 2-5　意义范围相同的同义词 ······················· 15
图 2-6　多元意义对同义词的区分 ···················· 15
图 2-7　英汉运输工具的意义系统对比 ··············· 17
图 2-8　英语的数系统 ·································· 17
图 2-9　英语的复数系统 ······························· 17
图 2-10　汉语主要亲属关系系统 ······················ 18
图 2-11　英语的亲属系统 ······························ 21
图 3-1　符号的能指与所指 ···························· 24
图 3-2　英语数系统的能指与所指 ···················· 27
图 3-3　Bank 的多义性符号表达 ····················· 27
图 3-4　符号的能指和所指及其与媒介和意义的关系 ·· 29
图 3-5　符号及其连接物与语言层次的关系 ········· 29
图 3-6　实体、符号和意义之间的关系 ··············· 30
图 3-7　英语方位副词系统的演变 ···················· 32
图 3-8　同义词之间的意义关系 ······················· 33
图 3-9　上下义和整体部分义的关系 ·················· 33
图 3-10　意义完全相同的同义词 ······················ 33
图 3-11　多元意义多同义词的表达 ··················· 34
图 3-12　汉英运输工具词汇系统对比 ················ 35

图 3-13	汉语主要亲属关系	35
图 3-14	英语主要亲属关系	36
图 3-15	英语的复数系统的媒介、形式和意义	36
图 4-1	普通符号学和社会符号学对比	39
图 4-2	适用社会符号学框架	55
图 5-1	普通符号学和社会符号学对比	59
图 5-2	索绪尔的符号与韩礼德的社会符号之间的关系	63
图 5-3	两个层次符号的特点	65
图 5-4	三个层次的符号系统(语言系统)中不同层次符号之间的关系	66
图 5-5	社会实践中的符号意义变化	69
图 6-1	社会基调类型	77
图 6-2	交流基调分类和内容	77
图 6-3	话语基调的内容和范围	78
图 6-4	社会基调在语义和形式上的体现	80
图 6-5	交流基调在语义和形式上的体现	81
图 8-1	模态系统的层次及其在各个层次的次系统、实例和层次之间的关系	101
图 8-2	设计的操作过程	109
图 9-1	两个层次符号的特点	112
图 9-2	三个层次的符号系统(语言系统)层次之间的关系	112
图 9-3	象征符号系统的词汇和语法	114
图 9-4	需要和不需要建立语法的符号系统	114
图 9-5	二维符号类型	115
图 9-6	三维符号系统	116
图 9-7	二维和三维符号单位之间的关系	118
图 9-8	简单交通信号话语	120
图 9-9	复杂交通信号话语	120
图 9-10	交通信号综合系统	121
图 10-1	两种视角在语境模式上的连接	129

图 10-2	Xpose Range(转引自 Kress & van Leeuwen[1996:81]) ………………………………………………	132
图 10-3	多模态及物性过程与多模态隐喻的互动 ……………	134
图 13-1	隐喻式 advance (n.)和它的一致式之间的关系 ………	169
图 13-2	概念隐喻中语言的层次与体现 ……………………	173
图 13-3	语法隐喻由一致式向隐喻式的转化过程 ……………	176
图 14-1	汉语形似介名化的产生机制 ………………………	189
图 16-1	任何符号系统的模式(Fawcett 2008:37) …………	202
图 16-2	系统功能语法的组成成分及输出成分(Fawcett 2008:41) ………………………………………………	202
图 16-3	小句的句法和语义描述(Fawcett 2008:242) ………	206
图 16-4	名词词组的功能结构分析 …………………………	209
图 16-5	简单句的及物性、语气和主位 ………………………	209
图 17-1	小句复合体功能结构综合分析(Fawcett 2008) ……	218
图 17-2	简单句的及物性、语气和主位(Fawcett 2008) ……	218
图 17-3	基于意义的功能语法和基于形式的功能语法的对比 …	221
图 17-4	系统功能语法与加的夫语法对比 …………………	225
图 18-1	英语反意问句中主句和附加问句的关系 ……………	234
图 18-2	汉语反意问句中主句和附加问句的关系 ……………	235
图 20-1	语篇的体裁结构 ……………………………………	256
图 20-2	从语篇片段到语法 …………………………………	259
图 20-3	语篇功能由语法结构体现 …………………………	260
图 21-1	功能文体学分析模式 ………………………………	269
图 22-1	多模态功能文体学分析框架 ………………………	278
图 22-2	叶子的枯萎 …………………………………………	279
图 23-1	语言作为社会行为潜势 ……………………………	295
图 25-1	教学循环圈 …………………………………………	327
图 25-2	语言过程模式 ………………………………………	330
图 26-1	语言教学目标网络 …………………………………	339
图 26-2	初级语音阶段的目标项目选择 ……………………	341

图 26-3	军事英语主要学习目标	342
图 26-4	目标选择程序	344
图 28-1	学好外语的基本因素	360
图 28-2	机助外语学习的基本模式	361
图 28-3	学习者的一般学习过程	363
图 28-4	多媒体和网络条件下的学习过程	364
图 28-5	学习记忆的保存	364
图 29-1	林飞的综合性多符号模式（Lim 2004）	373
图 29-2	多模态话语分析框架	374
图 29-3	图文关系示例	380
图 30-1	多元读写理论框架	390
图 30-2	多元读写能力培养学习模式	398
图 30-3	多元读写能力教学模式	399
图 31-1	设计学习综合框架	410
图 32-1	设计学习的基本理论框架	417
图 32-2	学生口头报告中的 PPT 作品	423

表格列表

表 2-1	汉语亲属关系系统的体现说明	19
表 2-2	英语亲属系统的体现说明	21
表 8-1	设计目标确定过程	104
表 12-1	语法隐喻的功能模式	152
表 12-2	语法隐喻的分层功能模式	154
表 12-3	语法隐喻与词汇隐喻中的一致域和隐喻域	156
表 12-4	语法隐喻的分层系统功能模式	158
表 13-1	韩礼德的一致式和隐喻式的比较	166
表 13-2	非形似一致式	170
表 13-3	形似式和非形似式与隐喻式的关系	172
表 13-4	概念隐喻中一致式和隐喻式的比较	174
表 13-5	概念隐喻中一致式向隐喻式的转化	177
表 14-1	英汉小句中的形似介名化	182
表 14-2	英语的形似介名转化	185
表 15-1	系统功能语言学中不同层次的范畴	193
表 15-2	人际意义与词汇语法和音系学（Martin & White 2005）	195
表 15-3	商讨及其体现	196
表 15-4	情态化与意态化及其体现（Halliday 1994a: 91）	197
表 16-1	韩礼德的系统功能语法与加的夫语法的功能成分对比	203
表 17-1	韩礼德的系统功能语法与福西特的加的夫语法的功能成分对比	224

表 18-1	英语反意问句的选择表达和例子	234
表 18-2	汉语反意问句的选择表达和例子	236
表 19-1	汉语的语气系统(王力、高名凯和吕叔湘)	247
表 19-2	汉语的语气系统(贺阳)	248
表 32-1	新时期中国大学生多元读写能力模式	415
表 32-2	口头报告设计学习知识过程	419
表 32-3	口头报告的设计模态	422

前　言

本书共分为三个部分。第一部分探讨社会符号学与多模态话语研究;第二部分探讨功能视角下的语法和文体研究;第三部分探讨把系统功能语言学应用于外语教学的研究。

第一部分共包括10章。第1—5章探讨符号学,特别是社会符号学理论的建构问题。

索绪尔主张语言学应该以语言符号为其研究的基本单位,从而力图在语言学领域发起一场革命。然而,其语言学革命没有发生。据此,第1章探讨以语言符号为语言研究的基本单位所涉及的主要理论问题,如语言符号的分类,其意义的确定和在语言交际中相互之间的协同关系,对以语言符号为语言研究的基本单位理论的优势和弱点进行评价,从某种程度上阐明了索绪尔的语言学革命没有发生的内部和外部原因。第2章通过汉英不同语言符号系统的对比探讨符号系统的特点,以及符号系统与语言意义之间的关系。语言的意义是以符号系统的形式在语言中存在和被选择的。然而,不同的语言运用不同的意义编码系统,在层次、抽象程度、类别等方面都存在差别。同时,从意义的角度讲,并不是所有的符号系统都是完美的和对称的。符号系统或者系统网络中存在不同程度的空缺现象。语言使用者需要在现有的系统中,通过选择不同的结构模式和词汇模式来表达自己的意义。第3章以现代语言学理论的发展为主要依据,对索绪尔的语言符号学理论进行了重新认识,提出了语言符号的本体是符号的形式特征的观点。索绪尔符号学的不足主要在于把符号的形式和意义混为一体,由此产生了难以解释的困难。本文提出了能指与实体分离和所指与意义分离的观点,探讨了符号的能指和所指的基本特点,所指的形式功能和系统特性。第4章探讨韩礼德提出的社会符号学的适用性特点及其不同于索绪尔和皮尔斯符号学的方面。本章首先从资源、变化、原则和功能四个方面探讨社会符号学的适用性,并指出其作为适用符号学的六大特点,即社会性、系统性、可用性、跨学科性、动态性和多模态性;在社会语境中对社会符号学系统的选择的结果是多模态话语,其研究范围包括三个方面——话语、体裁、风格;最后,讨论了适用符号学理论与实践之间的关系,设计出了一个适用社会符号学的综合理论框架。第5章探讨社会符号学理论建构问题,首先探讨国内外学者对社会符号学的研究,然后论述社会符号与索绪尔等建立的普通符号学的符号之间的关系和异同,并且建立一个两种符号进行对比的模式图;接着探讨社会符号的产生和发展的历程:社会符号不是与普通符号学的符号不同的符号,而是从符号的实践和应用的角度来观察符号的特点;还对符号的类型进行了研究,指出了符号的层次和维度等问题;探讨了社会符号的实践性特点,指出了人类符号运用与人类社会实践的密切关系;最后,探讨了社会符号的应用问题,并且建立了一个社会实践中的符号意义变化的模式。

第6—7章探讨从社会符号学的角度探讨话语基调以及其他一些相关问题。

第6章根据话语基调与语义和形式的关系对韩礼德、格雷戈里和马丁对话语基调的定义进行比较和评论,理清三家各自对话语基调所涉及的有关概念的模糊认识,由此进一步认识了话语基调所涉及的范围,在情景语境中的地位,以及它在意义层和形式层的体现,并提出了一个更具体的、有关话语基调的次范畴及其在意义和形式上的体现的框架。

第7章对韩礼德和韩茹凯专访进行了介绍、解读和评论。专访主要就《功能语法导论》第三版、衔接研究、评价系统研究、加的夫语法、多模态语篇研究,以及批评语篇分析和语篇分析六个议题征询了他们的观点和意见。韩礼德和韩茹凯对这六个议题谈了他们的独到见解,据此,本章对他们的观点根据这六个议题在国际国内的研究现状作了解读和评论,力图理清在这些领域一直存在的模糊认识和将来的研究方向

第8—10章探讨多模态设计和多模态语法建构的问题。

第8章探讨设计概念在系统功能语言学理论中的地位,以及设计的资源、设计的过程和设计操作框架。研究发现,设计是一个操作概念,处于话语意义和模态之间,是根据话语意义选择合适的模态或者组合的过程。同时,设计要受到情景语境、文化语境、交际目的、体裁和话语意义的制约,设计者要根据这些因素从已有设计资源中选择,也可根据交际的需

要创造新的意义,使用新的模态。设计的结果是用于生产的模态或模态组合结构,即多模态语篇。第9章根据符号系统的层次、类型和维度探讨多模态语法建构中的主要问题,力图澄清哪些符号系统适合建构语法,以及要为每个适合建构语法的符号系统单独建立语法,还是建构一个同类符号系统共享的语法。研究发现,从不同层次的符号系统上讲,只有三个层次的符号系统才有可能建立语法;从类型的角度讲,图像符号,以及某些其能指和所指关系易于推断的索引符号一般情况下没有必要建立语法;从维度的角度讲,不同维度的符号系统具有不同的语法模式和系统,所以应该,起码在起始阶段,为每个适合建构语法的符号系统单独建构语法。第10章探讨多模态话语分析的双重视角——社会符号观与概念隐喻观的连接与互补。多模态话语分析在语言学领域主要有两个研究视角:基于系统功能语言学的社会符号学视角和基于认知语言学的概念隐喻视角。本章结合实例分析从语言学基础层面、语言哲学层面、语境层面、主体理论构建层面探讨两个研究视角之间的接口与互补。研究表明这两个研究视角在理论范式上可相互连接,在话语分析实践中可相互补充。

第二部分包括第11—22章。其中,第11—14章是对语法隐喻的研究。

第11章对语法隐喻在中国的研究的情况进行了述评,指出我国的语法隐喻研究具有引介阐释性、评判批评性、修补完善性、应用性、融合性和对比性的特点,但还存在研究的学科引领性、独立性不强,借鉴其他理论的研究成果不足,汉语语法隐喻研究薄弱的问题,将来需要在一致式基本定义的确定、隐喻式的范围、隐喻式基本运作方式、语法隐喻模式与语言类型学的关系、汉语语法隐喻的研究、多学科综合研究等方面进行研究。第12章是对语法隐喻理论的发展模式研究,通过对韩礼德语法隐喻理论近三十年的发展过程进行梳理,归纳出语法隐喻理论的三个发展阶段和相应的理论模式:功能模式、分层功能模式、分层系统功能模式,并对各阶段的主要特征作了阐释,探讨了语法隐喻理论逐步被纳入系统功能语言学总体框架的发展趋势以及从动因、作用、体现形式等多方面研究语法隐喻的必要性等。最后,讨论了语法隐喻研究需要解决的问题和将来的研究思路。第13章探讨语法概念隐喻中一致式与隐喻式的形似性原则问题。一致式和隐喻式是语法隐喻中的两个至关重要的基本概念。韩礼德认为它们在词汇语法层面上不存在必然的联系。本章对概念隐喻中的一致式和隐喻式在词汇语法层面上的结构关系进行探索,并区分出两种不同类别的一致式:形似一致式和非形似一致式。根据隐喻式是由一致式转化而来这一推断,本章认为,只有形似一致式才是概念隐喻的一致式,由此推断出一致性不能作为判定概念隐喻中一致式和隐喻式的充分条件。本章同时探讨了由一致式向隐喻式转化的过程和阶段。第 14 章探讨汉语形似介名化产生的条件,首先讨论介名化的基本类型形似介名化;然后进行英汉对比研究,最后通过分析汉语中形似介名化产生的可能条件和现实条件得出结论:情景介词语义的可替代性是形似介名化产生的根本条件,英语中不存在形似介名化;形似介名化是造成汉语非常规性动宾关系的重要原因之一。

第 15—20 章从功能的角度探讨句法、语法,以及形式和功能的关系。

第 15 章探讨形式与意义的范畴化问题,同时兼评马丁和怀特的《评价语言——英语的评价系统》,首先探讨了具有不同目标和研究范围的四种语言研究的基本思路,然后又简单比较了韩礼德的系统功能语言学和马丁的评价理论,用以表明两者之间在研究目标和范围上的区别。通过比较研究发现,韩礼德的系统功能语言学理论是全面的和多层次的,但它仍然受形式范畴化的影响,特别是相对于社会符号范畴化和意义范畴化而言。马丁的评价理论是语义的,所以对社会符号系统有比较全面的描述,但同时,它在形式范畴化方面还需要完善和发展。所以,评价理论今后的一个主要目标是完善与体现评价系统相关的形式范畴化。第 16 章重点对加的夫语法进行介绍和评论,首先简单论述了加的夫语法的产生与发展,接着对加的夫语法理论的重点方面进行了介绍,包括该理论的基本思想、基本模式和体现福西特(Robin P. Fawcett)提出的八大功能的基本语法模式;第三,提出了加的夫语法的五个特点:(1)形式和意义的双向性;(2)互动性与认知性的统一;(3)一体化的句法结构;(4)不同类型的意义由句法结构中的不同成分体现;(5)语义系统是在语言可及的范围内;最后,根据加的夫语法与韩礼德的系统功能语法的关系对它的作用和地位进行了简单评论,认为它是系统功能语言学内部的一个语法模式,与韩礼德的系统功能语法基本上是互补的,对于系统功能语言学的发展将起到促进作用。第 17 章探讨系统功能语言学对句法的研究。系统功能语法发展了两种模式:韩礼德的系统功能语法和福西特的加的夫语法。

系统功能语言学家在这两种模式的研究重点、视角以及理论构建问题上存在分歧。本章试图通过研究这两种模式的关系,弄清楚系统功能语言学中的句法研究问题,首先介绍系统功能语法的两种模式,然后探讨这两种模式中的形式、功能和意义;最后,讨论它们之间的关系。研究发现,在系统功能语法中有三种句法:由级阶成分分析法所代表的形式句法,建立在形式基础上的功能句法,和建立在意义基础上的功能句法。功能概念是一个关系概念,它可以指:(1)形式成分与其所在结构的关系(Dik 1989:23);(2)形式和意义的关系;(3)语言形式与情景语境和社会文化语境的关系。韩礼德的系统功能语法和福西特的加的夫语法的区别主要表现在功能所代表的不同关系上。第 18 章探讨英语反意问句中附加问句与主句的可分离性,从人际功能的角度探讨英语祈使句的限定成分与附加问句的特点。从英语祈使句的限定成分和附加问句的中的限定成分的非一致现象中得出祈使句的限定成分为"do"的一般现在时形式,强调施加影响的现时性;而祈使句的附加问句的限定成分为"shall/will"和陈述句的附加问句的限定成分和主句的可以不同,以及它们可以有不同的主语说明主句的语气与附加问句的语气可以是分离的。第 19 章探讨汉语语气中的描述范畴的特点,以发现语言作为符号系统的真实运作过程。鉴于汉语是一个典型的分析性语言,没有标识性、数、格、时态等语言范畴的标记,汉语研究中还存在一些争议。其中之一就是汉语中是否有主语这个功能成分(见文玉卿 1994),其二是哪些特征决定汉语的语气;第三是语气在汉语中是怎样体现的。本章的相关研究问题包括:(1)汉语的语气和英语的语气是否相同?(2)汉语的主语与英语的主语是相同的概念吗?(3)汉语中是否有限定成分?(4)汉语语气的特点是什么?(5)哪些因素是必要的,哪些是可选的? 通过研究汉语语气系统和比较汉语语气系统和英语语气系统的异同,我们发现了许多新的特征。第 20 章探讨语篇结构的多层次性及其与小句的关系,主要研究语篇结构的多层次性与小句的功能的关系。韩茹凯提出了一个强有力的语篇分析模式,称为"语类结构潜势"。此模式既可以用以分析语篇,又可用以生成语篇。但这一分析模式把语篇分析与语法分析割裂开来,使两种分析模式无法有机地结合起来。笔者引入范戴克的宏观结构理论,赋予语篇结构多层次性,将语篇结构分析与小句的功能结构分析联系起来,从而解决了韩茹凯的语篇分析无法与语法分析联系起来的问题。

xxxiii

第21—22章是对功能文体学的研究。

第21章对韩礼德功能文体学理论进行简略的介绍和评论,主要包括以下几点:(1)"功能"在功能文体学理论中的主要作用,是把突出的语言形式与情景语境在文学作品中与作者的整体意义联系起来,它表示部分在整体中起突出作用,下层与上层相互关联;突出与前景化是两个不同的概念:前景化是有动因的突出,即对文体有意义的突出。(2)突出既可看作性质上的突出,也可看作数量上的突出;既可看作对常规的获取,又可看作对常规的偏离,但韩礼德倾向于把突出看作获取常规和数量上的突出。(3)情景语境,在文学作品中作者的整体意义,是使突出特征前景化的动因,功能是连接两者的中介因素。(4)认为韩礼德的功能文体学理论对文体学起码有五项贡献,但还存在两个需作进一步澄清的问题。第22章探讨多模态功能文体学理论框架。图像意义和文字意义的分配是关键因素:两者可能地位同等,相互补充,可以一方依附于另一方,还可以一方对另一方进行强化,或一方包含另一方,对另一方进行详述、扩展和提升等。其中的任何意义特征都可以成为突出特征。这些突出特征如果与情景语境和交际目的相关就成为文体特征。

第三部分包括23—32章。第23—26章主要为理论探讨,研究系统功能语言学理论在外语教学中的应用情况。

第23章以笔者与苗兴伟、李学宁的《功能语言学与外语教学》(2005)为基础,在简单总结了韩礼德及其追随者在这方面的研究成果的前提下,探讨了系统功能语言学可以在外语教学中应用的主要方面。首先,系统功能语言学可以用以设计教学目标,在此,系统功能语言学的发展学生的意义潜势的理论对教学目标的设计具有宏观指导作用;第二,它可以用以设计教学大纲,为语言教学提供一个交际模式;第三,它可以用以指导语法教学,使学生学习语法与用语言进行交际联系起来;第四,它可以用以指导语篇教学,为语篇教学提供了新的教学模式;第五,它可以用以指导听说教学,使学生把听和说的语言与交际目标和交流的意义结合起来;第六,它可以用以指导读写教学,为阅读和写作,以及阅读写作一起提供了教学的模式,最后还可以用以指导语言测试,从测试设计和测试分析两个角度为教学测试提供理论框架。第24章探讨韩礼德的语言教学思想和对语言教学的论述,主要包括以下几个方面:应用语言学不是一个学科,而是一个主题;语言学对语言教学的作用是提供描述;语言教学的最佳过程是使语言语境化的过程;语言教学的主要目标是发展学生的"意义潜势";机构语言学对语言的描述更接近语言教学的目标,特别是外语教学的目标;儿童语言发展理论对语言教学很有启发;比较语言学中比较的语言方面主要是语法和语音等。但韩礼德自己对系统功能语言学在外语教学中应用研究不多,特别是没有研究具体的把系统功能语言学用于语言教学的教学方法。但其理论在语言教学中激发了许多新的教学方法。第25章总体上探讨系统功能语言学的语言教学研究成果,主要探讨系统功能语言学的研究者和应用者,以及一些应用语言学家和语言教学研究者运用系统功能语言学理论在语言教学,特别是外语教学的诸多方面取得的成果。这些成果包括在利用系统功能语言学的系统观和功能观的基础上发展起来的长盛不衰的交际教学法;在韩礼德阶与范畴语法和系统功能语法的影响下发展起来的专门用途英语教学;在韩礼德等文化语境和情景语境理论的基础上发展起来的文化教学法;在韩礼德等的体裁理论的基础上发展起来的以体裁和语域为基础的写作教学法;在系统功能语言学理论基础上发展起来的主题协商教学大纲等。第26章探讨语言教学目标系统及应用,主要以麦尔罗斯的根据系统功能语言学建立起来的主题交流教学大纲中所列举的影响语言教学的主要因素为基础,构建出一个语言教学目标的系统网络,并提出了在这个网络中进行选择的基本方法和原则;同时,提出了一般性目标、特殊目标、阶段性目标和具体目标的四个层次的教学目标,并论述了它们之间的关系。

第27—28章探讨系统功能语言学理论应用于不同类型的外语课程教学的情况。

第27章探讨语境理论在视听教学中的应用,主要探讨语境对于视听教学和多媒体教学方法的影响。语境是语篇产生的环境,而语篇是视听教学的基本单位。所以不同的语境因素为语篇教学提供了使用不同教学方法的条件,特别是为用多媒体教学提供了新的视角,为使用新的教学方法开辟了新渠道。从互文语境的角度讲,它为复习以及复习的方法提供了依据;从现场语境和文化语境的角度,它为在教学中哪些语篇需要非语言因素和文化因素来辅助教学,哪些不十分需要提供了依据;从上下文语境的角度,它为我们把学习项目与它在语篇结构中的作用结合起来提供了依据;从交流语境的角度,它为使用不同的交际教学方法,如角色扮演、变换语境、任务教学法等提供了依据。第28章探讨统功能语言学在机助外语教学中的应用。计算机辅助外语教学为外语教学开辟了新的天地，而系统功能语言学可以为计算机辅助外语教学提供新的视角和理论基础。计算机辅助外语教学具有多维性、集成性、交互性和角色转换性等特点；新的外语教学手段使外语教学发生了新的变化，包括信息量的暴涨、学习的个性化、语言材料的形象化和真实化、学习环境的多元化、提供大量背景、为学生提供直接参与交际的机会等。从系统功能语言学的角度讲，在诸多涉及外语教学的因素中，计算机辅助外语教学主要在情景和语音文字两个层次上提供新的有利条件。根据系统功能语言学，外语教学的目的是发展学生的"意义潜势"，通过语言在社会交际中的功能来学习语言，发展意义潜势。

第29—32章探讨多模态话语分析理论在外语教学中的应用。

第29章探讨多模态话语分析理论和媒体技术在外语教学中的应用，重点探讨用系统功能语言学理论为多模态话语分析和研究提供理论框架，并根据这个框架为现代媒体技术条件下的外语教学实践提供选择有效教学过程和实践的指导。在现代技术条件下，在多模态话语交际框架下，对模态的选择可以从三个角度进行：(1) 为外语教学提供教学情景和便利条件；(2) 为外语教学提供辅助条件；(3) 为多模态话语交际提供多通道话语意义表达方式，提高教学效率。对于一定的话语以什么模态和媒体表达最为有效，是需要进一步认真研究的课题。第30章在已有研究的基础上发展多元读写能力的学习和教学模式，首先通过新伦敦小组的设计理论探讨了多模态选择的资源、过程和结果，建立了多元读写的理论框架，并在此基础上，探讨了多元读写能力培养的学习模式以及学习内容，最后建立了一个多元读写能力的教学培养框架。第31章探讨设计学习，把学生的整个学习过程置入"已有设计—设计过程—再设计"的框架中，构建了设计学习的理论框架。在设计过程中，文化语境和情景语境是制约意义选择的语境因素，学习方式学生具体实施设计过程的措施，媒体和模态是用以实现意义的表达形式，学习过程形成一个循环模式，意义是学习转换的对象，多元能力是学习的结果。转换的意义和能力又通过"学习者路径"转化为已有设计，进行下一轮的设计学习。第32章探讨外语多元读写能力培养教学设计，根据卡兰齐斯和科普"设计学习"理论（Kalantzis & Cope 2005）的知识过程和新伦敦小组的"设计模态"理论（New London Group 1996），提出了英语课堂的多元读写能力培养框架，并通过在教学中让小组学生合作学习,做口头报告,然后分析学生设计多模态语篇和多元读写能力的学习过程,来展示该培养框架的应用价值。对英语课堂教学中口头报告个案研究将会对探索在日常课堂教学活动中培养学生多元读写能力有重要意义。

  本书基本上是按照从理论到实践的思路编写的。理论离开了实践便不能辨别其真伪,而实践没有理论的指导通常陷入盲目性。需要两者很好地结合。系统功能语言学是适用语言学,说明首先它是一个强大的理论,是普通语言学理论的一个分支;同时也说明它是一个有一定个性的理论,也就是它的提出和发展都是以其适用性为主要标准进行的;再者,它是与实践密切联系的。本书从某种程度上反映了这种特点。本书的完成和出版得到了多方的帮助。首先感谢中国功能语言学会和中国英汉语篇分析研究会以及主编把本书纳入选题中;第二要感谢上海外语教育出版社欣然接受这一选题,为本书的出版奠定了基础。同时,本书是在已发表论文的基础上修订编辑成书的。感谢以下合作作者为本书做出的贡献,他们是何继红、张兢田、赵静、周娜娜、穆志刚、郭恩华、张时倩、刘睿、雷茜、董娟、李艳。希望本书能得到大家的喜爱。

第一部分

社会符号学与多模态话语研究

PART ONE

SOCIAL SEMIOTICS AND THE RESEARCH ON MULTIMODAL DISCOURSE ANALYSIS

1

论以语言符号为语言研究的基本单位

1.1 语言研究的基本单位

符号学与语言学在历史上有共同的渊源关系。索绪尔在其《普通语言学教程》(下简称《教程》)中,把符号学定义为:"在社会中研究符号生命的科学"(Saussure 1916/1974:16);而"语言学只是这一普通科学的一个分支"(Saussure 1916/1974:15)。由此,由索绪尔发起的这两门科学及其"整体-部分"关系的划分广泛地得到承认,索绪尔也就成了现代语言学和符号学的创始人。

索绪尔建立现代语言学的初衷是要在语言学研究领域发起一场革命。其实质是在复杂纷纭的语言学研究方法(如以生理学、社会学、哲学、心理学等学科为基础衍生出来的各种研究方法)中开辟出一个以语言符号(linguistic sign)为基础的较统一的学科。索绪尔的语言符号是任意性的,所以,只有同与其共存的、具有相同性质的、同一系统的符号相对比才可辨认。这样,索绪尔就把现代语言学放在了 20 世纪结构主义的前沿,由此,索绪尔也是 20 世纪结构主义的鼻祖。

然而,索绪尔的语言学革命没有发生。其结构主义语言学思想被人继承,但其语言符号却被人忽略或抛弃。语言学家抛开了符号;符号学家抛开了语言学。由此,现代语言学研究大都不以语言符号作为语言研究的基本单位(Tobin 1990)。

19世纪的历史比较语言学主要是通过比较各不同语言中的词形的相似性及其历史演化过程来发现语言之间的亲缘关系,其语言研究的基本单位可以说是词形。20世纪发起的结构主义和转换生成语法以句子作为语言研究的基本单位。以韩礼德为代表的系统功能学派明确以小句作为其研究的基本单位。语用学中的言语行为理论,话语分析等则以语句(utterance)为其研究的基本单位。

以词形、小句、句子和语句为基本单位有一个共同的特点:它们都是预先已知的。语言研究者以此为基点提出与它及其部分相关的逻辑及其他范畴,并由语言材料来验证。而语言符号不是预先已知的,而是通过假定得出的。

1.2 符号与语言符号

从外因上看,索绪尔的语言学革命没有发生可以说是由他本人(或由为他整理和出版讲稿的学生)造成的。在其《教程》中,他只用了很少的篇幅给符号学下定义,论述符号学与语言学的关系。其后便只讲语言学,不再研究符号学,而且很少论及语言与符号之间的内在关系。他的以语言符号作为语言研究的基本单位的主张也就一直没有引起人们的重视。

然而,语言符号是连接语言、语言学和符号学的核心成分。由此,对以语言符号为语言研究的基本单位的理论进行论述和评价对于研究语言学与符号学的关系是大有裨益的。

以语言符号为基本单位首先必须确定什么是语言符号,然后确定这些语言符号的意义和用途,以使其在语言研究中比以某一固定语言单位为语言研究的基本单位更加有效和易于操作。索绪尔对符号的认识是:任何信号和总是与这个信号结合为一体的意义之间的不可分割的联系

(见 Saussure 1916/1974：113)。语言符号是符号的最主要类别之一,它也由两部分组成：(1)语音符号,包括发出的音和一切与发此音的生理和语音方面有关的东西,即索绪尔的能指(signifiant)。(2)意义,包括思想、概念等,即索绪尔的所指(signifié),或称不变意义(invariant meaning)。能指与所指的结合产生形式,而不是实体。具体地讲,它包括以下类型：

(1) 各种不同级阶的语言单位：词(包括词的部分,合成词)；词组(包括各种表达式、习语)；小句；句子以及大于句子的单位,如段落、语篇。
(2) 各种语法标记,如零词位、词序以及更复杂的语法标记。
(3) 各种语法关系：并列关系、从属关系、类比关系等。

语言符号的类别繁多,在具体的情景语境中,我们所使用的语言却是以语篇为基本单位,可进行多层次、多方位切分的语言"块",由此,我们无法直接断定哪个是个体的语言符号,也无法认定以哪一级的语言符号为基本单位最为合适。这样,我们必须根据实际情景语境的需要,假定一个特定级阶和类型的语言符号为基本研究单位。这就是为什么我们说语言符号是假定的,而不是预先已知的。

1.3 语言符号意义的确定

以语言符号为基本单位的语言观把语言看作一个系统的系统。它由许多内部相互系统联系的、人类用以交际的子系统组成。这就意味着语言具有两面性。一方面,它是一个复杂抽象的,某一语言社团共有的代码系统,由各种信号和不变意义以及它们之间的聚合关系和组合关系组成(langue)；另一方面,它由个体讲话者在不同的语境中交际具体话语信息时使用的具体的、似乎杂乱无序的言语体现(parole)。在研究语言系统方面,研究的重点是确定符号的不变意义。在研究具体的言语方面,研究的重点是语言符号受不同的语境和人的因素的影响而发生的意义的具体化、延伸、扩展、投射等变化。在其《教程》中,索绪尔认为,语言学的主要研究对象是语言,而不是言语(见 Saussure 1916/1974:40)。

确定符号的不变意义一般采用两种方法之一。一是首先为某一语言符号假定一个不变意义,然后,再列出它在不同的情景语境中的具体意义,看这些不同的语境意义是否都可包括在假定的不变意义中。据此经过调整后确定符号的不变意义。另一种方法是首先列出所有这一语言符号所具有的语境信息,然后证明所有这些信息都具有一个概括性的意义。托宾(Yishai Tobin)介绍了三种确定不变意义的理论(Tobin 1990)。

第一种理论是雅柯布逊(Roman Jakobson)和朔内费尔德(C. H. van Schoonevelde)提出的。雅柯布逊把他在音系学中所运用的区别特征对立对的方法运用于符号的不变意义的研究中,试图如同解释抽象的音位与其具体的音位变体之间的关系那样,解释不变意义与其具体语境信息的关系。朔内费尔德和他的学生们发展了雅柯布逊的方法,提出了不变意义的计算模式,由六个有区别性的层次性双分语义特征和四个层次的不同叙事语境和话语语境中的感觉指示或传输指示组成。采用这种方法,语言的不变性成为把感觉到的"言语"中的所有语言行为实例都编码进语言中的认知或感觉过程。

第二种理论是由纪尧姆(Gustave Guillaume)提出的。他从心理机械学的角度研究不变意义,认为言语活动是一个从潜势到实际的思维过程。这一过程涉及时间。符号的不变意义是根据它在一段时间中的位置决定的。由此,根据纪尧姆,不变意义总是和把语言系统视为正在进行的抽象的心理过程有关,它是一个以在操作时间内的抽象思维运动为基础建立的动态意义。

第三种理论是哥伦比亚大学的戴弗(William Diver)和他的学生提出的。他们认为,符号的信号和不变意义都不是在分析前预知的。语言学家的第一任务就是假定每个信号和其不变意义。这就需要语言学家首先要接触大量语言学问题和材料,将它们分离,为每个形式确定一个不变意义,然后运用归纳法确定是否不变意义每次都能在它出现的每个语境中促动与其对应的信号。当一组信号的不变意义能够共同穷尽地为某一语义实体分类时,这组符号就形成一个语法系统。

这三种理论虽然各从不同的角度分析不变意义,但也有共同之处:(1)三者都主张运用具体的语言材料为实证基础;(2)三者都主张从具体的语境信息中抽象出不变意义来。然而,三者都从单个符号的特征上来确定语言符号,而不是把它放在语言系统中和语言运用的实际环境中去确定其意义。三者都主要注意语言符号的较稳定的概念功能,而忽视了语言的人际功能和谋篇功能。由此,笔者认为,确定语言符号的不变意义,还必须注意语言符号的系统性、多功能性和相对性。

其一,每个语言符号都不是独立存在的,都是相对于其他符号而确定其意义范围的。所以,把某一符号分离出来,根据其出现在不同语境中的信息确定其不变意义,是一种有效的方法,但还不够,还需要确定它在某一系统中的位置,譬如与同一系统中其他成员的关系,或与上一级系统和下一级系统的关系,来决定其不变意义。

其二,语言符号不仅只用于交流信息,反映经历和逻辑关系(概念功能),还用于交流情感、好恶,反映社会的权位关系(人际功能),和反映语言行为与整个情景语境的关系(谋篇功能)。如果只注意前者,忽视后两者就不能准确确定符号不变意义的范围。

其三,由于每个符号都相对于其他符号而生存,与其相对的其他符号的产生与消亡,扩展与缩小都直接影响其意义的范围。另外,符号的意义都有相当程度的灵活性,都可根据情景语境中其功能的需要扩展、缩小、改变其意义范围。要确定一个在每个语境中都完全适用的不变意义是一种理想化的、从严格意义上讲不可能实现的目标。

由此,把符号的不变意义置入一个动态的、可调的、概然性的框架中似乎更能反映符号的真实意义,更易于操作。

1.4 语言符号之间的协同性

语言符号在语言交际过程中要组合在一起才能形成交际话语,获得话语意义。由此符号之间要在语言结构中相互关联,共同组合成话语。符号之间的这种合作关系称为语言协同(linguistic synergy)。语言的协同性表示不同项目之间的合作行为,其总体效应比它们各自独立产生的效应的总和要高。在语言系统中,语言符号存在于系统之中(聚合关系),与其他符号共同组成不同类型和不同级阶的系统。由此,语言单位以及其他符号都具有层次性,在系统功能语法中称为级阶(rank),下一个级阶的符号组合成上一个级阶的符号,依次类推。在语言运用过程中,讲话者(编码者)首先从系统中选择,选择出的符号形成语言结构(组合关系)。语言结构中各成分之间都具有协同性。

托宾认为,以符号为基本单位的语言观涉及两种因素:交际因素和人的因素(Tobin 1990:48)。交际因素指从系统中作出选择,将符号的不变意义变成具体的语境意义的过程,由此交际因素将涉及符号的信号与其意义之间的协同和语法与词汇的协同。人的因素包括编码者将意义编码传送给译码者和译码者解码的过程,由此涉及由编码者与译码者引起的语言符号之间的协同。下面分别探讨这几个协同关系。

1.4.1　由编码者与译码者的关系引起的语言符号的协同关系

大多数符号学家都赞同"最省力"或"经济"原则,即交际双方都想花费最少的力气使交际成功,并提出了一系列定律(Zipf's/Menzerath's/Mandelbrot's/Krylov's/Beöthy's Laws)(Tobin 1990:49)。从编码者的角度讲,他力图用尽量少的符号来传达尽可能多的意义。由此,他易于选择具有模糊不变意义的信号传达信息,以便减少符号的数量。但从译码者的角度讲,他希望编码者提供尽可能多的、清晰、无歧义、具体的不变意义,以利于其毫不费力地理解。这就要求交际双方尽量相互配合、相互合作。任何一方的不合作都会造成交际中断。(这就是为什么语用学提出了合作原则。)在合作的基础上,双方在调整和相互适应的基础上在符号种类和量的使用上达到某种平衡,可促使交际的成功。

1.4.2　语言符号内部信号与意义之间的协同关系

语言符号由不可分割的信号与不变意义两部分组成。一般来讲,运用的符号越小,越不明晰,其不变意义越模糊,其多义性越强,其产生的具体语境信号越多。反之,运用的符号越大,其不变意义越明晰,多义性越弱,其产生的具体语境意义越少。这种现象可用符号的多级阶性解释。运用的符号越大,其所包含的次级符号越多,其所表达和限定的意义越精确、清晰,符号的歧义性越弱,它可产生的语境意义越少,越具体。由此,在一定的情景语境中,所选择的信号与要选择的不变意义之间要达成某种协同,以利于恰如其分地表达意义。

1.4.3 语言符号间词汇与语法的协同关系

语言符号在形式层分为词汇和语法两类。两者形成一种协同关系,共同组成语言符号系统。然而,人们对词汇和语法的作用的看法不尽相同。例如,托宾认为:"交际的主要负担落在词汇上,词汇符号为我们提供了最基本的信息:即我们所谈的内容。而语法为我们提供附加信息或进一步改进所谈内容(词汇)的关系"(Tobin 1990:63)。

韩礼德则认为:"词汇是语法的一部分"(Halliday 1994b),"意义不是由词汇表达的,而是由词汇语法作为一个整体表达的"(Halliday 1995a)。这样,语法如果不比词汇更重要的话,起码是同等重要的。

语法与词汇的协同可表现在以下两个方面:

第一,两者的分工不同。词汇符号主要提供较具体的意义特征。语法则根据语境将词汇组合成有意义的更大符号单位,形成交际话语。大量的词汇出现可减少语法的负担,使语法结构简化,如在正式书面文体中。复杂的语法结构可减少词汇的数量,如在日常口语中。词汇与语法的协同则以根据情景语境选择适量词汇和适度复杂的语法结构为宜。

第二,词汇和语法是互补性的。词汇和语法可以相互补充。当词汇出现空位时,可以用语法来补位,如用另一种方法(解释、描述等)来弥补一个不会发音或拼写的单词。当语法出现空当时,也可以用词汇来补充,如将小句等语法单位名物化(如"this answer which is as long as a paragraph"成为"this paragraph-long answer")。有些概念在一种语言中用词汇手段表达,而在另一种语言中则用语法手段表达。词汇与语法的协同表现在灵活运用词汇符号和语法符号,使两者及时相互补位,达到交际目的上。

1.5　以语言符号为基本单位的理论评价

以语言符号为基本单位研究语言不仅仅是一个单纯的以什么语言单位为基本单位的问题,而是涉及整体语言学理论的变革。首先,它把语言学与其他符号系统联系起来,使其成为整个符号科学的一部分。这样语言学可以与其他符号科学,如艺术、建筑、服装、社会结构等相互借鉴,相互参照。

另外,以语言符号为基本单位,可以避免传统语法以及现代某些语法中以句子或词为基本单位的局限性。例如,以句子为基本单位忽略词汇学;不科学地区分词素学和句法学,诸如许多句法区别是由词素表达的,如格、时态等。

再者,以语言符号为基本单位可以在其基础上建立起一个统一的学科,以避免必须同时研究语言的哲学、人类学、心理学、生理学、神经学、社会学等方面的特征(见 Tobin 1990:12)。

然而,以抽象的、不同层次、不同类型的语言符号为基本单位也易于使描述和解释复杂化,使描述的基本单位模糊不清。首先对语言符号进行假定易于产生主观性、不确定性和偏差。再者,语言符号具有层次性,可包括不同级阶、不同类型的符号。如果对每个级阶的符号都进行描述,就会使描述十分复杂,难以操作。例如,对于某一语言片段,我们要描述其词素特性,还要描述其词汇特征、词组特征、词序及其他符号特征,就会使描述臃肿庞大、羡余过大、重复增加;同时,这种方法还易于使符号的研究单位模糊不清、定不准描述的是哪个级阶的符号。这可以说是索绪尔的语言学革命没有发生的内因。

由此,在所有级阶,各种类型的符号都可作为描述单位的同时,选择一个语言单位作为最基本单位也是可取的。它可以使描述易于操作,简单化,重点突出,为对其他级阶符号的描述提供参照框架。例如,韩礼德以小句为基本单位进行语言学描述是因为小句是表达各种意义的基本单位,而且它对于词素、词和词组来说具有组成和被组成的关系,而对于句子、句群、段落和语篇来说,是由逻辑语义关系形成的连接关系,所以可以说是合适的语言研究基本单位。

2

符号的系统性与语言的意义系统
——汉英语言符号系统对比

2.1 引 言

索绪尔认为:"语言可以比作一张白纸,思想是前面,声音是后面,只剪掉前面,不同时剪掉后面是不可能的……"(Saussure 1916/1974:113)。他把符号分为不可分割的两部分:(1)发出的声音以及与此语言行为的生理和声音有关的所有事物,即"能指"(signifiant),(2)其所携带的意义、概念、思想,即"所指"(signifié)。

现代语言学理论已经在索绪尔符号学理论的基础上发展成为一个多层次、多学科的庞大理论体系。从语言层次的角度讲,语言学已经从研究语音和词素发展为具有音系层、词汇层、语法层、语义层、语用层的多层次学科。同时,语言的功能、语言的情景语境和文化语境、人类的认知模式也成为语言学研究的主要对象和必然要参照的主要因素。虽然符号学家也不断强调符号的系统性特点,但是大多数符号学概论教材仍然把符号个体作为重点研究对象,仍然主要研究符号的组合关系和形式特征(Fawcett 1984:xxv),还是围绕着几个层次的"三角"做文章,如皮尔斯的"主体(subject)、谓体(predicative)、连接(conjunction)",和"中介

(medium)、客体(object)、释者(interpreter)"以及奥格登和理查兹的'语义三角'(semantic triangle):"符号(symbol)、概念(concept)、指示物(referent)"(Ogden & Richards 1923)。"三角"理论的问题主要在于没有对三角中的诸因素做更具体和深入的分析,特别是起联系作用的因素:释者、连接和概念。这一点可以从索绪尔的符号学理论中表现出来。其原因是现代符号学家除了了解一些转换生成语法理论之外,对其他的语言学理论知之甚少(Fawcett 1984:xxiv)。

笔者认为,除了符号的能指和所指以及符号的组合关系外,符号的聚合关系及其系统特征也是符号的内在特征,是构成符号本体的重要组成部分。本章通过汉英符号系统的对比探讨符号的系统及其特征的特点和语言的意义系统。

2.2 符号的系统和系统网络

符号的聚合关系指符号的选择关系,由一系列相互联系的聚合组组成,每个聚合组有数量不等的聚合项。例如,在词汇 go 的曲折变化聚合组中包括以下聚合项:go、goes、went、gone、going;聚合项之间是对立关系。根据系统功能语言学理论,聚合项之间不仅是聚合项的并列关系或选择关系,还具有括号串(bracketed string)关系(Fawcett 1984:138)。韩礼德引入系统概念来表达这种关系:

(1) 系统由一组特征和入列条件(entry condition)组成。当满足入列条件后,要从这个系统中选择相关特征,而且一次只能选择其中一个特征。特征之间的关系是析取(disjunctive)关系,即选择了 x,就可以选择 a 或者 b。

(2) 系统中任何一个特征都可以是另一个更精密系统的入列条件,这样就可以形成系统网络,其中一个系统依赖于另一个系统的一个特征,或者说,一个系统的一个特征作为另一个系统的入列条件,即如果选择了 x,就可以选择以 a 为入列条件的下一个系统的 c 或者 d。
(3) 有时,两个或多个系统可以同时进入系统网络中,从而形成合取(conjunctive)关系。这样,同一个特征可以同时作为两个或多个系统的入列条件。满足了这个条件就可以同时在两个或多个系统中进行选择,即选择了 x,就可同时对 a 系统、b 系统和 n 系统进行选择。
(4) 这样,在选择过程中,通过不同的通道就可以选择出一系列不同的特征序列。这些不同的特征序列称为"选择表达"(selection expressions),如[x] [a]或者[x] [a] [c]等。
(5) 所选择的特征序列要在下一个层次上体现出来,所以系统网络必须要伴随体现规则(realization rules),表明在下一个层次上的表达式。

在系统功能语言学中,符号的运用过程就是在系统网络中进行选择的过程。选择出来的特征通过选择表达表现出来,通过体现规则在语言形式上体现出来,成为可以说和写的语言。

福西特把符号系统分为三个类别:(1)中心码(core code),如语言符号、身势语和伴语言符号;(2)自我表现码(self-representing codes),如衣服、汽车、建筑等;(3)其他人造符号系统,如音乐、叙述文、舞蹈等。系统网络可以用以描述和表现任何的符号系统(Fawcett 1984:149)。系统网络(及其层次语法的对应成分)可以用来表现任何在类别上相关的现象集之间的关系。福西特认为,系统网络所表现的不是事物之间的关系,而是社会行为的选项(Fawcett 1984:147—151)。

2.3 符号系统的特性

2.3.1 封闭系统和开放系统

在聚合关系中,符号的存在依赖于系统。符号在系统中的特性决定符号的价值。在语言中,系统主要有两类:开放系统和封闭系统。在开放系统中,新成员可以随时加入而不会引起系统性质上的变化。在封闭系统中,系统内部的成员是相对固定的,无法加入新成员。如果随着时间的变化,系统中加入了新成员,则预示着系统本身的变化。例如,在英语方位代副词系统中,中古英语有三个成员:here、there 和 yonder。但在现代英语中,yonder 从日常用语中消失,其所携带的意义由 here 和 there 分担,使此系统变成了两成员系统,用图形表示为图 2-1。

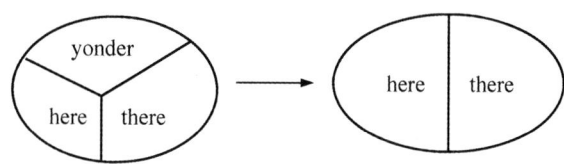

图 2-1　系统的意义分布

用系统网络表示为图 2-2。

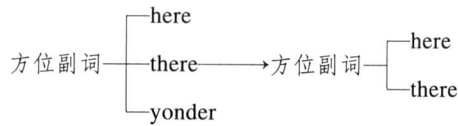

图 2-2　方位副词系统的演变

语法系统是封闭系统,通常无新成员可以进入系统中,而且交叠与空位现象较少,如方位代副词系统和数系统。词汇系统,特别是名词、动词和形容词,则是比较典型的开放系统。在开放系统中,由于其中的成员的数目是不固定的,所以,相互交叠与空位经常出现。所谓同义现象是符号交叠现象的表现,即尽管两个词的意义范围不是完全相同的,但有很大部分是交叠的,如 win 和 earn:

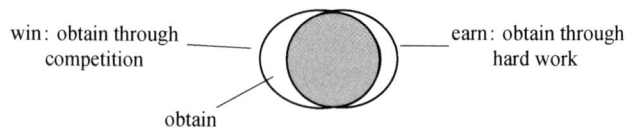

图 2-3　同义词的意义交叠

在近义词、上下义词、部分整体词、抽象具体词等意义关系中,符号之间都存在交叠现象,其语义关系可以由图 2-4 表示。

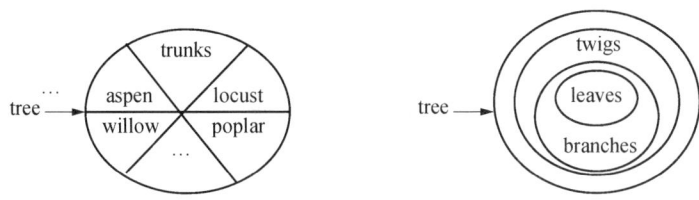

图 2-4 词汇意义的部分整体关系

如果只从概念意义的角度讲,有些词的意义可以是完全重合的,如自行车、脚踏车(图 2-5)。

图 2-5 意义范围相同的同义词

但如果把人际意义和谋篇意义等考虑在内,则可以说没有完全重合的符号,如图 2-6 所示。

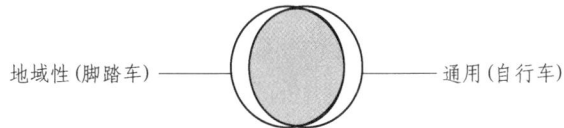

图 2-6 多元意义对同义词的区分

也就是说,有一些在体现概念意义上完全重合的符号,则在体现人际意义和/或谋篇意义上有区别。这样,意义系统不是一个平面系统,而是一个多维系统,每个横断面上的区别都可以导致符号的变化。

系统的开放性是一个连续体,也就是说,在最开放的系统和最封闭的系统之间还存在着不同开放程度的系统。例如,介词系统既有一定封闭性,其成员大部分是固定的,而又有一定开放性:(1)新成员可以添加,如当代英语中出现的具有介词特征的 regarding、supposing 等。(2)成员之间存在重叠现象,如 in spite of、despite；in、into 等。

2.3.2 汉英符号系统对比

符号系统及其之内的项目与社会文化系统及其内部特征之间是否一

致应该是符号学的重要研究对象之一。两者的一致性是主体、是必然的;两者的不一致是偶然的。但这种一致性不是完全的一致性,而是大体上的一致性,因为社会文化与符号的意义各自有其独立的系统。但是,在社会文化系统中没有出现的系统和特征在语言的意义系统中是不可能有与其对应的体现特征出现的,但在社会文化系统中已有的系统和项目则在符号系统中不一定都能出现。这样,就可能在符号系统中出现系统和特征的空缺现象。

另外,在不同的语言中有不同的社会文化系统,所以,语言之间的意义系统也存在不同,但人类所共有的社会文化系统是主流,所以不同语言的意义系统及其特征的相同和相似是主体。语言的意义系统之间的不同特点是可以通过研究语言和社会文化系统的特点来解释的。下面通过研究语言系统及其内部特征的不同来研究语言意义系统的特点。

语言的意义系统网络中符号系统及其内部特征的空缺在本族语讲话者中很难意识到。有时候,他们用迂回的方式,如解释、描述等表达,有时候则满足于模糊或心照不宣。在开放系统中,根据人们认识世界的角度、精确度、方式方法以及社会文化因素的限定,这种空缺从理论上讲应该是无限的。但根据语言在人们社会生活中的实际作用,这种空缺又是有限的。

2.3.2.1 系统中的符号特性

系统内部特征的空缺是说在语言系统中存在某些特征,但缺乏与其对应的同层次的其他特征。从语言对比的角度讲,两种语言都具备某个系统,但系统中缺乏某个或某些特征。例如,在表达运输工具的词汇系统中,英语有一个表示各类运输工具(如汽车、飞机、轮船等)的词"vehicle",但在汉语中则没有这一词汇,由此,在汉语词汇系统中就出现了一个特征的空缺。同时,在汉语中有一个表示所有用轮子在陆地上行走运输的词"车",在英语中则缺少这一符号(见图2-7)。

但汉语和英语都缺少表示空中飞行运输工具的词。这类空缺就难以发现。

当遇到必须表达某一空缺的概念时,人们通常可找到间接的表达方式,如由一个词组表达"飞行运输工具""路上运输工具"等。这可能是人们不必把每个空缺都用符号填充的原因。然而,空缺仍然存在。

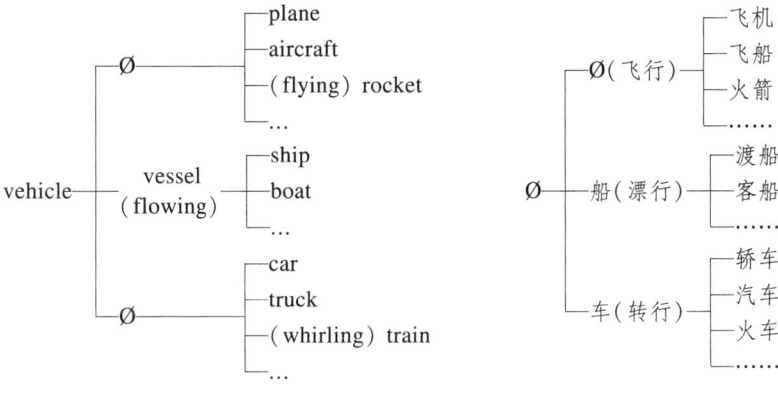

图 2-7 英汉运输工具的意义系统对比

2.3.2.2 符号系统

符号系统的空缺是说在社会文化系统网络中存在的系统及其内部特征在意义系统中没有体现的现象,从语言对比的角度讲,是指某个系统在一种语言中存在,而在另一个语言中缺乏的现象。例如,英语的数系统是一个三成员封闭系统:单数、复数、集合。英语数系统可由图 2-8 表示。

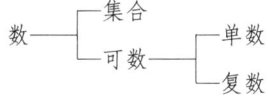

图 2-8 英语的数系统

从体现的角度讲,[单数]特征由零形式体现;但复数的体现形式形成自己的系统,可以由图 2-9 表示。

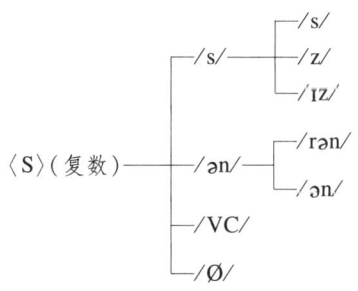

符号说明:
VC=vowel change(元音变化);∅=零形式体现,如:sheep—sheep

图 2-9 英语的复数系统

但在汉语中,单数、复数和集合特征在名词形式上都没有表现,它们都在符号系统中没有价值,进入不了符号对立系统中,所以汉语中没有数系统。但在汉语的社会文化系统中人们都可以辨认可数的和不可数的;是一个还是多个。有时,汉语意义系统网络中存在的系统在英语的意义系统网络中可能找不到对应的系统。例如,汉语亲属称呼系统是一个比较复杂的系统。而在英语中,这些复杂的关系只由概括的几个词汇表达(见图2-10)。

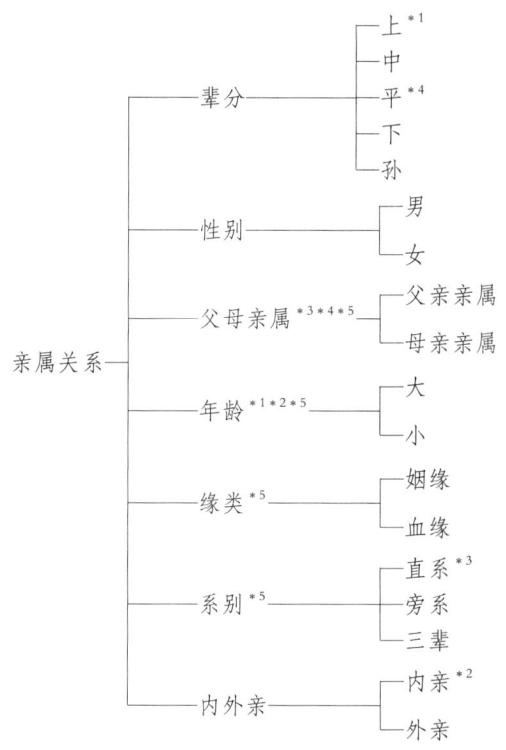

系统说明:*1=如果选择了[上],就不对年龄系统进行选择。*2=如果选择了[内亲],则不对年龄系统做选择 *3=如果选择了[直系],就不对父母亲属系统做重复选择,*4=如果选择了年龄系统的[平],则不对父母亲属系统做选择。*5=如果不对[父母亲属]系统做出选择,则不对以下年龄系统、缘类系统和系别系统做选择。

图2-10 汉语主要亲属关系系统

此系统网络的二级系统之间的关系为合取关系,即满足入列条件后,要对所有二级系统同时进行选择。这样,这个系统网络中对辈分系统中的[上]和[中]两个特征的选择所形成的选择表达特征序列及其体现形式可由表2-1表示。

表 2-1　汉语亲属关系系统的体现说明

辈分	选　择　表　达	体现形式	序号
上	男、父亲亲属、血缘、直系	爷爷	1
	女、父亲亲属、血缘、直系	奶奶	2
	男、母亲亲属、血缘、直系	外公	3
	女、母亲亲属、血缘、直系	姥姥	4
	女、父亲亲属、父亲亲属、血缘、旁系	姑奶奶	5
	男、父亲亲属、父亲亲属、姻缘、旁系	姑爷爷	6
	女、父亲亲属、父亲亲属、姻缘、旁系	叔伯爷爷	7
	男、父亲亲属、父亲亲属、血缘、旁系	叔伯奶奶	8
	女、父亲亲属、母亲亲属、姻缘、旁系	舅奶奶	9
	男、父亲亲属、母亲亲属、血缘、旁系	舅爷爷	10
	女、父亲亲属、母亲亲属、血缘、旁系	姨奶奶	11
	男、父亲亲属、母亲亲属、姻缘、旁系	姨爷爷	12
	女、母亲亲属、父亲亲属、血缘、旁系	姑姥姥	13
	男、母亲亲属、父亲亲属、姻缘、旁系	姑姥爷	14
	女、母亲亲属、父亲亲属、姻缘、旁系	叔伯姥爷	15
	男、母亲亲属、父亲亲属、血缘、旁系	叔伯姥姥	16
	女、母亲亲属、母亲亲属、姻缘、旁系	舅姥姥	17
	男、母亲亲属、母亲亲属、血缘、旁系	舅姥爷	18
	女、母亲亲属、母亲亲属、血缘、旁系	姨姥姥	19
	男、母亲亲属、母亲亲属、姻缘、旁系	姨姥爷	20
中	男、直系	父亲	21
	女、直系	母亲	22
	男、母亲亲属、血缘、旁系	舅舅	23
	女、母亲亲属、姻缘、旁系	舅母	24
	女、父亲亲属、血缘、旁系	姑姑	25
	男、父亲亲属、姻缘、旁系	姑父	26

(续表)

辈分	选择表达	体现形式	序号
中	女、母亲亲属、血缘、旁系	姨母	27
	男、母亲亲属、姻缘、旁系	姨父	29
	男、大、父亲亲属、血缘、旁系	伯伯	30
	男、小、父亲亲属、血缘、旁系	叔叔	31
	女、大、父亲亲属、姻缘、旁系	伯母	32
	女、小、父亲亲属、姻缘、旁系	婶母	33
	男、大、父亲亲属、父亲亲属、血缘、三辈	堂伯	34
	男、小、父亲亲属、父亲亲属、血缘、三辈	堂叔	35
	女、大、父亲亲属、父亲亲属、姻缘、三辈	堂伯母	36
	女、小、父亲亲属、父亲亲属、姻缘、三辈	堂婶母	37
	女、父亲亲属、父亲亲属、血缘、三辈	堂姑	38
	男、父亲亲属、父亲亲属、姻缘、三辈	堂姑父	39
	男、父亲亲属、母亲亲属、血缘、三辈	堂舅	40
	女、父亲亲属、母亲亲属、姻缘、三辈	堂舅母	41
	女、父亲亲属、母亲亲属、血缘、三辈	堂姨母	42
	男、父亲亲属、母亲亲属、姻缘、三辈	堂姨父	43
	男、大、母亲亲属、父亲亲属、血缘、三辈	表伯	44
	男、小、母亲亲属、父亲亲属、血缘、三辈	表叔	45
	女、大、母亲亲属、父亲亲属、姻缘、三辈	表伯母	46
	女、小、母亲亲属、父亲亲属、姻缘、三辈	表婶母	47
	女、母亲亲属、父亲亲属、血缘、三辈	表姑	48
	男、母亲亲属、父亲亲属、姻缘、三辈	表姑父	49
	男、母亲亲属、母亲亲属、血缘、三辈	表舅	50
	女、母亲亲属、母亲亲属、姻缘、三辈	表舅母	51
	女、母亲亲属、母亲亲属、血缘、三辈	表姨母	52
	男、母亲亲属、母亲亲属、姻缘、三辈	表姨父	53

而英语的亲属系统网络则缺少许多系统,所以其选择表达要简单得多,体现形式也少得多(见图2-11)。

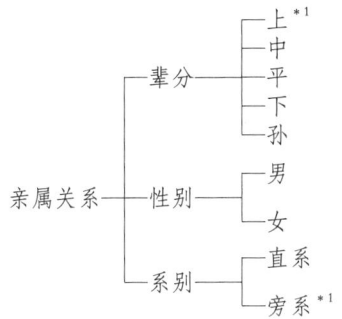

系统说明：
*1＝如果选择[上]，则不对旁系做出选择

图 2-11 英语的亲属系统

这个系统网络中对"辈分"系统中的[上]和[中]两个特征的选择所形成的选择表达特征序列及其体现形式可由表 2-2 表示。

表 2-2 英语亲属系统的体现说明

辈　分	选择表达	体现形式	序　号
上	男、直系	grandfather	1
	女、直系	grandmother	2
中	男、直系	father	3
	女、直系	mother	4
	男、旁系	uncle	5
	女、旁系	aunt	6

在英语的亲属系统中缺少了"年龄""缘类""父母亲属"和"内外亲"四个系统，所以可能的选择表达只有 6 组，其体现形式也只有 6 个，约相当于汉语亲属系统的九分之一。

2.4　语言的意义系统中的空缺形成的原因

语言的意义系统网络中系统及其特征的空缺或者不同是由多种因素

造成的,概括起来可以归纳为不同语言的系统自身的特点和社会文化系统的不同两个方面。语言的任意性特点也可以在与社会交际不直接相关的系统和特征上起作用。

每种语言都具有其独特的词汇语法系统。不同的词汇语法系统具有不同的意义组织方式,从而具有由词汇语法体现的不同的意义系统。例如,汉英数系统的区别主要是由汉英两种语言的词汇语法系统的不同所形成的。英语虽然已经属于孤立语,但仍然保留了一些曲折变化形式,即在表达复数的名词上附加复数词缀,在主语为第三人称单数的一般现在时谓语动词上附加第三人称单数标记等。在汉语中,虽然在数量是一个或者多个与语言交际不直接相关时,可能出现歧义,但在数量对语言交际十分相关时,讲话者会把相关的意义表达清楚,不会影响语言交际。

[1] 甲:{1} 你买书吗?
　　乙:{2} 买。
　　甲:{3} 买几本?
　　乙:{4} 两本利奇的《语义学》;{5} 三本韩礼德的《功能语法导论》。

在小句{1}中,我们不知道所说的"书"是一本,还是多本,但这对于交际的主要信息并不相关。在小句{4}和{5}中,乙在表明书的数量时,还提供了书的类别,使所买物品在数量和类别上具体化。从合作原则的角度讲(见 Levinson 1983:101),似乎讲话者提供了多余的信息,但书的类别是与其数量相关的。如果说买五本书,那么听话者还是要问买什么书,因为一般来讲,读者没有特别原因不会一次购买五本同一个版本的书。

文化的差异可以直接影响语言的意义系统。中国经过了两千多年的封建社会形成了稳固、系统和完整的家庭关系,还在孔孟礼教的影响下形成了系统完整的伦理道德观念。从家庭的角度讲,各种由婚姻和血缘形成的纷纭复杂的家庭关系不仅表示姻缘和血缘关系,还是距离和层次的象征,所以都必须要梳理清楚。长辈与小辈、男性与女性、外亲和内亲都在属于社会结构的重要和基础部分的家庭结构中起主导作用,即小辈必须尊重长辈、女性必须服从男性、内亲比外亲更亲密;而且,从经济的角度讲,每个类别的前者都掌握绝对的权利和优势。这些亲属关系实际上都是距离、权利和权威的象征,所以必须要从语言符号上明晰化。这就形成了汉语纷纭复杂的亲属关系系统网络。相对来讲,英语国家的封建社会时间比较短，而且没有形成性别之间、上下辈之间和内亲和外亲之间如此巨大的权利和经济分配上的差别，所以，许多在汉语亲属系统中相关的系统，在英语中就不相关，没有进入亲属关系系统网络中。

语言的符号系统是由于语言在社会交际中的功能而逐步发展起来的，所以，一般来讲，任何符号系统及其特征都可以打上在社会交际中起作用的烙印。汉语的亲属系统网络是例证之一。但由于语言的任意性特点，在某些开放系统中，某些处于与社会交际不是特别相关的位置上的意义特征可能会没有明确的符号表达形式，从而在符号系统网络中留下空位。例如，在英语和汉语的运输工具系统网络中都具有空位产生，只是在两种语言中，各自表达运输工具的系统网络中的空位不尽相同而已。

2.5　结　语

以上我们讨论了当今符号学研究，特别是语言符号学研究的特点，符号系统以及系统网络的基本特点，汉英符号系统及其特征的对比，并简单谈了出现意义特征和意义系统空位的原因，认为语言系统之间存在许多共性，但也存在不同的特点。通过对比可以发现，某些意义系统在两种语言中都存在，但系统中可供选择的特征可能不同，在某些系统中留下空位；某些系统在一种语言的系统网络中存在，而在另一个语言中则不存在，从而出现意义系统的空位。出现意义系统的空位以及系统中可供选择的项目的空位的原因可以归纳为三种：由语言的符号系统本身的特点所决定；由语言的社会文化系统的不同所致；由语言的任意性特点所致。通过对语言意义系统的对比，我们可以了解语言的特点，对翻译、外语教学和语言学研究有一定启示。

3 论语言符号的形式特征

3.1 引 言

我们知道,索绪尔认为"语言可以比作一张白纸,思想是前面,声音是后面,只剪掉前面,不同时剪掉后面是不可能的…"(Saussure 1916/1974:113)。由此,他把符号分为不可分割的两部分:(1)发出的声音以及与此语言行为的生理和声音有关的所有事物,即"能指"(signifiant);(2)其所携带的意义、概念、思想,即"所指"(signifié)。两者的关系可用图 3-1 表示。

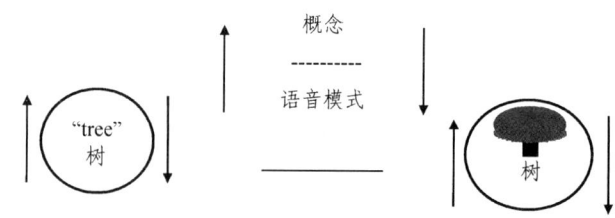

图 3-1 符号的能指与所指

那么,为什么能指与所指能够如此不可分割呢?是什么因素把两者如此紧密地联系在一起的呢?根据上图,两者的联系机制是语音模式。

它由实体体现,同时自身体现概念(意义)。

　　索绪尔的符号观自从其《普通语言学教程》出版之日起已经建立达近一百年之久。在近一百年中,在索绪尔的符号学基础上建立起来的现代语言学理论取得了巨大的发展,但其符号学从对符号本身的认识上讲却一直发展缓慢:或研究语言符号以外的其他符号系统,或在索绪尔的符号学框架内做些修修补补的工作,或力图证明索绪尔符号观的正确性,如托宾、纪尧姆和戴弗对恒义的研究(Tobin 1990；Guillaume 1929, 1945；Diver 1963, 1964)。大家都没有返回到语言学研究中去寻找新的发展思路。本章根据现代语言学理论的新发现对符号进行再认识,以使符号学研究与现代语言学研究密切关系,齐头并进。

　　现代语言学理论已经在索绪尔符号学理论的基础上发展成为一个多层次、多学科的庞大理论体系。从语言层次的角度讲,语言学已经从研究语音和词素发展为具有音系层、词汇层、语法层、语义层的多层次学科。同时,语言的功能、语言的情景语境和文化语境、人类的认知模式也成为语言学研究的主要对象和必然要参照的主要因素;而符号学还是围绕着几个层次的"三角"做文章,如皮尔斯(Charles S. Peirce)的"subject, predicative, conjunction"和"medium, object, interpreter"以及奥格登和理查兹的"语义三角"(semantic triangle):"symbol, concept, referent"(Ogden & Richards 1923)。"三角"理论的问题主要在于没有对三角中的诸因素做更具体和深入的分析,特别是起联系作用的因素:interpretation、conjunction 和 concept。这一点可以从索绪尔的符号学理论中表现出来。

3.1.1　物质实体与能指

　　索绪尔对符号的分析首先是从个体心理的角度进行的,由此得出了其所用术语"声音形象"(sound-image)和"概念"。由于个体心理之间差别很大,在甲个体心理中产生的声音形象不一定能在乙个体心理中重现,所以,索绪尔把这种心理现象进行了群体化和规约化。它认为:符号的所指与能指之间的关系是约定俗成的(conventionalized),也就是说,某一语言符号在社会群体心目中产生的声音形象是基本相同的。同样,这一声音形象在社会群体心目中产生的概念也是基本相同的,是足以使其与声音形象具有相互预测性的。这是因为符号能指的主要功能是具有区别性,符号的物质实体具有能够在听话者的头脑中产生可区别于其他符号的声音形象即可,不必要每次都在该言语社团的每个成员的头脑中产生完全相同的声音形象。例如,在英语中,pay 的发音可以是[pʰeɪ],也可以是[peɪ]。两者所产生的声音形象从严格意义上讲是不完全相同的,但它们都可以与 bay/beɪ/区别开来,所以我们可以认为,两者都可导致产生/peɪ/这一有区别性的声音形象。同样,在汉语中,bing(兵)的发音可以是[bɪŋ],也可以是[pɪŋ],但两者都可与 ping(瓶)/pʰɪŋ/相区别,所以,可以认为两者都可导致产生/pɪŋ/这一有区别性的声音形象。由此可见,同一个声音在不同语言系统中可产生不同的有区别性的声音形象;同时,不同的音也可以产生相同的声音形象,决定于不同语言的音系系统中的对立关系。所以,在声音相似和具有区别性的基础上,根据不同语言系统内部音系模式的特点,声音形象允许个体在一定程度上的偏离。

符号的能指是由物质实体(substance)体现出来的,在语言中则是由语音体现的。所以声音形象必须以相似的语音为基础。例如,英语中产生/peɪ/声音形象的[pʰeɪ]和[peɪ],汉语中产生[pɪŋ]声音形象的[pɪŋ]和[bɪŋ]都具有语音上的相似性。

然而,语言符号的最小单位不是音位,而是词素(morpheme),即可体现意义的单位。有时,同一词素在不同的环境中由不同的语音单位体现。例如,在英语中,复数形式可以由多种音位组合体现,如/s/(cats)、/z/(dogs)、/ɪz/(watches)、/rən/(children)、/ən/(oxen)、/iː/(formulae),还可以由 Ø 词素/ʃiːp/—/ʃiːp/(sheep—sheep)和元音变化(VS) /fʊt/—/fiːt/(foot—feet)来体现。这些不同的音位组合之间语音上的相似性很小。如果/s/、/z/、/ɪz/和/ən/、/rən/可由于其不同音位模式是因音位环境引起的同化现象所至,可分别产生/s/和/ən/这两个有区别性的声音形象的话,那么/ɪ/、/Ø/和元音变化则会产生其相应的不同声音形象。而这些不同的声音形象却具有相同的所指,体现相同的意义。这就产生了多个能指具有同一所指的现象,如图 3-2① 所示。同理,同一能指可以具有不同的所指,如图 3-3 所示。

---

① 圆内为符号本体

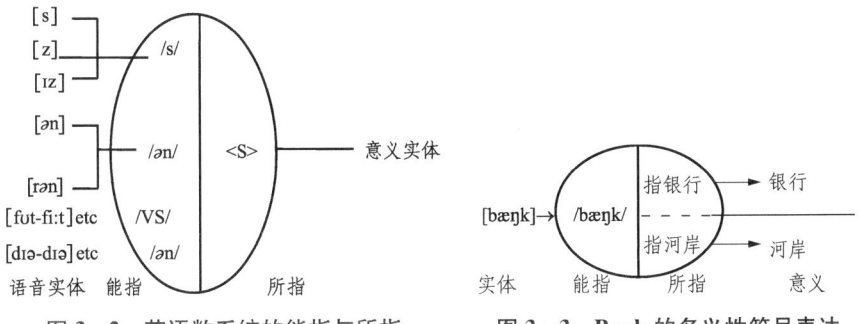

图 3-2　英语数系统的能指与所指　　图 3-3　Bank 的多义性符号表达

这样,索绪尔经典符号学所难以解释的同形异义和异形同义等现象便可迎刃而解了。

3.1.2　所指与概念

根据索绪尔,所指与概念等同,同一符号必然在人们的头脑中产生相同的概念。从严格意义上讲,这显然是站不住脚的。

首先,从具体概念的角度讲,许多词在不同的个体的头脑中不可能每次都形成相同的概念。例如,"桌子"有多种类型和形状,如八仙桌、书桌、饭桌等,每一种类型和形状的概念都可以代表桌子这一总类,所以,它在不同个体的头脑中会产生不同的概念。再如,鲸鱼对于知道鲸鱼是哺乳动物的人来说,可在其头脑中产生[+哺乳]的概念,而对于不知道鲸鱼是哺乳动物的人来说,则在其头脑中产生[+鱼]的概念(参见程 1997)。索绪尔的符号理论当然对此作出了解答,这就是符号的规约性:一旦符号的能指和所指形成规约化关系这一符号就产生了;"当其在该言语社团被确立后,任何个体都没有力量对这一符号做任何改动"(Saussure 1916/1974:69)。这样虽然同一符号在不同个体头脑中产生的概念不尽相同,但无法改变此符号在社会交际中的地位,或取消该符号。只有当本言语社团中的大多数成员在接触该符号时其头脑中产生的概念都在原符号概念的基础上发生变化,或放弃了使用该符号,它才能变化或消亡。在这种情况下,我们可以说,符号所指或概念允许个体使用者在使用过程中产生一定偏离。另外,符号一旦形成,便具有一定范围。具体的差异只要不超出其包含范围便不会威胁到符号的生存。例如,无论"桌子"一词在个体头脑中产生什么样的"桌子"概念,只要仍然在"桌子"的范围内即可。"鲸鱼"无论是产生[+哺乳]特征概念,还是产生[+鱼]特征概念,只要产生海洋中被称作"鲸鱼"的庞然大物的概念即可。

但是,某些符号在人们的头脑中难以形成一个明晰的概念;有的即使是可以形成概念,也是一组以各种关系形成的概念组。例如,我们知道世界上存在电子、中子、质子、离子等物质形式,但不知其形状和结构,所以难以形成固定概念(参见程雨民1997)。

另外,既然符号的所指等同于概念,且能指与所指总是形成固定的关系,那么不同的符号就必须有不同的所指,从而产生不同的概念。但实际上,许多所谓同义词,虽然符号之间存在区别,从认知意义上讲,却总是在人们的头脑中产生相同的概念,如"洋油、煤油""逝世、去世、死"。这就是说,不同的符号可产生相同的概念。这样,符号的所指与人们头脑中的概念的对应关系也就不能成立了。由此,我们需要在此基础上对符号进行再研究,从它在语言系统中的作用的角度来研究其特点。

3.2 能指与所指

符号的能指与所指是可以区分的,也就是说,两者处在不同的层次上。能指是声音形象,由音位模式组成,由语音体现;所指体现意义,是词汇语法层特征。由此可见,物质实体和意义都不是符号本身,而是在符号之外,由符号联系起来的成分。索绪尔本人也曾表达过这种观点:"语言在有关思想方面的主要作用不是要创造一个用以表达思想的物质的声音手段,而是作为思想和声音的联系物"(Saussure 1916/1974:112)。程雨民也认为:"'所指'既不等同于概念,也不是它的体现①,'所指'的功能是

---

① 笔者认为,所指是体现意义的词汇语法特征,'指向'与'体现'没有区别。

指向概念,给它一个名称"(程雨民 1997)。符号的能指和所指之间的这种关系可以表示为图 3-4:

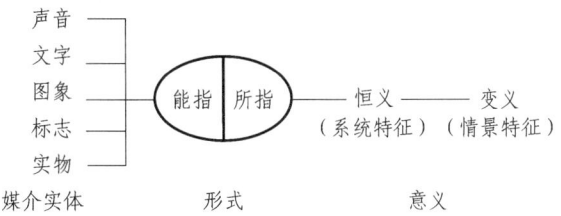

图 3-4 符号的能指和所指及其与媒介和意义的关系

在语言系统中,符号及其连接物与语言层次的关系可以由图 3-5 表示。

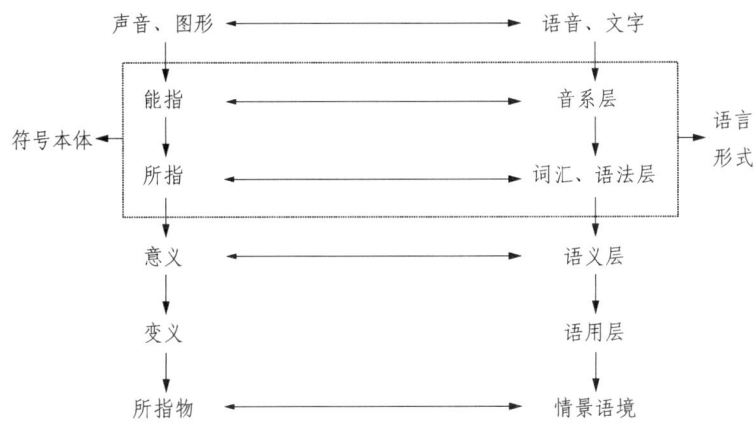

图 3-5 符号及其连接物与语言层次的关系

在此,符号是形式,正如索绪尔自己所讲:"语言学在声音成分和思想成分结合的边界起作用:它们的结合产生形式,而不是实体"(Saussure 1916/1974:113)。其功能从能指的角度讲是指向物质实体:声音、标志、形象、实物;从所指的角度讲,它指向能指物和所指物相联系所产生的意义。能指的突出特点是其区别性,在语言系统中是音系层特征;所指的突出特征是其表义性,在语言系统中是词汇语法层特征。下面再以英语复数为例加以说明。英语的复数可由多种语音形式体现:[s]、[z]、[ɪz]、[rən]、[ən]、[ɪ]、[∅]、[VC](元音变化)等,在这些语音形式中具有区别性的是:[s]、[z]、[ɪz]→/s/;[rən]、[ən]→/ən/;[ɪ]→/ɪ/,[∅]→

29

/Ø/、/VC/,但这些音系特征真正的表义性是一致的,可由⟨S⟩表示。⟨S⟩体现意义'非一'①,意义在情景语境中可以表达"大于一"如"two books"和"大于和小于一",如"two books","0.75 books"(参见程雨民 1997)。实体、符号和意义之间的关系可由图 3-6 表示。

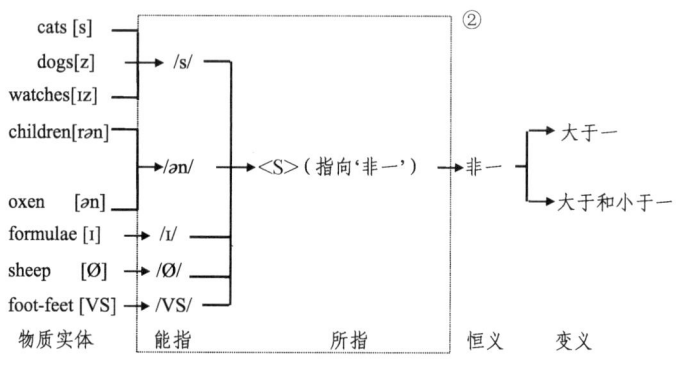

图 3-6 实体、符号和意义之间的关系

这些有区别性的,而且可产生不同声音形象的表示英语复数的形式特征可视为异形同义特征,与 luggage 和 baggage 的区别相同。

3.3 所指的形式功能

符号学研究的重点,通常是符号的能指与实体、所指与所指物以及能指与所指的关系,虽然我们也讨论符号之间的组合关系(syntagmatic relations)和聚合关系(paradigmatic relations)(参见 Saussure 1916/1974:122—127),但很少讨论个体符号在组合关系和聚合关系中的功能及其所表现出来的特征,即索绪尔(1916/1974:111—122)所称的符号在系统中的"价值"(value)和在结构中的"相对位置"(relative position),起码这两

---

① ⟨ ⟩=其中的成分为符号本体;' '=其中的成分为意义成分。
② 虚线内是符号本体。

个特性没有得到其应有的强调和重视。笔者认为,符号在组合关系和聚合关系中的功能及其系统特征也是符号的内在特征,是符号构成的重要组成部分。

3.3.1 符号在组合关系中的功能

每个符号都在结构中具有一定功能,而同时又由于其自身的特征而受到制约,这就是语言符号的结构特征。例如,复数标记〈S〉的功能是标示其所属的实体具有"非一"的特征,从而与"单数"形成对立关系。在此,应该特别指出的是,复数的标记〈S〉的"非一"特征是其功能的标记,而不是指其所指向的意义。当语言系统中没有单、复数的形式标记时(如在汉语中),其"非一"的功能便会消失,但结构从总体上表达的意义并没有变化。试比较

[1] *a.* There *are some* book*s* on the shelf.
书架上有些书。
b. There *are* book*s* on the desk.
书桌上有书。

在[1a]中,book 的复数标记有三个:are、some 和-s,而在汉语中只有一个"些",但汉语句子并无歧义。在[1b]中,book 的复数标记有两个:are 和-s,而汉语中则没有任何标记。在此,虽然英语的表达方式更明确些,但单、复数的显现化在此语境中没有意义,所以并不影响对汉语句子意义的理解。

除了其语法功能外,它又在结构中受到可出现位置上的限定。这种限定关系可以是相互一致性关系(concord),也可以是一方支配另一方的关系(government)。例如,在英语中,复数标记〈S〉只可出现在可数名词中(与其融和或出现在尾部),不能自己独立出现,也不能出现在其他词类尾部或与其融和。这是由英语语法结构对数的一致性的要求决定的。

这样,虽然它与 some、many、more 和具体的表达"大于一或小于一"的数量词都表示"非一",但由于其出现位置的限定,使其与其他符号相区别。这就是说,符号之间的区别不仅表现在其"所指义"(significance)

(Saussure 1916/1974：114)上,也表现在其结构中表现出来的特性上。

由于复数标记(-s)和 some、many 等的区别只表现为在结构中可出现位置上的不同,而不是表现为系统上的对立,所以两者可以在同一结构中出现:

[2] There are some books on the shelf.
There are many books in the library.
There are more books in this library.

而 some、many、more 可在结构中同一位置上出现,所以是系统对立特征,具有相互排斥性,因此不可在一个层次或级阶的结构中同现。

当能指在音系层上出现变体形式时,它们总是互补的,即各自出现在不同的环境中。与音位变体不同的是,这种现象的产生不是完全由语音环境造成的,而是还有历史演变和规约方面的原因(见上§3.1.2)。由此可见,符号的所指通过其结构特性和在结构中的功能来表达意义。

3.3.2 符号在聚合关系中的功能

在聚合关系中,符号的存在依赖于系统。孤立的符号是不存在的。符号在系统中的特性决定符号的价值。在语言中,系统主要有两类:开放系统和封闭系统。在开放系统中,新成员可以随时加入而不会引起系统性质上的变化。在封闭系统中,系统内部的成员是相对固定的,无法加入新成员。如果随着时间的变化,系统中加入了新成员,则预示着系统本身的变化。例如,在英语方位代副词系统中,中古英语有三个成员:here、there 和 yonder。但在现代英语中,yonder 从日常用语中消失,其所携带的意义由 here 和 there 分担,使此系统变成了两成员系统(见图3-7)。

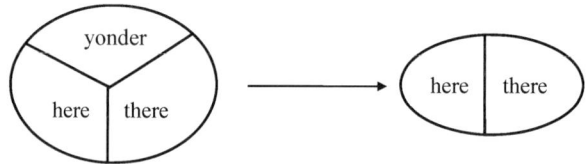

图3-7 英语方位副词系统的演变

英语的数系统是一个三成员封闭系统：单数、复数、集合。从形式上讲，单数与集合都是零标记，所以可以归为一类。但在汉语中，单数、复数和集合特征在名词形式上都没有表现，所以，单数、复数和集合特征都在符号系统中没有价值，进入不了符号对立系统中。

语法系统是封闭系统，通常无新成员可以进入系统中，而且交叠与空位现象较少，如方位代副词系统和数系统。词汇系统，特别是名词、动词和形容词，则是比较典型的开放系统。在开放系统中，由于其中的成员的数目是不固定的，所以，相互交叠与空位经常出现。所谓同义现象是符号交叠现象的表现，即尽管两个词的意义范围不是完全相同的，但有很大部分是交叠的，如 win、earn：

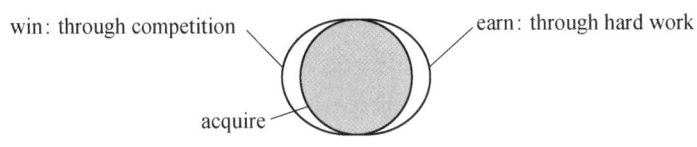

图 3-8　同义词之间的意义关系

在近义词、上下义词、部分整体词、抽象具体词等意义关系中，符号之间都存在交叠现象。

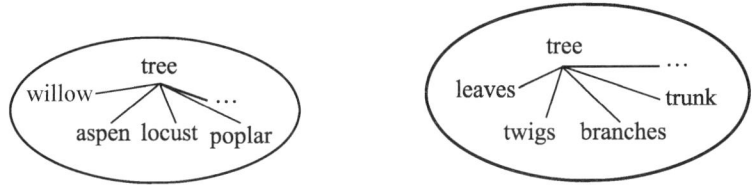

图 3-9　上下义和整体部分义的关系

如果只从认知（cognitive）意义的角度讲，有些词的意义可以是完全重合的，如自行车、脚踏车。

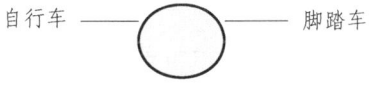

图 3-10　意义完全相同的同义词

但如果把表情（expressive）意义、谋篇（textual）意义等考虑在内，则可以说没有完全重合的符号：

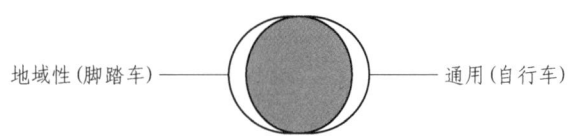

图 3-11 多元意义多同义词的表达

也就是说,有一些在体现认知意义上完全重合的符号,则在体现表情意义和/或谋篇意义上有区别。这样,意义系统不是一个平面系统,而是一个三维立体系统,每个横断面上的区别都可以导致符号的变化。

系统的开放性是一个连续体,也就是说,在最开放的系统和最封闭的系统之间还存在着不同开放程度的系统。例如,介词系统既有一定封闭性,其成员大部分是固定的,而又有一定开放性:(1)新成员可以添加,如当代英语中出现的具有介词特征的 regarding、supposing 等;(2)成员之间存在重叠现象,如 in spite of、despite 和 in、into 等。

本族语讲话者很难意识到系统中符号的空缺。有时候,他们用另外的方式表达出来,有时候则只能满足于模糊或心照不宣。在开放系统中,根据人们认识世界的角度、精确度、方式方法以及社会文化因素的限定,这种空缺从理论上讲应该是无限的。但根据语言在人们社会生活中的实际作用,这种空缺又是有限的。

系统中符号的空缺反映了符号与概念的分离。两者的分离可有如下表现形式:

其一,有些概念在讲话者头脑中没有形成有形结构,所以讲话者不知道该用什么语言形式表达。人们大概都有这种经历。

其二,有些意义虽然在讲话者头脑中形成一定概念结构,但却找不到适当的语言形式来表达,或者表达得模模糊糊,只有自己才清楚讲的什么。人们在突发某种情感或灵感,出现某种概念框架时,容易发生这种现象。

其三,人类对社会和自然的认识也在不断深入。这种现象不仅会发生在专门的科学研究上,还发生在个体的思维中。这种思维结构可以是在某个方面是创新思维,也可以是认识深化到语言可直接表达的层次之下。

对以上几种情况的表达都需要语言上的创新,即在语言系统中增加新的不同层次上的符号。也就是说,现有语言无法直接表达的新概念首先出现,然后讲话者寻找新的符号表达它。

其四,我们通常可以意识到的空缺,特别是在语言对比中,是符号系统本身在建构中的缺陷造成的。例如,在表达运输工具的符号系统中,英语中有一个表示各类运输工具(如汽车、飞机、轮船等)的词"vehicle",但在汉语中则没有这一词汇,由此,在汉语词汇系统中就出现了一个空缺。同时,在汉语中有一个表示所有用轮子在陆地上行走运输的词"车",在英语中则缺少这一符号(见图3-12)。但汉语和英语都缺少表示飞行运输工具的词。这类空缺就难以发现。

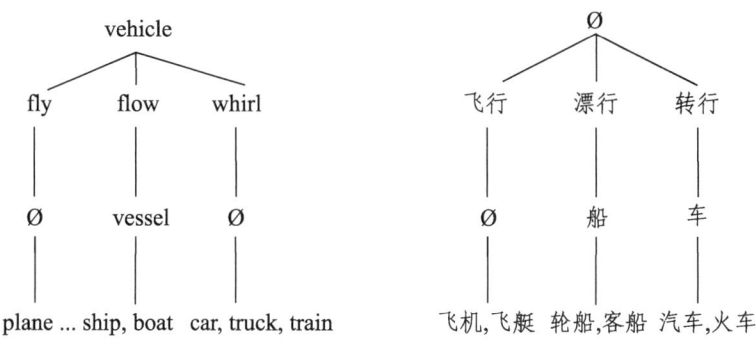

图3-12 汉英运输工具词汇系统对比

当遇到必须表达这一概念时,人们通常可找到间接的表达方法,如由一个词组表达"飞行运输工具""路上运输工具"等。这可能是人们不必把每个空缺都用符号填充的原因。然而,空缺仍然存在,不能因为可找到间接的表达方式而忽视它。再如,汉语亲属称呼系统是一个比较复杂的系统。而在英语中,这些复杂的关系只由概括的几个词汇表达(见图3-13和图3-14)。

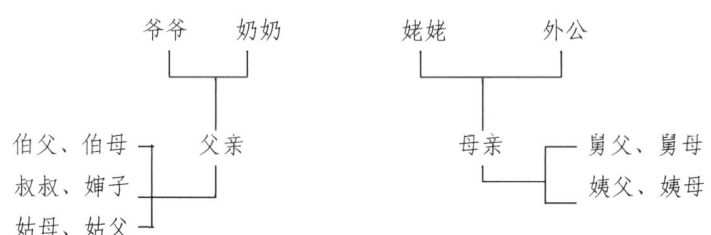

图3-13 汉语主要亲属关系

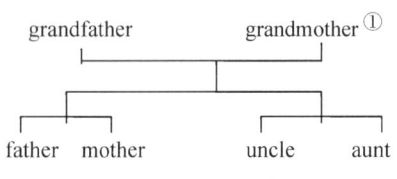

图3-14 英语主要亲属关系①

这样,符号的特性可根据英语复数〈S〉的特性总结如下:

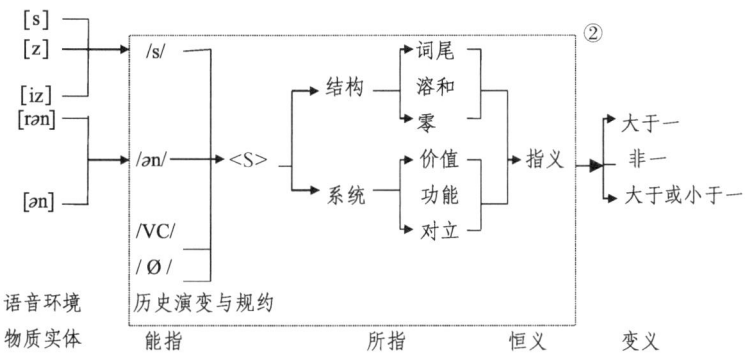

图3-15 英语的复数系统的媒介、形式和意义

3.4 结 语

以上我们运用现代语言学理论中语言层次、语言功能和情景语境等观点对语言符号在索绪尔符号观的基础上进行了重新研究。我们发现虽然索绪尔的符号学相对于传统符号学"是一大创见"(程雨民1997),但仍有一定缺憾,从而无法圆满解释许多大家熟知的语言现象,如同形异义、

---

① 笔者在澳大利亚留学时,曾就亲属关系中的称呼和亲疏之间的关系问过一位澳大利亚朋友,她说:"我们也知道 uncle 和 aunt 所表示的各种关系是不同的,有亲疏之分,只是我们的语言中没有词汇表达这种不同而已。"
② 虚线内是符号本体。

异形同义和一形多义等现象。本文认为符号的本体是符号形式,包括能指和所指。能指是语言的音系特征,与其物质实体—语音是可分离的,可以有多能指与同一所指和同一能指与多所指相互匹配的现象。符号的所指是词汇语法特征,与其所指的意义是可分离的,所以可以有一个所指与多个意义相匹配和多个所指与一个意义相匹配的现象。正是由于符号的形式特征,才使其不仅能体现意义,还具有结构特性和系统特性。

4

论社会符号学的适用性

4.1 引 言

社会符号学是符号学的一个分支,研究具体的社会和文化环境中的人类有意义的实践,解释意义是如何在社会实践中生成的。它标志着现代符号学发展的新阶段,将符号学的研究重点从符号的内在特征转移到符号在社会活动和交际中的功能上来。

社会符号学不是对单个符号的研究,而是对符号系统如何在社会语境中生成意义的功能的研究。社会符号学包括以下几个方面:人们如何设计和解释意义,如何设计和解释语篇,符号系统如何被社会利益和意识形态所塑造,如何顺应新的社会变化等。正是因为社会符号学与对语言交际功能和语言的使用的研究相关,所以它是和解释符号实践(即言语)的变异性相关的。这一新的研究重点表明个体的创造力、变化的历史环境以及新的社会身份和项目的出现是如何改变使用模式和设计模式的(Hodge & Kress 1988)。从社会符号学的角度来看,符号是可供人们使用和设计从而生成意义的资源。社会符号学的主要任务是发展用以解释社会语境中意义是如何生成的理论框架。

社会符号学和以索绪尔和皮尔斯为代表的普通符号学理论之间的主

要差异有几个方面。第一,以索绪尔和皮尔斯为代表的普通符号学主要研究个体符号的内在特征,而前者主要研究符号系统的功能,正如韩礼德所说:"……在这种符号观的历史中存在一个明显缺陷,即它一直倾向于被作为一个原子概念。符号倾向于被看作是一个孤立实体,它首先自我存在,然后才和其他符号发生联系"(Halliday & Hasan 1989:2)。

第二,索绪尔的符号理论主要是关于"语言"(langue)(即符号系统)的研究,而社会符号学主要是关于"言语"(parole)的研究,即关于符号系统的使用和变异的研究,尽管皮尔斯的符号学仍然主要是关于"语言"的研究,但因其关于符号解释和符号对象的论述为语言的使用和交际研究开辟了道路。

第三,索绪尔的符号学重点研究语言系统中静止不变的方面,而社会符号学在本质上是动态的。语言和交际的"编码"是由社会过程来塑造的。其重要意义在于意义和符号系统是由权力关系来塑造的,随着社会中权力的变化,我们的语言和其他在社会中被认可的意义系统就会发生变化(见图4-1)。

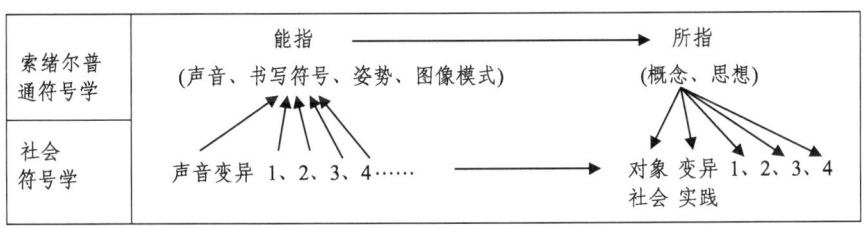

图4-1 普通符号学和社会符号学对比

系统功能语言学的创始人韩礼德首先提出了社会符号学概念(Halliday 1978)。他反对传统的将语言与社会分离的做法,开创了'符号学'途径,并实际应用于语篇分析中,将语言学研究扩展到书面语之外。克雷斯(Gunther Kress)应用并发展了巴赫金(Mikhail M. Bakhtin)和伏罗希洛夫(Valentin Voloshinov)的声音(voice)、对话性(dialogicity)和社会异质性(social heteroglossia)等概念(Bakhtin 1973, 1981; Voloshinov 1973),从而发展了社会符号学理论,后来又得到了系统功能语言学学者们,如蒂博(Paul Thibault)、克雷斯、莱姆基(Jay L. Lemke)、范律文(Theo van Leeuwen)等的进一步阐释和发展。

4.2 社会符号学的适用性

由上可见,社会符号学不同于索绪尔或皮尔斯的符号学,后两者是以符号和符号系统的研究为重点的,而社会符号学则主要研究如何运用符号系统以更好地实现实际的交际、社会和行动任务。

社会符号学是一种理论,理论是既可以独立于实践,也可以和实践相关的知识。如果一个理论和实践相关,那么它就是"可应用的"(applicable)理论;研究把理论应用于实践的理论是"应用"(applied)理论,我们有应用语言学、应用数学等等。另外一个相关术语是"适用的"(appliable),它与前两个类似,由韩礼德独创(Halliday 2006),用来解释其系统功能语言学理论,即"适用语言学"(appliable linguistics)理论。尽管这三个术语彼此相近,但'适用'与'可应用'和'应用'有所不同,主要在于后两者在将理论应用于实际用途方面是中性的,而'适用'表示适合于(语言)应用,故此对于实现应用的目的是特别适用的。社会符号学从某种程度上讲是在系统功能语言学理论的基础上发展起来的,可以说是一种"适用符号学"(appliable semiotics)理论。本章重点探讨社会符号学的适用性。

社会符号学的适用性,根据范律文对符号原则的研究(van Leeuwen 2005),可以从以下四个方面探讨:(1)符号系统是社会语境中生成意义的资源;(2)符号系统顺应社会和文化的变化;(3)社会符号学关注应用原则以完成具体的交际任务;(4)符号功能的研究是对社会交际过程的功能特征的研究。

4.2.1 作为资源的符号系统

首先,符号或者符号系统被看作符号资源,我们用来交际的行动和产物。它们可以通过生理手段产生,如通过发声器官发声或通过肌肉表现面部表情和手势等等,也可以通过技术手段,如钢笔、墨水和纸,电脑硬件和软件,纺织、剪刀、缝纫机等等。

在社会符号学中,资源是能指,是在社会交际领域中应用的可以观察到的行动和事物,因其过去被使用和潜在的可用性而具有理论符号潜势,因其被资源的实际和潜在使用者所知并认为具有相关性而具有实际符号潜势,而使用者对符号的认识是基于其特殊的需要和兴趣。这样的使用都发生在社会语境中。

当一个具体的符号系统建立起来后,它就成为意义生成的资源,所以我们可以讨论其意义潜势。与符号资源系统密切相关的一个术语是"供用特征"(affordance),其意义是所指物的潜在可使用性(Gibson 1979)。但是,仅仅通过研究所指物本身,或者在词典中查询其作为语言符号的涵义,是无法发现符号的供用特征的。没有词典能够穷尽语言符号的供用特征,符号的供用特征只能在其出现的语境中进行研究。

同时,我们无法总是事先知道需要什么资源,所以也需要我们在心目中预先有一些其他并不急需的资源列表。为了做出资源列表,我们首先需要资源集合。社会符号学的资源集合可以通过几种方式来获得,而至于哪一种集合最合适则取决于列表的目的,即对于每个社会事件或动作,我们需要建构这个事件所必需的所有符号资源。除了资源列表,我们需要调查符号资源中不同项目之间的关系。例如,克雷斯和范律文为图像的解释提供了如下几种关系类型(Kress & van Leeuwen 1996):(1)隔离,两个或多个模态的成分占据完全不同的领域;(2)分离,两个或多个模态的成分被空格分开;(3)整合,不同模态的两个或多个成分占据同一空间;(4)重叠,两个或多个模态的成分分享同一个空间;(5)押韵,两个或多个模态的成分,尽管分离,却具有某种共同的属性;(6)对立,两个或多个模态的成分属性不同。

4.2.2 符号系统的变化

社会符号学家不仅绘制符号资源的列表,调查符号资源在具体的语境中如何使用,而且致力于寻找和创造新的符号资源和利用现有的符号资源的途径。从这个意义来说,社会符号学试图将共时系统和历时叙述结合起来。

随着社会的变化,对新的符号资源的使用,也对现有符号资源的新的使用方法产生了需求。例如,随着新的信息技术的发展,PPT 成为课堂教学展示的一个新的媒体,结果创造了许多新的符号资源用作课堂展示,如声音、书写、图片、电影剪辑、图形、图标等等。

符号变化实际上由两种方式形成:隐喻(metaphor)和内涵(connotation)。隐喻是符号创新的一个重要原则。亚里士多德在公元前 4 世纪就说,"普通的词汇只是传达我们已经知道的知识,而通过隐喻我们可以找到新的知识"(Aristotle 1954:141)。隐喻的精髓是"转移"概念,根据两个领域之间的共同点来将某个符号的所指从一个领域转移到另一个领域,从而使符号的所指发生变化。绝大多数的隐喻曾经是创新的,但是现在已成死隐喻了。但是,它们在我们的日常生活中仍然使用。用雷考夫和约翰逊的说法,它们是"我们赖以生存的隐喻"(Lakoff & Johnson 1980)。

内涵所传达的通常是固化的意义,所以它并不总是创新的。但是,他们也可以从历史上或其他文化中"输入"思想,从而扩展符号所指的意义范围。这种"输入"是当今全球文化时代中符号变化的本质特征。例如,时装设计师时刻从其他时期、其他文化、电影中的科幻小说服饰等"输入"思想,其目的是在流行文化中蕴含特定时期、文化等等所附带的思想和价值,为人们表现他们所属的思想、价值观、生活方式等等提供资源。

4.2.3 符号原则

规则和原则是任何符号系统在人类交际和社会实践活动中得以运作所必需的两个重要概念。在传统符号学中,"规则"概念起重要作用,如语法规则。在社会符号学中,用原则更准确,描述符号系统在一定的语境中如何运作以及其中显性的和具体的原则。但其有效性取决于情景的类型。从这个意义上来说,我们可以看到社会符号学的运作不仅仅需要利用一组过去的、现在的和将来可能的符号资源,而且要利用一系列不同类型的应用原则。

符号原则并不是作为自然法则客观存在的,而是由人制订的,分为不同的种类,可随着时间的变化而变化。范律文提出五种符号系统在社会交际中运作的基本原则(称为"规则")(van Leeuwen 2005)。第一,个人权威原则:指有权力的人做事情不一定需要理由。例如,美国总统没有充足理由,未经联合国同意就可以对某个主权国家宣战。第二,非个人权威原则:有两种非个人权威,即书面语权威和传统权威。书面语是表达秩序与规则性的语言,例如宗教经书、国家法律、高速公路规章和雇佣合同。原则上,此类书面语是明晰的,即是遵守的人已经知道的。传统的就是布尔迪厄所说的"学而未知"(learned ignorance)的,例如特定社会环境中普通人的习俗和习惯(Bourdieu 1977)。第三,一致性原则:指做"大家都在做的事情"。它并不表现为明晰的符码,也不是来自传统的知识。它只要求"别人都在做这个事情"这一符号。第四,榜样示范原则:是指社会行为是通过地位高的人的榜样来运作的。如果你问那些遵守原则的人"你们为什么要这样做事",答案将是因为"某某人就是这样做的",而"某某人"是具有影响力的人。他可能是令人称赞的朋友,工作优秀的人,或者广受敬仰的名人。第五,专门知识:是指社会行为是通过专家之口来运作的。如果你问那些遵守原则的人"你为什么这样做",答案将是,因为"某某人是这样说的",而"某某人"是某个领域的可信赖的专家。在过去的两个多世纪中,专门知识在许多领域,包括养育子女、教育、健康、食物存储和准备等已经取代了宗教法令和传统的地位。

4.2.4 符号功能

功能概念在 20 世纪很盛行,原来基于传统或者美学的社会实践现在被认为是实现实际社会功能。例如,音乐具有美学和经济学价值,在工厂可以增加产值,在超市可以增加销售。房屋不再仅仅是居住之所,而且可以作为居住者政治或经济地位的象征,具有了社会规范性和价值观。

社会符号学理论是一个功能理论,它来源于韩礼德的功能语言学理论,其中句法不再是一个形式规则系统,而是社会交际的资源。例如在克雷斯和范律文的图形功能语法(Kress & van Leeuwen 1996)中,社会符号学实现以下三种意义:表现(representational)意义、互动(interactional)意义和组篇(compositional)意义。表现意义指的是关于人类在文化语境中的活动范围、概念以及人类所说或可以说的意义以及一切在此文化中可做的事。互动意义指的是参与者的角色及其之间的角色关系,包括权力关系、社会地位、态度、情感、意识形态和偏见等等。组篇意义是关于语篇和语境之间以及语篇内部不同部分之间的关系,包括不同符号系统之间的关系,如图像和文字之间,或者图像和声音之间,或者动作和图像之间等的关系。

4.3 社会符号学的适用特点

社会符号学理论被称为适用符号学理论,因为这一理论本质上适合社会交际和交流。根据以上讨论,我们可以说它在以下六个意义上是一种适用理论:社会性、系统性、可用性、跨学科性、动态性和多模态性。

(1) 社会性:就其基本特征而言,社会符号学是社会性的。社会符号学从社会的角度来研究符号和符号系统在社会实践和交际中是如何运作的。例如,当某人创作一幅画的时候,我们不仅仅把这幅画看作是和另外一幅画具有相同点和不同点的一幅画,而是把它看作是交际中的一个成分,例如把它看作是一件艺术品,具有审美价值或可供欣赏,或者可以用来展示画家的艺术才智。同时,社会符号学研究社会事件的创造。它意味着所有的社会事件都是有意义的,所以,它们是从社会符号系统中选择的结果,最后,它和参与者之间的互动相关,通过社会过程发展而来。

(2) 系统性:就其存在形式而言,社会符号学的研究重点由个体符号转向符号系统。符号组成符号系统,符号之间在系统中相互依存,在对符号系统的选择中相互排斥。在社会交际过程中从符号系统中选择出的特征组成符号结构,体现要表达的意义,实现交际目的。例如,here 和 there 在英语中组成表达地点情景成分的系统。它们在系统中相互依存组成一个整体,而在语境中对系统进行选择时在这个时刻是相互排斥的,即非 here 即 there,但不能是既 here 也 there。被选择的成分成为符号结构的一部分,体现交际意义,完成交际任务。

(3) 可用性:就其普遍价值而言,符号系统是交际过程中意义生成的资源。它并不以研究符号系统的特征为目的,而是研究它如何用以在交际过程中生成意义。从这个意义上讲,社会符号学研究如何从符号系统中做出选择以实现交际目的。它是言语实例化的意义潜势。例如,当研究人称系统时,我们不仅要研究系统中不同代词之间的关系,而且要研究它们在语境中如何运作,体现为主语或宾语,或者在语篇建构中充当衔接成分等。

(4) 跨学科性:就其实践本质而言,社会符号学不仅仅局限于研究符号系统本身,而是超出了相关的符号系统,将其研究领域延伸到许多和社会行动与活动相关的领域,譬如权力、社会阶层、美学、政治、语言教学等等。例如,当我们研究绘画系统的时候,我们研究的重点不是绘画的内部特征,而是其如何使用来表达自身所包含的情感或社会意义,或者展示权力关系的,例如,报纸上一幅奥巴马的照片可以表达摄影师对他的态度。这就和政治和权力有了联系。

(5) 动态性:就其存在形式而言,社会符号学的研究重心是社会交际过程的变异性。符号学的应用本身就是社会实践的一个过程。首先,所有的社会实践都发生在不同的语境中,涉及不同的活动领域,不同的参与者和他们之间的关系。社会符号学理论要解释这些变异,为其寻找有用的模式。例如,在服装的社会符号学研究中,研究重点不是服装的一般特点,而是不同的服装如何使用,不同服装具有不同的地位和权力意义,适合不同场合,适合不同人群,适合不同季节等。其次,符号系统将会随着社会环境和权力关系的变化而变化,所以社会符号学研究的是社会实践的动态方面。对于服装而言,社会符号学研究的不仅是不同环境和场合中的不同使用,而且是不同时间或社会时期时尚的变化。

(6) 多模态性:就其体现而言,社会符号学是多模态的。尽管语言是交际的首要媒介,但是交际不仅限于语言,而是可涉及多种媒介,例如广告、电影、绘画、书法等等,和不同类型的模态,例如广告可以体现为书法、书写、框架设计、演讲、歌唱、绘画、照片等等,而电影涉及移动的背景、动作、对话、声音、音乐等等。每个模态系统在整个话语意义的表达中都起着独特的作用,它们在交际话语的整体意义建构中是互补的。

4.4 适用性多模态话语分析

在社会符号学中,分析的基本单位是话语,它是符号过程或符号事件特点的体现。根据费尔克拉夫,广义地讲,话语"作为社会实践主要有三个特点"(Fairclough 2001:2):作为体裁、作为话语、作为风格(Fairclough

2003：26）。体裁概念是研究符号资源如何用来构建交际活动的关键；话语概念是研究符号资源如何用来建构世间事物表征的关键；风格概念是研究人们如何使用符号资源实现体裁，并在此过程中表达身份和价值观的关键。但是，在深入探讨话语的这三个方面之前，我们首先需要区分社会符号学中的两个重要的基本概念：现实（reality）和社会实践（social practice），因为话语源自这两个概念。

4.4.1 现实和社会实践

话语是资源，用来表现现实和社会实践的某些方面的知识。"现实，在日常用法中是指事物真实存在的状态"。从字面上来说，现实指的是真实的事物；就其最广泛的含义而言，这包括"所有一切事物，无论是否可观察到的或者可理解的"（维基百科）。因此，所有的自然、社会和心理现象都是现实，比社会实践的范围要广。

社会实践，对于费尔克拉夫来说，是"其他成分"（不是"语篇"——笔者注），或者是社会生活的"时刻"（moments）或语篇外部的成分（Fairclough 1995，2003；Harvey 1996）。社会实践、"时刻"或话语外部成分都是社会行为的相对稳定的特征，所以社会实践不包括那些非社会现象，如物理和自然现象，它们也可以由话语体现。例如，自然发生的事情或存在本质上并不是社会性的，但都可以被编码或讨论。也有些行为本质上不是交互性的，譬如农民犁地，或者工人做工，但它们是惯例性的活动，也可以用话语来讨论。在另一个层面上，社会实践也是话语实践或话语。由此，我们可以有四个层面上的社会实践：（1）非交互式社会实践：这类实践中有人类行为，但参与者并不和其他人进行交际，所涉及的行为是惯例性的，如做工或犁地等常见的活动和职业；（2）交互式社会实践：这类实践不仅仅是人类行为，而且其本质也是人类参与者之间的交互活动，如对立双方、两个国家或组织之间的战争，两个公司之间的经济或物质交易等等；（3）语言社会实践：这类社会实践伴随着语言实践进行，如发表演讲、讲课、聊天等等；（4）元话语实践：这类实践基于原有语言社会实践的转化，如评论足球比赛、报道战争等等。

但是，所有社会实践的本质都是话语性的，都涉及从符号系统中做出选择进行交际,而现实(如自然和物理现象、自然发生的事物和存在)就不会受到人类行为或认知的影响,由此,社会实践和话语相互依存。话语有赖于社会实践的出现,而社会实践的起源和扩展依赖话语的发展。如果社会实践是能指,话语是所指,那么我们的能指也可以进而来自它们自己的所指。以战争为例,战争本身是能指,战争报道或评论就是所指,而战争报道或评论又可以作能指,而对于这些评论和报道的讨论是所指,如此反复,以至无穷。

4.4.2 多模态话语

话语本质上是多模态性的,因为不同的符号系统都可用来实现话语,同时,当现实的某个方面需要表现时,话语也可以被用来呈现现实或社会实践的某些方面的知识。话语无法决定我们可以对现实的某个方面如何呈现,但是离开了话语,我们无可表现。我们需要语篇实现对事物的表现。话语是多样的,因为现实的同一个方面可以有不同的话语、用不同的方式来实现,包含或排除了不同的事物,或服务于不同的利益。

某一话语存在的证据来自语篇,来自所说的话,或所写的文字,和/或通过其他符码表达的内容。更具体地来说,对于现实的同一个方面可以有多个语篇,口语的或书面语的,从事物的相似性就可见话语的存在。相似的陈述,在不同的语篇中得以重复或者释义,以不同的方式分散于这些语篇中,正是从这些陈述中,我们可以重建它们所表达的知识。

话语是社会实践或者现实的一个版本,其中还包括了在语境中使用话语时所附加上的思想和态度。这些思想和态度有三种(van Leeuwen 2005:104—105):(1)评价,例如对相关食物的评价——是否可口,是否有馅,以什么方式呈现等等,或者食用的方式——速度是否太慢或太快,餐具使用是否得当,或其他一些方面;(2)目的,例如治疗或防止心脏病,或庆祝某一特定成就等等,不同话语给同一实践附加上不同目的;(3)合法性,即为什么特定的事情要用特定的方式,由特定的人来做等等,例如病人需要食用某种特定的食物,因为心脏病学家建议他吃。

在社会符号学视角下的多模态话语分析中,一个主要的任务是调查同一现实是如何被塑造为不同话语的。这样,我们首先需要找出构成社会实践的主要成分,然后找出现实是如何被转化为不同版本的话语的。

对于第一个任务,社会实践的成分至少有以下七种:(1)行为,社会实践涉及的行为,如行走、吃饭、饮酒、讲课等等;(2)行为者,是指在某个社会交际过程中发出行为的参与者;(3)方式,行为者发出行为的方式;(4)呈现,以某种方式来呈现发出的动作,例如衣着鲜艳;(5)资源或工具,实现某一特定社会实践所需要的工具或材料;(6)时间,任何行为都发生在具体的时间中;(7)空间,社会实践也同样发生在一定的空间里,包括行为的方式以及行为之间的距离。

事实上,所有这些成分都必然是社会实践被编码的一部分。但是,具体的语篇可能只包括其中的一部分,同样,语篇所赖以生成的话语也是这样。知识是选择性的,它选择哪些内容取决于产出这些知识的机构的兴趣和目的。

现实是如何转化为话语的?范律文列出了四种基本的转化类型(van Leeuwen 2005:110),我们在前面的讨论中都已经提到了。这四种类型是:(1)排除,为了一定的目的,社会实践的某些成分可以被排除在话语之外,例如,排除行为者可用以歪曲事实;(2)重置,话语可以重新安排社会实践的各个成分,例如叙事中的倒叙或者将按照一定顺序发生的事件去时间化;(3)替代,在话语中用概念替代实际社会实践中的具体成分,利用一般替代特殊,或利用整体替代部分;(4)增加,话语可以在表现过程中增加成分——最显著的是评价、目的和合法性,当然为了影射或欺骗的缘故,也可以增加原本属于其他社会实践的细节。

4.4.3 话语体裁

"体裁"概念一般用来指"一种类型的语篇"。当一个语篇具有了同类语篇的特征,它就成为某个体裁的"典型"语篇。其原因是产出语篇的人遵守一定的惯例,例如规定、传统、根深蒂固的习惯、榜样示范等等。

体裁主要有三种特征,即内容特征、形式特征和功能特征。体裁特征通常从内容上来描述。例如,童话的场景往往是"很久很久以前,在一个遥远的国度里",往往至少有一些有魔力的角色(如巫师、女巫等)和离奇的事件。

语篇也可以根据表达的方式或使用的媒体来描述特征。弦乐四重奏就是以形式取向的体裁研究方法的例证;弦乐四重奏得此名是因为它是由四个琴弦构成,不考虑弹奏什么曲子。

最后,语篇有其典型的功能。广告体裁的定义在于其出售的产品或服务,甚至出售理念。新闻体裁是由其对最近发生的关乎公共利益的事件提供信息的功能来定义的。体裁结合体也是可能的。例如,杂志广告体裁是由其广告以及媒介(杂志)的功能来定义的。

以社会符号学方法研究体裁重视社会交际中语篇的功能,重视人们通过语篇行事的对象或受益者或参与者。这样,体裁被看作是分阶段的、多模态的过程。它包括一系列的"阶段",这些阶段是功能性的,例如"揭示问题""寻求帮助""提供解决方案",从而表明交际是分步骤完成的。每个阶段包括一个或多个相同的交际行为。阶段的次序从整体上体现出实现整个交际目标的特定策略。

4.4.4 话语风格

风格因可用在不同的领域中,如文学、新闻报道、政治演说等而有很多不同的定义,用来实现不同目的,如理论研究和实际应用。《简明牛津词典》给的定义是"写作、说话或行事的方式,特别是相对于所要表达的内容或要做的事情而言"。这是个好的定义,它是多模态性的,不仅涉及"讲话和写作",而且涉及"行事"。但是,风格不仅仅涉及表达,而且涉及内容,韩礼德运用及物性对戈尔丁(William Golding)的小说 *Inheritors* 进行了分析证明了这一点(Halliday 1973)。迄今为止,社会符号学的主要研究重点是话语和体裁,而不是风格。

但是,在现代社会,"生活风格开始取代社会阶级,成为主要的社会群体划分标准和社会身份的来源,显然,风格理念在当代社会越来越重要"(van Leeuwen 2005:239)。这不仅表现在政治中,而且也表现在其他领域,如大众传媒、经济学、教育以及文学和艺术。

根据范律文,多模态话语风格可以从三个视角进行研究(van Leeuwen 2005:239):(1)个体风格:个体风格突出个体差异。一方面,我们说话或做事的方式总是在某种程度上受到社会的调节;另一方面,也有一些空间可以容许个体差异,即"用自己的方式来做事"。它在文学、音乐和艺术中扮演着非常重要的角色。(2)社会风格:社会风格突出社会对风格的决定性。风格表达社会地位,表达我们在一系列稳定的社会范畴中的位置,如阶层、性别和年龄、社会关系等,表达我们在受社会调节的活动中所做的事以及扮演的角色。(3)生活风格:生活风格把个体风格和社会风格结合为一体。一方面,它是社会性的,由某个群体共享(Chaney 1996:12)。生活风格具有社会性还因为它如态度一样由公共形象来表示,通过服饰、装饰等等来传达。

4.4.5　话语中的情态

"情态"概念,对于研究人们如何运用符号资源创造其表现的真理或现实价值以及如何进行交际,是非常关键的。例如,将其看作是事实还是虚构,是证实的真理还是猜想等等。

情态是从社会符号学的角度研究真理问题的途径。它与事实表征,如是事实还是虚构、现实还是幻想、真实的还是虚假的、真正的还是伪造的以及社会交际问题都是相关的,因为真理问题也是社会问题。一个事物,在一个社会语境中认为是正确的,在其他语境中未必被认为是正确的,其带来的结果必然是不同的,因此语言学家和符号学家不会问"多么真实",而是要问"表现得多么真实"。他们关注的并不是绝对的真理,而是相对于说话者和写作者和其他符号生产者的真理,是他们用来表达真理的符号。

语言表达的情态长久以来已经由语言学家进行过深入研究。但是,情态也可以由其他符号系统来表达,如图像、音乐、动作等等。语言学家对情态的研究主要着眼于其语法系统,譬如情态动词 may、will 和 must 以及情态附加语 perhaps、sometimes、usually。它们表达三种程度的情态:低值、中值和高值(Halliday 1985/1994a/2004,与 Matthiessen 合著)。对于语言学家而言,真理不是有无问题,而是程度问题。

对图像中情态的研究一直很少,只是近年来一些社会符号学家才开始研究。根据克雷斯和范律文,图像符号判断涉及以下几种图像表达方式(Kress & van Leeuwen 1996):(1)细节表达程度的范围;(2)背景表达程度的范围;(3)颜色饱和度的范围;(4)颜色调节程度的范围;(5)颜色差异程度;(6)深度表达程度;(7)光影表达程度;(8)色调表达程度。情态也可以通过其他符号系统表达。例如,范律文细致地讨论了声音模态,认为它可以像研究图像那样来研究(van Leeuwen 1999)。因篇幅所限,在此不加讨论。

4.4.6 多模态话语的衔接和连贯

同语言语篇一样,任何其他符号系统的语篇也是由次级单位和成分构成的,它们在构成整个的话语中起着合适的作用。大体来说,可以有四种方法融合符号资源构成多模态话语,韵律(rhythm)、构成(composition)、信息关联(information-linking)和对话(dialogue)(van Leeuwen 2005:179)。

4.4.6.1 韵律

韵律指符号结构实体的复现模式。它和符号过程的时间序列相关,为事件随着时间展开提供连贯和有意义的结构,在日常交际和在基于时间的媒体中都起着重要作用。韵律的基本模式是大单位由小单位组成。韵律的最小单位是脉冲(pulse),脉冲形成节拍(beat),节拍有轻重之分,可形成格律单位;格律单位形成乐句(phrase),体现一个交际行为。每个乐句都有一个关键的音乐节拍,即主基节拍,用来标示该交际行为的关键时刻。乐句组成音段(stage);音段体现语篇或交际事件中的段落,每个音段有一个关键乐句,即主基乐句,是音段的重要交际动作的标记。韵律结构可以通过以下四种方式来调节:(1)调节速度;(2)调节每个格律单位中声音或节拍的数量;(3)调节每个乐句中格律单位的数量;(4)调节每个音步中乐句的数量。这就可以有许多韵律程度和种类。韵律调节模式的意义或者是由其来源决定的,如音乐中的双拍和三拍时间;或者是由经验意义潜势决定的,如单音节韵律和速度的意义。

4.4.6.2 构成

构成指在空间上部分如何构成整体的方式。所以它不是关于移动和速度的,而是关于静态的成分如何通过一定方式的安排形成整体,获得想要的效果的。它主要设计图像、布局、展览、建筑等符号系统。构成由几个关键性因素来调节空间安排的方式——平衡、凸显、对称、同心和等级。

平衡是基于两个部分的对等,其中间被一条分界线切分开。形成平衡的过程同时也是一个符号过程,"平衡的功能只有通过指出它所帮助创建的意义才能表现出来"(Arnheim 1974:27)。平衡概念是其他构成方式,例如凸显、对称和同心的基础。在图像符号学中,图像的成分在其图像凸显的基础上达到平衡,是几个因素互动的结果,例如相对尺寸、聚焦程度、细节和结构的数量、色调对比等等。例如,黑色和白色之间的界线高度凸显;前景物体比背景物体更加凸显,重叠部分比被重叠部分更加凸显。在对称构成中左右是均衡的,即两边具有同等的分量。但当其中一边在视觉上偏重时,平衡会变得更加有效;这时平衡的中心从空间的几何中心位置移开;这也是艺术欣赏中审美愉悦(aesthetic pleasure)的源泉。这是使成分反复移动直到让人感觉"恰到好处"的结果。左右两边是比喻的说法,也是被赋值的。知识和教育被认为是"上部的",而娱乐被认为是"下部的"。其他空间安排,如前景和背景、左边和右边、开始和结尾、中心和边缘都被赋予意义。所有这些因素的本质都是多模态性的。它们不仅与空间相关,而且与文字、图片、对象、概念、声音等相关。

4.4.6.3 信息连接

话语是在合适的情景语境和文化语境中从符号系统中做出选择的结果。所选的项目要以合适的方式连接起来,形成一个整体。在语言中,连词和连接成分用来表明话语中各个成分之间的关系。在韩礼德的功能语法(1985/1994a/2004,与 Matthiessen 合著)中,小句之间有两种关系:相互依赖关系和逻辑语义关系。在相互依赖关系中,所有通过逻辑语义关系连接的小句都是相互依赖的,即在话语结构中,一个部分与另一部分是相互依赖的,分为联合关系(相同地位)和主从关系(不同地位)。在逻辑语义关系中一个小句的意义与另一个的相互联系,分为两种关系:扩展和投射。扩展包括详述、延展和增强;投射包括投射话语和投射思想。相同类型的关系也可以在其他符号系统中发现,如图像、电影等。但是,它们往往并不是像在语言中那样用标记明确标识出来。在图像背景中,它们表现为序列、时间间隔、空间位置以及其他逻辑连接手段,如前景和背景、阴影、重叠、不同类型的颜色和程度等等。

4.4.6.4 对话

话语是参与者之间互动的结果,所以每个参与者在话语的建构过程中都起作用,每个参与者的贡献都构成了话语的一部分。这样,汇集起来,话语是由所有参与者共同建构的。话语的这一特点称为"对话"(dialogue)。因此,我们需要探索多模态话语和交际事件中对话的结构和其他交际形式如何被用来理解符号模态之间的关系的。

(1) 语言对话

多模态衔接也可以从对话的交互性特点方面来研究。受巴赫金和伏罗希洛夫的影响,对话已经成为社会符号学的中心概念。伏罗希洛夫认为,有一种互动逻辑称为对话逻辑;他(1973 [1930]:38)说,"对话交替出现,彼此相连,这种连接不是按照语法规则或逻辑,而是按照评价(情感)对应,对话配置等规则,紧紧依赖社会情景的历史条件和整个生活的实际运转。"话语的整体衔接通过对话的交互性本质来体现,来自话语体裁结构的动态过程。这一结构的每一个阶段作为话语或交际的单位,都具有其内部的运作机制。例如提问与应答,命令与接受,或更概括地说,起始话步与回应的次序。

(2) 音乐对话

许多语言外的符号系统也具有会话特征,尽管其表现形式不一,程度各异,例如歌曲、戏剧等等。音乐是交际的一种艺术模态,其中的话轮转换也是很普遍的。对话不仅是交互性的,还是情感性的。一般来说,音乐中有四种交际方式——联袂、合唱、复唱和主唱。联袂是人们在同一时间同一地点参与同一种音乐活动,而没有实际在一起演出或演唱,却能从中获得愉悦感和归属感,如在独唱中,听众与歌手一起歌唱。合唱是指在音乐对话中人们共同演唱或演奏同一首歌曲,通过这种方式表达归属感和团结。复唱是指多种音乐参与者演奏或演唱不同的部分。主唱是指在同声歌唱中,其中一个声音或乐器是主导的,而其他的声音或乐器都是从属性的,提供伴奏,即背景音乐。

4.5 评论和评价

社会符号学从背景走向前台可以说是符号学发展的必然。同语言学一样,符号学研究也经历了从个体到系统,从理论到实践的过程。个体符号只有在系统中有位置才成为符号;也只有是从系统中选择出来的才能在社会交际中起作用。所以,在索绪尔和皮尔斯符号学对符号的特性进行深入研究的基础上,对符号系统的研究就成为重点;在对符号学理论进行深入研究的基础上,对符号学应用的研究就成为研究重点,这样,巴赫金和韩礼德的社会符号学理论自然成为研究的热点。

韩礼德把语言看作一个社会符号系统是要从功能的角度研究语言,在此基础上发展语言学理论,而且韩礼德本人几十年的研究也证实了这一点。他虽然把他的理论称为"适用语言学",但他的研究并不主要研究如何把语言学理论应用到其他领域中,而是从这个角度来研究语言本身,发展语言学理论。然而,从客观的角度看,他的理论以及在此基础上发展起来的社会符号学理论,为语言学以及其他模态在各个领域的应用奠定了基础,如语言教学、翻译、计算语言学、媒体研究、电影和电视研究等。

当然,这种研究角度也容易使人产生误解,认为韩礼德只是注重理论的应用,而不注重理论的建设和发展。实际上,韩礼德主要是从社会符号的角度研究语言,并发展了他的系统功能语言学理论。虽然韩礼德十分注重语言理论的应用,但他不是一个应用语言学家,而是一个普通语言学家,他的研究重点是普通语言学理论。所以,他的适用语言学理论实际上是一种普通语言学理论,而不是应用语言学理论。

然而,在社会符号学理论研究中也存在一些偏差,过分强调应用让我们感到似乎社会符号学理论是应用理论,而不是普通符号学理论。实际上,社会符号学是普通符号学的一个分支,也是普通符号学发展的必然阶段。从符号系统内部符号的特性和符号系统内部符号之间的关系上研究符号学无可厚非,是符号学研究的一个重要方面,但把符号的应用排斥在符号学研究之外起码从符号学研究的现状来说有点失之偏颇。符号和符号系统是它们在社会交际中的作用而产生和发展的。如果某个符号系统在社会交际中被淘汰,那么它就到了消亡的时候。而如果一个所谓"符号系统"在社会交际中没有作用,它根本就不会成为符号系统。简言之,是符号系统在社会交际中的作用使它成为符号系统,我们怎么能够排斥它赖以生存的因素而只注重其他因素呢?

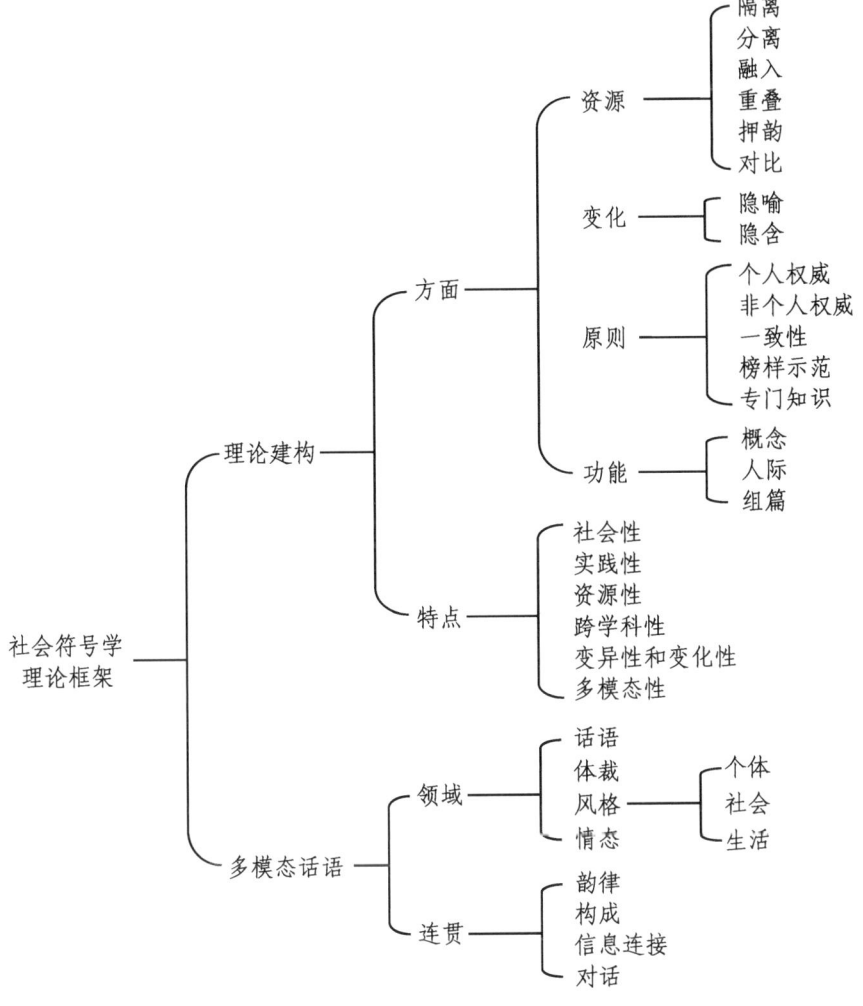

图 4-2　适用社会符号学框架

另外,符号系统的发展和变迁是在它的交际作用的发展和变迁的驱动下发生的。因此,符号的特性和符号系统的运作规律显然是受它在社会交际中的作用制约的。研究符号的特征和符号系统的运作规律,需要探讨符号和符号系统在实践中是如何运作的以及表现出什么特性。所以,在对符号系统静态的内部特征研究的基础上,需要探讨符号和符号系统在动态的实践中表现出来的特性和运作规律,从而促进符号学理论的发展。所以,社会符号学的主要任务是从"言语"的角度研究"语言",在研究"语言"的基础上发展起来的符号学的基础上发展一种新的、更加完善和全面的符号学理论,而不仅仅是研究已有理论如何应用于实践中。我们期望这种新的符号学理论的发展。另外,本章简要回顾了社会符号学理论的适用性并进行了初步的研究。所得结论有待于进一步的验证和扩展。

5

社会符号学理论建构问题探索
——社会符号的性质和应用研究

5.1 引 言

　　社会符号学是符号学的一个分支,研究在具体的社会文化环境中人类有意义的实践,解释意义是如何在社会实践中生成的。它标志着现代符号学发展的新阶段,将符号学的研究重点从符号的内在特征转移到符号在社会行动和交际中的功能上来。

　　符号学的定义是"符号的科学"(the science of signs)(Thibault 1991：1),它的起源一般可以回溯到索绪尔及其所奠基的现代语言学和皮尔斯的普通符号学(Pharies 1985)。但是,符号学理论很久以前就存在于希腊哲学中。在公元前2—公元3世纪,斯多葛派首倡符号学理论,其主要思想是一个符号包括三个部分,即物质能指(semainon)、所指(semainomenon,meaning)以及外在对象(external object)。他们所持的语言符号的观念在两千多年后的索绪尔那里得到了继承和发展。

　　根据索绪尔学说,符号学的研究开始于对语言符号的研究,语言符号不是"物体与名称的连接,而是概念和音响形式(或语音图像)的连接"(Saussure 1916/1974：66)。这两个成分都是心理性的。在这里,音响形式和概念之间的联系是没有理据的,其本质是任意性的,这构成了索绪尔符号学理论中关于符号的两大特征,即任意性(arbitrariness)和双层发声(double articulation)或双分性(duality)。然而,索绪尔的局限性是显而易见的:他只是以语言为研究对象来研究符号学,而世间的符号类别是无数的,它们各有自己的特点。譬如,皮尔斯把这些符号的类别分为三个类别:图像(icon)、索引(index)和象征(symbol)。图像和索引的任意性特征是很低的(Pharies 1985)。

在索绪尔的符号学中,语言研究的核心是音响形式和概念之间约定俗成的联系,即语言(langue)与言语(parole)这对术语中的语言,而将言语置于一边,认为其不值得研究。结果,正如朱迪丝·欧文(Judith T. Irvine)所说,"[索绪尔]最重要的遗产之一是其将符号从物质世界分离出来的激进做法"(Irvine 1996:258);而且,她又指出,"这一分离是和西方长期存在的灵与肉的分离是一脉相承的。"这种分离表现为一系列分离对立(disjunctive oppositions),包括真与假、能指与所指、词与所指物、物质与理想、内与外、意义与思想、心灵与肉体、直接与间接、自然与文化等(Thibault 1991:3)。

社会符号学不是对单个符号的研究,而是对符号系统如何在社会语境中生成意义的功能的研究。在此情形下,社会符号学所要解决的问题是:(1)人们如何设计和解释意义和语篇?(2)符号系统如何被社会利益和意识形态所塑造,如何顺应新的社会变化?

正因为它和语言的交际功能的研究相关,和语言的使用相关,所以显而易见,社会符号学是与解释符号实践(即言语)的变异性相关的。这一新的研究重点表明个体的创造力、变化的历史环境以及新的社会身份和项目是如何改变使用和设计模式的(Hodge and Kress 1988)。从社会符号学的角度来看,符号是可供人们使用和设计从而生成意义的资源。社会符号学的主要任务是发展用来解释社会语境中意义生成的分析和理论框架。

所以在社会符号学中,索绪尔的能指和所指的对立理论可以延伸为一个四位一体的框架(见下页图5-1)。

符号物理方面的引入反映了蒂博所称的"新唯物主义"(neomaterialism)的哲学观(Thibault 1991:7),对于新符号的创造是至关重要的。很显然,现在人类不仅仅将自然物体用作符号,他们也创造新的载体(vehicles)来

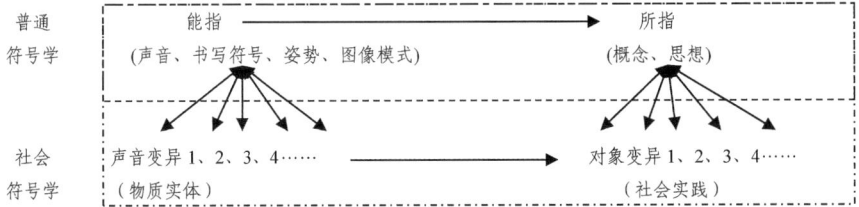

[注] 等长虚线表示普通符号学的研究范围；不等长虚线表示社会符号学的研究范围。

图 5-1 普通符号学和社会符号学对比

表达意义，比如新技术中的多媒体、绘画、电影以及艺术和科学中的图表。这些物质事物如何用作符号是需要进一步研究的重要课题。

社会符号学被看作一种社会行为方式（a mode of social action），是一种关于社会实践的理论，所以，它研究的主要对象是"言语"，是符号在不同的社会文化语境中的变异形式。

5.2 社会符号学

系统功能语言学的创始人韩礼德于1978年首先提出了"语言作为社会符号"的理论。对于韩礼德而言，语言作为"意义潜势"（meaning potential）系统而进化，或者作为影响说话者在某一特定社会语境中使用语言做事的资源（Halliday 1978：39）。韩礼德的社会符号学理论将语篇及其词汇语法体现形式与更高层次的语义、情景语境、文化语境、以及更高层次的社会符号编码相连。社会符号编码控制和调节社会主体对社会语境的不同可及度（access）。

但对于社会符号学理论做系统研究的主要为蒂博和范律文。首先，蒂博（Thibault 1991：24）应用并发展了巴赫金和伏罗希洛夫的声音（voice）、对话性（dialogicity）和社会异质性（social heteroglossia）等概念（Bakhtin 1973，1981；Voloshinov 1973），对社会符号学理论进行比较系统的研究。社会符号学理论中的声音系统包括潜在的"未发声"的意义

（potentially unvoiced meanings）和实践，包含社会异质性的关系，由此声音中的联合、一致、反对、冲突、合作等关系得以在具体的语篇和篇际之间定位和表达。

另外，他还借用了莱姆基、德里达和系统功能学派的研究者在社会符号学方面的研究。莱姆基在系统功能语言学框架之内所作的研究发展了篇际主题构成（intertextual thematic formation）和社会活动结构（social activity-structure）的概念，由此，以上所说社会符号学理论框架中的各个视角可以更进一步联系起来（见 Lemke 1983；1984；1985a；1985b；1988）。德里达对流行的"存现形而上学"（metaphysics of presence）持批评态度（Derrida 1974，1978），认为其在我们的社会意义生成的准理论和科学的解释之中都存在分歧，他将其与表象主义的本体论（ontology of representationism）相联系，将其作为西方文化中构成"现实"和"真相"的基础性的意识形态，这对于我们的以使用为导向的社会意义生成的社会符号学解释是有帮助的。

在 20 世纪 80 年代后期和 90 年代早期，社会符号学理论得到了系统功能语言学学者的进一步阐释和发展，代表人物主要有马丁（James Martin）、思雷德戈尔德（Terry Threadgold）、蒂博（Paul Thibault）、克雷斯（Gunther Kress）、霍奇（Bob Hodge）、莱姆基（Jay Lemke）等。在 90 年后期，范律文以及批评话语分析研究者如费尔克拉夫（Norman Fairclough）、沃达克（Ruth Wodak）、范戴克（Teun van Dijk）、库尔撒德（Malcolm Coulthard）等则使社会符号学具有了批评的特点，进一步发展了社会符号学理论（van Leeuwen 2005）。

范律文则从更加具体和实用的层面上探讨社会符号学，主要从三个方面进行。一是社会符号学的原则，从理论层面上探讨符号资源、符号的变化、符号运行的规则和符号的功能；二是社会符号学的话语分析的维度，包括多模态话语、多模态话语的体裁、多模态话语的文体（风格）、多模态话语的模态等；三是探讨多模态话语中模态之间的关系或者说衔接，包括多模态话语的韵律、多模态话语的组织结构、多模态话语的信息连接、多模态话语的对话。

通过以上研究可见，社会符号学从理论建构到应用实践都建立了比较全面的框架，但还有一些问题没有理清楚，其中有关社会符号本身的问题就有：（1）普通符号学的符号与社会符号学的符号有什么不同？（2）社会符号是如何产生的?(3)社会符号有哪些类别?(4)社会符号如何进入社会实践,在社会实践是如何表现的?本章重点探讨社会符号学中有关符号的这些问题。

5.3 普通符号与社会符号

如上所述,在索绪尔的符号学中,能指和所指都是心理现象,一个为物质在心里中的图像;一个为概念形象,两者都是符号本身的内在本质。也就是说,符号在符号系统中作为资源和符号在使用中作为话语的一部分都是一样的,都是一个完整的符号,没有发生变化。

但社会符号学是主要探讨符号的运用的,即符号在社会实践中有什么作用的,所以,社会符号学中的符号不是束之高阁,固有不变的,而是能够适应不断变化的社会环境、意识形态变化、权位关系的变化,而随时改变自己,成为新符号的。

在范律文的社会符号学理论中,社会符号被看作资源,用以消除符号表示已有的意义、不受用途影响的观念(van Leeuwen 2005:3—4)。而资源只是能指(signifiers),是进入社会交际领域的可见的行动和物体,具有理论和符号潜势,由它们所有以前的实际使用和将来的用途组成,使用资源的用者认为是相关的,在具体需要和兴趣的基础上由用者发现的。这样,它就不是能指和所指的组合,而是要到社会语境中去发现其所指,根据语境来给它匹配上合适的所指。

但在被选择之前,每个符号都有特定的备用特征,所以,可以适用于各种不同的语境。这样,一旦我们确定某个物理活动或者某个物体是一个符号资源,就可以描述它的符号潜势,即它创造意义的潜势。另有一个与"符号潜势"联系密切的是"供用特征"(affordance),来自美国心理学家吉布森(Gibson 1979),指"某个物体的潜在用途"(van Leeuwen 2005:4)。它与韩礼德的意义潜势相似,指语言能指——词和句子——具有指称的潜势,而不是具体的意义,需要在社会语境中来研究。其区别在于

"意义潜势"主要指已经引入社会中的意义,而供用特征还包括潜存于物体中,没有被发现的意义,有待于将来去发现(van Leeuwen 2005:5)。

这种对社会符号的认识观呼应了克雷斯和范律文的符号的使用过程是生成新符号的成果的观点。他们认为,在社会符号学中,符号不是一个对已经存在的能指和所指的连接,一个已有的等待认识的东西,在使用中保持不变的东西。社会符号学重点探讨符号的意义生成过程。它们在使用前是相对独立的,直到使用中它们才被整合为一体,成为一个新符号(Kress & van Leeuwen 2006:8)。符号的生成可以分为两个步骤:(1)语境理据:某个物体与另一个物体相似,或者可以由另一个物体代表;(2)符号生成:某个物体可以由某个符号指称,从而成为一个新符号(Kress & van Leeuwen 2006:8)。

根据这个观点,所有的符号都不是任意的,而是有理据的。根据索绪尔的符号观,符号的能指和所指的关系都是任意的,因为用什么"音响图像"来指什么"概念"是没有理据的,而是约定俗成的。这在索绪尔的理论中是能够自圆其说的。但是,索绪尔是从语言的角度来探讨符号的,也就是说,他只是探讨了语言符号的特性,没有考虑其他类型的符号。根据皮尔斯的理论(Pharies 1985),符号包括三个类别:(1)图像符号(icon),能指和所指相似的符号;(2)索引符号(index),能指和所指可通过推理联系起来的符号;(3)象征符号(symbol),能指和所指是由规约联系起来的符号。在这三个类别中,只有象征符号可以说是任意的,前两种符号都是明显有理据的。

从社会符号学的角度讲,任何符号都是有理据的,因为任何符号在被选用前都是只有能指,只有在实际使用中才能具有所指,而给能指配上所指显然是有理据的。例如,红色是一个符号,一个能指,从潜在的所指上可以有无数可能性,如革命、鲜艳、停止、美丽等,是具体的语境使它能够具有具体的所指,所以是有理据的。

因此,从这个角度讲,索绪尔的普通符号学的符号和社会符号学的符号是不同的概念。索绪尔的符号,包括能指和所指,在社会符号学中是资源的组成部分,包括它的物理特征(如音响、图像)和它潜在意义的典型意义部分(概念)。索绪尔的能指和所指不能包括一个社会符号的所有潜在意义特征,即这个符号的供用特征,因为它在不同的情景中会产生不同的意义,有不同的所指,而一个符号的供用特征应该包括它在过去被使用中所具有的所有意义特征,包括它的本义和延伸意义、隐喻意义等;而它的所指是索绪尔符号学所不研究的,即在"言语"中出现的意义,因索绪尔是把言语排除在语言学研究之外的。索绪尔的符号的能指和所指与韩礼德的社会符号的能指和所指的关系可以由下图表示。

性质 类别	物质实体	媒体特性	典型潜在意义	供用特征	实指意义
普通符号学		能指	所指	(不研究或把原能指和所指作为能指研究)	
		音响形象	概念		
社会符号学	研究它对供用特征的影响	能指(资源)			所指
		研究它对意义的承载作用	供用特征的核心部分	供用特征的主要部分	实指意义
		已有符号资源			转换的符号资源

图 5-2　索绪尔的符号与韩礼德的社会符号之间的关系

从图 5-2 可以清楚地看到,社会符号学研究社会实践,所以,就要把符号的实践特性包括在内,它的所指必然要在符号的实践中出现,作为符号的特性进行研究。

5.4　社会符号的产生

符号是意义资源,即是制造意义的资源。不同的符号系统适用于体现不同的意义,因此,每个符号系统都具有自己的意义领域。而意义是由模态的词汇语法来体现的,词汇语法又由媒体体现,成为有物质实体体现的符号系统。所以,媒体的存在是符号产生的基础。没有媒体,符号就无从谈起,因为任何符号都要以一定的物质形式作为载体等。例如,有了对颜色的分类,我们才可以用不同的颜色来表达不同的情感。

某个符号的产生来源于某个或某些媒体的产生。譬如,随着现代科学技术以及数字化、网络化的发展,新的媒体层出不穷,而这些新的媒体被不断用于不同的领域,从而产生了不同的符号系统。页面本来是文字的天地,一页纸上最典型的媒体成分是文字,页面也是根据文字设计的,但现在这一页纸已经被搬到屏幕上,它仍然可以是文字的天地,仍旧以文字的需要来设计,如书信的版面,但同时它也变得很容易把图像、图形,甚至是动画和电影等置入屏幕上,而图形和图像更加直接地和清晰地被读者理解,同时还可以给读者带来感官上的享受,所以被广泛利用。

从这个角度讲,新符号的产生可以从两个层次上来探讨:从上一个层次上看,是新的社会交际的需要召唤新符号的产生;从下一个层次上,是新媒体的产生为新符号的产生提供了优越的条件,促使新符号的产生。实际上,从根本上讲,两者不是孤立的和分离的,而是相互联系的。交际的需要是符号产生的外部动因,没有交际的需要,某个符号就没有产生的必要,所以也就不会产生;而媒体的存在是符号产生的物质条件,有了物质条件,特别是十分优越的物质条件,为模态的产生提供了内部条件。然而,一个新符号的产生不是突然的,而是要经历一个被社会认可的过程,例如,即使是由于电子纸张的优越条件而产生的图文互补的新媒体也在开始时不被人接受,直到现在仍然受到质疑。

新符号的产生也要遵循一定的原则。例如,图像在电子语篇中成为主要模态主要经历了以下过程:

(1) 交际的需要,图像作为交际媒体更加直观、便捷,提供的信息更加完整、精确,可以替代文字成为更加有效的媒介;

(2) 图像的意义也是交际者更容易解码的,因为它们是图像符号,与客观事实具有相似性,更加接近客观事实,不需要花更多的时间解码,而且可对它解码的人群要远远大于可对文字解码的人群;

(3) 图像在电子环境中十分容易制作,也很容易被复制,而不是像在纸质文本中那样,画一张画需要很长的时间,所以在纸质文本上用图画做交际媒体十分昂贵,也十分浪费时间,所以不到特别需要时就不会用它作为交际媒体了;

(4) 这种新模态作为新的交际工具,被大众,或者某个具体语言社团的大多数成员接受,认为是合适的交际模态。

这四条可以作为某种物质形式成为某个符号的媒介的基本原则,既有社会交际的动因,又易于被识读者解码,易于使用,并易被大众接受。

当然,某个符号也可能因为不再适应社会交际的需要而在社会交际中被淘汰。例如,"面相学"(physiognomy),因其带有种族主义的色彩而被抛弃,渐渐在社会交际中消失了(Kress & van Leeuwen 2001: 22)。

5.5 不同层次的符号

如上所述,无论是什么类型的符号,都要建立在一定的物质基础之上,如口语的物质基础是声音。物质基础与符号意义之间存在一定关系。从这个意义上讲,符号根据其复杂程度可以分为两种:两个层次的符号和三个层次的符号(Machin 2007: 3)。在两个层次的符号系统中,符号的物质实体和符号的意义是一一对应的,即一个由物质实体体现的符号对应于一个意义,如交通信号。由于符号的意义和符号的物质实体体现的符号本体是对应的,这样,符号的形式特征只表现为词汇,成为冗余的,因此,我们说它是两个层次的符号系统(见图5-3)。

图5-3 两个层次符号的特点

在选择过程中,首先选择的是[停止]意义,但一旦选择了[停止]意义,就同时选择了媒介红色,包括其物质实体。对其他符号的选择也是如此。对这类符号系统选择的结果是一个单独的符号(如一个词),无法组合为结构。这样就没有必要,也不可能为这种符号系统建立语法。当然对其系统特征的描述还是必需的。

但如果某个符号系统更加复杂,有区别性的符号媒介和意义不是一

① 符号说明:/ /表示媒介;( )表示词汇;[ ]表示意义。

一对应的,各自有自己的系统,那么就需要另一个系统来把它们联系起来,这就是词汇语法系统。这个符号系统就是三个层次的符号系统,譬如语言。在语言中,媒介系统包括音系系统和字系系统,词汇语法系统包括词汇和语法两个系统,意义系统是由概念意义、人际意义和语篇意义三个意义成分组成的系统。这三个层次的系统各自是相对独立的。这样,选择了意义特征不等于同时选择了词汇语法特征,而是要重新进行选择,同样,选择了词汇语法特征也不等于同时选择了媒介特征,而是还需要对其进行选择(见图5-4)。

图5-4 三个层次的符号系统(语言系统)中不同层次符号之间的关系

这类符号的这种特性是其在各个层次上都需要进行组合和再组合。例如,对意义选择需要选择一定的语法模式来体现它。这个组合模式的每个成分都在结构中占据一定的位置,具有一定的功能,属于一定的类别。因此,就需要建立合适的语法,来描述这种模式以及这种模式的功能结构。

这样,如果要为某个符号系统建构语法,首先需要分清它是两个层次的符号系统,还是三个层次符号系统。其他与语言相似的符号系统包括手语(sign language)、盲语(Braille)、莫尔斯代码(Morse Code)等。

5.6 社会符号的实践性

话语是由符号资源体现的,用来表现现实和社会实践的某些方面的知识。"现实,在日常用法中是指事物真实存在的状态"。从字面上来说,现实指的是真实的事物;就其最广泛的含义而言,这包括"所有一切事物,

---

① 箭头表示体现关系,不是选择关系。

无论是否可观察到的或者可理解的"(维基百科)。因此,所有的自然、社会和心理现象都是现实,比社会实践的范围要广。

社会实践,对于费尔克拉夫来说,是"其他成分"(不是"语篇"——笔者注),或者是社会生活的"时刻"(moments)或语篇外部的成分(Fairclough 1995, 2003; Harvey 1996)。社会实践、"时刻"或话语外部成分都是社会行为的相对稳定的特征,所以社会实践不包括那些非社会现象,如物理和自然现象,它们也可以由话语体现。例如,自然发生的事情或存在本质上并不是社会性的,但都可以被编码或讨论。也有些行为本质上不是交互性的,譬如农民犁地,或者工人做工,但它们是惯例性的活动,也可以用话语来讨论。在另一个层面上,社会实践也是话语实践或话语。由此,我们可以有四个层面上的社会实践:

(1)非交互式社会实践:这类实践中有人类行为,但参与者并不和其他人进行交际,所涉及的行为是惯例性的,譬如做工或犁地等常见的活动和职业。这类实践虽然从交互的角度不涉及符号实践,但从参与者本人讲也是一个符号实践过程,是按照符号原则行事的,可以为社会实践提供条件,成为社会实践的对象。

(2)交互式社会实践:这类实践不仅仅是人类行为,而且其本质也是人类参与者之间的交互活动,譬如对立双方、两个国家或组织之间的战争,两个公司之间的经济或物质交易等等。这类交互式社会实践本质上是社会符号实践,是非语言社会符号体现的社会实践活动。

(3)语言社会实践:这类社会实践伴随着语言实践进行,譬如发表演讲、讲课、聊天等等。这类社会实践是由语言符号和非语言符号共同体现的社会实践。

(4)元话语实践:这类实践基于原有语言社会实践的转化,譬如评论足球比赛、报道战争等等。这类社会实践完全由语言符号来体现。

但是,所有社会实践的本质都是话语性的,都涉及从符号系统中选择合适的符号及符号组合来进行交际,而现实,譬如自然和物理现象、自然发生的事物和存在就不会受到人类行为或认知的影响,由此,不涉及任何符号实践,即不涉及从符号系统选择符号或符号组合的活动。这样,社会实践和话语是相互依存的。话语有赖于社会实践的出现,而社会实践的起源和扩展依赖话语的发展。社会实践是能指,话语是意义,是所指。另外,能指与其所指融合也可以在一定语境中成为一个产生于同一能指的更高层次的能指。以战争为例,战争本身是能指,战争报道或评论就是所指,而战争报道或评论又可以作能指,而对于这些评论和报道的讨论是所指;如此反复,以至无穷。

5.7 社会符号的应用

在社会交际和实践中,交际者要从合适的符号系统中进行选择,从而产生多模态话语,建构了多模态语篇。在多模态共同建构语篇中,每个模态都在整体意义建构中有一定功能,即每个符号系统都具有它们自己合适的意义类型和范围,这就产生了符号的"专业化"(specialization)(Kress 2003:46)问题:符号的供用特征与表现和交际的需要相联系(Kress 2003:5),例如,书面语一般更有利于表现一系列事件,而图像则更有利于表现成分之间在空间中的关系。这样,会产生两种结果:(1)某个符号类别只能体现话语中的部分意义,不能承担所有的"功能负荷"(functional load:36);不同类型的符号会在话语建构中具有不同的专业任务(specialized tasks),即这种任务只有这种符号才能更好地实现它。这样在某种专业任务出现时,就会伴随这种符号的出现来体现它:专业任务的出现模式就会形成与此相关的符号或符号组合的出现模式。这样就会形成符号供用特征的专业化,是符号意义潜势的重要组成部分。

这样,不同的符号在多模态话语中所负载的信息量就是不同的,不同的符号在多模态话语中就会有不同的功能负荷(functional load)。例如,在以书面语备课本为主的教学中,主要的功能负荷由书面语承载的,所以,话语的语篇结构是由一系列书面语符号体现的,其中每个符号都有自己的功能负荷。相比之下,在以 PPT 课件为主的教学中,话语的语篇结构是由空间布局、特殊形状、图像和动画等不同的符号系统中选择的符号承载的。体现语篇结构的不是由一种符号体现的,而是由多种类型的符号共同体现的。

符号的使用涉及从符号系统中做选择,所选择的符号进入话语的结构中。如上所述,每个符号都在被选择之前只有能指,即有一个形式特征携带着它的不同数量的供用特征。只有进入话语结构后才被赋予意义。每一次这样的过程都是对符号资源的一次修正。这个过程被称为"转换"(transformation)。转换是对已有符号的转换。在听话者或者读者的心目中,符号经过话语实践而发生了变化,获得了新的意义,而进入听话者或者读者的知识系统中。

从这个角度讲,社会实践过程都是符号的创新过程,即它们在话语生成过程中获得了新的意义。与这一过程形成互补关系的还有一种符号的意义创造过程,称为"联通"(transduction),表示通常由一个或者一组符号体现的意义由另一个或另一组符号体现,即用一个符号的供用特征表达的意义要用另一个符号的供用特征来表达,类似于在修辞研究中的"通感"(synaesthesia)。例如,要把一个用书面语写成的小故事改变为一个连环画就涉及把由书面语的供用特征体现的意义改由图像来表达。这个修辞格以前只是在文学语篇中常见,所以,在普通语言研究中很少涉及,但实际上,它是人类进行交际的一个基本模式:用一种符号不能很好地表达的意义,就用另一种模态来加以表达和体现,这是一种跨符号的交际现象。

在社会符号学中,意义的创新是一个普遍现象。一方面它可以通过为已有的符号(能指)根据社会文化和情景语境的需要赋予新的意义,另一方面,可以把由一种符号资源体现的意义由另一种符号资源来体现。

从这个角度讲,社会实践过程是一个意义创造过程,是把已有的符号资源用在新的语境中,或者用其他的或者新的符号来体现话语的意义。符号的社会实践过程可以由图 5-5 表示。

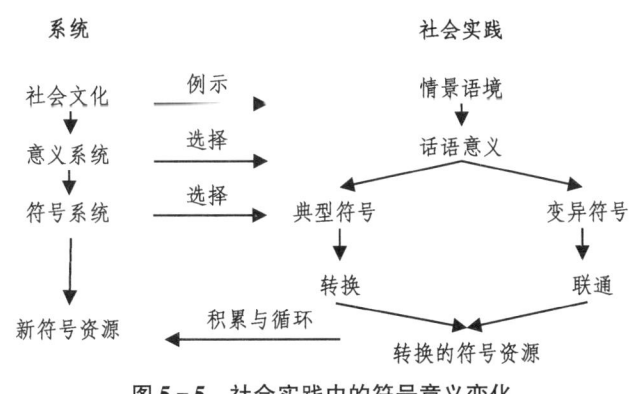

图 5-5 社会实践中的符号意义变化

图 5-5 说明,任何社会实践多是语境中进行,是由语境促动的。社会文化为所有符号系统提供了语境。但每一次符号实践都是在一个具体语境中进行的,所以,每一个情景语境都是社会文化的一个示例,决定一个社会实践活动的进行。首先,它决定要交流的意义,从而要从意义系统中选择合适的意义模式,形成社会实践的话语。社会实践话语要由符号及其组合体现,所以,要从符号系统中选择合适的符号和符号组合来体现它。这类符号组合包括两个类别:典型符号,用以在新语境中体现它惯常体现的意义;变异符号,用以实现突出的、新颖的意义。经过社会实践的符号成为"转换的符号"(transformed signs),有成为新的符号资源。

5.8 结 语

本章重点探讨符号学领域的一个新星——社会符号学——的社会符号的特性、功能和实践。本章首先探讨符号学的发展历程,引出社会符号学的研究对象和特点,然后探讨国内外学者对社会符号学的研究,并论述社会符号与索绪尔等建立的普通符号学的符号之间的关系和异同,并且建立一个两种符号进行对比的模式图;接着探讨社会符号的产生和发展的历程:社会符号不是与普通符号学的符号不同的符号,而是从符号的实践和应用的角度来观察符号的特点;还对符号的类型进行了研究,指出了符号的层次和维度等问题;探讨了社会符号的实践性特点,指出了人类符号运用与人类社会实践的密切关系;最后,探讨了社会符号的应用问题,并且建立了一个社会实践中的符号意义变化的模式。

6

论话语基调的范围及体现

　　根据系统功能语言学理论,话语基调(tenor of discourse)是情景语境的三个主要变项之一,在研究语境、语义和形式之间的关系上起着十分重要的作用。本章从社会交际所涉及的主要因素以及情景与语义的关系上,探讨话语基调的类型与特征以及它在意义和形式上的体现,以求进一步澄清学术界对此概念及其所包含的具体范畴的模糊认识,清理情景、意义和形式的关系。

6.1　话语基调的定义

　　系统功能语言学家们在话语基调所包含的次范畴以及所涉及的概念上存在一些模糊认识,从而造成对话语基调所涵盖范围的不同意见和所用概念及术语的不一致现象。首先他们对此概念的分歧表现在对话语基调的定义上。例如,加拿大语言学家格雷戈里(Michael Gregory)认为,"话语基调是所运用的语言与语言事件中参与者之间关系的相互作用所产生的结果。这种关系……可以看作从极其正式到极其非正式之间变化的关系,也就是说,指发话者和受话者之间的个人关系"(Gregory 1967)。

如果我们对其进行更深入的研究,就会发现并建立起另一种人类社会关系中的对比项,譬如,是说教性的或非说教性的,是说明性的或非说明性的。这种关系标示出了它与在有这些关系的语境中所运用语言的相互决定关系。他把前者称为"个人基调",把后者称为"功能基调"。

韩礼德虽然从总体上讲接受格雷戈里的观点,但在给话语基调下定义上有些区别。他认为,话语基调指"谁参与了交际"(Who is taking part),具体地讲,指参与者的角色关系,包括长期的社会角色关系,即"第一级社会角色"关系和暂时性的、动态的交流角色关系,即"第二级社会角色"关系(Halliday 1978:145)。马丁则把话语基调看作话语活动中参与者之间社会关系的协调,主要包括以下诸因素(Martin 1992:523):权位(地位)(power/status)、平等(接触)(solidarity/contact)和情感(affect)。

本章主要比较以上三家对话语基调定义的异同,结合语境、语义和形式之间的关系,探讨三者各自对话语基调定义的长处与不足,并为话语基调所涉及的范围和具体内容提出一个更具体的理论框架。

6.2 对话语基调定义的比较

首先,格雷戈里的个人基调指参与者在社会交际中的角色及其之间的关系(Gregory 1967;Gregory & Caroll 1978)。但其角色只指参与者永久性的、静态的社会角色关系,如父子、师生、师徒、上下级等。尽管这类关系错综复杂,相互交织,有时还会相互矛盾、相互强化或相互抵消,但它一旦确定,就形成较固定的,不受即时情景语境影响的、变化较慢的关系。例如,师生关系一旦确定,通常可延续终生,尽管其他关系可冲淡、取消或强化这种关系,如行政上的上下级关系,敌对关系等。同时,格雷戈里认为,个人基调主要影响话语的正式程度,是人际意义的重要组成部分之一。因此,其个人基调与韩礼德的第一级社会角色关系基本相同。这种角色关系虽然可在语言上体现出来,但不是参照语言进行定义(Halliday 1978:145)。

然而,从在意义上的体现来看,它不只是体现在话语的正式程度上,它还体现在其他方面。首先,它体现在韩礼德所讲的情态(modality)上。在某一角色关系中,地位高者趋向于运用高量值(high value)情态(如must、certainly、surely),以示其果断性、决定性和断言性。地位低者则趋向于运用低量值情态和中性情态(如 perhaps、possibly、may)以示其试探性、对对方敬重和给对方更多的发表意见和作出决断的余地。

其次,它还体现在态度上。对敌人,对所讨厌和憎恶的人,趋向于带有不友好、不礼貌的态度;对后辈、地位低者、弱者则带有强者或长者口气以及断言性的态度;对同伴、挚友则可带有直率或幽默诙谐的态度等。

马丁对话语基调的定义显然只局限于个人基调,即韩礼德的第一级社会角色关系。他的贡献主要表现在对个人基调的次范畴的较详细的分类并探讨它在语音、语法、词汇、篇章语义和交流模式的体现上。他把话语基调分为三个次类别:地位、接触、情感。地位亦可分为地位高和地位低两类。接触可分为接触多和接触少两类。实际上接触还包括另外两个次类别:相识度(acquaintanceship)和熟悉度(familiarity)(见张德禄 1991)。两者是不同的概念,而不是由简单的因果关系组成的。相识多可增加双方对外表的认识,却不一定能增加熟悉度。同时,两个彼此十分熟悉的人(通过书信或文章介绍)却可能从来不相识。

情感类型繁多,可根据不同标准作多种划分。例如,马丁将其分为:(1)积极情感,消极情感;(2)长期情感,短期情感;(3)对自己,对别人。实际上,情感还可根据类型不同分为友情(friendship)和亲情(kinship)。友情表示朋友之间的感情,亲情表示亲属之间的感情。两者都有正负之分。负的友情就是敌情,负的亲情就是家仇。另外,根据来源,亲情又可分为血缘情和婚配情。情感的这些次类别都可在语言上体现出来。

格雷戈里认为功能基调指讲话者的交际意图(intention),并认为(1978:53)交际意图可以影响话语的"体裁①结构"(generic structure)。韩礼德的第二级社会角色关系类似于格雷戈里的功能基调,但他却把他所说的"修辞方式"(rhetorical mode),即话语的体裁结构纳入语式中。马丁也认为功能基调决定他所称的"纲要结构"(schematic structure),但不属于话语基调。他把功能基调置于情景语境的三个变项之上,认为它是社会符号的组成部分,是决定话语范围、话语基调和话语方式的部分。他

---

① 也称为"类型结构"或"语类结构"。本章及下文可以"体裁"或"语类"出现。

的功能基调与格雷戈里的交际意图不完全是同一概念。马丁显然只注意到了长期的社会角色关系对交际话语的影响,而忽视了临时性的,且决定交际过程的交流角色关系。

何以三家对功能基调的认识有如此大的差别?仔细研究就会发现三者所讲的功能基调虽然相互联系,却不是同一概念。首先,功能基调和交际意图不是同一个类型的概念。前者存在于生物体之间,是一个社会符号概念。后者存在于生物体之内,是一个个体心理概念。客观上的功能基调与主观上的交际意图是否能重合以及能在多大程度上重合,则要看讲话者所选择的语言是否以及在多大程度上能在一定的语境中产生其所希望取得的结果。两者可以重合,也可以相去甚远。另外,交际意图还具有层级性。根据其与媒体形式的距离可分为显性交际意图和隐性交际意图。根据手段性与目的性的相对量值可分为不同的层次,各个层次之间形成"手段—目的"序列。这样,第一个层次交际意图是显性交际意图,即可以通过形式特征显示出来的。

这一层次的交际意图在客观上是由韩礼德所讲的言语功能和格雷戈里的功能基调(如说教的、说明的、寒暄的、劝说的)表现出来的。两者都是语义概念。

在韩礼德的功能语法框架中,言语功能是人际意义的主要组成部分,表现为四大类:陈述、提问、提供和命令(见 Halliday 1985/1994a)。这四大言语功能可以在不同的精密阶上有无数个次范畴。例如,所谓"说明性"功能是提供信息,所以在语义层体现为陈述;在词汇语法层由行为动词和语气体现。

格雷戈里的功能基调和韩礼德的言语功能可有大小的区别,例如,句子的言语功能与段落和篇章的交际功能之间有区别,但不是层次或类的区别。韩礼德的言语功能主要指句子的言语功能,而格雷戈里的交际意图则主要指语篇的交际功能。语篇中句子的言语功能如何相互联系,共同实现段落的篇章的交际功能还是一个需做进一步研究的课题。这方面,辛克莱和库尔撒德在从研究话语的言语行为的角度研究课堂教学语言时,已作了初步尝试(Sinclair & Coulthard 1975)。

其他几个层次的交际意图是隐性的,即它们不能直接通过形式特征体现出来,而是必须根据语言和语境关系推测出来。根据交际意图的时段性特点,隐性交际意图可归纳为三个层次:过去、现在和将来。这样,第二层次交际意图以适应已建立起来的常规或规约为目的。这些常规或规约可以是语言的也可以是非语言的;可以是习俗和规矩也可以是共同的道德观、价值观、人生观等文化因素。

第三层次交际意图可以说是为了适应即时的情景语境,达到立刻可以达到的目的。而第四层次交际意图可以说是为了将来,即为了更加久远的目的。例如,写一篇论文在第一层次上讲是为听话者提供信息,所以是说明性的。

从第二层次上讲,提供最新研究成果的信息是社会文化所形成的交际模式的需要。它要求采用论文的形式(无论是口头的,还是书面的)。这种形式已形成一种较稳定的模式,即科研论文的体裁结构潜势(见Halliday & Hasan 1985)。从第三层次上讲,可以是向世人公布其研究成果,使其被人接受,用以获取社会效益或经济效益。从第四层次上讲可以是为了推进科学技术的发展作贡献。

这后三个层次的隐性交际意图都是非语言的。它们既受情景语境制约,又反过来影响情景语境对语言选择的支配作用。由此它们不仅决定对人际意义的选择,而且还决定对概念意义和谋篇意义的选择。例如,公布最新研究成果,使其具有社会效益或经济效益的目的决定讲话者的如下行为:(1)选择公布哪个领域的研究成果(概念意义);(2)选择哪些(代表最新研究成果的)意义、舍去哪些意义(如上文已讲到的、本领域内专家共知的信息);(3)选择什么形式(口头、书面、报告、论文、著作等)(谋篇意义);(4)采用什么口气、态度、语气(人际意义)。马丁认识到了交际意图不是单独属于情景语境的三个变项之一的特点,但他仍然认为功能基调相同于交际意图,所以他的功能基调主要指第二层次及以下交际意图。韩礼德的修辞方式、格雷戈里的体裁结构和马丁的纲要结构都是主要由隐性交际意图决定的。其在情景中的功能是由语篇的交际功能,即第一层次交意图表现出来的。

所以,从总体上讲,话语基调分为两类:一是指交际者之间的长期和稳定的社会角色关系,即格雷戈里所称的个人基调,二是指和交流物一起决定言语功能的暂时的和动态的交流角色关系,即格雷戈里所称的"功能基调"。由上可知,韩礼德和格雷戈里都在一定程度上将两者包括在话语基调之内,其主要区别在于论述的角度和概念所包括的范围。格雷戈里把由交际意图决定的体裁结构也纳入话语基调的范围,而韩礼德却把它归入话语方式。马丁则忽视了交流角色关系这一话语基调的重要次范畴。

6.3 话语基调的范围

综上所述,话语基调指参与社会交际的人的特征。从较稳定的、静态的社会文化的角度讲,话语基调指交际者在文化语境中的角色关系。与韩礼德的术语相呼应,我们用"社会基调"来代表这一类话语基调,因它不是指独立的个体所代表的绝对特征,而总是在与其他交际者相比较时所表现出来的相对特征,是错综复杂的社会关系网络中的一个节点。社会交际一般是人与人之间的交际,涉及两者或多者。社会基调则指所涉及的作为社会成员的交际者之间的相对关系。例如,班长与老师的关系是师生关系,与其同学是上下级关系和同学关系的结合,与班主任是上下级关系和师生关系的结合。与不同的人进行交际就会产生不同的社会基调。而个人基调把交际所涉及的交际关系变成单纯的个体特征,容易引起误解。

同样,社会基调的次范畴也是指相对关系,而不是个体特征。例如,地位是权力关系的表现。师生之间的交际,老师是位高者,学生是位低者。接触是指人与人之间的接触,情感是交际者相互之间表现出来的情感。即使是在独白中,讲话者所表现出来的情感总是投向其交际的对象。变更交际对象则可引起情感的突变。例如,夫妻吵架时,邻居或朋友的闯入可以引起一方或双方情感的突变,因为交际已不再是夫妻双方的交际,而是夫妻双方或一方与闯入者的交际。由此,社会基调类型可表示为下页图 6-1①。

从暂时性的、动态的情景语境的角度讲,话语基调指交际者在情景语境中的角色关系。我们可以把这种角色关系称为"交流基调"(interactional tenor),而不是功能基调。这是因为,虽然功能基调从某种程度上反映了这类基调的目的性特征,但"交流"一词突出了这类基调的交际性和动态性,所以比功能基调更恰当。

---

① -[表示选择关系中的析取关系,即如选择 a,则不能选择 b,反之亦然。
　-{ 表示选择关系中的合取关系,即如选择 a,则必须同时选择 b。

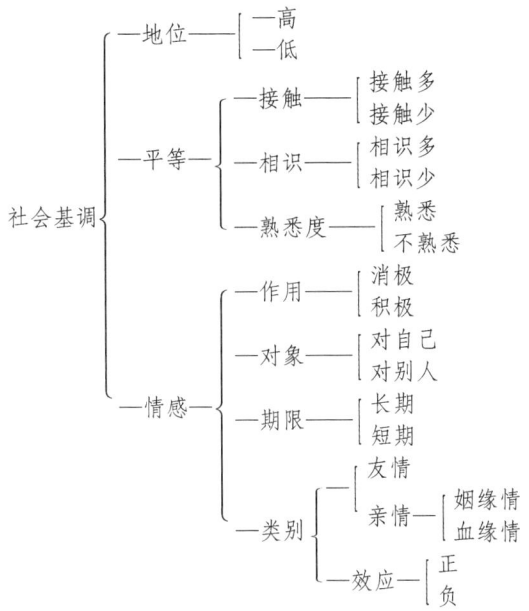

图 6-1 社会基调类型

根据韩礼德的功能语法(1985/1994a),交流角色可以概括为两类:给予和求取,从而形成两对交流角色关系:给予者/接受者,求取者/提供者。交流物也可分为两类:信息;物品和服务。所交流的信息与物品和服务都有合意不合意和受益不受益之分。合意性和受益性密切相关,是主观反应(合意性)和客观结果(受益性)的关系,都能直接影响交流进程和交流中使用的语言(见张德禄 1989;1991)。

交流基调的分类及其内容可由图 6-2 表示。

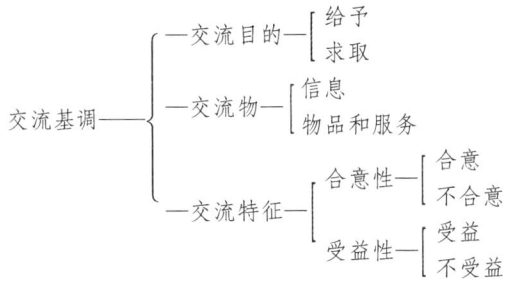

图 6-2 交流基调分类和内容

这样话语基调的内容和范围可简略地由图 6-3 表示。

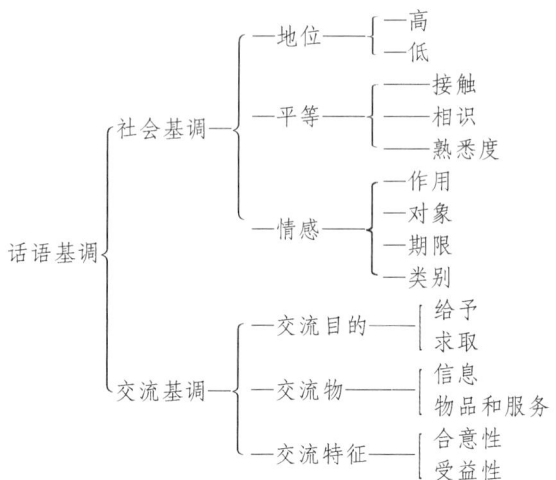

图 6-3 话语基调的内容和范围

6.4 话语基调在语义和形式上的体现

话语基调是情景语境中决定人际意义的情景变项。由此,语言的人际意义根据话语基调的类别也包括两大类型。一是由社会基调决定的人际意义,一是由交流基调决定的人际意义。由社会基调决定的人际意义主要体现在由交际者的社会角色关系所体现的意义,包括由地位支配的评价系统(appraisal)、承约系统(engagement),由情感支配的情感系统(affect)和由接触支配的参与系统(involvement)。

评价系统是社会价值系统的重要组成部分,指交际者对交际内容或交际对象的评价。交际者在权位关系中的位置以及接触的量,可影响交际者作出何种评价以及评价的值。评价系统包括三个范畴:判断、欣赏和强化(Martin 1996)。

判断指交际者对交际对象的行为从伦理学的角度作出的评价,如 too long、cowardly、ignorant 等。欣赏与判断十分相似,指交际者对交际内容从美学的角度作出的评价,包括:(1)直感反应(reaction),如 lovely、 beautiful;(2) 组成方式评价(composition),如 harmonious、symmetrical;(3) 价值评价(valuation),如 profound、original。强化是对评价的分级,如 at least、some sort of。

承约是讲话者对所交际的内容的真伪等从程度、量、质等方面的判断,包括:(1) 主观上的肯定程度,如 maybe、it seems to be;(2) 客观上的投射,如 according to Halliday;(3) 量上的强化,如 run very fast 等。

参与是讲话者要求或允许听话者在交际中的参与程度。此变项主要是由交际者之间的接触关系决定的。讲话者可以以直呼其名的方式选择讲话对象,如"Peter, can I have a word with you?"可以根据讲话对象选择适当的专业技术词汇,是否讲黑话,讲委婉语还是讲禁忌语,或诅咒语等。

社会基调中交际者之间的情感关系决定人际意义中的情感意义系统。从意义的角度讲,情感可分为四个类型:(1) 情愿不情愿;(2) 高兴不高兴——欢呼雀跃、喜笑颜开为高兴,颓丧、痛哭、痛苦为不高兴;(3) 有无安全感;(4) 满意不满意。

在形式层,评价系统一般由评价性词汇(如 good、right)、情态动词、情态副词、数量词、强调副词、重复、表示方式和程度的词等来体现。从及物性结构上讲,可以体现为小句中的参与者,如属性("flower is lovely"中的 lovely)或情景(kindly),也可体现为过程,如物质过程心理过程。在音系系统中,表现为音量的大小、声调运动、音质等特征。

参与系统在词汇语法层通常由呼语和技术术语、专门用语、禁忌语、诅咒语、俚语等体现。在音系字系层则通常由口音、耳语、缩略语、密码等体现。

社会基调在语义和形式上的体现可简略地由图 6-4 表示。

社会基调	话语意义	词汇语法	音系/字系
权位关系 (地位)	评价 - 判断 - 欣赏 - 强化 承约	词汇 - 评价性词汇 - 情态动词 - 数量词 - 强调副词 - 词汇重复 - 方式或程度 语法 - 过程 - 参与者 - 情景	音量 声调运动 音质

(续图)

社会基调	话语意义	词汇语法	音系/字系
情感关系	情感	词汇 －表情性词汇 －禁忌语 －诅咒语 语法 －感叹句 －重复句 －修辞问句	音质 音调 音量
平等关系	参与 －直呼其名 －技术性 －专门性 －团体性	呼语 专业术语 专门术语 黑话 禁忌语	口音 耳语 缩略语 密码语

图 6-4　社会基调在语义和形式上的体现

由交流基调主导的人际意义由语义系统的言语功能表现。言语功能是由交际者的交流角色关系和交流物交叉定义的。给予信息决定"陈述"功能,求取信息决定"提问"功能,给予物品和服务决定"提供"功能,求取物品和服务决定"命令"功能。

在词汇语法层,言语功能主要由行为动词和语气系统体现。陈述功能主要由陈述句体现。另外根据陈述信息时是否带有感叹情感而体现为一般陈述句和感叹(陈述)句。提供和命令一般由祈使句体现。在音系层言语功能可由语调体现。降调体现陈述句,wh-疑问句和祈使句。升调体现是非问句(见下页图 6-5)。

在语言交际过程中,有时两种言语功能需在同一个小句中体现,所以表现为言语功能类型的重合,从而使以上提到的言语功能与语气的对应关系复杂化。例如,陈述句亦可用升调;求取或给予物品和服务用疑问句形式。这类现象都是由不同言语功能在同一小句中的同现所造成的语气类别的重合引起的。例如,在提供信息时,对提供的信息的真伪不确定,需试探对方是否已得到此信息时,则需用"陈述句+升调"形式。除陈述和提问可重合外,陈述与命令,提问与命令,陈述与提供等都可重合。

交流基调在语义和形式上的体现可表示为图 6-5。

交流基调	言语功能	词汇语法	音系/字系
交流活动	陈述	行为动词;陈述句	降调,低升调
	提问	行为动词;疑问句	升调,降调
	提供	行为动词;祈使句,疑问句	降调,低升调,升调
	命令	行为动词;祈使句,疑问句	降调,低升调,升调

图 6-5 交流基调在语义和形式上的体现

6.5 结 语

通过对情景、语义和形式之间体现与被体现关系的分析,我们可以比较系统和清晰地认识话语基调的范围和具体内容,并可将其与语义、词汇语法和音系字系特征联系起来,较有效地清除对这一概念的模糊认识,进一步推进对语境、语义和形式之间的关系的研究。

7 韩礼德、韩茹凯访谈解评

7.1 引　言

　　2010年11月12—14日,国际语篇分析研讨会暨第12届全国语篇分析研讨会在上海同济大学举行。2010年11月11日晚,澳大利亚悉尼大学(University of Sydney)韩礼德(M. A. K. Halliday)教授和麦考利大学(Macquarie University)韩茹凯(Ruqaiya Hasan)教授在他们下榻的同济戴斯大酒店应邀进行了一次学术专访。负责这次采访的是同济大学外国语学院何继红。韩礼德和韩茹凯教授夫妇不顾旅途劳累进行了愉快而生动的20分钟的学术专访。以下就本次访谈涉及的重要内容做一个解读和评论,供读者参考。

7.2 《功能语法导论》第三版

　　《功能语法导论》(*Introduction to Functional Grammar*)第一版于1985

年出版(Halliday 1985),成为系统功能语言学的奠基之作;第二版于1994年出版(Halliday 1994a),第三版由马蒂森(Christine Matthiessen)在第二版的基础上作了修订,于2004年出版。首先,韩礼德教授就《功能语法导论》第三版(Halliday & Matthiessen 2004)的修订谈了他的看法。

他们认为第三版取得了巨大成功,销量巨大。韩礼德教授对马蒂森所做的工作给以充分肯定,主要强调了以下几点:(1)使功能语法更多地基于语篇,其例子大部分都是从语篇语料库中选取的;(2)增加了很多的解释和细节,并用大量例子来说明,使该书更加详尽和完整;(3)增加了一些他认为应该增加、扩展和重写的特征,使该书更加深入和完善。

实际上,第三版除了增加大量真实语料和细节外,还增加了对系统部分的描写(Halliday & Matthiessen 2004:18),说明了所研究的功能语法结构是从哪个或者哪些系统中选择出来的,并且对可能的选择表达做了描述,使整个语法系统的来龙去脉描述得更加清楚,代表了功能语法的最新研究成果。

但篇幅大也有局限性。譬如,作为教材,在有限的课时内无法完成对整个教材的教学任务,所以,很多讲授功能语法的教师还是倾向于用第二版作为正式教材,而把第三版作为参考教材。

7.3 衔接研究

韩礼德和韩茹凯的《英语中的衔接》(*Cohesion in English*, 1976/2007)对形成语篇连贯的基本条件做了阐述,并且十分详细地研究了形成语篇连贯的主要因素——衔接和语域一致性(register consistency)。

韩茹凯接下来就衔接问题谈了她独到的见解。她不认为衔接问题的研究已经非常成功了,没有必要再研究了,而是还有很多问题需要探索。她特别提出了省略(ellipsis)、替代(substitution)以及衔接和谐(cohesive harmony)等需要探讨的诸多方面。她自己也做了大量研究,扩展了原来的理论,譬如衔接链和转折链对故事情节所具有的象征作用,还有对衔接和谐的探索（Halliday & Hasan 1985/1989）。她认为，衔接是构建连贯的基础，而衔接和谐是衡量语篇连贯程度的标准。衔接和谐使语篇中的衔接形成衔接链，并且把这些链相互联系起来，并探讨了使衔接链相互联系的原则。衔接链贯穿于语篇的整体或者部分，它还可以从组合关系上表示语篇内部部分与部分之间以及从聚合关系上表示语篇与其他语篇之间的关系。衔接链的稀疏和长短表示语篇块及其之间的关系。

从他们的谈话中有两点需要特别强调。一是他们坚持以衔接和衔接链作为语篇连贯的主要标记，并可衡量语篇连贯的程度；二是他们仍然认为衔接发生在语篇内部。从第一个方面讲，以衔接以及衔接链作为语篇连贯的主要标记可以使从衔接的角度探讨语篇连贯的理论更加系统和完整，使研究更具有可操作性，这样也可以把研究的重点放在从更深的层次上探讨语篇内部衔接的基本规律和特点上，促进衔接研究向纵深发展。

韩茹凯对衔接链的研究确实对语篇分析，特别对语篇衔接与连贯的关系的研究做出了很大贡献，开辟了一条有效的途径，但他们基本还是坚持把衔接看作语篇内部成分之间的意义联系，而没有包括表示语篇和语境之间的关系的衔接，如范戴克（van Dijk 1977）所讲的"空环"（missing links）现象和张德禄（2003）所讲的隐性衔接。虽然语篇连贯在大多数语类的语篇中主要是以语篇内的衔接来表现的，但在语篇连贯的研究上从整体上以及逻辑上仍会存在问题，因为语篇的语境依赖程度是不同的，在语境依赖性强的语篇中，语篇内部的衔接会表现出稀疏和空缺来，但并不影响语篇的连贯。这些语篇特征无法在其衔接理论中表现出来。

7.4 马丁的评价体系

第三个问题是关于马丁的评价理论（Martin & White 2005；Martin 2000）。韩礼德认为马丁的这一研究非常重要，对于功能语法中的人际功能研究有很大贡献，然而，他认为，我们不应该称之为评价理论（appraisal theory），它不是独立的理论，而是描述（description）。马丁对韩礼德的"语域"(register)理论进行了重新设计,把它与韩礼德的情景语境等同起来,成为与韩礼德的"语域"概念不同的概念。韩礼德认为,他这样做是为了建立一个把语域和语类结合起来的模式,并把它用在教育语境(educational context)中,十分成功。

马丁的评价理论(Martin & White 2005;Martin 2000)取得了很大的成功,特别在语篇分析领域应用十分广泛,成为语篇分析的重要工具。但韩礼德不认为它是理论,而是描述范畴是值得认真思考的,因为它涉及评价范畴与其他系统功能语言学理论的对接问题。评价是一个语义系统,所以是对系统功能语言学语义理论的扩充。对它的次范畴的探讨是描述性的,但如何把它融入系统功能语言学理论中是一个新的研究课题。是把它直接纳入系统功能语言学现有的理论框架中,还是需要建立新的理论范畴来把它纳入系统功能语言学理论框架中是需要探讨的。现有的理论基本上不能完全涵盖评价系统的全部,除了语气、情态和语调等体现人际意义的系统外,还需要建立体现人际意义的词汇系统以及其他语法范畴。如果是这样,对评价系统的大部分研究成果可以纳入系统功能语言学理论中来用以扩展系统功能语言学理论,特别是词汇语法理论。

7.5 加的夫语法

第四个问题是对加的夫语法(Cardiff Grammar)的看法。韩礼德首先说明他不同意把加的夫语法称为"方言"(dialect)来说明它与系统功能语法的关系。他认为应该把它视为"语域"(register)。"方言"意味着两者在用不同方法做同一件事情,即加的夫语法和系统功能语法在用不同的方法来探讨同一个目标,达到相同的目的。但他认为加的夫语法是在做不同的事情,是对"句法"(syntax)的研究。加的夫语法来源于计算(computational)语言学,是关于语篇生成的。它完全在系统功能语言学的研究范围内,但不应称为"方言",而应称为"语域"。

"方言"和"语域"是系统功能语言学用来描述语言变体的概念。根据韩礼德的观点(Halliday & Hasan 1985/1989：39)，"方言"是根据用者定义的，是用者本人所表现出来的个体特征，主要表现为形式上的区别，即相同的意义，不同的人可以用不同的方式来表达，所以，可以看作用不同的方式来表达相同的意义。相比之下，语域是根据用途定义的，是根据不同的领域、交际者和交际方式而表达不同的意义。所以，语域的区别不仅是形式上的，也是意义上的，同时，它表示从事某个领域或者方面的研究。韩礼德认为加的夫语法主要是从计算语言学的角度研究语法，重点是语法形式，是句法，而不主要是语言的意义和功能，从这个意义上可以看作系统功能语言学的一个"语域"，而不是"方言"。

在本次会议前，笔者也对专程从英国前来参加语篇分析会议的福西特(Robin P. Fawcett)教授进行过学术专访，他一直称自己为"韩礼德派"(Hallidayan)，并认为他创建的加的夫语法(以他所在的英国 Cardiff University 命名)与韩礼德系统功能语言学是部分和整体的关系。从这个意义上讲，加的夫语法也可以看作系统功能语言学的一个"语域"，即一个部分①。

然而，在加的夫语法是"方言"还是"语域"上还会存在不同的意见，因为加的夫语法也是一种功能语法，不仅研究计算机生成，也在从计算机生成句子的研究中获得灵感和经历，对功能语法进行研究，发展了把形式和功能一体化的研究模式，所以，加的夫语法也具有"方言"的某些特征。但这种争议没有超出系统功能语言学的范围，所以，如果说他们之间存在着学术分歧，可以说是功能语言学内部的分歧(详见胡壮麟等 2005)。

7.6　计算语言学

韩礼德的《计算与定量研究》(*Computational and Quantitative Studies*)文集(Halliday 2004)主要论述和研究计算语言学(computational linguistics)。

---

① 黄国文等在他们的《系统功能语法入门：加的夫模式》一书中详细介绍了福西特(也译作福塞特)的学说。

但在本次专访中,韩礼德坦率地说,他没有在这方面继续做研究。然而,今天的语言学研究肯定要从某个方面要运用计算机。计算语言学最早是研究机器翻译(machine translation)。计算语言学后来也被称为"自然语言处理"(natural language processing),包括"语篇生成"(text generation)和"语篇分析"(text analysis),后者也称为"解析/分列"(parsing)。韩礼德也曾在澳大利亚参与过这些项目;福西特在加的夫大学进行计算语言学研究,其研究项目名称是 Genesys。韩礼德还提到了南加州大学(University of Southern California)的 Penman 项目(由曼和马蒂森主持)(Mann & Matthiessen 1983:RR‑83‑I05)。

计算语言学的研究范围十分广泛,除了机器翻译外,还有语言分析,特别是语篇分析和语言生成,其中难度最大的是自然语言的生成。每个研究领域现在都还处在发展的初期阶段,都还在发展中,机器翻译还不成熟,还不能翻译出理想的句子,更不用说语篇;语篇分析方面的研究成果最突出,可以根据程序对自然语篇进行分析;自然语言生成还有很长的路要走,但它十分重要,是检验理论有效性的重要条件。如果语言学理论适合于语言的生成,就会更加广泛地应用于计算语言学研究中。系统功能语言学在这方面做出了突出的成就。

7.7　多模态语篇分析

谈到多模态语篇分析研究,韩茹凯认为这是个崭新的领域,此领域还有很长的路要走。多模态语篇分析在系统功能语言学内部自 20 世纪 90 年代中前期开始于奥图尔(Michael O'Toole),此后,此领域的主要研究者有克雷斯和范律文(Kress & van Leeuwen 1996/2006),以及后来的马丁(Jim Martin)、鲍切尔(Wendy Bowcher)和罗伊斯(Terry Royce)等。韩茹凯对此有其独特的观点,她认为,虽然我们探讨的是不同的模态,但实际上是在谈论不同的符号系统。上述研究者很多在运用系统功能语言学研究多模态语篇,换句话说,他们认为所有的符号系统都与语言相似。韩茹凯认为不是所有的符号系统都和语言相似。比如,索绪尔发现了语言符号(linguistic sign)的特点,就让我们来探讨手势符号(gesture sign)的特点,我们对此没有进行理论化(theorization),如果没有理论和描述,就会把个人印象描述为理论。这么说或许显得比较严厉,但她只是想说明探讨其他符号系统要慎重,要使研究超出单纯印象的范围,而不是否定它。韩茹凯进而举例,比如一种颜色,因为它比较深,就把它看作黑色的,那你是否核实过? 你怎么知道的? 在语言学研究中,我们不能说,我感觉这个句子可以这样来分析,而应该说:这个句子可以这样分析或那样分析,每种分析都有不同的论证。你不能说:因为这是蓝色的,所以它一定是天空,蓝色的也可以是任何其他的东西。

韩礼德则表示,他们的说法是:我们现在手头上有的是语言学理论。那么,我们可以尝试把语言学理论应用到对其他符号系统的研究中去看是否有效。他指出,奥图尔的研究是非常杰出、非常成功的。他的书(O'Toole 1994/2011)最近出了修订版,获得了很大的成功。韩礼德又说,他完全赞同韩茹凯的看法,人们应该把其他符号系统根据它们自己的特点来进行理论化,而不仅仅是通过模仿语言学理论进行。他认为麦克唐纳(Ed McDonald)关于音乐的新书是个很好的例子。韩茹凯认为麦克唐纳对音乐的研究是个例外,十分成功。

多模态语篇分析是语篇分析发展的必然,也是系统功能语言学发展的必然。语篇是与社会交际的环境和行为、行动密切相关的,语篇的意义在很多语境中都是由语言和其他符号学系统共同构建的,就需要对这些符号系统及其与语言系统的关系进行研究,同时,系统功能语言学的语境理论和多功能思想也使系统功能语言学研究者看到用这个理论研究其他符号系统的可能性(O'Toole 1994/2011;Kress & van Leeven 1996/2006;Royce & Bowcher 2007)。韩礼德和韩茹凯对多模态语篇分析的观点实际上给我们提出了多模态语篇分析应该特别注重的两个方面:(1)不同的社会符号系统有其各自的特点,应该根据其自身特点来构建其符号系统;(2)我们没有现成的研究其他符号系统的理论,与其最接近的理论是语言学理论,而其中最适用的理论是系统功能语言学理论(张德禄 2010a),所以,我们开始阶段只能先借用系统功能语言学理论来探讨其他符号系统。

从第一个方面讲,模态之间的区别是十分明显的。首先,符号系统可以分为两个层次的和三个层次的(Eggins 2004:15)。两个层次的符号系统没有语言所具有的双分性(duality),而是意义和形式系统是一体的,没有任意性和能产性特点,如交通符号系统、大多数动物的交际符号系统(如鸟的叫声)。三个层次的符号系统则和语言相似,具有任意性和能产性,其意义系统和形式系统是可以分离的,这样形式项目可以多方式重新组合来产生新的符号及符号组合来表达意义(Eggins 2004:21)。第二,符号有维度上的区别。语言是线性的,因此是一维的,易于识读;图表、抽象符号、大部分图像是二维的,即平面的,识读难度加大。而某些立体图像、三维动画则是三维的,符号的复杂性增加,识读难度更大;电影、动画片等则是四维的,除了三维的图像外,还有时间,识读难度更大。这些不同维度的符号系统不能完全用建立在一维系统基础上的语言理论来描述和理论化。除此之外,显然还有其他方面的区别,不同的物质形式、是专门符号系统(如语言),还是兼职符号系统(如汽车、房子、绘画)等。这些都要求研究者要充分考虑某个符号系统的独特性来建立适当的符号系统理论框架。

然而,从第二个方面来讲,如果需要我们为某个符号系统建立合适的理论体系,我们如何进行、依靠什么?对相关符号系统的研究和描述当然可以参考,但语言学家还是以研究其他符号系统与语言的关系为重点,而不是完全成为对其他符号系统的研究,从而超出语言学的研究范围。所以,模拟和参照语言学理论,同时考虑符号系统本身特点是探讨各个符号系统的特点,特别是它们与语言的关系是最可取的方法。

7.8 批评语篇分析与语篇分析

最后的一个问题是关于"批评语篇分析"(CDA)与"语篇分析"(DA)的。对于这个问题,韩茹凯说她的观点非常简明。无论什么意义都是由语言建构的。只要你正确的分析语言,你可以用分析语言的方式做任何事情。意识形态(ideology)是一种意义,是一种意义构型。进行批评语篇分析意味着意识形态总是政治的。实际上,一切事物都是政治的,也都是经济的,社会的,我们是政治、经济、社会动物。我们的社会是根据政治和经济组织的。所以,韩茹凯认为不需要在做语篇分析时总考虑对政治制度进行评论,应该对语篇语言进行分析,看语篇的意义是如何建构的?语言告诉了我们什么? 在文学中,人们常采用的方法是在哪些地方可以找到修辞格,例如,在哪些地方可以发现明喻(simile)? 这种做法是可笑的,但是,人们确实在文学分析中采用这种做法。你可在一部作品中找到明喻,并可找到许多迷人的意义,但你却没有问这个语篇传递的意义到底是什么,就去看在哪些地方可以找到能批评别人的地方。如果你把你的研究局限在这个方面,就转向批评语篇分析(CDA);但如果你想了解到底发生了什么,就用系统功能语言学,或者是评价体系。

批评语篇分析主要关注三个方面的基本问题:语篇与意识形态;语篇与控制和权势;语篇与社会(Fairclough 1989, 1995; Fowler 1987)。它没有发展自己的语言学理论,而是以其他语言学理论,特别是系统功能语言学的分析方法为工具来探讨语篇中的社会、意识形态和权力问题。但它不是对语篇进行穷尽性分析,而是选择表现社会、意识形态和权力问题突出的部分进行分析。因此,尽管批评语篇分析使用系统功能语言学理论,韩茹凯仍然认为它使用的分析方法是与系统功能语言学的分析方法不同的。韩茹凯在此强调以下几个方面:(1)进行批评分析不必要专注对政治和社会制度的评论,主要着重于语篇本身的分析,看它体现了什么意义,即强调语言学本身的任务是语篇的意义分析,而不是批评别人。(2)进行语篇分析不要只注重对某些重点意义和手段的分析,而是注重对语篇整体意义的分析,以及这些重点意义在整体意义中的作用,和某些手段对表达语篇整体意义的贡献。(3)采用什么方法是由分析的目的决定的。对语篇整体意义的分析最可用的方法是系统功能语言学的方法。

7.9 结　　语

以上对韩礼德和韩茹凯的专访做了解读和评论,专访重点就《功能语法导论》第三版、衔接研究、评价系统研究、加迪夫语法、多模态语篇研究，以及批评语篇分析和语篇分析几个议题征询了他们的观点。他们虽然都是年逾八十的老人，但还都在不断耕耘，站在学科的前沿，对系统功能语言学的发展状况了如指掌，并有自己独到的见解。他们这些独到的见解发人深省，使我们以前感到模糊的问题逐步清晰，指明了我们下一步研究的方向和路径。但系统功能语言学的研究仍然任重道远，特别是新发展起来的一些领域还有很长的路要走。

附：访谈笔录

Interview with M. A. K. Halliday and Ruqaiya Hasan[①] by He Jihong at Tongji University

M. A. K. Halliday	The University of Sydney
Ruqaiya Hasan	Macquarie University
He Jihong	Tongji University

He: The first question is the possible differences between the second edition of *Introduction to Functional Grammar*, which was published in 1994, by Professor Halliday, and the third edition published in 2004, by Professor Halliday and Professor Matthiessen. Could you tell us about the third edition, which people need to know about?

Halliday: Yes, one of the things interesting in what Christine Matthiessen did in most of the revision is he wanted to make it much more based on texts, so he introduced a lot more examples, which is a very good thing, and he managed to persuade the publishers so that they could make it bigger.

Hasan: It is a kind of bigger, and it has been enormously successful, hasn't it?

---

① 删除了一些口语特征、开错头、重复部分、冗余特征等。

Halliday: It has, and it is sold very well.

Hasan: It sold a huge number of copies.

Halldiay: Yes, there are certain things we have made clear, and certain things he added further explanations or further details, so basically, it is the same book, but it is substantially arrived in these two ways, addition of a lot of text examples, and addition of features we thought we needed expanding, or rewriting in some respects.

He: As to what Professor Hasan has written, mostly people are very familiar with your work with Prof. Halliday on *Cohesion in English*, where there might be something more hidden behind, or sometimes, for example, the repetition of a certain noun or pronoun could appear more unusual, so do you think you have any new ideas about that?

Hasan: Well, I would never say that the study of cohesion has been very successful, or there is no more to discover. There certainly is. For example, if you go into the study of ellipsis and substitution, you could probably throw more light and do more work on that. There is no doubt about it, for example, cohesive harmony.

Halliday: Yes, I was just about to say, you have done a lot of teaching and addition to that.

Hasan: I have done something, like, for example, in the narrative, the role of chain conjunction, chain disjunction, how it may be iconic to the plot, particularly in the smaller narratives. I've worked on cohesive harmony, which is certainly an extension of the idea. But cohesion is the foundation for creating coherence, and cohesive harmony measures the degree of coherence in the text. And cohesive harmony takes the chains that have been made and has the principle for showing the connection between the chains. So your chains come down like this throughout the text, and if you see the text from here to here, text is coming down like this, and the connections are going across like that. So these are really the two ways, paradigmatic and syntagmatic, similarities and connectivities. It has been very successful in suggesting boundaries between major elements of the same text, or between text and another text. So it's a good device for seeing how much it is alike, throughout the text. Not everything is equally close to the connective. So you get a chunk of connection, then you get some connection and another chunk for the connection. And so you can see the way the work is developing.

He: Thank you. And speaking of text, we always think of the way to analyze the text. So the next question is about Jim Martin's theory which is known as the appraisal system or the appraisal theory. Is there anything new about his theory that is recently developed?

Halliday: I think it is very important work he's done there. I don't think it's a theory. It's descriptive. It is adding a great deal to description of interpersonal element, but it is not a theory, not a separate theory at all, where his work is so important, particularly he redesigned register, by a different sense from mine. But he does that so that he could build up the model of register and genre, and he used his genre in the educational context, for example, which has been very successful, too.

He: Ok, we also know that there is another grammar, maybe a dialect, of SFL, which is called Cardiff Grammar. Can you comment on that?

Halliday: It's not a dialect, it's a register. It has quite different focuses, and it implies that it's another way of doing the same thing. But it isn't. It's doing quite different things. Essentially, it's syntax. The sort of generalization that we make, which go well beyond syntax, extends across the language centre. What Robin makes, because his origin was computational, is text-generation. It's entirely within systemics. It is just that I would not call a dialect; I would call it a register.

He: Speaking of computational language, what do you think of the near future in terms of the computational language development?

Halliday: I don't keep up to date really now. Yes it is computational and quantitative studies. The original goal of computational linguistics was machine translation. And they made tremendous advances. Patches of success are anything but far from being complete yet, and they got the computer to generate or parse texts again at high level achievements.

This was one of the projects I was involved in a generation program. And Robin's in another one in Cardiff. Now they are still going on but in new form, for example, the one I was involved in, which is done with Christine Matthiessen and Wu Canzhong, they are now multilingual text generation on computer. And Cardiff is also continuing in different ways. So it's all building up expertise. One of the best people in this is our Chinese colleague Wu Canzhong, in Australia, who has himself developed a kind of computational workbench, for text analysis, for discourse analysis, as it were, for archiving, annotating text. So there were lots and lots of places where computer is involved as a tool in these different projects. And that will continue.

He: Yes, and speaking of computer, we think about today's multi-media facilities, and multimodality. What do you think of this aspect of study?

Hasan: Well, it's got to come, and it has a long way to go. There is very impressive work. That's my personal opinion. It has been very impressive work begun by Michael O'Toole, then followed up by such people as Theo van Leeuwen, Gunther Kress, Rick Iedema, Many other people are now working, Jim Martin, Wendy Bowcher, Terry Royce. All these people have done a lot, and of course, Mick O'Donnell. I have strong opinions, yes, modality differs, but in fact, we are talking about different semiotic systems. To date, a lot of the approaches have modeled themselves on systemic functional linguistics, which in a way suggests that it is supposed that all semiotic systems will be like language. But I disagree with that view. I don't think that all other semiotic systems are like language. They are different in some way and there's a lot to be found out, like for example, the kind of things that Saussure found out about linguistic sign, so let's see what is like that in gesture sign. We haven't any theorization. At the moment, we have description, and when you have no theorization, and description, then what you get is personal impression presented as theory. That may be very harsh, but I'm not running it down. I want to talk about other semiotic systems with care and to develop and go beyond impressionistic descriptions. This colour, because it's darker, is perceived like that. Did you check it? How do you know? What is the evidence for the claim? In linguistics you don't just say I feel this sentence is to be analyzed like this, you say this sentence can be either analyzed like this or like that. There are the two arguments for the two analyses. You don't say, because this is blue, therefore it's just the sky. Well, because it is blue, it might be just other things as well.

Halliday: I think what they are saying is: what we have at the moment is the linguistic theory. Let us see how far we get by applying this to these other semiotics. Michael O'Toole is brilliantly successful. I'm very glad to say that his book is coming out in the new revised edition, which is a wonderful book. But of course I totally agree with you that they need to re-theorize in their own right. And I think that Ed McDonald's new book on music is a good example.

Hasan: Ed McDonald is an exception, He's very good.

Halliday: So you can't get a long way using the linguistic theory as people have done, but it runs true that these systems need theorizing in their own right. After all, they are different. What is critical about them is that all those who use them also use language, and that's why language is relevant but it's not all the story.

He: The last question is about discourse analysis. I'm curious as far as CDA and DA are concerned. Do you think that CDA is always politically-oriented? Do you think in today's analysis of different texts, ideology could never be measured by data, or it could? And if so, what might be the ways?

Hasan: I have a very brief view on this. It is the language that construes the meaning, whatever is there in the form of meaning. You analyze the language correctly, and you can do anything you want to do. You can ask any question that relates to meaning. Ideology is a kind of meaning, a kind of configuration of meaning. But it is implied that ideology is always political. Everything is political, everything is economic, everything is social. We are political, economic, social animals. We live in society, our society is politically and economically organized. What else can we be? And so I don't think that you have to get into a discourse analysis with a view of critique in the political system. No, you need to go, and look at the text linguistically. How the meanings are construed? What does the language tell us? Rather than going in to find out what are the big swear that they say something I think they have said. That's way you do literature. In literature, you just go and say: "let's find out where the similes are." It's a silly way of doing it, but that's still a way people do do about literature. So if you only go to find out about similes then there maybe in that piece of work a hundred and fifty much more fascinating meanings. But you haven't asked the question about what meanings these texts convey. Well, if you have that kind of limit, then you may go to CDA. If you want to know really what's happening you come to SFL and more like the kind of SFL that we do, then just appraisal.

8

论多模态话语设计

8.1 引 言

　　设计在许多行业(如建筑、服装、展览等)十分关键,是这个行业是否兴旺发达的主要标志,也是使某个具体单位或个人成功的关键。然而,设计虽然重要,但一般都作为想当然的一个因素,并没有进行深入的研究,大部分是在实践层面做一些探讨(齐彪、刘海峰 2010;王受之 2004)。

　　设计概念没有出现在系统功能语言学理论框架中。其主要原因是,以前的语言交际基本上都是单模态的,或者是口语,或者是书面语;即使是涉及多模态的交际,通常是把其他交际模态作为辅助手段,忽视了它们的交际作用,如一首诗歌配上一幅画,把字体做成图画状等。

　　随着现代科技的发展,多模态交际成为一种常规,把不同的模态同时用来参与交际过程,设计就成为一个关键因素和阶段。首先,从信息传递的方式上,以前的交际是书面语占统治地位,写出的语篇的价值要高于口语。而写作主要是通过书写纸承载的,写作的逻辑曾经塑造页面的顺序和书本。文字的写作是线性的,确定了起点和书写方向,页面的设计就完成了(Kress 2003:1)。这种模式十分固定,所以,就不需要费精力和时间进行设计。随着计算机和网络的产生,交际越来越屏幕化,纸的作用越来越小,有的已经实现了办公无纸化。这样,当今占统治地位的媒体是屏幕,无论是游戏机、移动电话、个人电脑或者电视和录像,还是进行网上聊天、视频对话、写电子邮件等,都是在屏幕上实现的。因此,现在屏幕的逻辑正在塑造新的顺序和对屏幕的安排。虽然文字写作可以出现在屏幕上,而且其书写的顺序也没有发生大的变化,但它经常从属于图像,如同过去图像可出现于书本上,但从属于文字写作一样。可见,图像将越来越塑造写作的形态和用途,这一过程已在公众信息传递的事例中出现。

第二,正是由于交际媒体的变化,作者的作用也发生了很大的变化。在写作占主导地位的时代,作者占据特别重要的位置,谁的作品,而不是作品本身成为十分重要的区别因素,如海明威的小说、福克纳的小说、林肯的讲话、马丁·路德·金的讲话成为主要的分类标准。而在新的交际媒体中,作者可能只是材料供应者,设计者和图像的模式占统治地位(Kress 2003:6)。从设计者的角度讲,所有符号资源都具有社会意义,属于特定文化,他可以选用多种符号资源来进行交际,完成信递任务,如词语、文字、信件、色彩、字体等,他们善于用各种符号资源来构建复杂的信息。

第三,过去信息交际是"写作者的市场"。只要作者创作出好的作品,不愁没有读者读,所以,他们的主要任务是产出一个高质量的产品,不必对这个产品进行精美的包装。而当今世界是"识读者的市场",随着交际媒体的现代化和无限发达,信息获取变得十分容易,信息量变得无限大,一个一般的语篇很容易淹没在浩瀚的信息流中。这样,设计者需要采用各种手段来"推销"自己的"产品"(语篇),所以,设计者根据符号特殊的修辞目的,用尽各种招式来劝诱那些有机遇接触该信息的人们来识读语篇,接受该信息。这样,页面/网址的设计者不再是权威性语篇的"作者",而只是材料的提供者,其作用就是将材料集中,加工为访问者可提取的"信息"。安排方式要考虑访问者的兴趣。对访问者来说,"信息是个体选择的材料,经他们转换,成为可以解决有生世界问题的知识"(Kress 2004)。

最后,从职业的角度讲,以前人们的职业大部分是单模态的,例如,音乐家主要是编写乐词和谱曲,摄影师的作用是摄影,拍摄照片等,画家的工作是绘画。各自从事自己的工作,一般互不干涉。现在正处在转折阶段,单模态行业渐渐淡出,不断被多种模态并用的行业所替代。过去稳定的模态现在被拆散,并重新组合;在这些行业中再没有单纯的绘画师、摄影师等,而是各种技能的综合,模态的层级性被"扁平化",各种不同的模态被作为资源同时用来进行交际,不再区分层次和地位。所以,现在进入了一个设计时代,是多种模态组合利用的时代。

8.2 设计概念

8.2.1 设计的定义

通过以上讨论可见,设计是一个综合利用交际模态进行有效交际的概念。设计者一方面要把所需要的模态选择出来,另一方面还要把它们组织起来,形成一个模态组合整体,最有效地完成交际任务。

从设计与不同层次的交际因素的关系的角度讲,设计是运用所有的符号模态,或符号模态的组合作为符号资源的过程,是在某个交际语境中实现话语的方式。在设计的过程中也增加了新的东西,即他们体现了把社会构建的知识转化为行动或互动的交际情景。用一个比喻的方法,设计可以比作图纸,设计的对象可以比作房子,即设计是把要发出的话语变成图纸,与建筑相似,是把已有的资源组织起来组成一个框架,作为产出的图纸(Kress & van Leeuwen 2001:50)。

8.2.2 设计的层次

鉴于设计在以前的几千年来的研究中没有得到重视,设计在语言学理论框架中没有位置。当多模态成为当今社会交际的重要特点时,设计被提到前景中,需要给它确定一个合适的位置。

根据系统功能语言学理论,在社会交际中,交际者将根据交际者所处的文化环境和情景语境来选择意义,然后再在语言或其他模态中选择相应的词汇语法特征来体现意义。从这个角度可以看出,对意义的选择是受语境和交际目的支配的,不是由设计完成的,而对意义的选择促动了对模态的选择。但选择什么模态则不全是自然的,或者即兴的,而是要经过设计的。所以,设计是处于意义和模态选择之间。对意义选择的结果是语篇(discourse/text),社会交际中所要表达和传播的主要内容。从这个角度讲,设计不是一个层次,而是一个操作过程,意义经过这个操作过程而后体现为模态。这个操作过程也是一个体现过程。

如果在意义和模态之间存在设计这个操作过程,那么,在其他层次之间也需要一个操作过程,从而实现由从上一个层次到下一个层次的过渡。从这个角度讲,克雷斯和范律文提出的话语(discourse)、设计、生产(production)、分布(distribution)四个方面(Kress & van Leeuwen 2001:4)实际上是符号在交际过程中的四个层面的操作过程。

根据克雷斯和范律文,"话语是在社会中创造的现实知识"(Kress & van Leeuwen 2001:4)。话语是在社会中创造的,是在具体的社会语境中发展的,即话语要适合于这些语境中的社会参与者的利益。例如,某些非洲国家的内乱可以在正式的报纸、电台和电视新闻中报道,也可以在茶余饭后的谈话中谈论;可以进行写实性的介绍,也可以是评论、评价、论说等。所以,这个过程实际上是一个从社会语境,包括社会现实到意义构建的过程,所以,话语是从语境中生成意义的过程。设计被明确定位在内容与表达之间,是"表达的概念面,概念的表达面"(Kress & van Leeuwen 2001:5)。它是对符号资源的运用,使用所有和任何的符号资源,可以是模态资源,也可以是多模态资源。设计的这个过程不仅实现了把话语的意义用合适的模态体现的过程,同时也增加了新的意义。表现方式变了,其交际效果会发生变化。如选择多模态后,会增加交际过程的欣赏性,会加深读者的印象,提高其记忆力等。生产是对"表达的组织,是把符号事件用实际的材料发出来,或者是对符号制品的实际材料的制作过程"(Kress & van Leeuwen 2001)。分布是对实际材料的处理过程。从这个角度讲,这四个层面的实际操作过程是十分重要的,在多模态话语交际中,它们就更加突出。模态的层次和它们的实际操作方面的关系可以由图8-1表示。

其他符号系统与语言系统一样也分为不同的层次,它体现意义,受到语境因素的制约,由媒体体现。在每个层次上都有系统整体、次级系统和实例之分(见Halliday & Matthiessen 2004:28)。系统整体指某个模态的

层次 \ 系统到实例	系统		实例
	系统整体	次系统	
语境	文化语境：意识形态、体裁系统、规约等	情景语境：范围、基调、方式，包括对体裁的选择	情景语境的一个实例，选择一个语篇的结构
↕ ①	话语意义与文化的关系	话语意义与某个情景语境(情景类型)的关系	话语 ↕ ②
意义	意义潜势	语域	语篇
↕	意义到模态系统体现规则	语域到相关模态系统体现规则	设计 ↕
模态	模态系统	体现某个语域的模态系统	模态整合体
↕	模态系统到媒体系统的体现规则	相关模态系统到相关媒体系统的体现规则	生产 ↕
媒体	媒体系统	体现某个语域的模态系统的媒体系统	媒体整合体
↕	媒体系统到实体的体现规则	相关媒体系统到实体的体现规则	分布 ↕
实体	实体综合	体现相关媒体系统的实体	实际实体表现

【注】① 虚线箭头表示"关系"；双箭头表示体现和被体现是双向的。从编码的角度，是话语意义由模态，进而由媒体和实体体现的过程，但从解码的角度讲，实体是体现媒体，进而体现模态、话语意义的过程。② 实线箭头表示"过程"

图 8-1 模态系统的层次及其在各个层次的次系统、实例和层次之间的关系

系统潜势，包括这个模态系统的所有子系统和可选项目；次级系统指可典型地体现某个机构和领域的意义的模态或模态组合，受到某个类型的情景的制约，由某个媒体系统或媒体系统组合的合适部分体现；实例是从模态系统中选择出的模态或者模态整合体，体现一个语篇的意义，受某个具体的情景的制约，由从每个媒体系统或者媒体系统组合选择出来的媒体

体现,这些媒体特征又由合适的媒体体现。

  在每两个层次之间都有表达层次之间关系的体现规则,在实际的交际中,则表现为操作过程。所以,从这个意义上讲,在系统之间,包括在系统整体之间和次级系统之间是体现与被体现的静态关系,表现为一系列的规则和联系;而在实例中,在层次之间则表现为行动和实际操作过程。在系统的层次之间,不同的层次有不同特点的体现与被体现关系。在语境与模态之间是外部的情景因素与整个模态的关系;在意义与模态之间是意义系统与模态系统的关系;在模态与媒体之间是抽象的模态形式与媒体特征的关系等。在实际的层次之间,同样,不同的层次间有不同的操作过程。在语境与意义之间是语篇意义的生成过程,即交际者要根据语境因素和自己的交际目的选择合适的意义来达到自己的交际目的;在意义和模态之间是设计操作过程,即交际者根据选择的意义选择合适的模态或者模态组合结构来体现它;在模态和媒体之间则是生产过程,即把设计出来的(选择出来的)模态或者模态组合结构由媒体表现出来,生产出实际的媒体"产品",然后这些媒体产品再通过分布过程成为实体"产品"。

  在语言交际过程中,语言层次之间的关系大部分在语言的内部,从最高层次上,语境因素促动了对意义的选择,然后是语言内部层次之间的体现关系,直到最后由语音实体或者字符实体体现为止。语言交际的过程,特别是对词汇语法的选择过程基本上是在无意识状态下进行的,而且语言交际本身也具有在无意识状态下进行的特点,所以,层次之间的操作过程一直没有作为研究的对象。即使是在系统功能语言学特别强调选择的理论体现中也只是提出了几个体现规则,局限于语言内的选择,没有研究具体的选择过程。而在多模态时代,交际的模式呈现多样性,可选择的模态不仅包括口语和书面语,而且还包括其他的模态系统,如图像、图画、表格、动画、音乐等。这样,采用什么样的模态更加有效成为多模态交际的一个关键问题,设计的作用就变得越来越突出。

  在多模态信息传递中,关键是选择相应的设计。如果表达和塑造信息时有多种方法,在选择设计方案时应该考虑的问题是:哪一种模态对于表达相应的意义最有效?哪一种模态在塑造所传播信息时最能符合设计者的兴趣?设计者的听众或他自己最喜爱哪一种媒体?

  所有这些都需要交际者做出抉择。依靠交际者传递信息时对环境的估计,交际者需要选择最适宜的模态或者模态组合结构。

8.3 设计的制约因素

在多模态社会交际中,设计概念被突出出来。然而,设计不是任意的,无规则可循的,而是受很多条件制约的。如上所述,首先,设计要受到这些文化语境、情景语境因素的制约;第二,设计要有一定的目的,能够通过交际过程达到一定的效果;最后,设计是一个选择合适的模态,并把它们进行整合的过程,可使用的符号资源系统是设计的物质条件。

8.3.1 设计的目标

目标是有关为什么设计的问题。从社会交际的角度讲,设计的最终目标是实现交际目的,获得所期待的交际效果。但在不同的领域、针对不同的对象也有不同的交际目标。这样,根据目标的涵盖范围,交际目标可以分为不同的层次:宏观交际目标,达到社会交际的最终目的;局部交际目标,在某个具体领域所要取得的目标,如在课堂教学中,这节课的教学目标是什么;具体目标,在这个具体的交际事件中,其当时的目标是什么?

宏观目标是设计中一直要考虑的,因为局部目标和具体目标都是这个总体目标的一个部分,任何一个具体的设计都要以这个目标作为最重要实现的目标。例如,一次PPT报告的目标是汇报一年的工作情况,而其最终目标则是要获得一个新的设备建设项目,那么,在做这个年度工作报告的设计时,当前的目标是把工作汇报做好,但把它设计好的真正目标不是把报告做清楚,而是能够使自己争取到这个新的设备项目。所以,总体目标是主导下属的一系列具体目标的。而具体的设计目标是实现总体目标的一个阶段。

局部目标是更加具体的宏观目标。例如,在外语课堂教学中,教学设计的长远目标是发展学生的意义潜势,即通过多模态教学使学生的整体语言能力得到大幅度提高,要实现这个目标则需要设计无数个具体的目标。而对每一个具体的教学目标的设计都必须以取得长远目标,即真正发展学生的意义潜势为最终目标。对于实现的每一个目标,还有达到基本目标和达到最佳效果的区别。如果把设计定位在达到基本目标,对模态的选择则以能够基本表达参与者的意义为标准。例如,如果只用语言,或者只用图画就可以基本达到目的,就不必选择其他的模态,遵循经济性原则。如果把设计定位在取得最佳效果,设计者就要考虑选择哪个模态,特别是选择哪些模态组合更加有效,如图画加文字、文字加图表,文字加动画和声音等(见表8-1)。

表8-1 设计目标确定过程

目 标	具 体 描 述
总体目标	为实现某个交际目的确定的总体目标
局部目标	具体到某个领域的总体目标
具体目标	在某个语境中确定的具体目标
模态选择	选择合适模态或模态组合

例如,教《英语语言学基础》课程的总体目标是使学生掌握语言学的基础理论知识,包括语言学各个分支的理论,能够用理论解释语言现象,学好英语;而教语音学的局部目标是让学生掌握语言学的一个重要分支语音学的理论和知识,包括一定的发音的基本技能。而其中教发音部位和发音方式的目标是让学生掌握发音的基本知识和技能。在这个具体目标中,教师需要根据这个目标设计教学用的模态,如 PPT 上的音标、发音图、动态的口型和舌位的变化曲线、老师发音的动作以及做讲解的口语等。这些模态都是用以体现语音教学的意义,实现这个具体的教学目标。

8.3.2 设计的资源

设计的资源是新伦敦小组所说的"已有设计资源"(available design)(The New London Group 1996),是某个言语社团的成员可利用的所有符号资源的统称。设计是根据现有的符号资源确定体现意义的方式,所以不能做"无米之炊",即不能做现有条件达不到的设计。这样,在多模态设计中,首先要考虑的是有哪些模态可以使用。例如,在课堂教学中,可使用的模态一般是口语、黑板写的书面语、手势、姿势、动作、表情、实物、教室中的桌子、椅子及其排列方式等。在现代教学设备中又增加了PPT演示、网络资源、投影和实物投影、多媒体教室、电影录音录像设备等。设计者要考虑好手头上具体有哪些资源可用。

但是,在实际的设计过程中,教师一般不是把所有可使用的模态都进行精心的设计,那样不仅会浪费大量的精力和时间,也会禁锢老师的灵活发挥,达不到预期的效果。所以,一般设计者把注意力放在重点模态上,而对于不重要的模态则不进行精心的设计,或者只考虑在交际中使用,或者根本不考虑它,在交际中随机使用。例如,在课堂教学中,我们一般要设计的是教师说什么,包括讲话的顺序,甚至以什么口气和态度说;在黑板上写什么,包括内容的结构框架、重点难点、生单词和新的习语谚语、典故、修辞手段、公式推导等以及在黑板上如何布局。这些内容还可以展示在PPT上,或者幻灯片上;在PPT上,还要设计是否用图片、图像、动画、电影片段;版面如何布局等,而对于老师在教学中应该如何面对学生、在什么时候用什么表情和口气、用什么手势、如何在教室内移动等,都不在设计中。只有极少数的老师在备课本中设计这些内容。

这样,就引出另一个需要考虑的问题:哪些模态需要设计,哪些不需要。从理论上讲,所有的模态都是需要设计的,因为它们都是用以体现交际者意义的。但是,有些模态处于无意识的层面,一般不需要有意识设计,有时即使是设计了,到实际的交际过程中也难以实现。这些模态包括手势、面部表情、身势动作、副语言特征等。它们一方面可以成为有意识选择的特征,独立体现讲话者的意义,如用手语,或者在无法用声音表达意义的场合下(声音嘈杂或者秘密表达某种意义),用手势表达意义;在双方共享某种信息、共同经历过某个事件,或者共同商议过某件事,则可以在真实的交际环境中只通过眼神或者表情向对方传达意义即可,不必用语言或者其他更加明确的交际方式等。在这时,动作模态与语言和其他模态是互补的,需要精心设计才能很好地达到交际的目的,例如,为了不让对方认出自己而采用假嗓,为了表示鄙视对方,或者开玩笑而采用低声或者特别的口气等。因此,在实际的交际过程中,这些模态中哪些模态需要进行有意识设计则要看实际的需要,看这些模态是否是有特殊动因的。这些因素除了与情景语境和文化语境相关以外,还与交际的目的,或者说设计的目的相关。

8.4 设计过程

设计过程(The Designing)是新伦敦小组的三个设计阶段之一(The New London Group 1996),是一个从意义到设计,再到模态组合结构的过程,因此,也是一个从思想意识到实际话语的过渡阶段。

从社会符号使用的角度讲,所有的体现过程都是转换(transformation)过程,(这个过程实际上是从意义到形式的转换)但同时也涉及模态之间的转换:例如从现有资源中选择形成图纸涉及从思维框架到有形图纸的转换;在多模态时代,是从单模态体现的图式到多模态的转换,称为产出"联通"(transduction)。这个过程涉及选择,即选择什么模态或模态组合结构来实现设计。(Kress & van Leeuwen 2001:52)。

上面探讨了设计的目标,它是影响设计中模态选择的支配因素。与它相关的是设计者的修辞立场或者称认识立场,即把被设计的交际活动看作一个什么样的活动的问题。克雷斯和范律文在讨论教学设计时提出了三个不同的立场,作为设计的主导因素:(1)"就是这样,我给你们演示一下";(2)"这是教材,它是知识的权威来源";(3)"通过你的经验,你知道这个学科领域是什么样的——你曾看到当你忘了从你的饭盒中取出三明治时,它就发霉的情况"(Kress & van Leeuwen 2001:51)。第一个立场是把教学看作知识的传授过程,你可以采用各种手段把所规定的知识传授给学生;第二个立场是把教材作为权威,完全按教材规定的内容进行,所以,主要也是一个知识的传授过程,也可以是混合型,主要是把设计的主动权交给了教材的作者;第三个是一种能力培养过程,用经历和实际操作能力来进行教学。他们只提出了三种修辞/认识立场是因为他们讨论的是理科教学,重点是知识的学习。在外语教学中,要培养的基本技能和能力要更广泛,所以,需要采取更多的修辞立场(张德禄 2010b)。

不同的立场要求设计不同的模态和模态组合结构来体现意义。例如,如采取第一种立场,设计主要围绕如何传授和表现知识进行,使学生更加容易地掌握知识;如采用第二种立场,设计要围绕课本进行,一方面要选用合适的模态或者模态组合结构更好地传授课本中的提供的知识,同时还要设计好其他的方面,如基本技能训练和实验等。第三种立场则要求设计者要选用合适的模态或者模态组合结构来使学生从事实验、实践活动、实际交际活动的体验等,提高学生的交际能力和动手能力。

8.4.1 设计的边界

如上所述,设计是在内容与表达之间,是表达的概念面,概念的表达面,也就是说,设计是在内容和表达之间。在这里,内容是交际要表达的意义,表达是交际的模态或者说资源。从这个意义上讲,设计是在意义和模态之间。但从设计的过程的角度讲,从设计的开始,到设计的结束,有两个面:开始面和结束面,分别是设计的两个边界。在开始面,设计要接受语境和意义的促动,即设计是根据语境的需要选择合适的模态或模态组合结构用以表达所选择的意义来实现交际目的。例如,在课堂教学的语境中,由以前的课程所教的内容,总体的教学目标,老师和学生的具体情况所决定的教学内容要在课堂教学中通过设计由不同的模态或者模态组合结构体现。在这种情况下,设计者需要考虑有哪些模态系统可以作为设计的资源来使用,这就是设计的资源边界。当设计完成后,相关的模态或者模态组合被选择出来,形成一定的模式或者组合结构,然后进入生产阶段。所以,设计的另一个边界是生产。

在资源边界,设计者考虑的重点一是有哪些资源可以利用,如在外语教学中,可用的资源是口语、书面语、图像、图形、声音、音乐、动画等;而在做演讲设计中,可用的资源是口语、书面语、身体动作等;在写作中,可用的资源是书面语等。第二是根据要表达的意义和要实现的目标的要求,选择哪些模态能够达到基本要求,从而使使用的模态更加经济;选择哪些模态能够达到最佳效果,从而形成最佳模态组合结构或者模式,使交际更加有效。

在生产边界,设计者要把设计好的模态用媒体来实现。在这个阶段,设计者需要考虑哪些模态或者模态组合结构是由设计者有意识地选择合适的媒体来体现的,而有些模态是不需要有意识地选择合适的媒体来体现的。例如,在课堂教学设计中,口头语言,PPT 上的书面语、图形图像、动画,实物和投影,要进行的教学活动等都需要在教学中有意识地利用合适的媒体予以实施;而讲话时声音的大小、所做的手势、走动的姿势、面部表情等，一般都不需要有意识地选择媒体来体现。

8.4.2　设计的转化

　　设计者是一个积极的角色，他在不断对情况做出评价，然后确定所使用的模态或模态组合。但他的积极角色不是任意的，而是受到制约的，一方面是受到语境的制约，同时要受到规约、稳定的模式的制约。对于这些制约因素的制约，设计者可以有两种策略：一是遵守这些规则的制约，按照惯常的做法设计模态，二是打破这些模式的制约，创造新的模式和行为方式，用以取得更加特别的效果（Kress & van Leeuwen 2001：58）。这些创新性的、违反常规的设计方式是突出的方式，如果适合语境的需要，可以取得特殊的效果。

　　从这个角度我们可以看到，设计是在制约与反制约中进行的。有些话语虽然没有发出，但是已经定型，无法再进行改变或者创新。例如，汽车模型是固定的，不能随意改变，设计改造的自由度很小。而写诗歌则不同，它是以新颖来取得特殊的欣赏效果的，所以，要不断变化。但它的变化程度也要限定在一定的范围内，也就是说，新创造的诗歌形式还仍然是诗歌，不是其他的体裁。据此，我们可以考虑为模态构建一定的语法。首先，我们可以为每一种模态根据模态的特点构建一个语法，当为许多模态构建了语法系统后，就可以将它们进行比较，看它们在哪些区域是重合的，在哪些区域没有发生重合。利用这个方法，我们可以发现模态之间的共同点和不同点。如果是共同点，那么两个模态就可以作为可替换模态，或者相同模态对待；如果他们不同，则需要查看它们在哪些方面是不同的，还要探讨它们为什么不同。例如，一个是一般的，日常的模态，例如玩扑克、打台球可以是一种日常生活行为；另一个可以是专业的，例如，打桥牌、打台球也都可以是专业的，从而其行为是专业的，其语言也是专业的。

　　习惯、传统、重复的实践行为可以像语法一样进行描述，例如，写作规则，可以从文体的角度或者语类的角度进行描写，得出取得某种文体效果或者获得某个语类的规则；音乐创作的规则可以从歌词的角度或者音谱的角度进行描写，从而得到创作某个歌曲的歌词或者乐谱的规则；烹调或食谱的规则，包括大家都知道但没有说出来的规则，如家庭烹调的规则等。

8.5 结　语

设计在多模态话语交际时代已经成为一个重要的概念,是多模态话语构建和解析的主要因素。本章首先探讨了多模态设计的必要性;然后,探讨了多模态设计的定义、产生和发展以及设计在不同的层次的中的具体体现;第三,探讨了多模态设计所涉及的因素,包括设计的环境,设计的目标,设计的资源;最后,谈了设计的过程,共包括设计的边界,即哪些属于设计范围内的,哪些属于设计外的以及设计的转化作用,即新伦敦小组所称的"再设计"(The Redesigned)(The New London Group 1996),设计的结果是经过转换和联通而形成的新的已有资源。这样,根据以上讨论和图 8-1 的模式,设计的操作模式可以由图 8-2 表示。

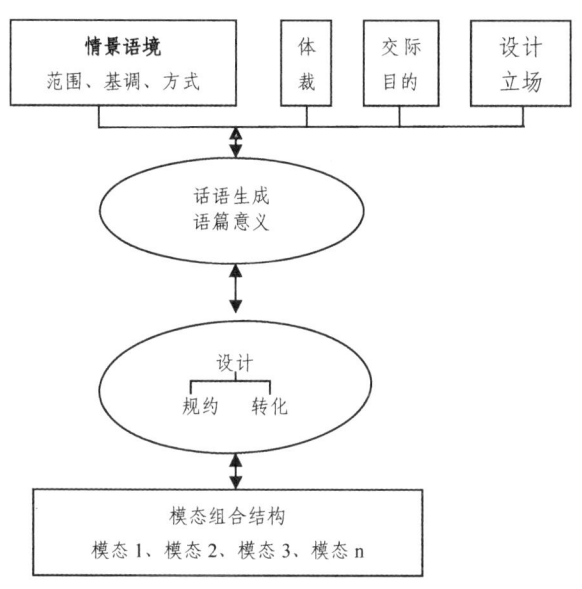

图 8-2　设计的操作过程

在多模态话语时代,设计具有十分广泛的用途,可以在外语教学、网页编辑、动画设计等多个领域应用,因此,其研究的潜力很大。本研究权作抛砖引玉,以期对这个领域进行更加深入和专业化的研究。

9

多模态语法建构问题探索

9.1 引　言

从系统功能语言学的角度讲,多模态话语分析理论是基于韩礼德的"语言是社会符号(Language as social semiotic)"(Halliday 1978)的论断发展起来的。除了语言之外,其他符号系统也具有表达意义的功能。我们研究语言如何表达意义的一个主要方式是研究语言的语法。那么,我们是否也可以像研究语言那样研究其他模态的语法呢?如果能够这样,一方面,我们可以通过研究语法来像认识语言一样来认识其他的符号系统;另一方面,我们还可以通过比较和连接不同符号系统的语法来探讨不同符号系统在多模态话语中是如何相互协同和合作来共同体现意义的。

基于这种思想,有些学者已经在这方面做了尝试(O'Toole 1994; Kress & van Leeuwen 1996/2006; Machin 2007 等)。他们从社会符号学的角度,借用韩礼德系统功能语言学的三大元功能的思想,探讨视觉模态的语法。例如,奥图尔认为展示艺术品也同样实现三种意义(O'Toole 1994),分别是表现意义(representational meaning)、情态意义(modal meaning)和组篇意义(compositional meaning)。克雷斯和范律文认为视觉符号体现表现功能(representational)、互动功能(interactional)和组篇功能(compositional),并且发展了视觉语法(visual grammar),提出了体现表现意义的叙述表现(narrative representation)语法和概念表现(conceptual representation)语法,体现互动意义的互动语法和体现组篇意义的组篇语法(Kress & van Leeuwen 1996/2006)。但他们的研究有如下几个问题:(1)语篇和语法的关系分不清楚:我们不清楚他们划分的不同级阶的单位是语篇单位,还是语法单位。(2)主要是印象性的(impressionistic),具有主观性;(3)对多模态的研究主要是借用语言学的理论和方法,没有建立起自己独立的理论和方法(Jewitt 2009:26)。因此,梅钦认为,把现在已经发现的一些特征视为语法还为时过早,还有许多问题需要搞清楚(Machin 2007)。本章重点探讨两个问题:(1)是否需要为所有的符号系统都建立语法?(2)是否需要为每一个符号系统单独建立一个语法?

9.2 建构多模态语法的主导因素

建构合适的语法可以使我们更好地描述多模态话语现象。模态系统千差万别,它们之间的关系难以确定。如果我们能够为每一个模态建立一个语法,我们就可以以语法为基础把各个模态联系起来,并据此探讨它们之间的协同、互补、交叠等关系。

9.2.1 不同层次的符号系统

首先,无论是什么模态,它们都要建立在一定的物质基础之上,如口语的物质基础是声音。物质基础与符号意义之间存在一定关系,这种关系就是模态的形式。从这个意义上讲,模态根据其复杂程度可以分为两种:两个层次的符号系统和三个层次的符号系统(Machin 2007:3)。在两个层次的符号系统中,符号的物质实体和符号的意义是一一对应的,即一个由物质实体体现的符号对应于一个意义,如交通信号系统。由于符号的意义与符号的物质实体体现的符号本体是对应的,因此符号的形式特征只表现为词汇,成为冗余的,也正因如此,我们说它是两个层次的符号系统(见图9-1)①。

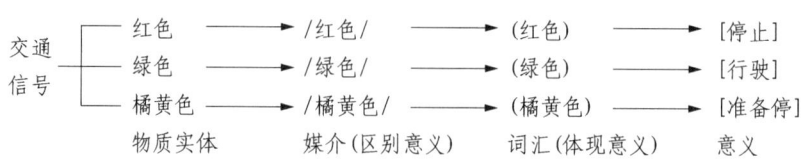

图9-1 两个层次符号的特点

在这里物质实体处于符号之外,只有当它具有区分意义的特征时才成为媒介,同时成为体现意义的形式特征,即一个词。在选择过程中,首先选择的是停止意义,但一旦选择了停止意义,就同时选择了媒介红色,包括其物质实体。因为没有语法对其进行二次组合,词汇选择就是多余的了。对这类符号系统选择的结果是一个单独的符号(一个词),无法组合为结构。这样就没有必要,也不可能为这种符号系统建立语法。当然对其系统特征的描述还是必需的。

但如果某个符号系统更加复杂,有区别性的符号媒介和意义不是一一对应的,各自有自己的系统,那么就需要另一个系统来把它们联系起来,这就是词汇语法系统。这个符号系统就是三个层次的符号系统,例如语言。在语言中,媒介系统包括音系系统和字系系统,词汇语法系统包括词汇和语法两个系统,意义系统是由概念意义、人际意义和语篇意义三个意义成分组成的系统。这三个层次的系统各自是相对独立的。这样,选择了意义特征不等于同时选择了词汇语法特征,而是要重新进行选择,同样,选择了词汇语法特征也不等于同时选择了媒介特征,而是还需要对其进行选择(见图9-2)。

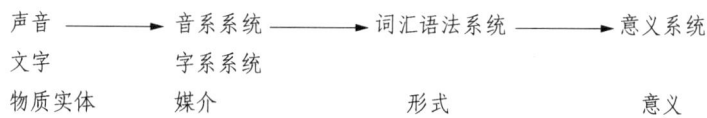

图9-2 三个层次的符号系统(语言系统)层次之间的关系

---

① 任何符号系统都可以从系统的角度进行描述,但这个系统是符号的媒介和意义融为一体的词汇系统,而不是语法系统。

这类符号系统的这种特性是由其在各个层次上都需要进行组合和再组合。例如,在意义系统中对意义选择需要在词汇语法系统中选择一定的语法模式来体现它。这个组合模式的每个成分都在结构中占据一定的位置,具有一定的功能,属于一定的类别,所以,就需要建立合适的语法来描述这种模式,并描述这种模式的功能结构。

这样,如果要为某个符号系统建构语法,首先需要分清它是两个层次的符号系统,还是三个层次符号系统。

9.2.2 符号类别

在多模态语法建构中,第二个需要考虑的因素是符号系统的类型。符号系统类别繁多,但它们可以归纳为数目有限的类别。皮尔斯(Charles S. Peirce)把符号系统归纳为三个类别:图像(icon)、索引(index)和象征(symbol)(Pharies 1985:34—42)。图像符号的基础是它与其所指物的相似性(similarity);索引符号的基础是它与其所指物的关联性(connection),符号的能指和所指由某种内在的联系结合起来,如烟与火的关系。象征符号的基础是在能指和所指之间存在一种约定俗成的规定。

符号的类别和是否需要建立语法无直接的关系,因为无论图像符号、索引符号还是象征符号都既可以是两个层次的符号系统,也可以是三个层次的符号系统。但从符号的识别和解释的角度看,图像符号的基本特点是相似性,而识别和解释这类符号的基本要求是能够发现相似性在哪里,而相似性的识别主要是在直感层面上。也就是说,对这类符号的识别和解释只通过直感即可,不需要通过一个语法来解释。

对于索引性符号,识别的重点是发现关联性。例如,冒烟可以解释为着火了。烟和火的关系是因果关系,有火才产生烟。索引符号的关联性与图像符号的相似性的识别方式不同。相似性主要靠直感,而索引性要靠推理,通过思考把它们的关系建立起来。至于这个推理过程是否需要一个语法,则要看符号系统本身是两个层次还是三个层次的符号系统,还要看其推理的难度。如果是三个层次的符号系统,而且推理的难度大,则需要建立语法,从而把解读的过程规则化。

象征符号的能指和所指之间没有自然的联系,是通过习惯或者约定俗成形成,如语言。对这种符号系统识别的唯一的方式是通过学习认识能指和所指之间的象征关系。而当即使是能够认识这种关系,如认识某个语言的词汇,仍然不能解释它们的意义时,就需要通过语法来把媒介和意义联系起来,把符号媒介通过语法解释为有意义的符号或符号组合(见图9-3)。

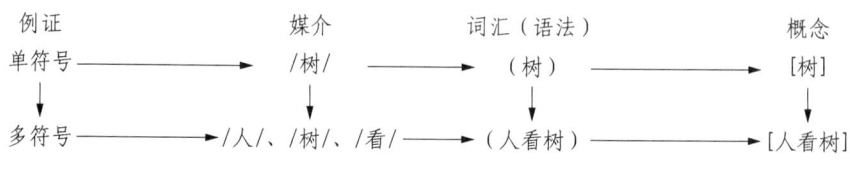

图9-3 象征符号系统的词汇和语法

综上所述,对于任何类别的符号系统,如果是图像性的,就可以通过相似性直接识别和解释它,一般情况下不需要为它建立语法。索引符号则需要视推理的难度来确定,这样,需要建立语法的符号系统就只有具有三个层次的象征符号系统。

两个层次	不需要语法	图像	索引	象征
三个层次		图像	索引	
	需要语法			象征

图9-4 需要和不需要建立语法的符号系统

9.2.3 符号维度

维度一般根据空间分为一维、二维和三维。一维符号是线性的,如语言;二维符号是平面的,如图像;三维符号是立体的,如房子。如果把时间概念考虑在内,则可以在所有三个维度上加一个时间维度。有时间维度的符号系统都是动态的,所以,可以用动态符号表示有时间维度的符号系统。

9.2.3.1 一维符号系统

一维符号是线性的,也就是说,其系统选择的结果是一个线性结构,如语言。对线性结构的解读是从头至尾按顺序识别,确认它们的功能,解读整个结构的意义。在三个层次的符号系统中,解读所利用的主要内部工具是语法,尽管在大多数情况下是下意识或者无意识的。

9.2.3.2 二维符号系统

二维符号表示,对符号系统选择的结果是一个平面,即是由部分组成的一个整体,而且部分的排列不仅仅是线性的,而是有上、下、左、右的区别。这样,部分之间的关系要形成语法关系,因为如果要认识这个符号结构,就需要了解部分之间的关系,这种关系会形成一定的规则或者模式,这就是语法。

二维的平面符号系统仍然有两个层次的和三个层次的符号系统之分。二维两个层次的符号系统是整体性符号系统,即所选择的符号不能再切分为部分。

另外,符号系统可以是封闭的,也可以是开放的,中间可以有无数的半封闭、半开放的系统。二维三个层次的符号系统繁多。克雷斯和范律文试图把它们看作相同的系统,或者不区分它们的不同,而为它们建立共同的语法,是需要再认真探讨的(Kress & van Leeuwen 1996/2006)。二维三个层次的符号系统之间有许多共性的特征,为它们建立共同的语法系统奠定了基础,但建立这样的语法不能够反映某些符号系统的特性。视觉符号类别繁多。除了具有相似性的图像符号以外,还有其他许多类型的视觉符号。例如,表格性符号、流程图符号、象征性符号、示意图符号等。这些不同类型的符号都有不同的解码规则(见图9-5)。

1　　　　　　2　　　　　　3　　　　　　4

 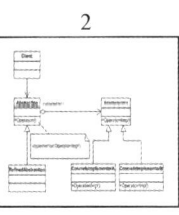 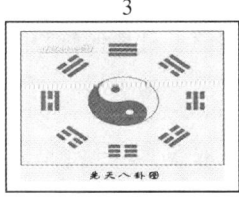 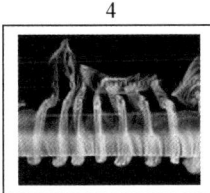

图9-5　二维符号类型

对于图9-5.1的表格,其解码的内部规则是空间布局,每个成分在横列和竖列中的位置,以及所属的行和列与其他行和列之间的关系。列表示类(class),中间的小标题表示次类别;行表示结构成分及其之间的关系。图9-5.2则是某个事物、某个过程、甚至整个流程的抽象化,成为一个个体,然后用一个图形来表示它,用线条和箭头表示它们之间的先后、因果、来源、变化等关系。图9-5.3是八卦图,显然属于象征性符号,蕴含着十分深厚的中国文化特点,更是不经过特殊学习是不能解读的。这个图形的意义是经过几千年的积淀而来的,而且还有不同的解释。其意义的解读是难以按照一般的符号解读方法进行的。图9-5.4是一个示意图,表示圆柱体在水中横向移动时水波产生的不稳定现象,也是只有专业人士才能解读的。对于这四个图,我们难以用一种语法模式来解释,因为它们本身是属于不同的符号系统的,需要为它们单独建立语法。

9.2.3.3 三维符号系统

三维符号是立体符号,所以更加直观、更加易于辨认,因为他们更加接近实物。对于三维符号系统,我们需要首先认识符号本身是什么,包括是什么物体、什么人以及什么事物和过程等。这就是罗兰·巴特(Roland Barthes)1977年所说的"本义"(denotative meaning)。从这个角度讲,符号的类别可以分为三种:(1)实在符号,表示静态的个体符号,如人、物体、场景;(2)过程符号,表示一个正在进行的事件,如动作、行为、表情、身势等;(3)复杂符号,由多个实物、人、过程和行为组成的复合符号组合(见图9-6)。

图9-6 三维符号系统

第一类符号容易辨认,通过符号本身的特征即可辨认出,如它的外形、颜色。如在图9-6.1中,具备一定常识的人会很容易辨认出它是汽车,这是由它的图像性特征来表示的。对于索引性和象征性符号,只要人们掌握了他们索引中的因果关系和象征中的约定关系,也可以很容易地辨认它们。第二类符号不仅要识别是什么物体,还需要识别是什么动作、过程、行为等。如在图9-6.2中,不仅需要辨认出猴子和报纸以及周围的环境,还需要知道这是一个行为过程,猴子在阅读报纸。第三类符号则更加复杂,不仅需要认识有哪些物体、人等,有哪些行为、动作等,还要了解它们之间是什么关系等。如在图 9-6.3 中,首先需要确定有什么物体,然后是这些物体是如何运动的,它们相互如何协作,共同完成什么任务等。

三维符号系统也有两个层次和三个层次的符号系统的区别。两个层次的符号系统与一维和二维两个层次的符号系统相似,由于其具有不可分性和每次只选择一个的特性,所以没有语法。其他所有三维符号系统都具有语法特性,可以为其建立语法。但三维图像符号系统通常不必要建立语法;对三维索引性和象征性符号的基本特征的认识还有待于做进一步研究。

9.2.4 符号单位的确定

要建立语法系统,需要首先确定符号的单位,然后探讨它们的语法结构关系。要确定符号单位,可以利用克雷斯和范律文在讨论符号的组篇意义时提出的三个解析符号结构的方式(Kress & van Leeuwen 1996/2006):框界(framing)、信息价值(information value)和突显(salience)。

9.2.4.1 框　界

框界是克雷斯和范律文提出的体现组篇意义的主要因素之一,但它也是语法分析的主要方法。在线性一维符号系统中,我们用顺序即可确定语法单位,但在二维和三维符号系统中,顺序只是众多因素中的一个,无法确定符号单位。框界就成为最有效的方法了。它是在二维平面上来确定单位的边界的方法。再以索绪尔常用的"树"(Saussure,1916/1974:67)为例,在树形图符号中,树干、树枝、树叶都可以用框界方法来确定。在三维符号系统中,框界仍然是有效的方法,因为三维符号可看作多个不同空间的平面的组合。由此可见,框界是主要的确定符号单位的方法,而信息价值和突显则是辅助手段,是表示最相关符号单位的方法。由此,框界有三个突出特点:(1)框界形状是可变化的,除了方形,还有圆形、多边形、不规则形状等;(2)分界后,符号之间的关系是不同的;(3)框界是分层次的,就像语言单位分为级阶一样。

框界是确定符号边沿的主要标记,由实在的边框和表示事物边界的明显或者不明显的线组成。而符号的形状千差万别,所以,框界的形状也是千变万化的,如人的边界、汽车的边界、球形的边界等。实在的边界一般是由方框来表示的,如在报纸和杂志中,或者书的插图中的边界都是方形的。框界能够把符号的边界表示出来,从而可以用以确定符号单位。范律文把通过框界分析得出的符号单位之间的关系归纳为图9-7中的类型(van Leeuwen 2005:13)。

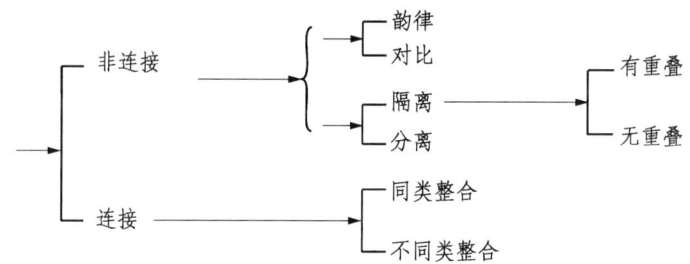

图9-7 二维和三维符号单位之间的关系

首先确定符号之间是否是连接的,如果是连接的,则表示两个符号是整合为一体的,无论是同类的还是不同类的。如果是非连接的,则它们可以是相邻的,即是分离的,也可以是不相邻的,即是隔离的。如果是隔离的,则可以是重叠的,也可以是无重叠的。同时,它们相互之间可以形成韵律式模式,也可以是对比模式。

9.2.4.2 信息价值

克雷斯和范律文提出的组篇意义的第一个因素是信息价值(information value),这些体现信息价值的方式也是我们解析三维符号系统的有效方法。三维符号结构复杂,可以进行多层次切分,产生无限复杂的符号组合,给符号分析提供了难度。通过分析信息的价值,我们可以确定哪些以及哪个级阶的符号是相关的、有效的。克雷斯和范律文提出了三个解读符号信息的手段:左右、上下和中心边沿(Kress & van Leeuwen 1996/2006)。在左右范畴中,位于左边是已知信息,位于右边的是新信息,由左向右组织符号结构。在上下范畴中,上为理想信息,下为实际信息,由上到下组织符号结构;在中心边沿范畴中,中心为重点信息,边沿是辅助信息,由中心向边沿组织符号结构。把三者结合起来,符号的信息组织方式是：从左到右,从上到下,从中心到边沿。

9.2.4.3 突显

最后一个组篇方式是凸显,它和前两个组篇方式形成互补关系。框界帮助我们辨认符号单位,信息价值能够使我们认识在一般情况下符号的信息排列方式,而凸显则可以在需要的情况下打破这些常规,突出某些在一般情况下体现已知信息和边沿信息的成分。

凸显没有固定的模式。在口语中通过重音来表示,在书面语中通过字体来表示,如黑体、斜体、大写等。但在其他符号系统中,则要用其他的方式,如形状大小(大为突出的)、颜色对比(深色为突出的)、角度(在前景中的是突出的)等。

在框界、信息价值和突显三个组篇机制的帮助下,二维和三维符号系统的语法的建立可以通过以下几个步骤来确定:

(1) 整体切分为部分:理清整体和部分的关系,认识整体由哪些部分组成,这些部分是否还可以继续切分,直到穷尽,从而把这个符号系统的语法单位的级阶建立起来。例如,树图形是一个二维符号,但树由树叶、树枝、树干几个部分组成,每个部分都是一个可分辨的符号。

(2) 成分组成模式:认识不同层次的成分组成整体的模式是什么,即认识它们的系统特征。一个可分性符号由几个次级符号组成,它们以一定的模式组合为一个整体。例如,树虽然枝叶繁茂,有许多部分组成,但可以概括为由三个主要部分组成的结构体:树叶在树枝上;树枝在树干的上部。这就是树这个平面结构符号内部的语法模式。

(3) 次级符号的系统特征:作为整体的一个部分,每个部分都以什么关系与整体联系;是静态的,还是动态的。我们把树的组成部分分为三个主要类别:树叶、树枝、树干。这些成分是树的类特征,即一棵树是由这三个类别的成分各自在相应的位置上组成的。但每一个这样的类会有许多成员,形成这个类别的可选择资源。这就是次级符号的系统特征。这些特征共同组成树这个符号的意义潜势。

不同类型的符号系统具有不同的语法关系和语法结构,如建筑、人体、树体等都有不同的结构,在解析这些符号的结构时,需要根据它们的自身的结构特点来为它们建立语法系统,而不是建立一个普遍性的语法系统。

9.2.5 动态符号系统

符号可以分为动态的和静态的。静态的符号系统只涉及空间,而动态符号系统是在时间中变化的,所以,把时间作为其主要维度。

一维动态符号系统有两个变体形式。一是选择了一个项目就延续使用,不再变化,即点变成线,如汽笛的鸣声。这种系统与一维两个层次的符号系统一样,没有语法。二是在时间的进程中不断改变选择,从而形成一个选择模式,即一个话语模式。在这个模式中需要有话语结构模态的作用来把它们联系起来。例如,交通信号一直被认为是一个两个层次的一维符号系统。但实际上,它还有一个时间维度。它不是选择了一个符号后就停止了,而是根据时间的进程不断做出新的选择。一个简单的交通信号系统包括首先选择绿色(行车),然后选择黄色(准备停),然后选择红色(停),然后选择黄色(准备行),然后回到开始。这个循环是有规则的,从而形成一个封闭的话语模式(见图9-8)。

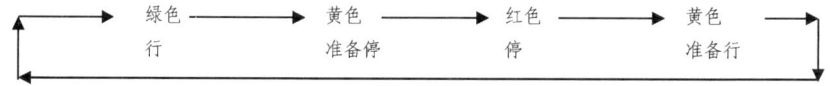

图 9-8 简单交通信号话语

在更加复杂的信号系统中,还有共选系统,如在交通信号系统中选择向前行,同时其他车辆选择向右行;还有单独的向左行,两者都由箭头表示(左箭头、右箭头),同时还有行人,由静态和动态的人形和颜色一起表示[等]和[行](见图9-9)。

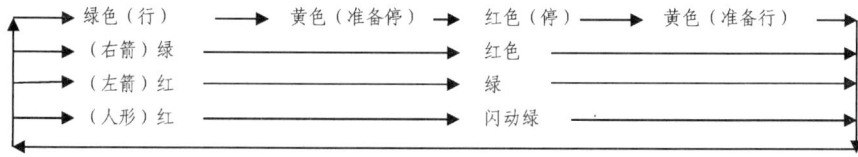

图 9-9 复杂交通信号话语

综上所述,在一维符号系统中,两个层次的符号系统,如果是动态的,可以形成一定的话语模式,即体裁结构(Halliday & Hasan 1985/1989),它们可以看作由时间作用于空间一维符号系统而形成的意义系统。但这类符号的话语模式是封闭的,固定的,没有变化的余地。这个系统可由系统网络图 9-10 表示。

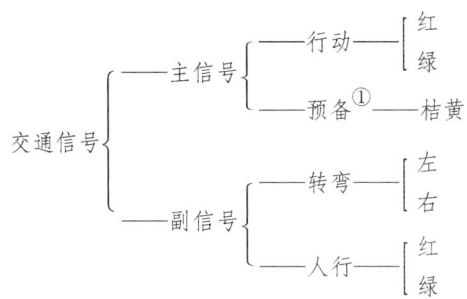

图 9-10　交通信号综合系统

二维平面符号也可以是动态的,是一种由时间和二维符号组成的三维符号。如果是同一个符号模式在时间中的重现,则形成一种按时间进行的线性的复现模式,这就和一维符号的复现模式相同。同样,如果不同符号按一定时间间歇出现,就会出现新的模式,与一维线性符号在时间维度的复现模式相似,不再赘述。

动态三维符号是最接近客观现实的符号系统。它不仅呈现符号的媒介,而且还呈现符号媒介在时间中的变化,表现事件的从头至尾的整个过程。这样,三维动态符号的解析可以通过把它分解为三维静态符号和时间两个方面进行,首先在时间中把它分解为三维静态符号,然后解析它们,即首先把三维动态符号根据时间节点截取为有意义的单位,然后再逐步分析。现在的大部分三维动态符号分析都是采用这种手段(Baldry & Thibault 2006;LeVine & Scollon 2004;Jewitt 2009)。

9.3　结　语

综上所述,我们没有必要为所有的符号系统建立语法,对于有必要建

---

① ［预备］总是出现在［行动］之前。

构语法的符号系统,我们首先应该为每个符号系统单独建构语法,然后再考虑是否可以建构多个符号系统共享的语法。在多模态语法建构中,首先要看这个模态是两个层次的符号系统,还是三个层次的符号系统,只有三个层次的符号系统才可能为其建构语法。第二,要看是什么类型的符号。图像符号,即使是三个层次的符号系统,一般情况下也没有必要为其建立语法系统。第三,要考虑符号系统的维度,不同维度的符号系统具有不同的语法系统。第四,符号有动态和静态之分,动态符号受时间控制,所以,可以以时间为主要切分单位。这样,即使是两个层次的静态符号,如果变为动态的,也可以表现为一定的结构模式,但这时的结构模式不是语法模式,而是话语模式。对于具体的不同模态语法系统的研究还需要根据这个模态本身的特点来进行。

10

多模态话语分析的双重视角
——社会符号观与概念隐喻观的连接和互补

10.1 引　言

多模态话语分析主要研究多种符号资源在同一语篇中如何协同来实现意义。一方面,每个模态都有自己的独特特性和表意潜势,因此,任何模态间的完全"翻译"(translation)都是不可能的(Kress & van Leeuwen 2001:27; Forceville & Urios-Aparisi 2009:13),都伴随着不同程度的意义丢失。另一方面,不同模态在本质上有许多共同点:一方面,它们都是实现意义的社会符号系统;另一方面,各种符号话语都能表达人的思维结构和认知体验。这两点分别为多模态研究提供了社会基础和认知基础,使多模态话语分析研究可以从两个视角进行研究:(1)系统功能语言学的社会符号学视角;(2)认知语言学的概念隐喻视角。

社会符号学理论源于系统功能语言学,主要研究某一特定文化中符号实践如何在各种语境中产生语篇意义。概念隐喻在多模态语篇中称为"多模态隐喻"(multimodal metaphor);本理论重点研究不同的隐喻如何体现于各种符号实践,作用于人的认知语境,影响人们的认知识解。这两种语篇分析视角在各自的领域里独立发展,很少相互交叉。从国内外已有的研究上看,社会符号学视角的多模态话语分析起步较早(Halliday 1978,1985;O'Toole 1994;Kress & van Leeuwen 2001),数量较多,概念隐喻视角(Forceville 1996,2006,2007,2009)则是方兴未艾。国内外在两者的关系研究上成果较少。本研究则进一步从哲学基础和语境方面探讨这两种视角的连接,在理论模式建构上探讨两者的互补,并用实例进行说明。

10.2　两种研究视角的理论基础

10.2.1　基于系统功能语言学的社会符号学视角

韩礼德最早提出语言本质上是一种社会符号(Halliday 1978)。系统功能语言学(Halliday 1985,1996;Martin 1992)认为语言本质上是一种意义资源,或称意义潜势。语篇是人们根据语境从意义潜势中选择的结果,是意义潜势的实例化。社会符号学家将这一基本理论观点应用到其他符号领域,认为社会中有意义的活动都构成符号资源,任何一种符号都是一种意义资源(Halliday 1985)。各种符号系统共同形成相互联系的可供选择的意义网络。符号实践则是符号的意义潜势在特定情景中的实例化。

社会符号学不是一门纯粹研究符号性质和系统的理论,而是一种实践理论(van Leeuwen 2005),一种适用符号学理论(张德禄 2010a),旨在运用和发展系统功能语言学的基本理论,解释各种符号资源和符号实践。克雷斯和范律文将系统功能语言学的元功能理论扩展到视觉图像上,建立了视觉图像语法,构建了视觉图像的三大元功能(元意义),分别是再现意义(representational)、互动意义(interactional)和构图意义(compositional)(Kress & van Leeuwen 1996/2006)。另外,正如语言的元功能由词汇语法层实现一样,视觉图像的元功能也由视觉语法的功能成分体现。

10.2.2 基于认知语言学的概念隐喻视角

多模态话语分析在认知语言学领域的发展主要基于其概念隐喻理论（Lakoff & Johnson 1980），其核心观点是：隐喻本质上是一种思维和行为方式，人们往往借助具体的身体体验来理解和感知抽象的概念；前者是源域，后者是目标域；源域投射到目标域的属性为映射项。虽然雷考夫和约翰逊将语言看作概念隐喻的外在表现形式，而非隐喻的本质属性（Lakoff & Johnson 1980），但其概念隐喻理论基本上是建立在语言隐喻研究的基础上的。福斯维尔认为："要进一步证明隐喻的本质是概念的而非语言的，就必须证明隐喻不仅可以在语言中构建，而且可以由非语言符号或多模态话语来体现"（Forceville 2009：21）。此外，研究非语言模态隐喻和多模态隐喻有利于揭示概念隐喻在语言模态中不易表现出来的特征。福斯维尔对多模态隐喻的基本定义是："目的域和源域完全或很大程度上是由不同模态实现的隐喻"（Forceville 2009：24）。尽管不乏质疑，但多模态隐喻研究者们总体上认同福斯维尔的这个定义。多模态隐喻虽然起步于语言学领域的概念隐喻研究，但它的研究成果远远突破了后者的研究局限，不仅发展了传统的认知隐喻理论，也为多模态话语分析提供了许多新的视角。其主要贡献是弥补了语言学领域概念隐喻研究的诸多不足，能更全面客观地触及隐喻的本质。它将语类图式、文化规约、交际参与者的社会文化背景和即时认知环境纳入隐喻研究，有助于揭示隐喻的动态构建特征。

10.3 两种视角在语言哲学层面上的连接

在语言哲学层面上，系统功能语言学和认知语言学并非相互排斥，而是在许多方面有共同之处：（1）系统功能语言学和认知语言学都把语义作为各自理论研究的重点，语法系统不是自主的，而是受到语义的支配，只是在支配方式上存在着差异：前者通过外部的交际功能；后者则是通过内部的意象图式和概念结构。(2)在系统功能语言学中,内在经验同样占据重要的地位,"它(语法)是再现经验模式的手段——使人类能够建立关于现实的心理图像,并理解发生在他们周围的和自身内部的经验"(Halliday 1978:101)。韩礼德曾谈到及物性与认知的关系,认为及物性是有关认知内容选择的集合,是对语言外经验的语言表达(Halliday 1968)。胡壮麟(2009:69)认为"意义的识解是社会的主体间相互作用的过程",因此意义的产生与理解既涉及社会文化,又包含个体认知体验。(3)认知语言学的理论基础并不排斥系统功能语言学的社会理据性(social accountability),它的一个核心思想就是语言在很大程度上以人类的躯体经验作为基础,而躯体经验是以社会实践为基础的。社会符号学重点关注社会实践的研究,因此,社会文化因素在躯体经验中占据重要地位。雷考夫和约翰逊提出,认知隐喻的体验性虽然是物质层面的,但受到文化差异的影响(Lakoff & Johnson 1980)。福斯维尔则更进一步认为在多模态隐喻中投射不仅是体验性的,而且是文化性的(Forceville 2009:27)。在纯语言隐喻中,投射的往往是源域的内涵意义而非字面意义,而这种内涵意义在不同的文化(亚文化)中可能存在较大的差异(2009:29)。於宁认为概念隐喻的经验基础既是身体的又是文化的,概念隐喻源自体验与文化的相互作用(Yu 2009:121)。

10.4 两种视角在语境理论上的连接

　　社会符号学视角的多模态话语分析主要基于系统功能语言学的语境理论。根据系统功能语言学理论(Martin 1992),语境指文化语境和情景语境:文化语境包括两个次范畴:意识形态和语类;情景语境即马丁所称的语域,包括语场、语旨和语式三个变项(variables)。每个语境变项都与一个元功能相关联,并决定着对意义,进而对语言形式特征的选择,即语场决定对概念意义的选择,进而决定对及物性系统的选择;语旨决定对人际意义的选择,从而决定对语气和情态系统的选择;语式决定对语篇意义的选择,进而决定对主位系统和信息系统的选择(Halliday 1978:31—32)。在社会符号学中,这些适用于语言研究的语境被重新定义,适用范围扩展到其他符号系统。

多模态隐喻研究的语境理论(Forceville 1996,2009)主要建立在雅柯布逊所讲的话语交际模式(Jakobson 1960)上。该模式包含语篇发出者、语篇接收者、语境、信息、渠道和符码六个要素。福斯维尔运用斯珀伯和威尔逊的关联理论(Sperber & Wilson 1986)解释该模式,强调语篇的关联性只针对语篇接收者个体,语篇发出者通过有效刺激(stimulus)激活语篇接收者的认知环境,从而引导后者对语篇中的隐喻做出正确的识解。

雅柯布逊将其交际模式中的语境因素分为篇内语境和篇外语境。福斯维尔认为篇外语境则主要包括文化传统、交际期待、语类等(Forceville 1996:2)。但雅柯布逊和福斯维尔都不曾系统论述篇外语境的运作机制和作用。这样,系统功能语言学的语境理论就可以为多模态隐喻篇外语境提供系统的参考模式。此外,雅柯布逊交际模式本身具备功能特征,这为系统功能语言学的语境理论和多模态隐喻的语境理论的对接进一步提供了条件。

首先,系统功能语言学中文化语境的两个次范畴(意识形态和语类)都可以在多模态隐喻理论中找到对应的语境参数。多模态隐喻研究(Forceville 1996;Caballero 2009;冯德正 2008)强调隐喻的构建和识解必须与语篇参与者个体相关联,尤其是个体的文化背景、百科知识、年龄等因素。这种个体化的社会文化因素在系统功能语言学的文化语境上有对应的参数,即编码化(coded)的意识形态。系统功能语言学认为在语篇交际中,意识形态总是编码于交际参与者个体中,对其编码的因素有很多,比如年龄、阶层、性别、种族、教育背景、习俗等(Bernstein 1971;Martin 1992)。此外,在系统功能语言学中,互文性(Bakhtin 1930/1981;Martin 1992)是构建意识形态的重要因素。虽然多模态隐喻研究者没有明确讨论互文性概念,但是他们的分析(El Refaie 2009;Forceville 2005;Yus 2009)都会涉及互文性在多模态隐喻理解中的地位。比如在政治漫画中,语篇接收者对近期发生的社会事件了解与否很大程度决定他们能否在多模态隐喻理解中获取正确的投射(Yus 2009:149);而这些时事新闻正是和当前的语篇形成了互文关系。

语类概念在系统功能语言学和多模态隐喻研究中都占据重要地位,

但是有区别。表现有二:(1)系统功能语言学有系统和完善的语类理论(Martin 1984:25)。在社会符号学中,语类的外延得以扩展,由语言模态延伸至非语言模态和多模态。该视角主要关注不同语类多模态资源的元功能分布特点;多模态隐喻研究同样强调语类的重要地位,认为隐喻的构建和解读往往与文本的语类相关联,语类决定着语篇接收者对概念隐喻(Jakobson 1960:64)和其源域、目标域以及映射项的识解(Forceville 2009;Koller 2009)。多模态隐喻研究还注重考察语类和多模态隐喻表达手段之间的联系,例如平面广告的目标域倾向于由视觉呈现(Forceville 2009:33)等。但多模态隐喻研究者对语类本身没有理论构建,系统功能语言学的语类理论体系可以有效地弥补其这一缺陷。(2)两种分析模式都强调语类的目的性(意图性),但是侧重点不同。系统功能语言学侧重实现语篇交际目的的程序;在社会符号学研究中,语类为多模态语篇的构建和解读提供了图式化模式。概念隐喻视角则突出语类的目的性对语篇参与者产生的关联。例如,福斯维尔认为商业广告语类的促销目的性决定其对语篇参与者必然在以下两层意义上产生关联(Forceville 2009:104):第一,这是关于 X 品牌的广告;第二,围绕广告 X 品牌做出的表述必然是正面的。这种由语类目的性决定的语篇意义成为语篇发出者和接收者共同的假设,为两者的交际提供了共同的认知语境。

其二,系统功能语言学的情景语境模式可以与雅柯布逊的交际模式建立对接关系。在社会符号学视角的多模态研究中,情景语境的三个变项被重新定义,由语言扩展到多种模态。语场指多模态符号资源使用时所要表达的话题内容和活动;语旨指多模态语篇参与者的社会地位、相互关系以及交际意图;语式指语篇信息传递的方式,即各种模态在特定的交际情景中所起的作用,包括交际渠道、修饰方式和交际符码。因此,语场直接决定对雅柯布逊模式中的信息要素的选择,这种信息可以是多模态信息,如语言信息和图像信息;语旨则通过语篇参与者(信息发信者和信息收信者)之间的关系决定对该信息要素的选择;语式通过交际渠道和交际符码决定对信息要素的选择,比如语言信息有口语和书面语两种交际渠道,图文信息也有两种符码:语言符码和图像符码。

图 10-1 展示了雅柯布逊交际模式中的六个要素和系统功能语言学语境变项的对接关系:意识形态(包括百科知识、文化规约等)通过编码化与语篇参与者(语篇发出者和接收者)相联系,这就将语篇参与者双方

的个体差异纳入了研究范围;语类直接与语篇参与者对语篇的理解相关;语场通过语境决定对信息的选择;语旨则通过语篇参与者(信息发出者和信息接收者)之间的关系决定对信息的选择;语式通过与交际渠道和交际符号相关决定对信息的选择。

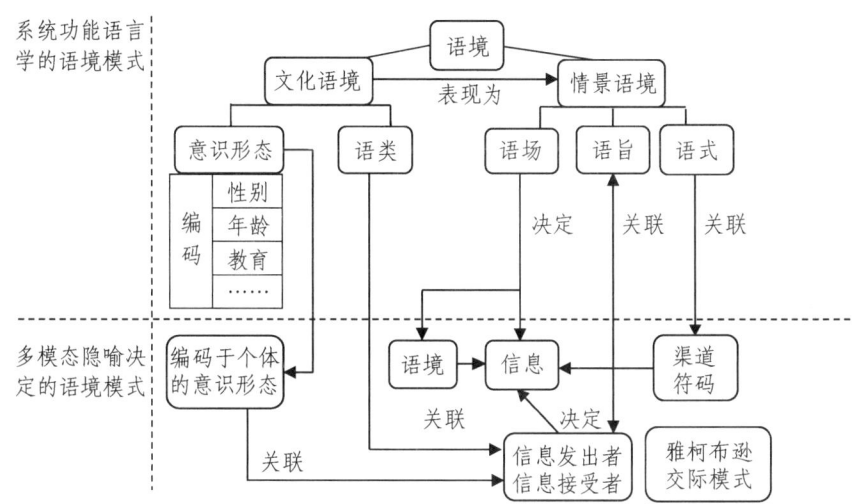

图 10-1　两种视角在语境模式上的连接

10.5　两种视角在主体理论构建上的互补

社会符号学理论在语法层面上为概念隐喻(多模态隐喻)构建再现意义提供更抽象、更具普遍性的阐释;反过来,概念隐喻也可以为社会符号学中互动意义和构图意义的构建提供系统、有力的认知理据。

10.5.1　社会符号学对概念隐喻构建的阐释功能

我们要把语义和语法相结合来讨论系统功能语言学对概念隐喻构建

的阐释功能,基于两个方面的原因:(1)系统功能语法是从语义切入并朝着语义方向推进的语法系统。体现语义的语法也是从功能的角度定义的,语法的所有单位——小句、词组、短语等——都可分析为功能性的有机配置(Halliday 1985)。因此在系统功能语言学框架内,语义和语法都是从功能的角度来探讨的。(2)概念隐喻研究大多基于"A is B"的隐喻模式以及这个模式的扩展项,主要探讨源域、目标域与映射项之间的关系和相互作用,这种分析只停留在语义层面。冯德正(2011:24)认为多模态隐喻研究者未提出具有普遍意义的理论模型来阐释多模态隐喻对意义的构建。

如果多模态隐喻研究能在语法层面获得有效阐释,那么其普适性将大大提高,因为语篇最终要由词汇语法来体现。系统功能语法之所以能为概念隐喻的运作机制提供支撑,除了其功能语义特征之外,还源于系统性特征。它是一种"选项"语法,而非"链式"语法(概念组织方式是聚合的,而非组合性的)(Halliday 1985)。语法结构(组合)中某一个功能项来源于一个聚合系统,是从该系统中选择的结果。这一系统性为语法隐喻的实现提供了可能性。惠特克指出隐喻在语言中可体现为"固定句法结构中的语义替代"(Whittock 1990:54)。句法结构的稳定性保证了语义替代的识别与理解。因为多模态隐喻主要关注再现意义的构建,所以其构建机制主要由系统功能语法中实现再现意义(概念意义)的及物性系统来阐释。及物性结构(Halliday 1985; Kress & van Leeuwen 1996/2006)是由参与者、过程、环境三个功能成分构成的组合关系。隐喻产生于由这三者所组成的语法结构中任一常规要素(unmarked)被非常规要素(marked)替代的过程(冯德正,2011)。

10.5.2 概念隐喻理论为社会符号学某些理论构建提供认知理据

克雷斯和范律文对于体现不同意义的语法系统采用不同的方法来建构(Kress & van Leeuwen 1996/2006):体现再现意义的视觉语法是从系统功能语法的及物性系统演绎而来,论证较严密;但是体现互动意义和构图意义的视觉语法理论与体现人际意义、谋篇意义的功能语法有着很大的差别,很难通过演绎得来。克雷斯和范律文采用了归纳法构建这两种元意义的视觉语法,其结论的得出是以大量的图像分析为基础,体现了盖然率的思想。这种理论建构方式有两个问题:(1)归纳式理论建构不可能穷尽所有语类,因此其结论的阐释力、有效性及普遍性都不够充分。(2)盖然率思想认为符号实践是约定俗成的,并在使用中不断演变(胡壮麟等,2005:21),但是它不试图解释这种约定俗成的深层机制,即盖然率只表明一个倾向,却不试图解释这个倾向产生的原因。因此,克雷斯和范律文对这两种视觉语法的构建引起了很大的争议。有的认为他们的分析和阐释主观性太强,缺乏理论严密性(Bateman et al 2004)。有的认为克雷斯和范律文的问题在于缺乏认知理据,并提出这一认知理据可以由概念隐喻得出(冯德正 2011:27)。冯德正曾提出两个隐喻体系:"Image-Viewer Relation Is Camera Positioning"和"Information Value Is Spatial Position"来解释拍摄位置与图像-读者关系之间以及版面位置与信息价值之间的映射。这两个隐喻体系有效弥补了克雷斯和范律文分析的分散性和主观性的缺点,为互动意义和构图意义的视觉语法构建提供了系统的认知理据。

此外,克雷斯和范律文的视觉语法还有其他不健全的地方,例如互动意义的构建只围绕图像和读者之间的人际意义展开,没有讨论图像中的参与者之间的人际意义如何构建,参与者只被放在了再现意义中考察。在这个方面视觉隐喻研究可以提供有效的补充。例如,埃尔勒费在分析政治漫画时提出视觉参与者的大小(size)和权力、地位的隐喻关联(El Refaie 2009:175—178)。这种隐喻关联能更好地解释图像中参与者的人际关系、地位差异以及其他暗含的评价意义。

10.6 实例分析

从分析特点上讲,社会符号学视角的多模态话语分析重点探讨多模态文本的元功能及其体现,善于把握语篇的宏观元意义构建过程,突出话语分析的社会性,注重综合考察模态如何协同互动实现文本的元功能。

在现有的大部分从系统功能语言学的角度研究多模态话语的著述中,都提出多模态隐喻的命题,特别是视觉隐喻(O'Toole 1994; Kress & van Leeuwen 1996/2006, 2001),但这些著述中基本上都没有提出一个多模态隐喻研究的理论模式。认知隐喻视角的多模态话语分析另辟蹊径,注重系统地探究一个个具体的隐喻概念如何在不同的模态、物质载体以及语类中实现(Forceville 2009: 5),其主要目的是研究多模态文本背后的隐喻机制以及转喻对隐喻的动态构建等。这种分析往往比较微观,但是能够动态地反映出概念隐喻跨模态生成和识解的认知过程。在实际多模态话语分析中,可以将两者结合,先用社会符号学视角分析语篇的宏观元功能框架及其多模态实现方式;如果语篇中有多模态隐喻,就继续在这个框架内分析多模态隐喻的构建,目的是捕捉微观、动态的认知意义构建过程。这样就能将社会视角和个体认知视角结合,最大限度地提升多模态话语分析的效能和力度。下面我们以图10-2为例,展示如何在话语分析实践中将两种视角结合。

图10-2 Xpose Range(转引自Kress & van Leeuwen[1996: 81])

首先,从再现功能的角度讲,该文本的再现意义主要由概念过程(conceptual process)实现(Kress & van Leeuwen 1996/2006: 79—87)。概念过程包括分类过程、分析过程和象征过程。概念过程有利于把握参与者特征的稳定性和抽象性,并主要通过分类关系(taxonomy)和内部结构(structure)将处于该过程的参与者联系到一起。从宏观上说,该文本是一个多模态分类过程,通过分类关系(taxomomy)将参与者联系在一起。文本中所有的手表都是"Xpose"的成员或"从属者(subordinate)",从属于"Xpose"这个品牌类别(superordinate)。其中手表是通过图像模态体现,而手表的品牌名称则是通过文字模态体现。

分析到此远没有结束,文本中还有很多显性图像细节没有得到解释,其中最突出的是游鱼和 Xpose 手表的融合(fusion)。游鱼和手表分属两个截然不同的范畴,通常只有人类才戴手表,而在图 10-2 中,手表戴到了游动的鱼的身上,很明显这是一种非常规的视觉融合。这种视觉融合是一种多模态隐喻,其中源域完全由图像模态体现,目标域则由图像模态(手表的图像)和文字模态共同体现(手表上的文字商标"Xpose")。因此该多模态隐喻的视觉性很强。这种由视觉融合构建的多模态隐喻增加了读者解读文本的处理难度,社会符号学视角只能用功能语法中的逻辑语义关系理论(Halliday 1985)解释符号之间的关系的方法来处理,无法解释两种不同的事物是如何联系起来共同体现意义的,需要借助多模态隐喻理论进行分析。广告语类特征决定其产品的表述必须正面积极,以达到促销的目的。这一关联性促使读者努力将游鱼的常规属性和 Xpose 手表的优良品质联系到一起。鱼作为源域的常规属性是适应水下生活和轻巧灵活,当这些属性投射到目标域 Xpose 手表上,就能突出该品牌手表的强防水性和轻巧的品质。因此,多模态隐喻在这里表达了对产品的积极评价,实现了对潜在消费者的劝说功能,而社会符号学视角的多模态话语分析理论无法从理论上对这种现象做这种直接和清晰的解析。

为了验证这一映射,我们采用了一个简单的读者反应测试,不限定受试的条件,在某学院随机选择 100 个调查对象,向他们展示该图并提问:"图中鱼戴着手表重在宣传手表的什么性能或品质?"。有 67 位受试回答防水性能,11 位受试回答防水和轻巧,13 位受试回答轻巧,9 位回答一些品质如美观、尊贵,但都表示不好确定。由此可见,大多数读者都能捕捉到隐喻的常规映射。"防水性"品质具有较强的映射性(78%),属于信息的"强隐含意义"(Forceville 1996:125),即所有或大部分读者能识解的隐喻映射,这种映射往往依赖于同一(亚)文化背景人群共享的认知语境;"轻巧"品质映射性较弱(24%),属于信息的"弱隐含意义"(Forceville 1996:125)即是少部分读者能了解的映射。弱隐含意义的产生源于"信息接受者个体的性格、偏好、成长背景、兴趣以及与信息发出者的关系等特殊因素造成的特殊的、个性化的认知环境"(Forceville 1996:168)。福斯维尔在这里提到的性格、偏好、成长背景、兴趣都属于社会符号学文化语境中的编码因素,而语篇参与者之间的关系则是情景语境中语旨的重要组成部分。因此该分析例示了社会符号学语境理论和多模态隐喻语境模式的共性特征。剩下的9%受试表示不确定,说明他们没能找到游鱼和手表的关联,这从认知角度解释了语篇交际失败的原因。

再者,微观的多模态隐喻反过来又引发了一个新的社会符号过程。根据克雷斯和范律文(Kress & van Leeuwen 1996/2006:87—104),每一个"Xpose"手表和其防水、轻巧等属性之间又构成了一个分析过程,即载体(carrier)和属性(attribute)的关系。值得注意的是,这个分析过程并不是宏观的而是微观的,因为它的构建是基于语篇接收者对文本的微观隐喻识解。因此该过程可以看作是宏观社会过程与微观认知过程之间连续统(continuum)上边界较为模糊(fuzzy)的一个点。

最后,该分析过程又和前面的归类过程之间又形成一个更为宏观的社会符号过程——多模态嵌套结构(embedding),前者是上位(superordinate)过程,后者是下位(hyponymic)过程,依据是"语篇结构的视觉大小或视觉凸显度"(Kress & van Leeuwen 1996/2006:107)。在图10-2中,六尾戴手表的鱼构成的图像整体上组成上位过程,单尾的鱼戴手表图像是下位过程。

以上我们运用了两个视角对图10-2所示文本进行了分析,分析过程表现出"宏观—微观—微观—宏观"和"社会—认知—社会—社会"的特点。所有的手表与文本"Xpose"之间都是多模态分类过程,体现了从属和类别的关系;同时,多模态隐喻引发了另外一个社会符号过程,即每一只"Xpose"手表和其属性之间都形成分析过程,构建了载体和属性的关系。整个图10-2所示文本的分析过程可以由图10-3来表示:

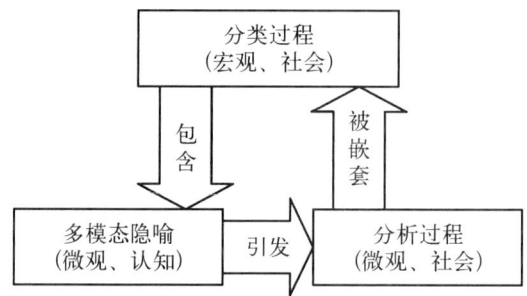

图10-3　多模态及物性过程与多模态隐喻的互动

因此,在实例分析中,社会符号学视角提供宏观语义框架,认知隐喻视角则为分析显性的多模态隐喻提供了微观分析,前者引导后者分析的方向,后者可以引发新的社会符号进程,从而使社会符号学分析从宏观走向微观,同时使多模态隐喻分析从微观走向宏观。

10.7 结　语

综上所述,社会符号观和概念隐喻观作为多模态话语分析的两个视角,在语言哲学层面、语境层面相互连接,在理论构建层面以及话语分析的具体应用层面存在很大互补空间。具体说来,在语言哲学层面,系统功能语言学和认知语言学都是从语义切入,前者承认认知体验的价值,后者认可系统功能语言学的社会理据性。在语境理论上,两种模式的语境参数相互连接,意识形态通过编码化与语篇参与者(语篇发出者和接收者)相连接,语类直接与语篇参与者对语篇的理解相联系;语场通过与语境相关联决定对信息的选择;语旨则通过与语篇参与者(信息发出者和信息接收者)之间的关系决定对信息的选择;语式通过与交际渠道和交际符码相联系决定对信息的选择。在主体理论构建上,社会符号学理论在语法层面上为概念隐喻(多模态隐喻)构建再现意义提供更抽象、更具普遍性的阐释;反过来,概念隐喻也可以为社会符号学中互动意义和构图意义的构建提供系统、有力的认知理据。在具体多模态话语分析中,两者往往不是孤立的,而是互动和交叉的。这种互补和交叉使多模态语篇的分析更加充分,全面和透彻。社会符号学视角提供宏观语义框架,认知隐喻视角则为分析显性的多模态隐喻提供了微观分析,前者引导后者分析的方向,后者可以引发新的社会符号进程。今后应在两种视角的互补配合上做进一步研究,这既包括理论范式的互补研究又包括互补性话语分析模式的构建,尤其在建立可操作性强、适用范围广、融合两种视角的多模态话语分析模式上仍然有很大的研究空间。

第二部分

功能视角下的语法和文体研究

Part Two

Research on Grammar and Style from a Functional Perspective

11

语法隐喻研究在中国

11.1 引　言

语法隐喻是功能语法的重要组成部分,揭示了存在于词汇语法层与语篇语义层接面上的一种重要语言现象,正是这种语言现象表现出的张力使语言呈现出极大的包容性和灵活性。研究语法隐喻的意义不仅在于阐释语篇语义,更重要的是对揭示语言本质和人类认知有重要的理论意义和实践价值。我国语法隐喻研究起步较晚,表现出自己的特点,也存在一些问题。本章首先探讨我国语法隐喻研究的历程、现状,然后探讨我国语法隐喻研究的特点,找出我国语法隐喻研究中存在的主要问题,并探索未来发展的方向。

11.2　语法隐喻理论的产生与发展

"语法隐喻"(grammatical metaphor)是韩礼德在1985年出版的《功能

语法导论》(*An Introduction to Functional Grammar*)一书中首次提出的。根据韩礼德的观点,语言是一个由音系层(phonology)、词汇语法层(lexico-grammar)和语义层(semantics)构成的三层次符号系统,三个层次之间是体现关系,即音系层体现词汇语法层,词汇语法层体现语义层。词汇语法体现语义有两种方式:一致式(congruent form)和隐喻式(metaphorical form)。从概念意义上讲,一致式表示人类相对初级的认知方式,是"儿童言语和儿童传统歌谣"的主要表达方式(Halliday 1994a:342)。而隐喻式不是"儿童在家庭和街道上所遇到的日常的和自发的会话语法,而是与教育、科学、官僚、法律相关的话语,即与语域相关的话语。儿童直到小学高年级时才有可能遇到这种概念类隐喻"(Halliday & Matthiessen 2004:636)。一致式由名词体现参与者,动词体现过程本身,形容词体现事物的特征,副词或介词体现时间、地点、工具、方式等环境因素,而隐喻式则打破常规,通过用名词体现过程、特征的方式或通过改变语法结构的形式,使意义由非一致式语法结构体现,这种现象通常就是功能语言学所说的存在于不同语言层次之间的张力,正是这种张力的存在导致了语法隐喻的产生(朱永生 2006:84)。韩礼德认为,语法隐喻包括概念隐喻和人际隐喻两种(Halliday 1985,1994),概念隐喻主要通过非一致式及物性结构来体现经验意义,如用名词或名物化成分体现过程、性质等;人际隐喻主要通过非一致式语气结构和情态成分来体现人际意义,如用疑问句来体现命令、请求;用"I think""It is likely"等句型体现情态意义等。

进入20世纪90年代后,韩礼德本人在深入研究中进一步完善了语法隐喻理论(1992;1995b;1996;1999)。1992年韩礼德提出了意义进化论,认为现代语言起源于某种原始语言(protolanguage),其特征是人类物质层面的经验(the plane of material experience)和意识层面的经验(the plane of conscious experience)直接对立,但这却不是人类所特有的经验方式,其他很多动物与自然界的关系都是如此,所以,韩礼德称之为哺乳动物式经验(the mammalian experience)。现代语言进化成功的标志是词汇语法系统对哺乳动物式经验所认识到的意义的语法化(grammaticalization),并成为介乎意义层面和表达层面之间的一个弹性空间层面,这一中介面的重要性在于它使人类脱离了其物质经验的直接情景,而所谓的语法化就是语法隐喻的各种运作机制,如命名(naming)、分类(taxonomizing)、重构

(reconfiguration)等。1996 年韩礼德提出了语法隐喻综合征(grammatical metaphorical syndrome)概念,并在此基础上对语法隐喻进行了重新归类,将其共分为 13 种类别:(1) 从性质(quality)向实体(entity)转换,其语法形式是形容词向名词转换;(2) 从过程(process)到实体(entity)转换,其语法形式是从动词向名词转换;(3) 从环境成分(circumstance)向实体(entity)的转换,其语法形式是介词转换为名词;(4) 连接成分(relator)向实体(entity)转换,其语法形式是连词转换为名词;(5) 从过程(process)向性质(quality)的转换,其语法形式是动词转化为形容词、时态和情态成分转换为形容词;(6) 从环境成分(circumstance)向性质(quality)的转换,其语法形式是副词或介词词组转换为形容词;(7) 从连接成分(relator)向性质(quality)转换,其语法形式是连接词转换为形容词;(8) 从环境成分(circumstance)向过程(process)转换,其语法形式是某些介词转换为动词;(9) 从连接成分(relator)向过程(process)转换,其语法形式是连词向动词转换;(10) 从连接成分(relator)向环境成分(circumstance)转化,其语法形式是连词转换为介词;(11) 从无人称形式([zero])转换为实体(entity);(12) 从无人称形式([zero])向过程(process)转换;(13) 从实体(entity)向扩展成分([expansion])转换,即名词被用作修饰性扩充成分的现象。在随后的研究(Halliday 1999)中,他较多地关注科学语言,在分析科学语篇中的语法隐喻时,指出名词化过程是重新识解图式的过程,是科学语篇的重要特征。在他与马蒂森 1999 年撰写的《通过意义识解经验——基于语言研究认知》一书中再次肯定了语法隐喻的 13 个分类,并指出语法隐喻的典型表现包括级转移和类转移在内的一系列特征,并强调语法隐喻在建构科学经验中的重要作用,这是利用语法隐喻研究意义建构和认知的开始。他把世界上任何能被建构为人类经验的东西统称为现象,并认为这些现象本无秩序可言,但语言的概念意义资源使我们有可能将自己周围及内心世界的经验建构成意义单位,这些意义单位可以按照等级分类根据意义类型组成意义网络。经验按复杂程度的不同可分为成分(element)、图式(figure)和序列(sequence)。意义单位在不同的级阶上有不同的功能角色配置组合。成分是最基本的语义单位,图式是包含成分的配置,序列是图式的复合体,其三者之间的关系有所不同,成分是图式的组成成分,图式通过相互依赖关系形成序列。序列、图式和成分在英语词汇语法层上对应的体现形式分别为小句复合体、小句和小句的结构成分(词组/短语)。不同类别的成分、过程、参与者、环境、关系项在词汇语法层分别典型地体现为动词词组、名词词组、副词词组或介词词组、连词词组。与韩礼德的研究同时进行的还有马蒂森(Matthiessen 1993, 1998, 2003)、马丁(Martin 1992, 1995, 2010)、戈特利(Goatly 1997)、拉韦利(Ravelli 1985, 1998a)等人,其中马蒂森更多关注人际隐喻,从评价角度研究语法隐喻,并指出名词化语法隐喻在书面语中是不可或缺的,具有建构知识,组织语篇和产生评价三个方面的积极作用;戈特利和拉韦利则更多探讨了语法隐喻与语域的关系。

11.3　我国语法隐喻研究的发展

语法隐喻在我国的研究可以分为三个阶段:20世纪90年代为引介和阐释期,21世纪初为创新和发展阶段,近五年左右为跨学科融合发展期。在引介和阐释阶段主要介绍语法隐喻理论,是使国人认识和理解该理论,主要成果为朱永生(1994)和胡壮麟(1996)对语法隐喻的介绍和阐释。朱永生除介绍韩礼德语法隐喻理论和语法隐喻的类型外,还对语法隐喻与话语方式和体裁的关系进行了讨论。胡壮麟(1996)从隐喻的性质出发,探讨了隐喻在两个概念域之间的意义转换形式,研究发现古典时期的语法隐喻的概念域是"现实世界—语法术语"的转换,中世纪的语法隐喻的概念域是"语法形式—现实世界"的转换,系统功能语法的概念域是"语法形式a — 语法形式b"的转换,美国功能主义的概念域是"现实世界—语法结构"的转换,并认为美国功能主义的象似性、语法化和概念化隐喻研究都是语法隐喻研究。这一时期的成果主要对语法隐喻理论进行阐释,对后期的研究起到了重要铺垫作用。

在国际上,语法隐喻理论在90年代中期的发展和修订在21世纪初引发了激烈讨论,我国也掀起了语法隐喻研究的高潮。语法隐喻研究进入到理论论证、完善和创新阶段。从对语法隐喻理论进行论证的角度讲,胡壮麟在2000年的一篇论文中对韩礼德的语法隐喻理论进行了评论,分析了韩礼德(Halliday 1992，1995b，1996，1999)对语法隐喻理论框架进行调整的原因,肯定了马丁的语篇隐喻概念,认为新框架引入雅式和土式的区分符合实际,同时也探讨了韩礼德语法隐喻模式仍然存在的问题和争议。朱永生,严世清(2000)从哲学等层面上探讨了语法隐喻理论的理据,并论述了语法隐喻理论对隐喻研究的贡献;严世清(2003)探讨了韩礼德对语法隐喻理论的发展,指出韩礼德的理论更具系统性和哲学高度,并开始了和其他相关理论进行对话。从语法理论完善和创新的角度讲,朱永生(2006)扩展和完善了韩礼德的语法隐喻理论,提出了具有逆向转移特点的动词化语法隐喻现象,并进行了深入论证;探讨了语法隐喻产生的基本条件,并同时确定了名词化和动词化语法隐喻的界定和类型,讨论了它们之间的关系;刘承宇(2005)则在更加广泛的范围内探讨了韩礼德语法隐喻级转移的逆向性,并指出这种逆向性的根本原因是二者体现不同的语言元功能;张德禄、赵静(2008，2010)探讨了语法概念隐喻中一致式与隐喻式的形似性原则,研究了介词转化为名词的语法隐喻现象,并且对汉英的介名化进行了对比研究。从分析方法的创新上讲,何恒幸(2004)提出在语篇分析中采取"一致式和隐喻式综合分析法"来分析语法隐喻现象,以利于在分析中省力。从扩展研究领域的角度,常晨光(2004)通过分析科技英语语篇中的语法隐喻现象,研究了语法隐喻如何重新构建人类经验,即从"个体发展时间框架来讲,语法隐喻反映了认知水平的提高;从语言系统发展的角度来看,语法隐喻反映了人类语言的进化。"刘承宇(2003)还从种系发生、个体发生和话语发生三个角度讨论语法隐喻在语篇文体分析中的作用。

　　近年来,我国学者已经不满足于完全在系统功能语言学框架内研究语法隐喻,特别是随着认知科学的发展,认知科学理论被应用于语法隐喻研究,出现了跨学科融合发展的研究。范文芳(2007)利用兰艾克个体语言认知模式分析语法隐喻,认为语法隐喻就是语法单位在不同语法域之间的转移,正是这种转移使语法隐喻具有了双重语义特征。何伟(2008b)认为无论是从语法隐喻新解的内容和特征来看,还是从语法隐喻与认知隐喻的关系来看,只强调形式变化的语法隐喻观不完全符合系统功能语法的基本原则。林正军和杨忠(2010)发现语法隐喻的一致式与隐喻式在语义层面上存在转喻关系,在历时层面上,一致式到隐喻式的语义映射和转移具有单向性,而在共时层面上,两种表达之间的语义映射和转级具有双向性,语法隐喻语义映射的方向及转级向度取决于情景语境和交际意图。马玉蕾和陶明忠(2007)结合构式语法理论、概念整合理论和类比映射理论对语法隐喻进行认知意义上的阐释。丛迎旭(2011)提出"隐喻式由一致式直接转类而来"的限制条件,并提出名词化和动词化从"一致式"到"隐喻式"转换的认知机制都是转喻的观点。

11.4　我国语法隐喻研究的主要特点

然而,语法隐喻理论是在该理论已经基本确立后引入我国的,所以,它不会是独创和首创的研究成果,而是对它的认识、思考、补充、完善,甚至是扩展。据此,我国的语法隐喻研究表现出以下几个特点:

(1) 介绍阐释性:如上所述,语法隐喻理论是舶来之物,所以,我们的首要任务是让国人认识这是一个什么样的理论,然后再研究和应用它;同时,对此理论研究的主要是外语界的学者,它们的主要任务是外语教学,向广大外语工作者介绍和阐释该理论将有利于它们的教学工作,因此介绍阐释成为首要的任务,特别是在初期引入阶段(朱永生 1994;胡壮麟 1996;朱永生、严世清 2000)。

(2) 评判批评性:在引入和阐释中,我们也需要思考和评判,认识该理论的特点、优势和不足等,因此,研究它的主要任务之一就是发现该理论的缺陷、不足、欠缺、空白等,除了胡壮麟(2000)、朱永生(2006)、严世清(2003)外,侯建波(2008)指出了语法隐喻的四大缺陷:没有固定的疆域界限,过分强调两类表达式的同一性,对人际意义描写的不完整和分析操作的复杂性。王馥芳(2001)认为韩礼德提出的语法隐喻概念其"实"已经被语法化理论所概括,但就其"名"而言,由于理论体系及语篇研究的需要,有必要保留这一名称。杨成虎(2002)从历时与共时、句子成分的再分析和句法结构的重组、词义演化与词义选择三个方面比较了语法化理论和语法隐喻理论,指出语法隐喻形成的句法结构变化属于共时语法化的研究范围。

（3）修补完善性：在思考和批评的基础上，我国学者也致力于完善和修补该理论的不足之处，表现为对理论的扩展和补充，如朱永生（2006）对动词化语法隐喻的研究，刘承宇（2005）对逆向性转换的语法隐喻的研究，张德禄、赵静（2010）对介名化语法隐喻的研究，还有何恒幸（2004）在分析方法上的创新等。

（4）应用性。如上所述，我国对语法隐喻研究的学者大部分是外语教师，它们探讨该理论的初衷之一是做好教学工作，因此把语法隐喻理论应用到英语教学、翻译和语篇分析的研究数量很大。在英语教学方面，研究者主要关注语法隐喻对英语学习者语言输入的影响（李瑞芳、孟新令2004），学习中语法隐喻的迁移和语法隐喻学习与学生语篇建构水平的关系（熊学亮、刘东虹2005；孙承容、宋德生2008）；同时还有学者研究学习者写作中的语法隐喻使用情况和语法隐喻使用与写作水平的相关性（董宏乐2002）。在语篇分析中，语法隐喻集中应用在对科技语篇（贾军2005；江淑娟2008），报刊语篇（赵德全、宁志敏2005）和政治语篇（李文秀2011）的解读中。在翻译方面，黄国文（2009）从翻译的选择角度讨论一致式和隐喻式的选择受不同交际目的制约。也有不少研究者利用语法隐喻指导学术语篇的翻译（肖英、吕晶晶2007）、科技语篇的翻译（许婺、吴玲娟2008）、商务英语合同的翻译（陈夏南2005）和诗歌的翻译（潘玥、方文礼2008）。

（5）融合性。认知科学的发展，尤其是认知隐喻理论的发展，使语法隐喻的研究进入了一个融合发展的时期。兰艾克的个体语言认知模式、构式语法理论、概念整合理论、类比映射理论都被用来阐释语法隐喻的认知过程；相似性和图形-背景理论等被用来更好地解释语法隐喻的认知理据；认知语言学的意象图式理论和转喻理论也被用来解释名词化和动词化从"一致式"到"隐喻式"转换的认知机制。以上研究都是语法隐喻研究与认知语言学理论融合发展的产物。

（6）对比性。我国语法隐喻理论的发展已呈现出跨语言对比的趋势。魏在江（2003，2008）分别进行了英汉语气隐喻和英汉情态隐喻对比研究；王仁强（2009）研究了隐喻在英汉词典编撰中的应用；林正军、王克非（2012）以不同语言之间语义的普遍性和语言形式的差异性为基础，指出跨语言语法隐喻是不同语言间表达同一命题意义的表达式之间的映射关系，表达式所体现的语义关系存在转喻语义关系，跨语言的不同表达之间存在一定的形式差异,并指出跨语言语法隐喻现象存在于词汇、语法和语篇的各个层面,是由不同语言间的社会文化差异、不同民族和种族的人之间的认知能力和认知方式的差异以及不同语言自身的差异造成的。这项基于语料库的跨语言语法隐喻研究已深入到文化层面,是我国语法隐喻跨语言跨学科研究的成功范例。

11.5 我国语法隐喻研究存在的不足

在我国,尽管对语法隐喻的研究取得了一定成就,并形成了自己的研究特色,但在语法隐喻理论研究上还存在一些不足,归纳如下:

(1)学科引领性不足:我国对语法隐喻的研究是在国外已经提出来,并进行了研究,形成了比较成熟的理论后,我们才开始引入、阐释、批评、研究的。所以,我们的研究不是站在学科前沿上,而是总比国外要晚要慢。语法隐喻理论是韩礼德于1985年就提出来的,但直到1994年才开始引入我国,其后的几个发展阶段也都晚于国外。

(2)研究的独立性不够:我国学者的研究一般是就某个国外新发展起来的理论点进行研究,而不是自己独立的从一个新的角度进行研究,例如,我国学者对语法隐喻的介绍和研究多是建立在韩礼德1985年和1994年的《功能语法导论》有关语法隐喻论述的基础上的。然而,正如胡壮麟(2000)所言,韩礼德对语法隐喻的论述中有些概念本身模糊不清,我国学者也没有理清楚。例如韩礼德本人对语篇隐喻没有提及,对于在概念隐喻和人际隐喻之外,是否要增加语篇隐喻(textual metaphor),没有做任何论述,我国学者也没有给出有效的解释或者确切的建议。再如,对一致式和隐喻式的区分依靠的仅仅是否是自然话语,但是自然话语本身就是一个模糊的概念,很难准确把握。因此,我国学者虽然对语法隐喻的研究各抒己见,但是概念本身并没有得到澄清。所以,也就不能建立一个完善的有关语法隐喻的理论体系和理论模型。

(3)借鉴其他理论成果不足:现有的理论研究要建立在已有研究成

果的基础之上,包括系统功能语言学之外的理论的研究成果,而语法隐喻研究通常局限于系统功能语言学内部对该理论的研究,没有在借鉴其他理论对该领域研究成果的基础上开展对该理论的研究。例如,语法化理论实际上对语法隐喻现象已经进行了研究。王馥芳(2001)认为韩礼德提出的语法隐喻概念其"实"已经被语法化理论所概括。杨成虎(2002)从历时与共时、句子成分再分析和句法结构重组、词义演化与词义选择三个方面比较了语法化理论和语法隐喻理论,指出二者有不同的理论体系和研究范围,从句法结构的研究看,语法隐喻形成的句法结构变化属于共时语法化的研究范围。这是语法化理论对语法隐喻理论提出的挑战,但是国内学者并没有把语法隐喻理论与语法化理论结合起来进行研究。此外,国内有些学者对韩礼德提出的语法隐喻与科学及真理相对论相关这一论题提出了质疑,认为韩礼德夸大了语言对意义的构建作用,用语法隐喻理论建构科技语篇并证明真理相对理论是不符合科学研究事实的(周颖 2008)。但是这些质疑还没有得到学术界足够的重视。

(4)汉语语法隐喻研究薄弱。虽然语法隐喻理论是韩礼德在英语语言研究的基础上提出的,但作为一个普通语言学理论,应该更广泛地用于其他语言的研究,如汉语语法隐喻的研究和英汉语法隐喻对比研究。在这方面已有的研究包括张德禄和赵静(2010)对汉语形似介名化的研究。丛迎旭(2004)对汉英语法隐喻现象进行了对比研究,但这方面的研究成果目前还比较少,有待进一步深入探讨研究。

11.6 语法隐喻研究展望

语法隐喻现象作为人类语言的一个十分重要的交际方式是语言学研究的一个十分重要的研究课题,需要进行更加深入的研究,解决语法隐喻研究中有争议、不确定的问题。

(1)一致式基本定义的确定:韩礼德通过一系列方式对一致式进行了说明,但都没有一个确定的定义,还需要利用科学的方法来从语义和语法两个层面上为其找到一个确切的定义。

（2）隐喻式的范围：要根据一致式的定义来确定，即一致式以外的语法形式都是隐喻式。在一致式和隐喻式之间还有很大的一块灰色地带需要研究，来确定它们是属于一致式还是隐喻式。胡壮麟（1996）把以语法术语、语法结构和语法理论来隐喻现实世界，把美国功能主义的象似性、语法化和概念化隐喻的研究对象都看作语法隐喻。

（3）隐喻式产生的基本动因：语言语法分为一致式和隐喻式，为什么会有这种不同的表达方式，各有什么用途？韩礼德一方面说语法隐喻是儿童语言发展到一定阶段的语言能力的表现；一方面说它们的运用和专业性（科技、教育、官僚、法律）相关，是受语域支配的（Halliday 1985，1994a）。语法隐喻的运用到底是人类认知能力发展的结果，还是受用途制约的，还是两者的结合，需要经过研究来予以确定。

（4）隐喻式的基本运作方式：根据以上韩礼德所述，语法隐喻理论研究是从上到下的，即探讨意义是如何由语法体现的，由此，产生了"相同所指，不同能指"的基本模式，但当研究深入到了语篇语义层面时，人们发现不同能指可引起语义的变化。因此，对于"相同所指，不同能指"的基本模式是否仍成立，这种新的语义变化反映了什么、有什么功能，等等，我们需要认识清楚。

（5）语法隐喻模式与语言类型学的关系：由于语法隐喻现象与人类的认知能力相关，语法隐喻研究被上升到了解释语言本质和人类认知的高度，正如韩礼德的语言进化论所言，伴随着语言的出现和发展，人类原始二维空间的解构，在物质（或现象）维度与非物质（非现象）维度之间形成了一个新的、同样是非物质性的符号系统，即词汇语法系统，那么在不同的生存环境中，人类形成了不同的语言类型，这些语言类型又反过来作用于人类的语言发展和思维发展。因此，从类型学的角度，把不同语言中语法隐喻方式进行对比研究是语法隐喻发展的重要课题，这样的研究如果再辅以语料库的描述就更加有效。

（6）汉语语法隐喻的研究：把汉语作为研究对象，可以更好地给出汉语语法隐喻的使用情况和了解英汉两种语言之间的差异，并且能够为英汉词典编撰、英汉翻译和英语教学等提供理论依据。

（7）多学科综合研究：在当前多学科交融发展的时代大背景下，心理科学和认知科学的发展必将给语法隐喻的研究带来新的生命力，语法隐喻研究将会继续把系统功能语言学与心理科学和认知科学结合起来,进行跨语言跨学科的融合性研究。

11.7 结　语

　　语法隐喻理论是功能语法理论的重要组成部分,它的研究涉及系统功能语言学的两个重要的层面——词汇语法层和语篇语义层,而且作为一个日益重视语义研究的语言理论,语法隐喻表现出的张力是重要的研究对象。我国语法隐喻的研究始于对该理论的引入和阐释;然后,进入反思、评价和批评阶段,出现了对该理论的质疑、评论、修补和完善研究;目前又融合了认知科学与语料库语言学研究成果进行跨语言跨学科研究。总括起来,我国的语法隐喻研究具有引介阐释性、评判批评性、修补完善性、应用性、融合性和对比性的特点,但还存在研究的学科引领性、独立性不强,借鉴其他理论的研究成果不足,汉语语法隐喻研究薄弱的问题,将来需要在一致式基本定义的确定、隐喻式的范围、隐喻式基本运作方式、语法隐喻模式与语言类型学的关系、汉语语法隐喻的研究、多学科综合研究等方面进行研究。

12 语法隐喻理论的发展模式研究

12.1 引 言

语法隐喻理论由韩礼德于 1985 年在《功能语法导论》中首次提出,历经近三十年的发展,逐步趋于成熟,成为研究热点。韩礼德等学者对语法隐喻理论作了全面阐述(Halliday 1985,1994a,1993,1995b/2007,1998a,1998b/2007;Halliday & Martin 1993;Goatly 1997;Halliday & Matthiessen 1999;Simon-Vandenbergen,Taverniers & Ravelli 2003;Halliday & Matthiessen 2004;Halliday & Matthiessen 2014)。许多研究者还对韩礼德的研究模式进行扩展,引入新的语法隐喻分类,进行了语法隐喻与意识形态、语域等的关系的研究(Ravelli 1988a;Martin 1992;Goatly 1993)。国内许多研究者也对语法隐喻理论做了详细引介和研究(胡壮麟 1996,2000a;严世清 2000,2003;朱永生、严世清 2000;范文芳 2001;朱永生 2006;张德禄、赵静 2008;林正军、杨忠 2010;丛迎旭 2011;张德禄、雷茜 2013),涉及语法隐喻的分类、产生的动因、表现形式以及哲学意义等诸多方面的研究。但国内对语法隐喻理论的评述性研究,特别是对语法隐喻理论的发展模式的研究还未见有成果出现。根据研究需要选取或设计理论框架应该以理清语法隐喻理论的发展过程为前提。因此,有必要对语法隐喻理论发展的不同阶段和相应的模式进行梳理,探讨各阶段的特点以及阶段间的关系,以此增强理论的适用性。

12.2 语法隐喻理论的发展模式

从语法隐喻理论的相关文献来看,语法隐喻理论的发展大致可分为三个阶段:功能模式(functional model)阶段(Halliday 1985,1994a)、分层功能模式(stratified functional model)阶段(Halliday 1995a,1998a,1998b;Martin 1992;Halliday & Martin 1993;Halliday & Matthiessen 1999)和分层系统功能模式(stratified systemic functional model)阶段(Halliday & Matthiessen 2004)。每个阶段呈现出明显的独特特点,但三个阶段不是截然分开的,阶段之间有着继承与发展关系,其发展趋势是逐步与系统功能语言学的整体框架相吻合。

12.2.1 功能模式

功能模式阶段指从 1985 年韩礼德《功能语法导论》第一版(下称"85版")出版到 1994 年第二版(下称"94 版")出版的时段。最初,他从修辞格的意义转移入手,指出词汇选择只是词汇语法选择的一个方面,隐喻变体不仅可以由词汇表达,同时还可以由语法表达(Halliday 1985:320)。词汇隐喻一般描述为词汇的变化;而语法隐喻则关注意义的不同表达方式。韩礼德采用了"一致性"(congruence)这一概念,并将其定义为"表述事物的典型方式"(Halliday 1985:321)、"识解经验的典型方式"(Halliday 1994a:343)。一致式和隐喻式的关系是两者既有区别,也在某些方面是同义的。

韩礼德主要根据元功能把语法隐喻分为概念隐喻和人际隐喻,同时主要根据语法结构成分的功能来讨论语法隐喻,因此可称为"功能模式"

(Halliday 1985, 1994a)。根据这个模式,在概念隐喻中,一个过程可以通过隐喻转换为另一个过程,或者一个小句复合体转换为一个小句,同时,各小句中相关的功能成分(如参与者、过程、环境成分等)也随之发生变化,被转换的功能成分在词汇语法层还可从一种隐喻形式转换为另一个隐喻形式。人际隐喻分为语气隐喻和情态隐喻。语气隐喻体现为语气类型的变化,即由典型的语气类型转化为其他非典型语气类型;而情态隐喻由隐性转化为显性,以命题的形式由投射小句体现。语法隐喻的类型及其体现可以由表12-1表示。

表12-1 语法隐喻的功能模式

隐喻类型		体 现
概念隐喻		小句复合体向小句的转换
		过程向事物转换
		其他功能成分之间的转换
人际隐喻	语气隐喻	语气类型的转换
	情态隐喻	隐性情态向显性情态的转换,即情态词组向投射小句的转换

虽然我们把85版和94版中的语法隐喻理论统称为"功能模式",但94版较之85版有如下变化:(1)提出了词汇隐喻和语法隐喻的区别在于词汇隐喻采用"从下到上"的方式,即从同一个词汇如何表达不同的意义的角度来看隐喻,而语法隐喻采用"从上到下"的方式,即从同一个意义如何由不同的词汇语法来体现的角度来看隐喻;(2)侧重意义建构以及对经验的识解;(3)将"名物化"作为语法隐喻的重要类型单独做了阐述,并提到"名物化"过程中的信息丢失和意义变化问题。

除了对语法隐喻进行分类之外,韩礼德还提出了几个重要的观点:(1)一致式和隐喻式之间没有明确的界限,也没有优劣之分;不能认为"一致式的体现方式更好,用得更频繁,甚至称为常规;在许多实例中,隐喻表征已经成了一种常规"(Halliday 1985:321)。(2)隐喻式选择是有意义的选择,隐喻表征本身增加了额外的语义特征;"隐喻性措辞可以说具有另一个纬度的意义:它既有隐喻性意义,也有一致性意义"(Halliday 1994a:353)。(3)研究目的决定对特定隐喻形式的拆析程度,有时只需注释,有时则需追溯从一致式到隐喻式的中间步骤。(4)隐喻解释的作用就在于能够说明如何把语篇中的一个实例和整个语言系统联系起来;个体语篇是对构成语言系统潜势的具体化,因此语篇语言学不能与语法研究分离(Halliday 1985:345;1994a:366)。(5)一个小句同时体现概念、人际和语篇三种意义,因此,概念隐喻和人际隐喻并非截然分开,并举例说明了两类隐喻共现的情况(Halliday 1985:341;1994a:364)。但以上重要观点在第一阶段并没有受到足够的重视。

语法隐喻的"功能模式"存在的问题比较多,主要包括:(1)对一致式的定义不明确,指出了一致式(非隐喻式)的不确定性,没有讲清楚什么是"典型方式";(2)没有讲清楚一致式和隐喻式在哪些方面"是同义的";(3)没有讲清楚隐喻式在哪些意义上发生了变化;(4)尽管韩礼德提到语法隐喻所导致的语义变化,但没有作具体阐释和概括;(5)没讲清楚语法隐喻和词汇隐喻的关系:既指出两者不同,又承认"语法隐喻也可以包含词汇隐喻"(Halliday 1985:320);(6)该阶段的研究模式明显忽略了语篇元功能,对语法隐喻在语篇构建上的作用涉及较少。当然,其他研究者在这方面做过补充,拉韦利提出了非一致式"对语义的反馈效应"(Ravelli 1988b:137),通过语法隐喻与话语方式的关系探讨了语法隐喻在不同语域中的语篇建构功能。

12.2.2 分层功能模式

分层功能模式阶段指 1995 年到 2004 年第三版《功能语法导论》(下称"04 版")出版的时段。在这个阶段,韩礼德等学者对"功能模式"做了进一步完善,突出了系统功能语言学的层次思想,从语言演变的角度阐明了语法隐喻的动因,并指出语法隐喻是对语义系统的隐喻性延展(见表 12-2)。

与"功能模式"相比,"分层功能模式"在以下几个方面有新的发展:
(1)从语言演变的角度阐释了区分语义层和词汇语法层的必要性,重新定义了"一致性"。韩礼德从语言进化的角度把"一致性"重新阐释为"语义模式和语法模式在它们共同进化的起始阶段的相互关系"(Halliday 1998a:208)。当意义序列(sequence)由小句复合体(clause complex)体现,

表 12-2　语法隐喻的分层功能模式

隐喻类型		层次			隐喻式的概念功能
		语义		词汇语法	
		一致式	隐喻式	一致式	隐喻式	
概念隐喻	序列	言辞、成分	小句复合体	小句、名词词组	连接、过程、事物意义的交联
	言辞	成分	小句	名词词组	过程、事物意义的交联
	成分：性状	事物	形容词词组	名词词组	性状、事物意义的交联
	过程	性状、事物	动词词组	形容词词组、名词词组	过程与性状或事物意义的交联
	情景	过程、性状、事物	介词短语	动词词组、形容词词组、名词词组	情景与过程、性状或事物意义的交联
	连接	情景、过程、性状、事物	连词词组	介词短语、动词词组、形容词词组、名词词组	连接与情景、过程、性状或事物意义的交联
人际隐喻	语气隐喻				
	情态隐喻				

言辞(figure)由小句体现；成分(element)由词组体现时，即为一致式，这是小句复合体、小句和词组在进化中产生的功能；但当序列由小句复合体之外的语法单位来体现，言辞不是由小句来体现或者成分不是由词组体现时，就产生了隐喻式，其他语法单位在功能上取代了一致式中的语法单位。人类通过语言认识和建构世界经验，语法隐喻是人类认识世界的方式和途径，这是语法隐喻的根本作用。语法隐喻产生于语义层和词汇语法层之间的张力，词汇语法对于语义的错位体现关系导致了语法隐喻的出现，由此拓宽了意义范畴的体现域，而隐喻式的出现又意味着人们认识世界的模式的扩展。词汇语法层的出现是儿童语言向成人语言过渡的必经之路。从语篇发生学(logogenesis)的角度来说，新的语篇形式的进化意味着人们对经验的重新识解，在漫长的演变过程中，整个语言系统也发生变化，而个体也完成从最初的识读能力到成人语言的知识条理化、系统化和专业化的发展过程。

（2）强调语法隐喻产生的意义变化,突出了语义特征交联(junction of semantic features)和语法隐喻综合征(syndromes of grammatical metaphor)两个概念。"隐喻式并非只是更趋一致式的表达形式的无新义的变体(即,同义形式),而是具有交联性(junctional),它包含自身词汇结构特性衍生而来的语义特征"(Halliday & Matthiessen 1999：283)。语法隐喻不是同一意义的不同语法结构的表现形式。词汇语法结构的改变势必引起意义的改变,成为原有意义与隐喻过程所产生的新意义的结合体。例如,在概念隐喻中,将一致式"the economy develops rapidly"转换为"the rapid development of the economy",表过程的动词"develop"转化为名词词组的中心语,"development"便具备了"过程+事物"两个语义特征。韩礼德提出了语法隐喻综合征(syndromes of grammatical metaphor)理论(Halliday 1998a：79),从一致式到隐喻式表达可能会经历多次转换,这些转换会影响整个小句的语法结构。在此基础上,根据词类和语法功能转换对语法隐喻进行重新归类,简单地说包括由相应的一致式成分向事物转换、向性状转换、向过程转换以及向环境成分转换四大类,共 13 个次分类(Halliday & Matthiessen 1999：246—248)。新的分类拓宽了语法隐喻概念的外延,能更好地体现隐喻过程的综合征。根据隐喻式重新识解所发生的级阶,可将成分性(elemental)隐喻综合征归为三类:一是从言辞到成分,二是从序列到言辞,三是从带过程的言辞到过程作为事物的言辞。现举一例说明:

[1] *a.* the group decided yesterday(一致式)
b. yesterday's decision by the group(隐喻式)

从[1a]向[1b]的转化过程除了涉及"过程"变为"事物"(decide→decision),同时还发生了另外两个转移:"事物"变为"事物的定性修饰扩展"(the group→by the group),"环境成分"变为"事物的归属性扩展"(yesterday→yesterday's)。

（3）对词汇隐喻和语法隐喻的关系做了重新阐释,更强调两者之间的共性。虽然韩礼德在提出语法隐喻理论时就明确指出,语法隐喻也常常蕴涵词汇转义(Halliday 1985),但对词汇隐喻和语法隐喻的关系未作详细解释。在以后的研究中又将词汇转换阐释为"同样的能指,不同的所指",把语法转换解释为"同样的所指,不同的能指",突出了两者的差异。

一般认为词汇隐喻是词汇层上"A is B"的隐喻关系,只发生在两个由名词表示的实体之间,并不涉及语法的变化,如"he dogged my steps all the way"中隐含的"he is a dog"(朱永生 2006)。但韩礼德和马蒂森又从语义域(semantic domain)的角度说明词汇隐喻和语法隐喻运作的隐喻机制是相同的(Halliday & Matthiessen 1999),如"applaud thunderously"是"applaud loudly"的词汇隐喻式,"音量"这一词汇语义域(lexico-semantic domain)转化为"气象运动"这一词汇语义域;而从"applauded loudly"变为"loud applause"构成语法隐喻,语法语义域(grammatico-semantic domain)"言辞"转化为另一语法语义域"参与者"。因此,词汇隐喻和语法隐喻并非两个不同的现象,而是人们扩展识解经验的语义资源所采用的普遍隐喻策略的不同方面,主要的差异体现在精密度上。语法隐喻是用一个域对另一个域进行重新识解,两个域都具有一般性特征,涉及的都是"序列""言辞""成分"等概括性语义级阶概念。词汇隐喻也同样是一个域对另一个域的重新识解,但两个域在整个语义系统中的精密级更高,词汇隐喻不涉及"序列""言辞",只是隶属于"成分"的"参与者"之间的语义转移,如表 12-3 所示(引自 Halliday & Matthiessen 1999:233)。

表 12-3 语法隐喻与词汇隐喻中的一致域和隐喻域

	一 致 域	隐 喻 域
语法隐喻	序列	言辞
	言辞	成分:参与者
	成分:参与者:性质,过程	成分:参与者:事物
词汇隐喻	参与者:事物:抽象性…… bright+idea	参与者:事物:具体物体…… brainwave
	参与者:事物:抽象性…… fanciful, unrealistic+idea	参与者:事物:抽象性…… Pipedream
	参与者:事物:集合性: human ... congregation in the charge of religious official	参与者:事物:集合性: animal ... flock

从某种意义上说,词汇隐喻具有语法上的含义,语法和词汇处于由精密度连接的连续体上,词汇域可以看作是对语法域的更精密的详述

(elaboration)。很多情况下,词汇隐喻和语法隐喻同现,如在"she felt a flood of relief"中,既有词汇隐喻"flood",也有语法隐喻"a flood of relief",其中"程度"(intensity)转化为"事物"(Thing),同时"情感"(emotion)转化为"后置修饰语"(Qualifier)。该例句的一致式是"She felt very relieved",表"程度"的"very"作为"次修饰语"修饰表示"特征"的"relieved"。

此外,词汇隐喻和语法隐喻还有一个共同点,即两者都涉及语义特征的结合。语法隐喻不能被简单地看作体现同一意义的另一形式,而是对经验的不同识解过程,必须有语义特征的交联。同样,在词汇隐喻中,被转换的词项既保留原有"字面意义",又与隐喻过程中产生的新的意义特征相结合。如在"get a handle on the concept"中,handle是词汇隐喻,实际结合了handle和idea两个词项的意义。因此,鉴于词汇隐喻和语法隐喻的复杂关系,研究中既要承认两者相同的运作机制,又要意识到语法隐喻意味着词汇语法层所发生的变化,而不仅仅是词汇的变化。

语法隐喻理论的"分层功能模式"在许多方面优化了"功能模式",如对"一致式"或"典型形式"从语法和意义两个层面进行研究;对词汇隐喻和语法隐喻的联系进行了研究。但韩礼德等在"分层功能模式"阶段的研究重心明显倾向于概念隐喻,所有13类隐喻类型都是概念隐喻内部的次分类,并没有涉及人际隐喻,因此,在某种程度上忽视了人际隐喻研究。

12.2.3 分层系统功能模式

分层系统功能模式指从2004版至今,即到刚刚出版的2014年第四版(下称"2014版")《韩礼德功能语法导论》(*Halliday's Introduction to Functional Grammar*)。2014版在语法隐喻理论方面与2004版相比基本没有变化。第三阶段把系统与功能结合起来,更加与系统功能语言学的理论框架相吻合。该模式继承了上一阶段的层次思想和发生学理据,在此基础上增加了系统视角,突出了逻辑语义关系对语法隐喻的重要作用,从而更加肯定了语法隐喻的语篇构建功能。同时通过语言系统意义潜势扩大的两大手段——扩展和投射,把一度被忽略的人际隐喻重新置于与概念隐喻同等的地位,该模式可由表 12-4 表示。

表 12-4 语法隐喻的分层系统功能模式

隐喻类型		层次			隐喻式的概念功能	隐喻式的人际功能	隐喻式的语篇功能
		语义		词汇语法			
		系统	隐喻式选项	系统	隐喻式选项			
概念隐喻	逻辑隐喻	扩展:序列或序列变体、言辞、成分等潜在选项	序列变体、言辞、成分等选项之一	小句复合体及其变体、小句和词组	一致式小句复合体、小句、词组等选项之一	扩展关系转换或扩展关系与过程或事物的交联	互动性局限于言辞及言语功能的转换	言辞成为主位、新信息;
		投射:序列、序列变体、言辞、成分等潜在选项	序列变体、言辞、成分等选项之一	小句复合体及其变异形式、小句和词组	一致式小句复合体、小句或词组等选项之一	投射关系转换或投射关系与过程或事物的交联	互动性局限于言辞、交际主体转换	投射者可能成为唯一主位、被投射者成为述位及新信息
	经验隐喻	及物性:言辞及言辞变体、成分等潜在选项	言辞变异形式及成分等选项之一	小句、小句变体、词组等潜在选项	一致式小句、小句、词组等选项之一	过程转换,或过程与事物或情景的交联	交际主体转换、言辞成为交际主体或客体	言辞成为主位或新信息;主位、新信息转换
人际隐喻	语气隐喻	语气:言辞、言辞变体、序列等潜在选项	言辞变体、序列等潜在选项	小句、小句变体、小句复合体等潜在选项	一致式小句、小句复合体等潜在选项之一	由言辞转换为序列,产生投射逻辑语义关系	言语功能转换	主位、新信息的转换
	情态隐喻	情态:成分、言辞等潜在选项	主观或客观言辞选项之一	副词词组、情态动词、投射小句等潜在选项	投射小句变体之一	由成分转换为言辞,产生投射逻辑语义关系	情态明晰化	评价者成为主位

（1）引入"超语法语义域"（transgrammatical semantic domains）概念，进一步深化了层次思想，并与语言进化思想一脉相承，从语篇发生学角度阐释意义潜势扩大的方式。第三阶段在对语义层与语法词汇层关系的阐释上有了突出的变化：其一，把语篇作为最大的意义单位，纳入整个体系，更清楚地说明了个体语篇与语义系统的关系，每个语篇都是语义系统潜势的实例。其二，把逻辑意义、经验意义、人际意义和语篇意义置于同等重要的位置，弥补了前两个模式厚此薄彼的不足。其三，说明了跨语法语义域现象和语法隐喻产生的机制。语义域能跨越不同的语法单位。例如，情态（modality）的语义域在语法上有多种体现，可以通过小句"I suppose""it is possible"等来识解，也可以通过具有限定性情态操作词（如 may）的动词词组或者带有情态副词（如 perhaps）的副词词组来体现。但这些不同语法单位的情态模式并非完全同义，在整个情态语义系统中有不同的值。尽管"I suppose""it is possible""may""perhaps"都体现"低概率"（low probability）这一意义，但"I suppose"是显性主观，"it is possible"是显性客观，"may"是隐性主观，而"perhaps"是隐性客观。因此，情态语义系统可以由多个级阶的语法单位和项目来体现，体现出跨语法级阶的语义域特征。

同时，当语义单位和语法单位之间的体现关系错位重组时便产生语法隐喻，意义范畴有了更多的体现域。但不同的体现形式并不是完全同义的，是对语言意义潜势的扩展。而语言意义潜势扩大的两大手段便是扩展（expansion）和投射（projection），因为这两种逻辑—语义关系能穿越不同的语义环境，在序列、言辞以及成分各语义系统中体现出不规则模式（fractal pattern）。以扩展和投射为出发点，探讨语义层和词汇语法层的体现关系，阐释语法隐喻产生的机制是该阶段的显著特点。

（2）在语义潜势扩展的基础上，回归基于元功能的分类。语法隐喻第二阶段的研究关注概念隐喻内部的分类，一定程度上忽视了人际隐喻，因此会造成韩礼德"倾向于用语法隐喻这一术语指称所有级转移现象，而反对概念、人际和语篇隐喻的分类"的印象（严世清 2000：51）。但在"分层系统功能模式"中，基于元功能的分类仍然保留，通过语义的扩展和投射及其体现形式自然地将语法隐喻分为概念隐喻和人际隐喻，扩展体现概念隐喻，投射体现人际隐喻。

级转移在语法隐喻中是很普遍的现象，但语法隐喻与级转移并不构

成互为必要条件的关系,不能把两者简单对等。语法隐喻不一定涉及级转移,如例[2]所示:

[2] a. They arrived at the summit on the fifth day.
   b. The fifth day saw them at the summit.

例[2a]是表示物质过程的一致式,例[2b]是表示心理过程的隐喻式,两句只是不同过程之间的转换,不涉及级转移现象。同样,并非所有的级转移现象都是语法隐喻,"隐喻性不是级转移的固有特性"(Halliday & Matthiessen 1999:259)。以下例句([3])都有级转移现象发生,在传统语法中称为"嵌入",即限定性或非限定性小句做修饰成分或功能成分:

[3] a. [[Not having a proper job]] made my life unbearable.
   b. [[How they escaped]] was a mystery.
   c. That woman [[(who was) sitting behind the desk]] reminded me of Tracy.
   d. The idea [[that anyone would visit/of anyone visiting]] seems incredible.

(例句均引自 Halliday & Matthiessen 1999:260)

在例[3a]中,小句降级为名词词组的中心语,成为"行为"类小句结构的施动者;在例[3b]中,小句也降级为名词词组的中心语,成为"事实"类小句结构的载体。从语义上来说,非投射(例[3a])或投射(例[3b])言辞(figure)转变为参与者(participant)。在例[3c]和例[3d]中,小句降级为名词词组的修饰语,非投射(例[3c])或投射(例[3d])言辞(figure)转变为性状(quality)。但各例句都不是语法隐喻现象,因为不存在词汇语法层和话语意义层之间的张力,也不涉及原有意义与隐喻过程引起的新意义的语义结合。因此,级转移现象也较为复杂,笼统地将上移、下移、平行移动与某类语法隐喻对应起来都欠妥当。

(3)强调语法隐喻的语篇建构功能以及语法隐喻对元功能影响的互动过程。"分层系统功能模式"仍没有采用一些功能语言学者提出的语篇语法隐喻概念(Martin 1992:416—417;Thompson 1996;胡壮麟 2000b;黄国文 2000;范文芳 2001,2007;Halliday & Martin 1993:238)。但韩礼德和马蒂森明确肯定了语法隐喻的语篇效应(textual effects),即对语篇构建的贡献(Halliday & Matthiessen 2004)。语篇是与长度无关的意义单位,既是能够用系统中的项目呈现的特定结构形式,又是通过在意义潜势网络中不断进行意义选择的动态过程(Halliday & Hasan 1989：10)。语篇性体现在语篇内部的衔接和语篇与语境的连贯上。任何形式的语法隐喻都会导致语篇层面上主位—述位结构和信息流"前景—背景"模式的改变,语法隐喻本身就具有语篇元功能性。因此,从语篇建构的功能上宏观地看待语法隐喻更为合理。

12.3 语法隐喻研究：问题与展望

根据以上研究可见,语法隐喻在近 30 年的研究中是在不断完善理论、扩展研究领域过程中发展的,其发展的基本趋势是由一个特殊的语法现象,逐步发展成为一种普遍的语言运用现象。从 1985 版、1994 版、2004 版、2014 版几个版本的章节安排上看,语法隐喻现象主要用于解释几个版本前面几章接近于"一致式"的语法研究所没有解决的问题。但后来发现,这个特殊问题实际上是人类的识解模式以及语言运用模式在人类语言的起始阶段,以及个体语言发展的起始阶段所使用语言模式(基本上为一致式)的基础上不断扩展的意义潜势,丰富了意义的类型和表达方式。经过这三个阶段的发展,语法隐喻理论逐步纳入系统功能语言学理论总体框架中,并对以下问题给出了比较合理的解释：(1) 从历时演变的角度,依据层次思想,明确了语法隐喻产生的条件；(2) 从系统角度说明语言的意义潜势的扩展促使了语法隐喻的发展,同时语法隐喻也扩大了意义潜势；(3) 辩证对待词汇隐喻与语法隐喻的关系,比较清晰地解释了词汇隐喻和语法隐喻的相互关系；(4) 阐明了语法隐喻的概念功能、人际功能和语篇功能。

语法隐喻研究取得了很大成就,理论模式不断完善,大部分在开始阶段存在的问题得到了解决,并不断深化,但仍然存在一些争议,仍有需要进一步研究的空间。

12.3.1 解决仍存在的问题

首先,"一致性"概念还需要做进一步探讨。"一致式"是语法隐喻理论的基底性概念,但由于没有提供使大家都信服的定义,现仍存在争论。韩礼德倾向于采用"连续体"这一概念来说明"一致式"和"隐喻式"之间的关系,认为隐喻性只是程度问题,这在一定程度上讲明了两者的关系,许多有关"一致性"的问题已经基本解决,如对什么是"典型形式"已经有了比较明确的界定(Halliday & Matthiessen 1999:48—49;235),但两者之间的界限没有说清楚,还存在"灰色区域"。它们是从系统发生学的角度最早出现的语法结构;从个体发生学的角度是儿童最早用的语法结构。但这些还需要进行实证研究来证实。第二,"同义性"问题实际上是一个核心概念。语法隐喻涉及同一意义的不同表达,但一致式和隐喻式又不完全同义。语法隐喻与其一致式如果没有同义性就不能联系起来,所以,就没有研究的必要,但完全同义也没有研究的必要。一致式和隐喻式到底在哪里是"同义"的是需要进一步研究的课题。然而,通过分析以前的研究成果,我们可以发现,实际上韩礼德和马蒂森提出交联概念时,已经部分地提供了答案(Halliday & Matthiessen 1999:243—244)。如果说概念隐喻式是交联的,它实际上是把一致式中的核心意义和隐喻式中的一个意义交联起来。例如,"develop rapidly"是一致式,是一个过程,而"rapid development"是隐喻式,它具有交联性,是过程和事物的交联。那么,一致式和隐喻式所共有的"过程"意义就是它们的"同义",而"事物"是它的新义。是这个"过程"意义把一致式和隐喻式联系起来,而且这个意义是无论如何变化都不可能失去的,因为它不是由语言本身的特征决定的,而是由语境因素中由语言体现的特征决定的,即一致式体现的是一个情景中的事件,由一个过程体现,那么无论它的表达方式如何变化,这个过程意义是永远存在的。第三,语篇隐喻是否存在;如果存在的话,是否有存在的必要。语篇隐喻根据马丁的研究是存在的,即它在语法结构上有表现的(Martin 1992)。但是,他提出的语篇隐喻特征都是可以通过衔接理论解释的。另外,韩礼德的概念语法隐喻和人际语法隐喻都是非典型的、有标记的语法结构,而体现语篇意义的主位结构和信息结构都已经讨论了有标记主位和非典型信息结构,也没有必要再从语篇隐喻的角度进行研究。从这个角度讲,语篇隐喻的研究也是不必要的。然而,是否还有其他的原因使语篇隐喻研究成为必要的是需要进一步研究的,如理论建设的需要等。

12.3.2 开拓新的研究领域

目前的语法隐喻研究,首先基本上还是局限在小句及小句复合体上,即语法层面上。然而,语法隐喻在更大程度上是语篇建构的需要,是由体裁、语域等语境因素促动,因此,从语篇层面进行研究可能会有更大的发现。第二,现有的研究基本上是局限于系统功能语言学内部,如果从跨学科和超学科的角度进行研究也可能有新的发现,譬如利用认知科学来探讨人类如何生成语法隐喻,并如何对它进行释解;通过语用学等理论、甚至博弈论来探讨人际隐喻的生成和作用等。第三,是否在音系层上还可以发生隐喻现象,从而产生"音系隐喻",例如"语调隐喻"显然是存在的。第四,语法隐喻现象不仅存在于语言内部,还可以发生在其他符号系统的语篇中,如在音乐语篇、图像语篇、电影语篇中,多模态语法隐喻研究就成为可能。

12.4 小　结

"系统功能语言学在过去大约30年的时间中是通过不断改进和完善一直相对稳定的框架而发展的"(Matthiessen & Halliday 1997/2009:8),语法隐喻理论也是在系统功能语言学整体框架下逐步完善的。功能模式阶段对一致式的界定、语法隐喻所产生的意义变化等问题都没有给予明确的回答;分层功能模式阶段则强化了层次思想,阐明了语法隐喻产生的哲学动因和条件,并对语法隐喻进行重新分类;分层系统功能模式更为全面,从扩大意义潜势的角度分析语法隐喻的作用和体现方式,从而更明确了语法隐喻在三大元功能上的意义互动。本章主要对语法隐喻理论发展模式进行了探索和研究,同时提出了下一步可进行研究的领域,希望能够抛砖引玉,激发大家对这一研究领域进行更加深入的研究。

13

论语法概念隐喻中一致式与隐喻式的形似性原则

13.1 引 言

韩礼德于1985年首次提出语法隐喻理论,之后他又重新整理了这一理论框架。在新模式中,他提出语法隐喻包含"元功能"和"层次"两个方面。在层次方面,他提出用一致性标准来判断语法隐喻现象。所谓的一致性(congruence)就是指语义和语法层面在它们共同进化的起始阶段的相互关系,它划分为级的一致性(congruence in rank)和性状一致性(congruence in status)两类。具体来说,级的一致性就是指语义功能层面的言辞列(sequence)、言辞(figure)和成分(element)分别由词汇语法层面的小句连接体(clause nexus)、小句和词组或短语来体现的对应关系,而性状一致性是指语义功能层面的过程、实体、特征、环境和逻辑意义分别由词汇语法层面的动词、名词、形容词、副词或介词词组和连词来体现的对应关系(Halliday 1995b：9；1998a：40—43；1998b：57；1999：109—110)。按照层次之间的一致性对应关系所形成的语法表达式为一致式(congruent form),反之为隐喻式(metaphorical form)。因此,语法隐喻在词汇语法层面表现为不同语法功能的词组之间、词组与小句之间、词组与小句复合体之间或小句与小句复合体之间的级转移(rankshift)(Halliday 1998b:53)。在这一新模式中,他突出了层次思想,用他自己的话说"语法隐喻的发生全都归结于语言有层次之分"(1998b:58)。严世清(2003:51)也指出,韩礼德近年来倾向于用语法隐喻这一术语指称所有的级转移现象。由此可见,语法隐喻在层次方面的研究变得尤为重要。

关于一致式和隐喻式的关系,韩礼德认为,二者除了在语义层面具有相同的语义内涵外,在词汇语法层面上不一定具有形式上的相似性,关键的是句法功能的不同(Halliday 1995b:15)。另外,他还指出,任何词类都可以从其他任何词类中衍生,并且没有词形标记(Halliday 1999:107)。关于这一观点,国内外学者普遍接受。概念隐喻作为语法隐喻的重要组成部分,按照这一观点,其一致式和隐喻式在结构形式上也不存在必然的联系。韩礼德在其论著《功能语法导论》(Halliday 1994:352—353;2004:656—657)中论述名词化时所列举的实例充分说明了这一点。请看表13-1

表13-1 韩礼德的一致式和隐喻式的比较

	一 致 式	隐 喻 式
[1]	is *impaired* by alcohol	alcohol *impairment*
[2]	they *allocate* an extra packer	the *allocation* of an extra packer
[3]	some *shorter*, some *longer*	of varying *length*
[4]	they *were able to reach* the computer	their *access* to the computer
[5]	technology is *getting better*	*advances* in technology

表13-1中的5个例句分别由形容词或动词转化为名词,实现了由过程或性状到实体的转化。其中,例[1]中的 impair 与 impairment 和例[2]中的 allocate 与 allocation 在结构形式上具有相似性,而在语义上不存在解释和被解释的关系;而例[3]中的 shorter、longer 与 length,例[4]中的 be able to reach 与 access 以及例[5]中的 get better 与 advance 在结构形式上都不具有相似性,但在语义上存在解释和被解释的关系。

根据结构形式上是否具有相似性(以下简称为形似性),我们把一致式分为两大类:一类为形似一致式(以下简称为形似式),它们与隐喻式存在形似关系但不存在义解关系,另一类为非形似一致式(以下简称为非形似式），它们与隐喻式不存在形似关系但存在义解关系。由此可见，这两种一致式与隐喻式之间存在着截然相反的关系，那么究竟是形似式、还是非形似式、还是两者都是概念隐喻的一致式？为此我们有必要对这两种一致式进行逻辑验证，以期澄清一致式与隐喻式之间的关系，进而明确概念隐喻的内涵。

13.2 概念隐喻中形似一致式和非形似一致式的验证

13.2.1 一致式确立的条件

　　语法隐喻是指同一意义下不同语法功能的转化。然而，语法功能与语法形式互为前提，共同存在，也就是说，前者必须依附于后者才能存在，因此，从二者不可分离的关系上来说，语法隐喻在词汇语法层面上是指同一意义下具有不同语法功能的语法表达式之间的转化。随着一致性语法功能转化为隐喻性语法功能，一致式转化为隐喻式。另外，韩礼德也认为隐喻式是一致式某种程度的转化（Halliday 1994a：342）。根据隐喻式是由一致式转化而来这一推断，一致式的确立除了满足与隐喻式在意义上相同同时在语法功能上不同之外，还应该首先满足下列三个条件：

　　（1）隐喻式和一致式的对应形式和数量都应该是确定的。应用上的简洁原则是验证语言理论的原则之一（Hjelmslev 1943/2004：121；金立鑫 2007：19）。一致式和隐喻式作为语法隐喻理论的重要支柱，它们的对应形式和数量上的确定不仅可以降低语法隐喻概念上的模糊性，而且还有利于增强该理论实际操作的简便性。

　　（2）一致式在时间上必须先于隐喻式。韩礼德先后提出了五条确定一致式的标准（胡壮麟 2005：183—185）。但无论是历时标准、年龄标准、难易度标准、自然标准还是方式标准都从不同的侧面指出一致式在时间上必然先于隐喻式。另外，用韩礼德自己的话说，一致式是人类语言最初形成的形式(Halliday 1998a：37),是语法范畴赖以演变的形式(Halliday 1999：110)。另外,这一点也能从一致式向隐喻式的转化过程中得以体现。只有一致式在前,才能保证它向隐喻式的转化,才能保证隐喻式的出现。

（3）一致式必须能够直接转化为隐喻式。隐喻式是一致式某种程度的转化,这种转化说明隐喻式和一致式必须具有某种联系,而这种联系使一致式在一定条件下能够转化为隐喻式,以达到使用者的交际目的。同时,这种转化又必须是直接的。在一个具体的转化过程中一致式和隐喻式的关系是一一对应的隐喻关系,这种隐喻关系蕴含着一致式向隐喻式转化的过程,是一种直接的隐喻化过程,中间不存在任何的其他过渡过程,否则,二者的关系则不能称之为隐喻关系。

13.2.2　概念隐喻非形似一致式的问题

隐喻式必然要与非隐喻式即一致式相对照,因此,隐喻式的确定离不开一致式的确定。既然概念隐喻中二者在形式上可以存在相似性,那么 advance(v.)应该是表一(5)句中隐喻式 advance(n.)的一致式,既然二者在形式上也允许存在非相似性,那么 get better 的同义词 become better、change better、turn better、make progress、progress(v.)、develop(v.)、improve(v.)等都和 advance(n.)存在着意义上相同语法功能上相异的关系,因此,它们也都应该是隐喻式 advance(n.)的一致式。另外,在特定的语境下与隐喻式 advance(n.)具有相同语义内涵不同语法结构的语言表达式还有许多,如此一来,隐喻式 advance(n.)所对应的一致式的数量将会极为庞大。也就是说,一个特定的隐喻式所对应的一致式有许多个,这不仅导致了一致式在数量上和形式上的不确定性,而且还增加了对概念隐喻现象进行分析的难度,因此不利于该理论的操作和应用。

根据表达式是否由认知元语言构成,非形似式又分为元语言非形似式和非元语言非形似式。根据表达式构成成分的复杂程度,非元语言非形似式又进一步分为非元语言简单非形似式和非元语言复合非形似式（以下分别简称为非元简单非形似式和非元复合非形似式）。根据图 13-1 中隐喻式 advance(n.)和它的不同类别的一致式之间的关系,下面我们首先讨论各种非形似式与隐喻式的转化关系。

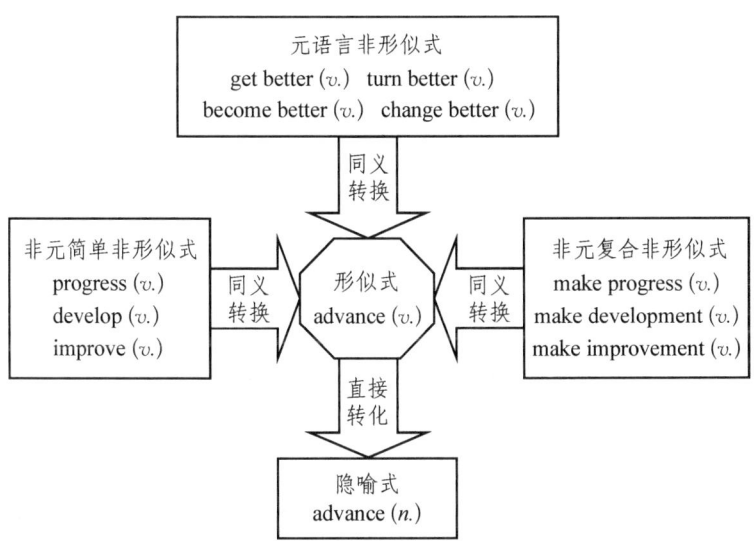

图 13-1　隐喻式 advance (n.) 和它的一致式之间的关系

既然非元复合非形似式是一致式,那么上例中 make progress 是 advance (n.) 的一致式。根据一致式成立条件 2,前者出现的时间一定会先于后者,也就是说,progress (n.) 一定先于 advance (n.) 出现。如果我们用 progress (n.) 和 progress (v.) 分别替换 advance (n.) 和 advance (v.),我们又会得到 progress (n.) 的一致式,即 make advance 可以作为 progress (n.) 的非元复合非形似式。再根据条件 2, advance (n.) 又先于 progress (n.) 出现,这与前面的结论相矛盾,因此,我们可以推论非元复合非形似式不是一致式,否则,概念隐喻将不能保证一致式先于隐喻式出现。

既然非元简单非形似式可以作为一致式,那么上例中 progress (v.) 是 advance (n.) 的一致式。根据一致式成立条件 2, progress (v.) 一定先于 advance (n.) 出现。然而,事实上我们并不能确定前者的时间一定会先于后者。另外,progress (v.) 也不可能超越形似式直接转化为隐喻式。如图一所示,它实际上是通过作为中介的形似式 advance (v.) 与隐喻式 advance (n.) 建立转化关系,这种转化关系是一种间接关系,即中间需要经过一个与形似式进行同义转换的过渡过程,这与一致式成立条件 3 相矛盾。因此,非元简单非形似式不是一致式。

即使元语言非形似式 get better (v.) 在时间上先于隐喻式 advance (n.),根据以上论述,它也不能超越形似一致式直接转化为隐喻式,它也是通过形似式 advance（v.）与隐喻式建立转化关系,从而也与一致式成立条件 3 相矛盾。因此,我们可以推论,元语言非形似式也不是一致式。它和非元简单非形似式和非元复合非形似式一样,都是通过对形似一致式进行意义上的解释而得到的同义表达式。

此外,我们还可以从另一个方面判断概念隐喻中非形似一致式的虚假性。我们先对比表 13-2 中这几个例子。

表 13-2 非形似一致式

[6]	they were able to reach the computer	their access to the computer
[7]	he was able to open the door	his key to the door
[8]	he was able to use the computer	the code to the computer
[9]	they were able to go to school	the road to school

表内例[6]句中动词词组 be able to reach 转化为名词 access 构成的词组,从而实现了过程到实体的转化,因此前者是后者的非形似一致式;而例[7]句中 be able to open 与 key、例[8]句中的 be able to use 与 code 以及例[9]句中 be able to go 与 road 也同样分别具有意义上的相同性和语法功能上的相异性,因此前者也应该是后者的非形似一致式。然而,名词 key、code 和 road 都是实体名词,从一致性的角度讲,它们本身就是一致式,不可能从动词转化而来。实际上,以上这几个例子中的非形似式都是从过程性状的角度对实体的功用进行语义阐释的表达式。如果它们可以作为一致式的话,那么所有的名词都有一定的功用,即都能从过程性状的角度得到语义阐释,因而所有的名词都是隐喻式,显然这种情况是不可能存在的。因此从这一方面来说,非形似一致式也不能作为概念隐喻的一致式。

根据以上分析,概念隐喻中的非形似一致式不仅增加了确定一致式的难度,不利于语法隐喻理论的应用和操作,更为关键的是,它不能直接转化为隐喻式,因此它不是概念隐喻的一致式。由于一致性标准导致了一致式在形式上的任意性,因此概念隐喻中的非形似一致式所导致的矛盾和问题也同时表明一致性不能作为判断一致式的充分条件。

13.2.3 概念隐喻的形似一致式的验证

通过以上讨论,概念隐喻的一致式并非非形似式而只能是形似式。

形似性不仅体现了一致式和隐喻式在时间上的先后顺序,保证了前者向后者直接转化的可能性,而且还明确了二者在形式上和数量上的对应性。

概念隐喻中一致式和隐喻式的形似性也可以从"隐喻"的内涵中得以体现。韩礼德是在对传统的词汇隐喻进行对比的基础上建立的语法隐喻理论。语法隐喻中的"隐喻"这一概念是从词汇隐喻中借用而来的,因此二者在"隐喻"的基本内涵上是一致的。词汇隐喻在语法形式上无变化而在意义上有变化。语法隐喻在语法性状上有变化而在意义上无变化。前者的隐喻过程是指由本义向隐喻义转化的过程,而后者的是指由一致式向隐喻式的转化过程。但需要指出的是,词汇隐喻的本义和隐喻义之间必须具有某种意义上的联系,这种联系表现为二者深层意义上的共享性,这使得二者尽管意义不同但也具有某种程度上的意义相似性(Bloomfield 2002:148;Saeed 2004:307;束定芳 2001:245;谢之君 2007:112)。而我们正是基于这种意义相似性才能判断出二者的隐喻关系。韩礼德在区别词汇隐喻和语法隐喻时所举的实例也说明了这一点(Halliday 1999:104—106)。即"fruit"的本义"果树的果实"被隐喻为"事件的果实"即"结果",这个词的隐喻义保留了本义中的根本内涵"果实",从而体现出两种意义的相似性,据此我们才能判断出二者之间的隐喻关系,进而理解"结果"的内涵。从这个角度上来讲,既然词汇隐喻的本义和隐喻义具有一定的意义相似性,那么相应地语法隐喻的一致式和隐喻式也应该具有一定形式上的相似性。事实上,如果语法隐喻的隐喻式是由一致式转化而来,那么其在形式上也应该留有后者的踪迹,从而使二者在形式上表现为一定的相似性。否则,脱离了这种形似性,语法隐喻则不能称作隐喻。既然语法隐喻的"隐喻"内涵中预设有一致式和隐喻式的相似性,那么概念隐喻作为语法隐喻的重要组成部分,其一致式和隐喻式也应该享有一定的相似性。

13.3　概念隐喻形似一致式确立的要求

形似式真正确立为概念隐喻唯一的一致式还必须回答下面三个问

题:(一)形似式,非形似式和隐喻式三者之间到底具有何种关系?(二)一致式和隐喻式的相似性在不同类型的概念隐喻中如何表现?(三)在由一致式向隐喻式转化的不同概念隐喻过程中二者为何保持又是如何保持相似性的?

13.3.1 概念隐喻中形似式、非形似式和隐喻式之间的关系

根据以上论述,形似式和非形似式与隐喻式的关系可以由表13-3表示。

表13-3 形似式和非形似式与隐喻式的关系

表达式类别 与隐喻式的关系	形 似 式	非 形 似 式
意义内涵	相同	相同
语法功能	不同	不同
形式关系	相似	非相似
意义关系	非解释	解释
对应数量	一对一	多对一

这里需要指出两点,第一点是在一个具体的概念隐喻过程中,尽管非元简单非形似式不能作为隐喻式的一致式,但这不代表它在其他隐喻过程中不以一致式存在。例如,progress (v.)尽管不是 advance (n.)的一致式,但它是 progress (n.)的一致式。可见,非元简单非形似式与形似式由于意义相同而呈现出一种聚合的一致式选择关系。另外一点是非元复合非形似式本身可以蕴涵隐喻过程,即它本身可由隐喻式构成,例如非元复合非形似式 make progress 由 progress (v.)的隐喻式 progress (n.)构成。语言使用者总是按照自己对主客观世界的认识,选择一种最切近的一致式,并且根据需要按照形似性原则把它们分别隐喻化为各自的隐喻式(有的构成非元复合非形似式)。

韩礼德把语言看作是一套系统,每个系统就是语言行为中的一套可供选择的选项,即在不同语境中可以选用的一组语言形式。这组语言形式是建立在某种相同意义(如概念意义或者人际意义)的基础上的。从概念隐喻这个角度讲,非形似式、形似式和隐喻式由于意义相同而存在着密切的联系即共同组成一个具有特定概念意义的可供选择的语言表达系统网络。它们的关系如图 13-2 所示。

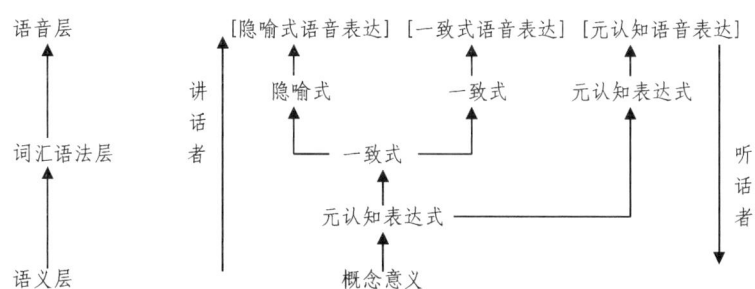

图 13-2 概念隐喻中语言的层次与体现

由于元语言非形似式是由认知元语言构成的语言表达式,因此它也可称作元认知表达式。认知元语言是语言认知的最小单位。它是指在整个语言表意系统中的那些最底层、最基本和最核心的起指称作用的语素群。它的功能是认知整个主客观世界(苏新春 2004:12)。对于说话者来讲,他表达的主客观经验即语义内涵首先体现为元认知表达式,根据需要再选择相应的一致式来表达,有的再转化为隐喻式以实现自己特定的目的,最后三者都通过音系层表达出来,其转换过程是由简单表达式到复杂表达式的选择和编码过程。听话者则与之相反,通过音系层获得隐喻式后,首先把它还原回一致式(原来是一致式则不必转换),最后通过元语言认知该语言表达式的语义内涵即说话者所表达的主客观经验,其转换过程是由复杂表达式到简单表达式的解码过程。对于听话者而言,任何一个转换环节都很重要,因为每一步都有可能导致其不能理解或误解说话者的语义内涵。可见,元认知表达式会对隐喻式的理解产生很大的影响。

由此可见,在一个具体的概念隐喻过程中,尽管这三种非形似式不能作为一致式,但是它们都与一致式和隐喻式存在着相互交织、不可分割的联系。

13.3.2 概念隐喻中一致式和隐喻式形似性的体现

概念隐喻的一致式和隐喻式的形似性在语法结构上主要体现为四种类型,可由表 13-4 中的例子表现。

表 13-4 概念隐喻中一致式和隐喻式的比较

	一 致 式	隐 喻 式
[10]	We were pleased *that he arrived*.	We were pleased *with his arrival*.
[11]	He *possessed* a good fortune.	He was *in possession of* a good fortune.
[12]	He wasn't worried *if she was safe or not*.	He wasn't worried *about her safety*.
[13]	They arrived at the summit *on the fifth day*.	*The fifth day* saw them at the summit.
[14]	*Technology advanced* in that country.	*Advances in technology* were speeding up.
[15]	*The pretty girl was at that office*.	*The pretty girl at that office* was killed.
[16]	Tom failed *because he got nervous*.	Tom failed *because of his nervousness*.

第一类,除介词短语之外的不同词组之间的转化。其转化过程实质上是指不同词性的单词间的转化,这一类型中一致式和隐喻式的相似性主要体现为二者具有共同的词根。如上例中的 arrive (v.) 与 arrival (n.)、possess (v.) 与 possession (n.)、safe (adj.) 与 safety (n.)、advance (v.) 与 advance (n.) 以及 nervous (adj.) 与 nervousness (n.)。

第二类,介词词组与名词词组之间的转化。其转化过程主要体现为介词词组转换为其补语名词词组的过程,这一类型中一致式和隐喻式的相似性主要体现在该介词短语的补语即名词词组上。例如,句[13]中的"on the fifth day"与"the fifth day",二者的相似性主要体现为名词词组 the fifth day。

第三类,小句与词组之间的转换。概念隐喻中,性状的转移经常伴有级阶的转移,也就是说,不同性状的词组之间的转移一般伴随着小句的降级,但这也不是绝对的,例如,在"take a walk"中,walk 由动词转化为名词,但小句没有发生小句的级降。这一类型的相似性主要体现为两类:第一类是在属性关系过程中一致式小句中的属性成分至少与隐喻式名词词组中的某一个修饰成分相同,如句[14]中前句的属性成分与后句的后置修饰成分相同,即都是"at that office"。第二类是一致式小句中体现过程的动词或形容词至少与其隐喻式词组中的一个实词具有相同的词根。例如,句[10]中小句"he arrived"与名词词组"his arrival"中的 arrive 与 arrival、句[11]中小句"possessed a good fortune"与名词词组"possession of a good fortune"中的 possess 与 possession、句[12]中小句"she was safe or not"与名词词组"her safety"中的 safe 与 safety 以及句[13]中小句"technology advanced"与名词词组"advances in technology"中的 advance (v.) 与 advances (n.)。

第四类,小句与介词词组之间的转化。这一类型的一致式和隐喻式的相似性主要体现为,小句中体现过程的动词或形容词与介词词组中的名词词组的主词享有相同的词根。例如,句[15]中的"because he got nervous"与"because of his nervousness",二者的相似性主要体现为 nervous 与 nervousness 具有相同的词根。

13.3.3 概念隐喻转化过程中形似性的表现及其原因

探讨语法隐喻中一致式和隐喻式的关系,还需要了解一致式是如何转化为隐喻式的,了解不同的隐喻式与一致式的关系和距离。从历史的角度讲,隐喻式的发展经历了一个漫长的过程,韩礼德在探讨科技英语的语言特点时曾把科技英语的发展过程由图 13-3 表示(Halliday 1988)。

这是在科技英语的发展过程中表达因果关系的几种模式。对比几种模式我们可以发现:科技英语经历了从离散到紧密、从具体到抽象、从感性到理性、从动态到静态的发展过程。总结这个关系,我们可以发现语法隐喻的一致式转化为隐喻式的一个发展过程:

(1) 连接化:把两个或多个独立的事件联系起来,形成一个新的关联体,即从"*a* happens";"*b* happens"两个互不关联的事件发展为有一定因果关系的联合体"*a* happens; so *x* happens"。

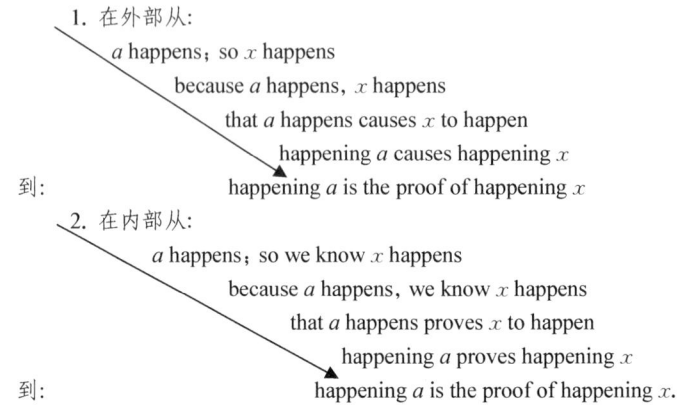

图 13-3 语法隐喻由一致式向隐喻式的转化过程

（2）附属化：使其中一个事件附属于另一个事件，从而使两者的关系更加紧密，即从联合体"a happens; so x happens"转化为"because a happens, x happens"。

（3）级转位：使其中一个事件成为另一个事件内部的一个成分，即从"because a happens, x happens"转化为"that a happens causes x to happen"，使一个小句成为另一个小句的一个成分，由事物之间的关系转化为语法结构内部的关系，在句法上实现了关系化。

（4）动名化：把事件转化为事物性事件，即把事件作为事物来对待，即从"that a happens causes x to happen"转化为"happening a causes happening x"。虽然 happening 仍然具有表示事件的动词的形式，但其功能已经与表示事物的名词相同。

（5）名物化：把事件彻底转化为事物：它不再具有事件的特性，而是完全成为一个事物，即转化为"happening a is the proof of happening x"，或者"the happening of a is the proof of the happening of x"。

在这五个过程中，"连接化"和"附属化"虽然使两个事件的关系更加密切，但没有改变用描述事件的典型形式体现它们的方式，所以它们仍然被当作事件来对待，是一致式。在后三个过程中，都具有把事件作为事物对待的特点，所以都是语法隐喻。对照一致式和隐喻式我们可以发现，虽然事件被作为事物来对待，但事件还是事件，它们之间的关系也没有变化，表达它们的原根词则出现了可商榷之处："happening a causes happening x"的转化形式应该为"happening a is the cause of happening x"。这样,从意义和形式上一致式和隐喻式都具有形似性。我们可以从反向过程的角度出发用表 13-5 表示它们之间的转化过程:

表 13-5 概念隐喻中一致式向隐喻式的转化

[17]	It is a truth that a single man in possession of a good fortune must be in want of a wife.
[18]	It is a truth that a single man possessing a good fortune must want a wife.
[19]	It is a truth that a single man who possesses a good fortune must want a wife.
[20]	It is true that if a single man possesses a good fortune he must want a wife.
[21]	It is true. If a single man possesses a good fortune he must want a wife.

任何语篇在信息传递上都要求精确,因此,在一致式转化为隐喻式的过程中,二者表达的信息(即意义)必须保持相同。这就客观上要求一致式在隐喻化过程中必须保持实词词根不变,以保证传递意义的最大精确度。相同的词根使得二者在表达形式上体现出一定的相似性。可见,形似性原则是语篇准确地传递信息、保证意义恒定的要求。同时它也是作者灵活而又简便地运用语言的需要,因为语言使用者总是利用最简单的语言变化来表达自己的主客观经验。

13.4 结　语

由此可见,两种表达式只有在结构形式上具有形似性才能有概念隐喻关系,由此,形似一致式成为概念隐喻在词汇语法层面上唯一的一致式。然而,尽管在一个具体的概念隐喻过程中非形似式不是一致式,但它们与一致式和隐喻式都存在着相互交织、不可分割的联系。非元简单非形似式与一致式构成了一种聚合选择关系,非元复合非形似式可以与隐喻式存在蕴涵关系,而元语言非形似式对一致式和隐喻式具有最基本的认知上的意义解释关系。三种非形似式,尤其是元语言非形似式,对概念隐喻的产生和理解都产生了重大影响。从这个角度讲,非形似式尽管不是一致式,但它们仍然是概念隐喻理论不可或缺的重要组成部分。

　　形似性原则使得判断概念隐喻一致式的标准增加为三个:(1)概念意义相同;(2)语法功能相异;(3)结构形式相似。这三个标准共同作用,共同决定概念隐喻现象的存在。增加形似性标准对概念语法隐喻理论的贡献主要有以下几点:(1)能够保证(在一个具体的隐喻化过程中)一致式与隐喻式在形式和数量上是对应的;(2)能够保证一致式在时间上一定先于隐喻式出现;(3)能够保证一致式直接转化为隐喻式;(4)可以进一步明确概念语法隐喻的概念。可以将其描述为,用语法功能不同但形式相似的语言表达式表达一个特定概念意义的语言现象。这样,形似一致式的确立可以增强概念语法隐喻理论的明确性和可操作性,从而对该理论的实际应用起到一定推动作用。

14

论汉语形似介名化产生的条件

14.1 引 言

名词化(nominalization)是概念语法隐喻的典型形式。韩礼德从性状(status)角度将其分为四类(Halliday 1998：41)：连名化(conjunction-noun nominalization)、动名化(verb-noun nominalization)、形名化(adjective-noun nominalization)和介名化(preposition-noun nominalization)。概念隐喻范围内的名词化一般只包括后三种，其中动名化和形名化已引起国内外学者的普遍关注，然而介名化却至今尚未得到重视。事实上，介名化也是语言中的普遍现象，它对人类经验的重新建构、语篇的组织以及语言的构词和演变都具有非常重要的作用。本章重点对介名化产生的条件和根源做初步探讨。

介名化作为独立的议题进行研究的很少，但在介词的隐形化、介词与动词的关系等研究中有所涉猎。例如，刘兵(2005)对汉语介词的隐形化进行了研究，提出了介词短语中介词省略的几种情况：(1)"当状况论元通过话题化或述题化等手段转换到话题或宾语的位置上时，介词一般要省略"；(2)"时间论元由时间名词充当时，由于这些词本身具有时间性的含义，介词往往可以省略"；(3)"框式介词的前项一般可以省略"；

(4)"充当论元的是表示任指性的词语时,介词可以省略"。

在此,我们需要区分介词的省略和介名化现象。第一种情况中的介词短语变为名词词组是实质性的转化,而不是省略。万莹(2008)对二十年的介词研究进行了总结,介绍了金昌吉(1996)提出的介词分类框架,认为汉语介词系统包括"前置词"(可进一步区分为"动前前置词""双位前置词"和"动后前置词")、"后置词(虚化的方向词)"和"框式介词(前置词与后置词组合构成,如'在……上'等)",可用于对介词的转化从类型上进行研究。韩国成均馆大学的朴正久(2006)对汉语介词短语出现的位置进行了系统研究,提出介词短语可以出现在句子中的不同位置的规律,设计出一个框架,他把介词出现的位置分为三个类别:出现在句首的为甲类;出现在主语后,动词前的为乙类;出现在动词后的为丙类,可用于对介词的转化从位置上进行研究。泰尔米根据句子所表达的复合事件(event complex)的图式核(schematic core)是主要由主动词表达,还是主要由主动词的卫星成分表达,而对语言进行分类(Talmy 2006),分为"动词定框语言"(verb-framed language),和"卫星成分定框语言"(satellite-framed language)。虽然英语和汉语都属于卫星成分定框语言(Talmy 2006:222),但与英语相比,汉语所涉及的范围更加广泛,因为汉语的动词主要表达动作和动作要获得的结果或效果的意图,并不包括动作所获得的效果或结果。例如,在汉语中,我们可以说"我踢他了,但没有踢着",但在英语中,如果说"I kicked him, but did not reach him",前后就是矛盾的。所以,汉语的"v+PART+n"①结构(如,我踢着他了)相当于英语的"v+n"结构(如 I kicked him),而汉语的"v+n"结构(我踢他了)相当于英语的"v+prep.+n"②结构(I kicked at him)。然而,许多英汉动词并没有这种对应关系,例如,英语的 kill 相当于汉语的"杀死",而汉语的"杀"却在英语中没有对应的"v+prep+n"结构。但英语的"kick"和"kick at"的区别是对立的,不是对等的,不能相互转化,所以不是介名化现象。

本文主要运用韩礼德的语法隐喻理论来解释介词短语转化为名词词组的动因和条件,并同时区分介名化和隐性介词现象。

---

① Verb+Particle+Noun 结构
② Verb+Preposition+Noun 结构

14.2　介名化与语法隐喻

根据韩礼德的观点,介名化在词汇语法层表现为具有相同情景意义的介词短语向名词词组的转化(Halliday 1998:40)。情景意义由两部分构成:一是情景关系;二是情景实体。在词汇语法层面,前者一般由介词词组来体现,后者则由名词词组来体现,因此情景意义一般由介词词组与名词词组共同构成的介词短语来体现。换言之,体现情景意义的介词短语由体现情景关系的介词词组和体现情景实体的补语名词词组两部分构成①。在意义相同的条件下,情景介词短语可以直接转化为其补语名词词组,发生介名化。由于该补语名词词组体现了一致式和隐喻式在形式上的相似性,因此我们把这一类型的介名化称为"形似介名化"。另外,由于这种形似性典型体现了一致式向隐喻式转化的历史过程,因此形似介名化是介名化的基本类型。研究任何现象都必须从其最基本的形式入手(冯胜利 2001:162),因此研究介名化首先应从形似介名化开始。我们认为,形似介名化的产生必须同时具备两种条件:一是可能条件,它又分为根本可能条件和基本可能条件两种类型;二是现实条件。这两个条件主要来自意义层面,同时也受到词汇语法层面、音系层面和语境层面的影响,下面我们将对这两个条件分别进行论述。

14.3　形似介名化产生的可能条件

形似介名化发生在小句中,它由三部分构成:一是介词短语,二是其

---

① 为方便起见,体现情景意义的介词短语、体现情景关系的介词词组以及体现情景实体的补语成分名词词组分别简称为情景介词短语、情景介词和情景补语名词。

所修饰的动词,三是动词的补语名词词组,其中情景补语名词词组不能以独立的情景成分存在。下面我们首先分析形似介名化分别在英汉两种语言中的表现。表一列举了在表层结构中介词短语转为名词词组的现象,包括介词的省略和介名化现象,以利于理清两者的区别(见表14-1)。

表14-1 英汉小句中的形似介名化

1	英汉小句中的介词省略现象(完整式→省略式)	
序号	转 换 类 别	实 例
[1]	空间介词短语变成其补语名词词组	a. 在炉前有两把圆椅→炉前有两把圆椅 b. In front of the fireplace are two armchairs. →* the fireplace are two armchairs.
[2]	时间介词短语变成其补语名词词组	a. 他到星期天回来→他星期天回来 b. He will come back on Sunday. →* He will come back Sunday①.
[3]	时间介词短语变成其补语名词词组	a. 在春(季)困在秋(季)乏→春困秋乏 b. feel sleepy in spring and fatigue in autumn →* feel sleepy spring and fatigue autumn
[4]	主题介词短语变成其补语名词词组	a. 关于这件事,我自己决定吧。→这件事,我自己决定吧。 b. For this matter, I'll make a decision about it myself. →* This matter, I'll make a decision about it myself.
2	英汉小句中的介名化现象(一致式→隐喻式②)	
[5]	方式介词短语转化为其补语名词词组	a. 用收音机听→听收音机;用两把菜刀闹革命→两把菜刀闹革命 b. listen to the radio →* listen the radio; with two kitchen knives participate in revolution →* two kitchen knives participate in revolution

---

① "He will come back Sunday"也是正确的英语句了,但 Sunday 不是介名化的名词,而是副词。
② 本文例句主要出自以下作品:(A)《边城》;(B)《平凡的世界》;(C)《雷雨》;(D) *Pride and Prejudice*;(E)《贺龙传》。例词主要出自词典:(F)《现代汉语词典》;(G)《中华成语大辞典》。

(续表)

序号	转换类别	实例
[6]	空间介词短语转化为其补语名词词组	a. 向上海迁居→迁居上海；从床上起→起床； b. move to Shanghai→*move Shanghai；rise from bed→*rise bed
[7]	原因介词短语转化为其补语名词词组	a. 因病休养→养病；为祖国献身→献身祖国 b. rest because of illness→*rest illness；devote oneself to motherland→*devote oneself motherland
[8]	伴随介词短语转化为其补语名词词组	a. 和/跟国家队打(球)→打国家队 b. compete with the national team→*compete the national team
[9]	角色介词短语转化为其补语名词词组	a. 以先锋的角色(攻)打→打先锋 b. fight as vanguard→*fight vanguard
[10]	比较介词短语转化为其补语名词词组	a. 堆如山积如海→堆山积海 b. pile up like a mountain and gather together like a sea→*pile up a mountain and gather together a sea

在表 14-1 中,从表层结构上看,所有的汉语例子中的介词短语都可以转为名词词组,而所有的英语例子中的介词短语都不能。但汉语中介词短语转为名词词组的原因不同,有的只是把介词省略掉了,有的则是发生了介名化。例如,在第一类中,例[1b]中的"炉前"与例[1a]中的"在炉前"处在相同的位置上,具有相同的功能(都是情景成分),所以实际上是一种介词省略现象;[2a]中的"到星期天"和[2b]中的"星期天"和[3a]中的"在春(季)"和"在秋(季)"与[3b]中的"春"和"秋",以及[4a]中的"关于这件事"和[4b]中的"这件事"也居于相同的位置和具有相同的功能,所以,也是介词省略现象。

但在第二类中,例[5a]中的"用收音机"和[5b]中的"收音机"处在不同的位置上,功能也不同:前者是方式情景成分,做状语,后者是动词的补语(Complement),所以,在这个句子中发生了介名化。在例[6]—例[10]中亦如此,都不仅位置发生了变化,功能也发生了变化,由状语成分转化为补语成分。

通过对比可以看出，汉语小句环境中介词短语转为名词词组的现象比比皆是，而其中一部分是介词省略现象，一部分是介名化现象，而在英语中介名化极为罕见，造成这一现象的根本原因是英汉介词短语中介词语义特征的不同。

14.3.1 形似介名化产生的根本可能条件

英汉两种语言的小句都包括三种意义成分：过程、参与者和情景（Halliday 2001：107）。情景通常包括情景关系和情景实体两个意义成分，前种意义成分依附于后种意义成分，在句中起连接作用，体现为介词短语。尽管如此，情景中英汉意义成分的特征却不尽相同。

首先，从情景关系这一意义成分来讲，英语情景的情景关系是必要成分，不能省略或被其他意义成分或成分之间的逻辑关系所替代。而正是这种意义上的不可省略和替代性决定了其在形式上必须被体现的强制性特征，即情景关系与情景介词形成一一对应的强制性体现关系。与之相反，汉语情景中情景关系的独立性很弱，使其语境依赖性增强，因而经常被省略，或者被其他意义成分或成分之间的逻辑关系所替代，而正是其可省略性和可替代性决定了其在形式上可以不必体现的非强制性特征，即情景关系与情景介词没有形成一一对应的强制性体现关系。

另外，情景关系的独立性特征能从情景介词本身的内容和名词词组内容上得到体现，这一点主要表现在英汉语中的地点介词上。英语地点介词的意义在汉语中由两部分构成，一是介词的意义；二是表示方位的抽象名词的意义。例如，英语地点介词"on"的意义一般等同于汉语所谓"框式介词"（金昌吉 1996）"在"加方位名词"上"的意义。实体意义的独立性强，不可被其他构词的意义或意义关系所替代，具有不可替代性。方位实体的意义使英语地点介词的意义具有实体般的独立性，具有不可替代性，因而其在词汇语法层面必须而且只能由地点介词所体现；而汉语的地点介词并不包含实体意义，因此不享有实体独立性，这使得它容易被省略，从而在词汇语法层面上可以不被地点介词所体现。

总之，英语情景介词所表达的情景关系独立性强，具有不可替代性，而汉语情景介词所表达的情景关系独立性弱，具有可省略性和替代性，因此英语情景介词在形式上必须显现,具有形式上的强制性,而汉语情景介词在形式上则可隐可显,表现出极大的自由。英汉情景介词分别在形式上所表现的强制性和非强制性不仅解释了英语"形合"表达突出而汉语"意合"表达显著的特征;同时也说明了情景介词短语在英语中不可省略或转化为其补语名词词组,发生形似介名化;而在汉语中则可以省略或发生形似介名化。尽管如此,英语中似乎也有例外(见表14-2)。

表 14-2　英语的形似介名转化

序　号	转换类别	实　　例
[11]	角色转换	a. They arrived at the summit on the fifth day. (他们在第五天/第五天到达山顶。) b. The fifth day saw them at the summit. (第五天见证了他们在山顶上。)
[12]	角色不变	a. *She would go to home. b. She would go home.
[13]	角色不变	a. *I told Mrs Bennett that in this morning. b. I told Mrs Bennett that this morning.

在保持意义不变的情况下,例[11a]中的介词短语"on the fifth day"在[11b]句中转化为其补语名词词组"the fifth day",这似乎说明英语中介词短语也能转化为其补语名词词组。但实际上,这种变化却不是形似介名化。这是因为,根据韩礼德的观点,语法隐喻中一致式和隐喻式在同一语法结构下构成一种纵向选择关系(Halliday 1998:39)。因为介名化只涉及介词短语向名词词组的转化,所以只能发生在词组和短语级阶中,不发生过程的变化。如果过程发生了变化,则语法隐喻发生在小句级阶上。在例[11]中,小句的过程由物质过程转化为心理过程,所以,其纵向选择关系发生在小句层面上,是在小句级阶发生的语法隐喻现象不属于介名化的范畴。此前,在[2]中,所有的具有形似介名化的小句都没有发生过程的转化。

在例[12]中,情景成分"home"实际上已经被普遍认为是副词,所以不是由介名化转化而来。在例[13]中,虽然"this morning"以名词形式存在,然而它的对应形式"in this morning"在现代英语中并不存在,这说明这两组形似的表达式不能在同一语法结构中构成纵向选择关系。由此可见,这两组表达式不能发生形似介名化。

总之,汉语情景关系的弱独立性和可省略性和替代性导致了汉语情景介词在形式上的非强制性,这说明汉语具有发生形似介名化的潜势,但如果把这种潜势化为可能,还需要另一方面的条件,即形似介名化产生的基本可能条件。

14.3.2　形似介名化产生的基本可能条件

小句环境中的情景补语名词词组能以独立的情景成分存在是形似介名化产生的基本可能条件。下面我们对这一语法现象进行分析论述。

小句环境中的补语名词词组不是独立的情景成分,这样,它就不能独立表达情景关系。然而,情景补语名词词组所表达的实体意义与动词所表达的过程意义结合,可以呈现出唯一的情景关系。当这一关系与其情景介词所表达的相同时,它在词汇语法层面就可以不由该介词来体现,而是由主语位置或补语位置来体现。例如,在例[5]中,"收音机"虽然不是情景成分,但仍然暗含情景关系,因此它与介词短语"用收音机"具有等同的情景意义,因此这组表达式可以表达形似介名化;相同道理,例[6]—例[10]中的情景介词短语也可以发生形似介名化。

由此可见,小句环境中形似介名化产生的可能条件为:在特定的小句环境中,小句中某一位置的补语名词词组能够表达而且只能表达其原介词短语所体现的所有意义。

主语位置体现两种逻辑关系:一是施事关系;二是非施事关系,但它典型体现施事关系。只有当主语位置的名词与动词之间不存在任何施事关系时,它才体现非施事关系。换言之,情景关系作为一种非施事关系,只有当情景补语名词词组与动词之间不存在任何施事关系时,它才能通过主语位置得到完全体现,否则,情景补语名词词组与动词之间具有某种施事关系,那么主语位置就会首先体现施事关系,而不体现两者之间的情景关系,从而导致情景关系必须由情景介词来体现的现象,形似介名化则不能产生。补语位置体现受事关系和非受事关系,但它典型体现受事关系;相同道理,只有当情景补语名词词组与动词之间不存在直接受事关系时,两者之间的情景关系作为非受事关系,才能通过补语位置得到完全体现。由上可知,即使情景介词短语中的补语名词词组与动词之间呈现唯

——一种情景关系,而且这一关系与该介词短语中的情景介词所表达的意义相同,如果两者之间存在任何可能的施事或受事关系,形似介名化也不能产生。

由于隐喻式情景补语名词词组可以通过词汇隐喻或其他因素与动词产生可能的施事关系,因此它位于主语位置容易致使情景关系得不到体现,因此它位于补语位置的情况更为普遍,这也在一定程度上解释了汉语中为何存在如此多的非常规性动补关系。

由补语位置体现的情景关系主要受动词及物性的制约。具体来讲,如果情景介词短语依附非及物性动词存在,那么其补语名词词组与该动词之间不存在任何的受事关系,两者之间唯一的情景关系就可以通过补语位置来体现,即该情景介词短语就可以直接转化为其补语名词词组,作该动词的"补语",譬如[6a]中"从床上起"转化为"起床";如果情景介词短语依附及物性动词存在,而该动词已经具有自己的补语,那么其补语名词词组与该动词之间也不存在受事关系,两者之间唯一的情景关系也可以通过补语位置来体现,譬如[6a]中的"向上海迁居"可以转化为"迁居上海";另外,有些及物性动词本身同时暗含着其受事补语,因此该补语通常在形式上省略,其结果导致隐喻式情景补语名词词组通常以该动词的"代补语"的形式存在,譬如[5a]中"用收音机听(声音)"可以转化为"听收音机"。

在特定的语境下,如果情景补语名词词组与动词之间不具有任何施事关系,这时两者之间唯一的情景关系就可以通过主语位置来体现,即形似介名化的隐喻式补语名词词组可以位于主语位置,以"代主语"的形式存在,譬如[5a]中的"用两把菜刀闹革命"特指革命家贺龙的特征,其中"两把菜刀"与"闹"之间的关系纯粹为非施事关系即方式情景关系,因而该小句可以转化为"两把菜刀闹革命"。

另外,在特定语境下,情景补语名词词组与动词之间既不存在受事关系,又不存在施事关系,因此两者之间唯一的情景关系既可以通过主语位置来体现,又可以通过补语位置来体现,这样同一个小句结构通过形似介名化可以转化出两种小句结构,譬如"在风里餐在露(天)里宿"既可以转化为"风餐露宿",也可以转化为"餐风宿露"。

总之,在小句环境中形似介名化的产生必须同时满足三种基本可能条件:一为情景补语名词所表达的实体意义与动词所表达的过程意义结合,呈现出唯一一种情景关系;二为这种情景关系与其情景介词所表达的情景关系相同;三为情景补语名词词组与动词之间不存在任何的施事关系或者受事关系。

14.4 形似介名化产生的现实条件

以上论述说明,在汉语小句结构中,情景介词短语与其补语名词词组可以表达相同的情景意义,从而易于发生形似介名化。尽管如此,形似介名化是语篇中进行语义选择的结果(Halliday 1998:39),它必须发生在特定的语篇环境中,即特定的语篇环境构成了其产生的现实语境,而实现特定的语篇功能则构成了其产生的现实条件。语篇功能受话语方式(mode)的影响(Halliday 2001:144)。话语方式是情景语境的三个变项之一①,指语篇在语境中的作用。在"辅助性(ancillary)语言"中,语言在整个活动中起辅助作用,所以其语境依赖性很强,即语篇意义的解码主要依赖语境因素,而不是语言形式本身;而在"组成性(Constitutive)语言"中,语言的语境依赖性降低,语篇意义的解码则主要通过语言形式本身所体现的意义(Halliday & Hasan 1985/1989:48—50)。话语方式主要包括口语和书面语。通常口语的语境依赖性强,而书面语的语境依赖性弱。

所谓"语境依赖性"是指主要依靠语境来体现语篇的意义,而不是主要利用语言形式来直接体现意义。这样,在语境中可以得到的语篇信息通常都不用显性语言形式来表达。语境信息包括听话者可以从文化背景、常识、科技、现场语境等各种渠道获得的信息。只要讲话者估计听话者可以通过这些信息推测出要表达的意义,他就有可能把这种信息隐性化,从而使语言更加简洁、顺畅。例如,在"两把菜刀闹革命"中,"两把菜刀"一方面可以激发听话者对这个短语所指的贺龙元帅起初闹革命的回

---

① 另外两个变项分别是:(1)话语范围(field),指发生了的什么事件;(2)话语基调(tenor),指谁和谁讲话以及他们之间的关系。

忆,一方面其本身的意义也决定听话者不会把它作为施事对待,而是作为方式情景成分。同样,"养病"也需要听话者运用常识来理解:"病"是人人害怕得的,不可能把它养起来,从而根据语境理解为"好好休养,消除病患"。还有的介名化现象是利用现场语境来理解的,如"打先锋"。因为当事者本人是先锋,不可能自己打自己,所以要理解为"以先锋的角色打仗"。

从语言类型上讲,虽然英语和汉语都属于分析性语言,但汉语的分析性语言的特点更加突出,语序的表意性和灵活性更强,这是因为英语是从曲折语发展而来,所以仍然保留着曲折语的许多特性,句法限制更多的缘故。这样,在同等条件下,汉语表现出更强的语境依赖性。汉语的这一特性表现在比英语有更多的省略和句法结构更加灵活上。汉英语言的这一根本区别决定了汉语中介词的省略和介名化的大量产生,而英语中介词的省略和介名化则很少见。汉语的这一特点在口语中则表现得更为突出。

由此可见,语篇的语境为介名化的产生和理解提供了环境,汉语语境依赖性强的特点进一步激发了介名化的产生。所以,汉语语篇强烈依赖语境成为介名化产生的直接现实条件。

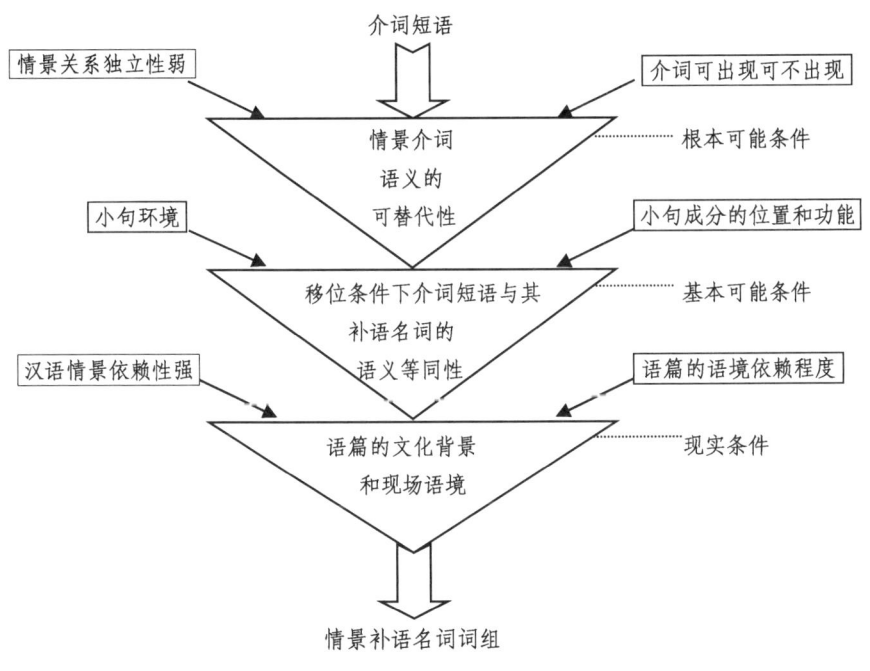

图 14-1 汉语形似介名化的产生机制

14.5 结　语

　　形似介名化的产生由两种条件共同促成,即可能条件和现实条件。可能条件又包括形似介名化产生的根本可能条件,它直接受情景介词的语义特征的影响,在一定的语境中具有可替代的特点,和形似介名化产生的基本可能条件,它直接受情景补语名词词组的语义特征的影响,在移位的情况下仍然具有原介词短语的全部语义特征。形似介名化产生的现实条件是指形似介名化直接受语篇情景特征的影响,即语篇的话语方式的影响。这些条件都来自意义层,但它们都不同程度地受到词汇语法层和语境层的间接影响。形似介名化的产生机制可见图 14-1 所示。

　　形似介名化不仅对汉语的语篇组织产生了重要影响,体现了汉语"意合"表达突出的基本特征,而且还对汉语构词,特别是对汉语动宾构词产生了重要影响,从而成为造成汉语非常规性动宾关系的重要原因之一。

15

形式与意义的范畴化
——兼评《评价语言——英语的评价系统》

15.1 引 言

马丁在20世纪90年代提出了他的评价理论,后来逐步进行发展和完善。马丁和怀特又在2005年出版了新著《评价语言——英语的评价系统》(*The Language of Evaluation: Appraisal in English*),进一步发展了他的评价理论。该理论在语篇分析和批评话语分析等领域得到了广泛应用,产生了比较大的影响,但该理论还处在发展阶段,在理论建设上还有需要进一步发展和完善的方面。本章通过把它与韩礼德的系统功能语言学理论中的有关评价的部分进行比较来探讨评价理论中意义范畴化和形式范畴化方面的问题。

当代语言学研究理论众多、学派林立,各个流派的研究范围和研究目标各不相同。但总的来讲,语言研究可以从四个角度之一进行:(1)形式范畴化,并把形式范畴化作为唯一的研究目标。例如,"布龙菲尔德特别强调说,'形式类,与其他语言现象一样'只能由语言(词汇或语法)特征来'定义'"(Beaugrande 1991:72)。(2)形式范畴化,并把形式范畴化作为其他范畴化的基础。例如,迪克在其功能语法中区分范畴和功能,并认为范畴用以"说明成分的内部特征"(Dik 1978:13),但对范畴的描述是用以阐明语言的功能特征,包括意义、句法和语用三个层次的特征。(3)意义范畴化,并把意义范畴化和形式范畴化的一致性作为研究的目标,韩礼德的系统功能语言学属于这一类。例如,根据系统功能语言学理论,"范畴化是一个创造过程,它把我们的经历转化为意义,这意味着给现实的事物强加上次序,而不是给已有的次序加上名称"(Halliday & Matthiessen 1999:68);词汇和语法与意义的关系不是任意的,而是有动因的,所以意义范畴化促动了词汇语法的范畴化,两者形成一种自然的体现关系,语言范畴化的过程就是语言的系统向更加精密的程度发展的过程(Halliday & Matthiessen 1999:72—82)。(4)意义范畴化,并把意义范畴的系统化本身作为主要的研究目标,认知语言学和马丁的评价理论都应该属于这一类。"认知语言学很注意认知的一个方面——人类范畴化——的重要性,但常对认知心理学的其他方面涉猎不多"(Butler 2003:488)。然而,马丁明确表示,他的评价理论是有关"作者或讲话者同意或者不同意,热心或者憎恨,欢迎或者批评,以及如何使其读者或者听话者也具有相同的情感的;是有关如何用语篇来构建言语社团所共有的情感和价值;用语言机制来构建共同的口味、情感和规范的评价的;……"(Martin & Whilte 2005:1)。同时,他还明确表示,他的评价理论是在话语语义层面上。所以,他的意义范畴化是用于体现社会交往特征的(Martin & White 2005:9)。这里需要强调的是意义范畴化通常要伴随社会符号范畴化,因为意义是语言体现社会文化的主要层面。

形式范畴化从形式上整洁、系统、模式化、自足,但单纯的形式范畴化不与功能相联系,更难以与语义范畴联系起来。意义范畴化在表达整个语义范围上是理想的,但经常在形式范畴化上有缺陷和漏洞。这样,第三种方法是把两者结合起来,即要以意义范畴化作为目标,同时还要使形式范畴完好,韩礼德的系统功能语言学有这个特点。

下面我们用韩礼德的由语气和情态体现的人际意义理论来说明韩礼德的系统功能语言学理论具有第三类范畴化的特点。最后,用马丁的评价理论来说明它具有第四类范畴化的特点。

15.2 韩礼德的功能语法中的评价系统

系统功能语言学是一个多维模式,用以为分析者提供解释语言运用的相关因素。这些相关因素中最基本的一项是意义的类型,其基本思想是语言是一种资源,在每个交际活动中,都把概念、人际和谋篇意义汇集在一起组成语篇。这三种元功能是由社会符号系统:话语范围、话语基调和话语方式来促动,由词汇语法来体现的。概念功能由及物性体现;人际意义由语气和情态体现;谋篇意义由主位结构和信息结构体现,另外还有与体现这些元功能相关的词汇和音系特征。

评价系统是人际意义的一部分,在 1990 年之前,系统功能语言学内部的人际意义研究主要集中在人际交流方面,而不是情感方面,如韩礼德在语气和情态方面所做的研究(Halliday 1994a)以及对对话中话轮转换的研究等(Halliday 1984;Martin 1992;Eggins & Slade 1997)。人际交流出现在社会符号层面上,是话语基调的一部分,被描述为某种交际事件,如交换信息和物品与服务。这些社会符号范畴决定四种言语功能:提供、命令、陈述和询问。这些言语功能又由不同类型的语气体现,与其偏离的语法形式可以由语气语法隐喻来解释。

韩礼德主要通过情态系统来解释评价和判断。在信息表达上有两个情态系统——概率和频率,由情态动词和副词体现;在物品和服务交流中也有两个范畴——义务和意愿,由情态动词和动词词组的延伸部分体现,与其偏离的形式可由情态语法隐喻来解释。在这种语法中,从社会符号到词汇语法的每个层次上都有形式完好、系统性强的范畴,并且不同层次之间的范畴也有系统的关系(见表 15-1)。

表 15-1 系统功能语言学中不同层次的范畴

层　　次	范畴 1	范畴 2		范畴 3	
社会符号	话语范围	话语基调		话语方式	
语义	概念意义	交流意义	评价意义	信息	新闻
词汇语法	及物性	语气	情态	主位	信息结构

在这个语法模式中,语法是由上个层次的因素激发的,包括话语范围、话语基调、话语方式等社会符号层次的范畴。但这个系统仍然是形式范畴化、语义范畴化和社会符号范畴化三者相互妥协的结果:(1) 其社会符号系统不很全面:没有对与所有人际意义相对应的所有社会符号资源进行全面的描述,包括马丁(Martin 2000)发展起来的参与(Involvement)和评价系统;(2) 还没有研究出一个形式完好,相对全面和具体的社会符号系统网络(下节表15-2中马丁和怀特提供的框架可以看作这种模式的例子)。它只是在典型的一般的范畴上相对应,如提供信息—陈述—陈述语气;提供物品和服务—提供—祈使句。但非典型的实例的数量可能要超过典型的实例的数量,如:

[1] Open the window!
Open the window, please!
Could you open the window please?
Would you open the window please?
Could you please be so kind as to open the window?
It is hot in here.
....

在此,我们有许多体现同一个言语功能——命令(要求打开窗子)——的表达式。

另外,在交流情感和评价方面,其情态系统只体现了这一广大语义域很小的一个部分。如果我们把它与马丁的评价系统相比较就可以发现这个问题。

15.3 马丁的评价理论

在20世纪90年代,马丁等开始发展一种以词汇体现为主的人际意义系统。根据马丁,评价与其他两个系统——协商(Negotiation)和参与——

共同组成话语意义层次上的人际意义系统。协商属于上面提到的人际交流方面的概念,而参与则用不可分级的资源来表达话语基调,与评价系统形成互补关系,如用呼语、咒语、感叹语等来表达话语基调关系中的等位关系,用于表达团组等位关系的词汇资源也包含在内,包括俚语(Halliday 1978)、技术和专业词汇(以及相关的首字母缩略语)以及社会方言的指示语等(口音、非标准词素、语义风格等)。体现协商、评价和参与的音系、词汇和语法模式可由表 15-2 表示。

表 15-2 人际意义与词汇语法和音系学(Martin & White 2005)

语域	语篇意义	词汇语法	音系
话语基调 权位 (地位)	**协商** 言语功能 交换 **评价** 介入 　态度 　情感 　判断 　欣赏 级别	语气 附加疑问 评价词汇 情态动词 情态附加语 归一性 编号或预编号 强化 重复 方式:程度 逻辑语义关系词	调(&"基调") 声响 调移动 音质 音像通感 [格式化] "口音"…… 耳语……
等位 (接触)	**参与** 命名 技术化 抽象化 反语言 　诅咒语	职业用语 专有名词 技术词汇 专业化词汇 俚语 禁忌词汇 语法隐喻	首字母缩略语 行话(故意颠倒英语字母) 　秘密文字

此表以意义表达为主,但还不能说已经达到穷尽的程度。在话语基调层次上,权位(power)和等位(solidarity)与所有三个话语意义系统都相关,虽然参与重点表达团组成员之间的关系。社会团组也有地位之差,所以这其中也包含权位关系。

态度(attitude)又分为三个方面的情感:感情、判断和欣赏。感情是用以表达情感反应的资源;判断是根据各种不同的标准来评价行为的资源;欣赏是表达事物价值,包括自然现象和符号现象(既包括产品也包括过程)的价值的资源。

介入(engagement)涉及把一种意见与其他意见置于其合适位置上的资源,如投射、情态、归一性、让步以及各种评论性状语成分。所运用方式是引用、报告、承认某种可能、否定、反驳、确认等。

级别(graduation)与分级相关。从态度上讲,由于这类资源本身是分级性的,所以级别用以调节评价的值,即情态多强或多弱。这种分级称为"力"(force)。其体现形式包括强化成分、比较成分、最高级词素、重复、和各种字系和音系特征(同时也包括运用强化词汇,如 loathe for、really dislike 等)。一般来讲,把级别提高的资源要比把级别降低的更多些。在不可分级的资源中进行分级用以调节范畴边沿力的大小,建构事物的中心类别和边缘类别。这个系统被称为"焦点"(focus)。

在马丁的评价理论中,在社会符号范畴化方面,包括了对社会符号资源的更系统和全面的描述,但比较来说,在形式层次却没有相似的一个系统:语法资源和词汇资源混杂在一起,没有说明它们之间是如何系统地联系在一起的、它们如何相互补充的。例如,在马丁所称的协商中,韩礼德发展了一个形式完好的语气系统,与典型的言语功能相对应,在交流信息和物品与服务方面用以进行协商(见表15-3)。

表 15-3 商讨及其体现

人际意义	交流类型	给予或求取	言语功能	(典型的)语法	(典型的)音系
协商	交换信息	给予信息	陈述	陈述句	降调
		求取信息(是非)	提问(是非)	是非问句	升调
		求取信息(具体)	提问(具体)	特殊问句	降调
	交换物品与服务	给予物品与服务	提供	祈使句	降调
		求取物品与服务	命令	祈使句	降调

情态涉及对命题和提议进行判断,属于马丁所发展的介入系统。虽然它不能包含所有的介入系统,但它自己在理论上是系统的、形式完好的(见表15-4)。

表 15-4 情态化与意态化及其体现（Halliday 1994a:91）

交换物	言语功能		中介类型	典型体现	例　子
信息	命题	陈述 提问	情态化	概率 (possible /probable /certain)	限定性情态小品词 情态附加语 （所有两者）	they must have known they certainly know they certainly must have known
				经常性 (sometimes /usually /always)	限定性小品词 情态附加语 （所有两者）	it must happen it always happens it must always happen
物品和服务	提议	命令	意态化	义务 (allowed /supposed /required)	限定性小品词 被动谓语动词	you must be patient you're required to be patient
		提供		意愿 (willing /keen /determined)	限定性小品词 形容词谓语	I must win! I'm determined to win!

这个框架已经在《功能语法导论》（第3版）中发展成一个更全面和系统的框架，其相对应的评价系统被标注出来（Halliday & Matthiessen 2004：608—612）。

在上面表15-2以及在与评价研究相关的其他著作中（Martin & Rose 2003；Korner 2000；White 1998；Martin & White 2005），我们可以发现一系列项目——主要是词汇项目——用以体现某个范畴的评价系统，但我们没有发现韩礼德的语气和情态系统中所出现的那些特征。这些特征包括：

（1）这些项目是如何组织的，特别是如何把它们组织成为系统或者系统网络；

（2）是否在体现评价系统范畴的词汇项目与体现其他范畴的词汇项目之间有系统的区别；

（3）有哪些与体现某种评价范畴系统地相关的语法模式，如投射模式、使评价项目起评价作用的模式等。例如：

[2] I am happy that …; it is wonderful to do (that)….

这是我们可以对评价系统提出的主要问题。其后的问题是我们如何完善评价系统,使意义系统和形式系统能够完好地和系统地相互对应。主要包括以下几个方面:

其一,研究典型地体现某个评价范畴的语法模式。例如:

[3] I am [happy, glad, pleased, sad, regret……] that …　　　　[**affect**]
　　I am [happy, glad, pleased, sad, regret……] to [do]….
[4] It is [good, excellent, bad, not bad, fair….] to [do]….　　[**attitude**]

其二,把词汇项目系统化,探讨某种类型的词汇与某种范畴的评价之间的系统关系,如 feel、fear、frighten、scare、comfort 等与 good、excellent、bad、bright、beautiful、ugly 等之间的系统关系。

其三,研究体现评价系统的词汇和语法之间的系统关系,系统地和连贯地把它们综合在同一个框架中。正如韩礼德和韩茹凯所强调的那样,词汇是更精密的语法,语法和词汇是达到同一目标,即体现评价意义的两种措施(Halliday & Hasan 1987)。所以,它们两者实际上是相互补充的:语法用以体现在句法上模式化的评价意义,而词汇用以体现评价的具体语义特征。

15.4　结　语

本章探讨了具有不同目标和范围的四种语言研究的基本思路,然后简要地比较了韩礼德的系统功能语言学理论中有关评价的部分和马丁的评价理论,特别是他和怀特的新著《评价语言——英语的评价系统》中的主要理论框架,用以表明两者之间在研究目标和范围上的区别。

通过此研究,我们可以发现韩礼德的系统功能语言学理论是全面和多层次的,但它仍然受形式范畴化的影响,特别是在社会符号范畴化和意义范畴化方面。因此,从这个角度讲,我们需要探讨如何把社会符号系统范畴化,以便能够扩展社会符号系统的范围,扩展意义系统和形式系统的研究空间。我们还发现,马丁的评价理论是社会符号性的,对社会符号系统有比较全面的描述,但同时,它在形式范畴化以及相关的意义范畴化方面还存在不足。所以,评价理论以后的主要目标之一是完善与体现评价理论相关的形式范畴化和模式化。

16

加的夫语法述评

16.1 引 言

伴随着系统功能语法的诞生与发展,在韩礼德早期语法的基础上,系统功能语言学的另一个语法模式渐渐发展起来,这就是由福西特等发展起来的加的夫语法(Cardiff Grammar)。

加的夫语法的最初形成可追溯到 20 世纪 70 年代初期,即福西特在伦敦大学学院(University College London)做研究和攻读博士学位时。在那里,福西特从索绪尔那里学习了语言学研究中形式与意义之间的关系(Fawcett 2008:5),同时学习了韩礼德的阶与范畴语法理论和后来的系统理论,向韩礼德学习了从交际和社会文化的角度通过系统理论描述语言的方法。他本人也很重视认知的理念,他认为"认知语言学模式与语言的社会性是紧密相连的,而不是互相排斥的。"其后,他主持过大型研究项目(1987—1995),发表和出版了一系列论文和著作,阐述了他的加的夫语法理论。

近年来,对加的夫语法的重视呈逐步上升趋势。英国著名语言学家巴特勒(Christopher Butler)早在 1985 年就对加的夫语法进行了讨论并给予很高的评价(Butler 1985);在 2003 年又用大量篇幅介绍和讨论了加的夫语法,并将其与他所称的"悉尼语法"(Sydney Grammar)①,即韩礼德的系统功能语法,进行了比较。他认为福西特研究加的夫语法是在建构系统功能语言学的第二个语法模式,虽然福西特一直强调加的夫语法与悉尼语法有很多共同之处,但它们之间又存在许多实质性的区别;它一方面对韩礼德的系统功能语法进行了简化,另一方面,也对它进行了扩展(Butler 2003a:168)。国内对此理论的关注主要集中在最近几年,如黄国文(2008)把加的夫语法作为系统功能语法的一个新模式进行了讨论;何伟(2008b)讨论了加的夫语法对悉尼语法的扩展;张敬源(2009)探讨了加的夫语法对悉尼语法的词组单位的扩展等。

本章重点介绍加的夫语法的基本语法模式、语法特点,同时在介绍中将它与韩礼德的系统功能语法做简单的比较,对此语法模式的作用和地位做出评价等。

16.2 加的夫语法

加的夫语法与系统功能语法的共同点是加的夫语法的理论基点:(1)两者都是从功能的角度,而不是从形式的角度解释语言;(2)两者都把语言看作成一个系统,或者形成语言潜势的系统网络;(3)两者都是从韩礼德的系统功能语言学发展起来的,尤其是韩礼德20世纪60年代和70年代的早期作品,如阶与范畴语法(Fawcett 2008:14—6)。

但是两者也有显著的差异,所以它们被认为是同一理论的不同模式。福西特认为,在系统功能语法中,形式和意义都应予以考虑,形式和意义都有潜势系统和实际表达两个方面。他的这种思路实际上来自索绪尔的语言符号观。索绪尔认为,符号包括两个部分:能指(Signifier)和所指(signified)。能指是形式,所指是意义。同样,一个符号系统内也具有形

---

① 悉尼语法是巴特勒等用来区分系统功能语言学的两种语法模式的用语,但韩礼德本人没有用这个术语,所以,本文两个术语都用,但用在不同的语境中。

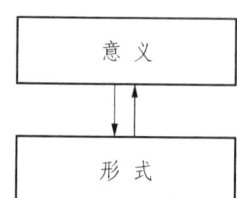

图 16-1 任何符号系统的模式(Fawcett 2008:37)

式和意义的关系。能指和所指之间的关系是双向的(见图 16-1)。符号系统的功能是把形式转化为意义,或者把意义转化为形式。他的这种思想贯穿在他的加的夫语法中。

从符号系统和符号个体的关系上讲,符号系统是系统和潜势,而符号个体是实例,是实际运用的语言。语言是一个符号系统,所以语言是系统和潜势,而体现语言的语篇是语言系统的实例。形式和意义都具有潜势和实例两个方面,这样就形成了形式潜势与意义潜势,以及意义实例与形式实例之间的关系。把索绪尔的形式与意义以及系统与实例的关系与系统功能语法理论相结合,就得到如图 16-2 的理论框架。

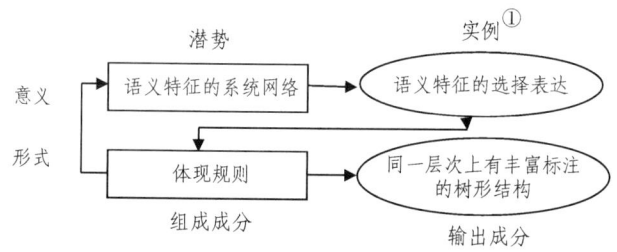

图 16-2 系统功能语法的组成成分及输出成分(Fawcett 2008:41)

在图 16-2 的系统功能语法模式中,意义潜势表现为语义特征的系统网络,意义实例表现为语义特征的选择表达。形式潜势表现为体现规则,而形式实例表现为同一层次上有丰富标注的树形结构。实例是从潜势中选择的结果,或者说潜势生成实例。语言的交际过程是:从语义特征的系统网络中做出选择成为语义特征的选择表达;语义特征的选择表达通过形式潜势中的体现规则生成同一个层次上有丰富标注的树形结构。形式层的体现规则要与语义特征的系统网络相互权衡,以便做出最合适的选择。

从句法上,加的夫语法主要关注实现规则、潜势结构和有丰富标注的树形结构。两者构成一个整体,不能分离。加的夫语法的意义潜势中的系统网络与韩礼德的系统功能语法的意义潜势中的系统网络具有相同的表示方法。加的夫语法的实现规则与系统功能语法相比有了改善和修

---

① 符号说明:□表示潜势;○表示实例

改,但仍与系统功能语法的实现规则具有相似性。福西特曾对两个模式进行了对比(Fawcett 2000:180):从宏观上讲,两个模式是相同的,通过相同的方式表示实现规则,主要的区别表现在具体的程序和步骤上:韩礼德的系统功能语法缺少加的夫语法中的两个步骤,而加的夫语法中则缺少系统功能语法中的一个步骤。

句子都出现在语篇中,所以,福西特有时把句子称为"语篇句子"(text-sentence)(Fawcett 2008:44)。句子是由小句组成的,而由一个小句组成的单句既是小句也是句子。福西特主要用单个小句组成的句子或小句作为研究的基本单位,所以,与韩礼德把小句作为基本单位也是相同的。

福西特在加的夫语法中仍然坚持韩礼德的多功能原则:每个小句都同时体现多种不同的功能。韩礼德认为,语言可以同时体现三个元功能(metafunctions):概念(ideational)功能、人际(interpersonal)功能和语篇(textual)功能(Halliday 1973,1978)。但是,福西特在加的夫语法中区分了八种意义(Fawcett 2008:56)——经验(experiential)、逻辑(logical)、人际(interpersonal)、极性(polarity)、有效性(validity)、情感(affective)、主位(thematic)和信息(informational)。这八种意义对韩礼德的三大元功能在某些方面进行了强调和扩展,如有效性和情感,但大致都可归于韩礼德的三大元功能之中(见表16-1)。

表16-1 韩礼德的系统功能语法与加的夫语法的功能成分对比

模式	功能							
韩礼德	概念功能		人际功能				语篇功能	
福西特	经验	逻辑	人际	极性	有效性	情感	主位	信息

福西特把他的八大意义比作一根绳子上的八缕不同颜色的线。每一缕这样的线实现一个不同的功能,但它们都体现这一根绳子上(Fawcett 2008:45),也就是说,它们都由同一个结构或结构中的成分体现。

经验意义表现为情景(situation)中的一个过程(Process),包括参与者(participants)和环境(Circumstance),分别由主动词(Main Verb)、主语(Subject)、补语(Complement)和附加语(Adjunct)等体现。如在"我痛快地喝了一杯白开水"中,"我"和"一杯白开水"是参与者,"喝"是过程,"痛

"快地"是情景成分。

人际意义表现为交际中行为者(Performer)和受话者(Addressee)之间的交际过程,主要由两个成分体现:主语(Subject)和操作词(Operator)。例如,在"We shall simmer them gently"中,主语we和操作词shall的出现顺序表示这个句子的语气是"信息给予"(information giver)。汉语中没有操作词。

主位意义表现句子讲的什么,由三种类型的主位体现:(1)主语主位(Subject Theme),主语在句子中总是做主位,如"他昨天把头发剪短了"中的"他";(2)主位化(Thematized)主位,主语以外的其他成分出现在句首作主位,如"昨天他把头发剪短了"中的"昨天",补语做主位出现频率低,主题性特别强,称为"有标记参与者角色主位"(marked PR Theme);(3)强势主位(Enhanced Theme),以分裂句和其他句式把某个成分在句首突出出来,使其既是主位又是新信息,如"是昨天他把头发剪短了"中的"是昨天"。

信息意义表现句子的新信息是什么。新信息由语调结构体现,即一个语调单位对应于一个信息单位。每个语调单位都有一个调重心(tonic),调重心一般出现在句尾,表示信息单位的新信息。除此之外,还有两种新信息的体现形式:对比性(contrastiveness)和潜在新信息(potentially new)。对比性是通过对比使调重心出现在句中的某个成分上,使这个成分即是新信息,又有对比性,如"**李明**①喜欢兰花"中的"李明";通过对比,句子中的任何成分都可以成为新信息。潜在新信息表示在句尾的附加语可以成为新信息,但不一定,取决于行为者的选择,如"Ivy usually eats an apple for breakfast"中的 for breakfast。

逻辑意义表现为句子成分之间的逻辑关系,主要由两个功能成分体现:连接项(linker)和粘结项(binder)。连接项连接两个并列的成分,特别是两个小句,如"也、但是、或者"等;粘结项连接主从成分,如"因为、如果、当……时"等:

[1] *a*. 李明喜欢读书,也喜欢写字。("也"是连接项)
    b. 他们幸福因为他们彼此相爱。("因为"是粘结项)

---

① 李明用黑体表示它是语调重心。

在[1b]中,"因为他们彼此相爱"可以由"因此"替代。Fawcett 认为"因此"是代连词形式(pro-form),同类的附加语还包括"同样""这样""那样"等。它们都实现逻辑意义。

极性表示肯定和否定的意义。肯定可以由两种体现形式:(1)小句中没有否定形式 not;(2)小句中除了表示肯定的成分外,所有成分都可以恢复,如"yes"或者"Yes, it is。"否定则由三种形式体现:(1)在小句中加 n't;(2)在小句中加 not;(3)小句中除了表示否定的成分外,所有成分都可以恢复,如"No"或者"No, it isn't"。

有效性是行为者对自己在小句中表达的意义的相信程度。有效性包括概率(probability)、明显度(obviousness)、意态(modulation)等次范畴。有效性主要由四种形式体现:(1)由情态动词体现,如 must、can、should 等;称为核心有效性(core validity);(2)由情态副词体现,如 possibly、probably、usually 等;(3)由动词的扩展形式体现,如 is bound to、is supposed to 等;(4)以小句形式体现,称为报告有效性(report validity),如 I think、be said to、be alleged to 等。

情感(affective)意义表达行为者对所讲事物的感觉,包括纯情感(amazing、brilliant、beautiful 等)、社会评判(correct、fair、crazy、shameful 等)、重要性(important、crucial、imperative 等)和一些与经验意义合并的意义,如感情反应(amusing、delightful、funny)、行为评判(brave、clever、foolish)、困难性(hard、tough、difficult)等。情感主要由作补语的形容词体现,如"Ivy is absolutely wonderful";也可以由作修饰语的形容词体现,如"Ivy is a beautiful girl";还可以由附加语体现,如 luckily、sadly、unfortunately 等。

加的夫语法的八大意义是由一个统一的形式结构体现的,其句法结构与其语义成分的关系可以由下页图 16-3 表示。

由图 16-3 可见,不同类型的意义由句法结构中的特定成分或者一组成分体现。每一个句法成分都由一个功能标记表示,如上例中的 A(djunct)(附加语)、S(ubject)(主语)、O(perator)(操作词)、M(ain Verb)(主动词)和 C(omplement)(补语)。同时,在相关句法成分上还附有经验意义成分,即及物性结构成分:T(ime) P(osition)(时间定位)、Ph(enomenon)(现象)和 Perc(eiver)(感知者)。

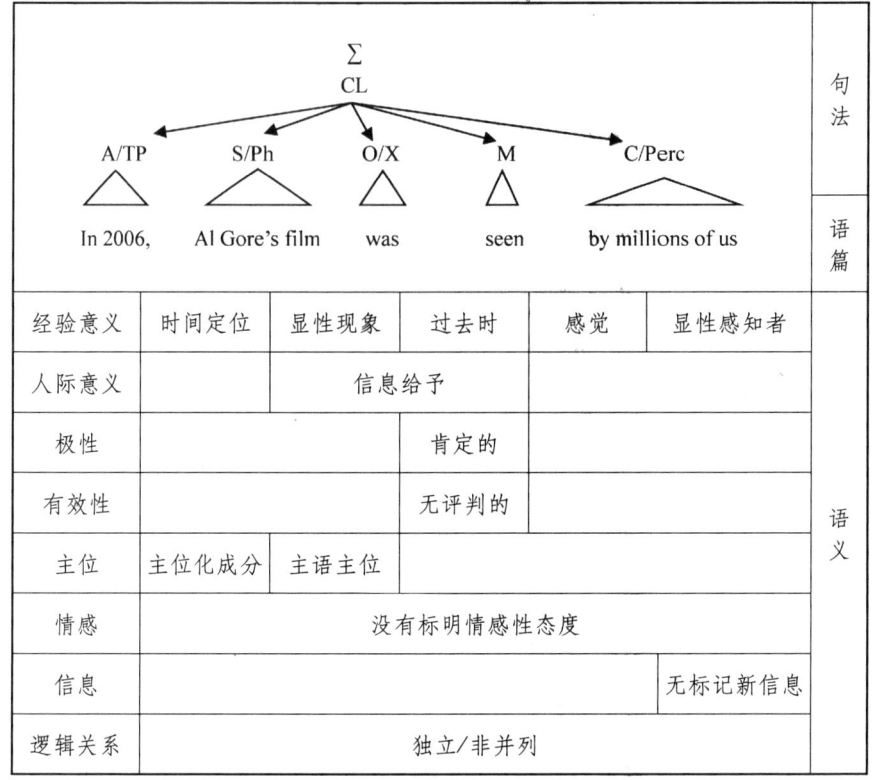

图 16-3 小句的句法和语义描述(Fawcett 2008:242)

加的夫语法还十分注重分析的程序和方法,为句法分析提供了分析指导(guidelines),明确表示出分析需要采取的具体步骤(Fawcett 2008:108—231)。严密的分析程序和方法有助于语篇分析的精确性和特定意义或者结构的检测。

最后,为了使做的结论更加精确,加的夫语法通常在做出结论时同时表示出结论有效性的概率,如,"The Process is expressed in a lexical verb at M, so the main task is to find M, which is OBLIGATORY (99.9% reliable)"(过程由在 M 中的词汇动词表示,所以主要任务是找到 M;M 是必要成分(99.9%可靠))(Fawcett 2009:93)。

16.3 加的夫语法的特点

从总体上讲,加的夫语法是在系统功能语法的基础上发展起来的,但它发展了自己独特的模式,所以,与系统功能语法相比,它有几个突出的特点:(1)形式和意义的双向性;(2)互动性与认知性的统一;(3)一体化的句法结构;(4)不同类型的意义由句法结构中的不同成分体现;(5)语义系统是在语言可及的范围内。

16.3.1 形式和意义的双向性

根据韩礼德的系统功能语言学理论,意义和词汇语法之间的关系是体现关系:根据语境对意义的选择促动了对词汇语法的选择,或者说意义由词汇语法体现(Halliday 1978: 128—150),即意义决定对词汇语法的选择,反之则不然。但在加的夫语法中,受索绪尔的语言符号学理论的影响(见上 3.0),意义和形式的关系是双向的,即它们是可以相互转化的,行为者可以根据意义选择形式,也可以通过形式来调节意义,通过两者的权衡来做出最终的选择,即在同一个信念系统中,行为者计划和推断与其他人的交流。这个模式也被称为咨询模式,因为行为者广泛咨询信念系统(belief system)、权衡证据、最后决定应该选择系统中的哪个特征(Fawcett 2009: 5—7)。作为一个咨询模式,选择不能只从社会文化到形式一个方向进行,而是双向的,意义和形式紧密联系,树形结构要进行丰富标注。双向模式并不是在完成形式的选择之后才确定意义,两者是同时的,因此意义与形式一致,反之亦然。

16.3.2 互动性与认知性的统一

韩礼德从社会符号视角开创和发展了系统功能语言学,这一视角表示"一种普遍的意识形态或者思维立场,一种看待对象的概念视角(Halliday & Hasan 1989:3)"。这里的"符号的"指语言被看作一个符号系统,一个意义系统;"社会的"指社会系统,是与文化同义的意义系统。韩礼德把语言研究的视角分为内部视角和互动视角,是一种社会的与心理生理的对比,环境与生物特性的对比。系统功能语言学从互动视角研究语言(1978:12—3)。

福西特选择从不同的角度解释语言,试图找出"行为者是如何组织语言传达意义的?并试图把长期含糊的问题明确化:即通过语言传达的意义潜势是理想行为者的意义潜势(Fawcett 1980:56)。"这里的"行为者"不是"社会人",一个与环境相联系的整体,而是由他的"部分",福西特所谓的"信仰系统"或者"普遍知识"(universal knowledge)组成的人。行为者是自己言语的计划者和推理者,他的言语具有特定目的和语篇结构。行为者是既思考(认知)又与他人互动的个体。

16.3.3 一体化的句法结构

韩礼德的系统功能语法可以说是建立在意义基础上的功能语法,它把级阶成分结构作为它的"基础",承认它在功能语法中的存在。但当从功能语法的角度分析语篇时,则主要分析小句的功能结构,其成分结构很少被涉及。由于小句同时体现多种功能,因此一个小句同时具有多个功能结构。加的夫语法可以说是建立在形式上的功能语法,其成分结构得到详细的分析,而且每个成分都被赋予了基于形式的语法功能,如主语、操作词、主要动词、补语等,从而形成一个一体化的句法功能结构(如上图16-3所示)。

这一区别也导致了分析取向的不同。韩礼德的系统功能语法把研究焦点放在意义上,因此形式特征被限定到最少数量(这也是"最少加括法"(minimal bracketing)的含义)(Halliday 1994a:20—28)。尽管一个结构可以通过低一级阶的单位的结构得出(例如,小句的参与者角色的具体结构可以通过分析词组或者短语的结构得出),但是在实际语篇分析中,较低级阶的结构很少被分析。然而,对于加的夫语法,必须给不同级阶的所有成分加上功能标记,词素级阶的成分除外,因为词法不包含在句法中。

功能标记下面通常有类标记,因此句法成分既有类标记也有形式功能标记。如在图16-4中,m和h是功能标记,ngp是类标记。

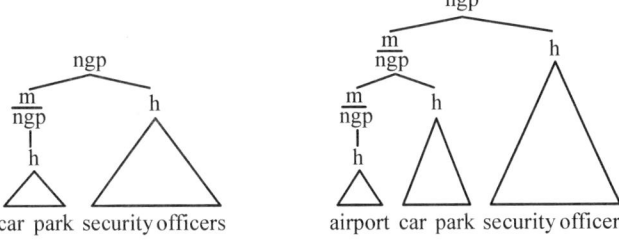

图16-4 名词词组的功能结构分析①

16.3.4 不同类型的意义由句法结构中的不同成分体现

在韩礼德的功能语法中,每一种意义都几乎由结构中的所有成分体现,如及物性结构、语气结构、主位结构和信息结构都是如此。只有很少的例外,如情态附加语在及物性结构中没有功能(见Halliday & Matthiessen 2004:625)。但在加的夫语法中,小句体现的功能不完全是由小句的整个结构体现,而是不同的功能由小句中不同成分体现。例如,及物性由主语、主动词、补语和附加语体现;语气主要由主语和操作词体现;主位主要由主语和位于主语前的其他成分体现等(见图16-5)。

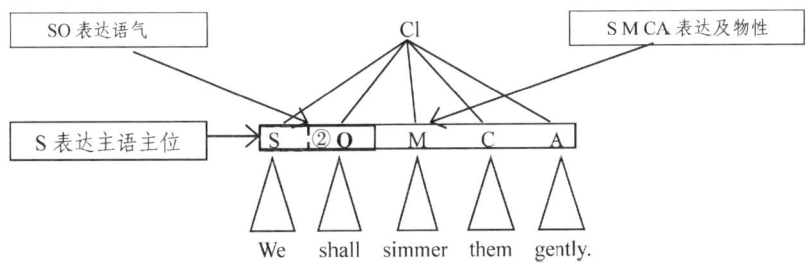

图16-5 简单句的及物性、语气和主位

---

① 符号说明:ngp=名词词组(nominal group);m=修饰语(Modifier);h=主词(Head)
② 在S和O之间用虚线是因为S既本身表示主语主位又和O一起表示语气。

16.3.5 语义系统限定在语言可及的范围内

对于建立在意义上的系统功能语法来说,语言表达的意义是通过语法结构中各成分的功能实现的,这一层次的系统网络是意义特征,它们可接受不同符号系统的实现规则。如果它通过语言实现,它首先通过功能语法的系统网络实现,这一系统网络把语言的意义特征与词汇语法特征连接在一起。这个系统网络的特征与意义特征相像,但建立在形式的基础上,与"原有基础"(Halliday 1994a:xx)保持联系。因此,韩礼德的系统功能语法研究的范围超出了语言的界限进入到其他的符号系统,这一理论可以被用于多模态话语分析(Kress & van Leeuwen 2001;O'Halloran 2006)和批评话语分析(Fairclough 1995;Young & Harrison 2004)等。

对于建立在形式上的加的夫语法来说,语法的功能仅通过与相同结构中的其他成分的关系来定义,而不是直接和上一层的意义相联系。但这种语法很容易被赋予直接和意义联系的上一层次的功能。因为它是建立在形式基础上的,因此它实现的意义不包括其他符号系统实现的意义。因此,它不需要一个更高的意义层,因为成分的功能与更高意义层成分的意义是同范围的。这就是加的夫语法没有必要有更高的意义层的原因,也是为什么它把结构成分的功能看成意义成分的原因。

16.4 讨 论

加的夫语法是以系统功能语法为基础发展起来的语法模式,所以,它与韩礼德的系统功能语法的共同点是它被看作系统功能语法内部的一个理论的基础:它们都把语言看作一个系统,都从功能的角度来解释语言,对语言系统和实现规则的描述也十分相似。福西特认为(Fawcett 2000:iv):(1)他是在韩礼德的语言学理论框架中探讨系统功能语言学的句法理论的;(2) 他的语言理论整体框架是继承的韩礼德的;(3) 韩礼德的开创性概念是贯穿他的理论始终的;(4) 在有些重要的问题上他们两个人是存在分歧的。

两个模式的共同点使福西特的模式成为系统功能语言学内部的一个模式,两者的学术观点的分歧也是内部分歧(胡壮麟等2005:398—420),而两者的差异或者说分歧使它成为系统功能语法的有其独特特点的另一个模式。正如福西特本人所说,韩礼德把系统功能语言学比作一种"语言",而系统功能语言学内的各种模式则是它不同的"方言",如悉尼方言、加的夫方言和诺丁汉(Nottingham)方言等。

最后,我们看一下系统功能语法两个模式的关系。它们在很多方面是互补和重合的,但从研究视角、焦点和范围上又有显著差异。说它们是互补的是因为功能理论既要密切与意义联系,满足人类特殊要求,帮助他们达到不同的目的,实现不同的目标,又要建立在各个功能范畴的形式的坚实基础上。韩礼德的系统功能语法满足了第一个要求,加的夫语法满足了第二个要求,它把语法置于坚实的基础之上,而不仅仅是"没有和原有基础失去联系"(Halliday 1994a:xix)。

它们研究视角的不同是一个重要区别。相同的语言现象可以从不同的角度看待,从这个意义上讲,它们是互补的。例如,通过韩礼德的系统功能语法,我们得出一个关于用途和社会现实的结果;通过加的夫语法,我们得出一个尤其适合计算机操作和人工智能的更具体严密的结果。

16.5 结束语

加的夫语法模式在系统功能语言学内部的蓬勃发展说明了系统功能语言学的发展活力和潜力,它兼容并蓄,研究领域广泛,一方面十分易于应用,是适用语言学(appliable linguistics),另一方面易于扩展,可以随着理论的发展在语言内部和外部扩展,如向多模态话语分析、批评话语分析领域的发展。加的夫语法是系统功能语言学在内部扩展的一个实例。它一方面从另外的视角看语言,一方面向更加细致具体和一体化的方向发展,为系统功能语言学适应时代的新变化,在计算机语篇分析和语篇生成,人工智能领域的应用开拓了新的路径。

17

系统功能语言学的句法研究

17.1 引　言

系统功能语言学一般不用"句法"这个术语,因为系统功能语言学理论的创始人韩礼德喜欢用"语法"这个术语。其原因有两个:第一,它只是语法的一部分:语法由句法和词法构成,因此"句法"这个概念太窄,无法涵盖系统功能语法研究的所有领域;第二,正如韩礼德所说:"这个术语暗示某种研究趋向,语言被释为一个形式系统,意义附着于形式系统之上;在功能语法中,正好相反,语言被释为一个意义系统,形式依附意义,并实现意义"(Halliday 1994a)。然而,有些系统功能语言学学者开始使用这个术语表示语法的形式部分,如莫利和福西特(Morley 2000, 2004; Fawcett 2000, 2008, 2009)。在本章中,句法具有和语法相同的含义,既包括功能句法也包括形式句法。

这样,需要研究的问题是:(1)功能句法和形式句法的关系是什么?(2)功能概念的意义是什么?(3)加的夫语法与韩礼德的系统功能语法是什么关系?本章力图通过探讨涉及这些问题的领域,理清这些不同领域和模式的关系。

下面首先简单介绍系统功能语言学句法研究的两个模式:韩礼德的

系统功能语法(Systemic-Functional Grammar)和福西特的加的夫语法(Cardiff Grammar),然后探讨这两种模式中的形式、功能和意义;最后,讨论它们之间的关系。

17.2 系统功能语言学的句法研究模式

系统功能语言学的发展是一个循序渐进的过程,韩礼德在20世纪60年代发展了阶与范畴语法(Scale and Category Grammar),后来又在此基础上发展了系统功能语法,在其发展过程中,加的夫大学的福西特等在系统功能语法,特别是韩礼德的阶与范畴语法的基础上发展了加的夫语法。下面,首先对这两个理论进行简单介绍。

17.2.1 系统功能语法

阶与范畴语法 韩礼德的系统功能语法的发展可分为两个阶段:阶与范畴语法阶段和系统功能语法阶段。阶与范畴语法是在20世纪50年代末和60年代初发展起来的。60年代初期,韩礼德发表了论文《语法理论范畴》(Halliday 1961),成为阶与范畴语法的代表作。在这篇文章中,"他重点研究'语法',大体上等于传统意义上的'句法'和'词法'。"

韩礼德的阶与范畴语法包括四个范畴和三个级阶。四个范畴分别是单位(unit)、结构(structure)、类(class)和系统(system);三个阶分别是级阶(rank)、精密度阶(delicacy)和说明阶(exponence)。

在四个范畴中,首先,单位指"具有语法模式的语段"(Halliday 1961)。语法单位有大小之分,它们形成一个从高到低的等级,每一个等级由一个或者多个下一级的单位组成。第二,结构是实际带有语法模式的范畴。因为模式是语言活动的模式,它实际上是"相似事件的重复"(Halliday 1961)。在结构中,相似事件的关系是组合的,结构是组合关系模式的最高抽象层的特征。第三,"一个单位的成员通过在上一级单位的结构中的活动得到识别"(Fawcett 2000),这个单位的成员统称为"类"。它"说明的是聚合关系",与结构中的成分相联系。最后,系统旨在说明"在一系列类似项目中为什么出现这一项目而不是另一个项目"(Halliday 1961)。它说明的是在一个类系统中次类之间的关系。

级阶、精密度阶和说明阶说明了范畴的特点,它们都可以从高到低分为不同的等级,都具有不同的精密度,都可以和语言资料相联系。首先,级阶显示了一种从高到低的关系,每一个层次由一个或者多个低一层的单位组成。第二,"精密度是表示区别或详细程度的阶"(Halliday 1961)。它是一个连续体,从范畴的基本等级到语法关系都要到不能再作进一步区分的程度,也就是到语法和词汇之间最精密的领域。第三,"说明阶是将理论框架中高度抽象的范畴与语言资料联系起来的阶"(同上)。

系统功能语法　20世纪60年代后期到70年代前期,韩礼德开始研究语言的功能(1967—1968,1970a,1970b,1973,1978)。他把"阶与范畴语法"的两个范畴:结构和系统作为研究的重点,发展了系统语法和功能语法。

通过重点研究语言的功能,韩礼德把语言的系统放在第一位,因此在七八十年代他的理论被称为"系统语法",现在称为系统功能语言学。系统功能语言学由两部分组成:系统语言学和功能语言学,因此在语法层面就有系统语法和功能语法。

这一理论建立在弗斯的系统和结构理论之上,吸收了很多欧洲功能主义的思想,如哥本哈根学派和布拉格学派。这一理论的主要概念是系统,它曾用于弗斯的功能模式,但被发展成为构建系统网络的理论。系统网络是语言系统的网络,它把语言视为选择的过程。也就是说,语言或语言的任何一部分通过在系统网络中进行选择实现意义。从这个意义上讲,系统网络中的每一个选择都要有两项确定以及由两项确定共同组成的"系统":(1)由已做出的选择构成的环境;(2)一组可以进行选择的选择项。可以对其进行概要性解读或者动态性解读:"如果具有特征 a(和 b...),那么就具有特征 x 或者 y(或者 z...)",或者"如果选择特征 a(和 b...),那么继续选择 x 或者 y(或者 z...)"(Halliday 1985)。

从系统网络中选择的项目叫作"选择表达"(selection expression),他们由语法结构和词以及短语体现。每一个被选择项都可体现为一个结构或结构的一部分。

从韩礼德的《英语的及物性和主位札记》(1967—1968)一文发表算起,功能语法已经发展了大约四十年。《功能语法导论》第一版于1985年的出版,标志着它的正式问世,后来有两个修订版本(1994a,2004)。

语言是一个意义系统,功能语法关注这些意义是如何实现的,所以它是一个从上(意义)至下(形式,然后到实体)的过程。根据韩礼德的观点,这种语法在三个方面体现其功能特点:(1)在对语篇的解释方面,语言是如何在语境中使用的;(2)在对系统的解释方面,它是如何体现概念、人际和语篇意义的;(3)在对结构成分的解释上,成分是如何和它们的功能相联系的。"但是意义是通过形式体现的,如果没有关于形式的理论,即没有语法,就无法把语篇的意义解释清楚"(1985)。

这里就产生了功能语法如何处理形式和意义的关系问题。在韩礼德的功能语法中,它们的关系是清楚一致的:形式表现为一种特殊的成分结构:级阶成分结构,它不做句法区分,而是以在意义体现过程中结构成分的功能为标准进行划分。基于成分结构,有几种与语言的三大元功能相联系的功能结构:实现概念功能的及物性结构和在不同级阶上的复杂结构;实现人际功能的语气结构和实现语篇功能的主位结构和信息结构。

成分结构建立在级阶的基础之上。级阶成分分析法(Ranked Constituent Analysis)也叫"最少加括法"(Minimal Bracketing),"只在必需的地方加括",这与"最多加括法"(Maximal Bracketing)即"直接成分分析法"(Immediate Constituent Analysis)形成对比,它"在任何可能的地方加括。"在最少加括法中,每一个节点都和不同级阶的单位相对应。韩礼德认为最多加括法与类标记相联系,最少加括法与功能标记相联系。

在级阶成分分析法的基础上建立了功能结构,即结构中的每个成分都在特殊功能结构中具有一种或者多种体现意义的功能。小句是语法的基本单位,因此功能结构是在小句的基础上发展起来的。首先,"作为信息的小句"从主位和述位角度解释意义是如何被组织的,它实现语篇功能。这里的中心概念是主位,它是信息的起点,小句结构的第一个主题成分。除了主题主位,还有其他的主位成分:人际主位和语篇主位。第二、"作为交际的小句"关注在说话者/作者和听众/读者的互动事件中小句的功能。它通过语气结构实现人际功能。语气结构包括语气和剩余成分,语气主要包括主语和限定成分两种。它们的出现、缺失和顺序决定着不同的语气类型。剩余成分由谓词、补语和附加语组成。第三、"作为表现的小句"把人们的各种经验表现为各种过程,它通过及物性系统实现。"及物性系统把语言体现的各种过程以及表达过程的结构具体化"(Halliday 1985)。一个过程包括三个成分:(1)过程本身;(2)过程的参与者;(3)与过程相关的环境。

首先,根据人类的经验模式,过程可分为不同的类型:物质过程、心理过程、关系过程、行为过程、存在过程。每个过程都有一定的参与者,有些是必要的,有些是可选的。第三个成分是环境成分,可分为九种:位置和范围(时间和地点)、方式、因果、条件、伴随、内容、角度和角色,有些还包括次范畴。

除了小句作为基本单位外,还有在小句之下的词组和短语,小句之上的小句复合体,与小句大致同范围的语调的功能结构以及把句子连接成篇的衔接机制的功能。另外还有"语法隐喻",用以解释及物性系统和语气情态系统中出现的非一致性小句结构的现象。最后,同一个级阶成分结构可以具有几种体现不同意义的功能结构。当语法被一步步推向意义一方时,它逐渐远离了原有的基础。在下页图17-1中,有实现概念意义、人际意义和语篇意义所有的功能结构,但却没有对级阶成分结构的分析。

17.2.2 加的夫语法

加的夫语法是由福西特(Robin Fawcett)等学者发展起来的。加的夫语法并非一种与系统功能语法(也称为 Sydney Grammar "悉尼语法",为与加的夫语法相区分)不同的语法。它们具有共同点:都是从韩礼德的系统功能语言学发展起来的;都是从功能角度解释语言;都把语言看作一个系统,或者形成语言潜势的系统网络;都认为"每一个小句同时实现几种不同的功能"(Fawcett 2008)。

但是两者也有显著的区别,所以它们被认为是同一理论的不同模式。福西特认为:在系统功能语法中,形式和意义都应予以考虑,形式和意义都有潜势系统和实际体现。意义潜势表现为语义特征的系统网络,实际为语义特征的选择表达。潜势体现为实现规则和潜势结构,实际体现为有功能标注的树形结构。从句法上,加的夫语法主要关注实现规则、潜势

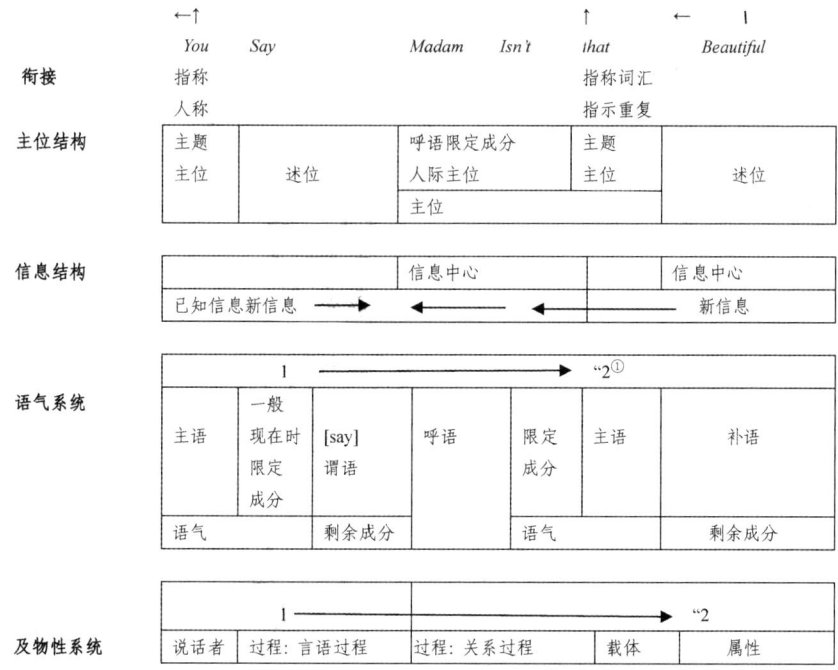

图 17-1 小句复合体功能结构综合分析（Fawcett 2008）

结构和标注的树形结构。两者构成一个整体，不能分离。意义潜势中的系统网络与韩礼德的系统功能语法具有相同的表示方法。

加的夫语法和韩礼德的系统功能语法最显著的不同是加的夫语法具有一体化句法结构，而韩礼德系统功能语法具有分离性功能结构。在加的夫语法中，并不是所有的结构成分都实现所有三种意义，而是某些成分或者成分组合实现某些意义，如图 17-2 所示。

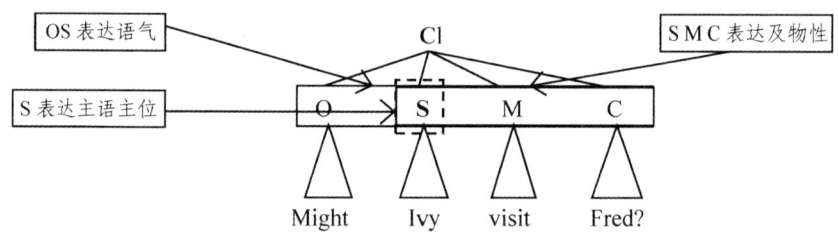

图 17-2 简单句的及物性、语气和主位（Fawcett 2008）

---

① 1、2……表示两个小句是并列关系；"表示两个小句是话语投射关系。

图 17-2 的句法结构由四个成分组成：O、S、M 和 C，其中，OS 体现语气，SMC 体现及物性，S 体现主语主位。但是在韩礼德的系统功能语法中，形式句法结构是由类标注的成分构成的级阶成分结构。这一个成分结构同时有数个功能结构，构成这个结构的成分都体现不同的功能。韩礼德系统功能语法中的功能结构在加的夫语法中解释为语义结构。两种模式的结构和成分分析都有实质性的不同。例如，加的夫语法的及物性系统也有六个过程，分别是动作过程、关系过程、心理过程、环境过程、影响过程和事件相关过程，它们都具有各自不同的参与者。语气系统由"信息"和"提议"组成，"信息"的次系统包括"给予""求取""确认求取""感叹"和"其他"，"提议"包括"针对行为对象""针对行为者""针对行为对象和行为者"以及"其他"。主位系统主要有三种主位：主语主位，主位化成分，通过主位结构实现的各种类型的强势主位（Enhanced Theme）。这些结构都被看作是语义结构，不做赘述。加的夫语法中的句法结构及其语义成分可参看图 16-3。

不同的意义由句法结构中的某个成分或者一组成分体现。与此同时，加的夫语法还十分注重分析的程序和方法，为句法分析提供了分析指导（guidelines），明确表示出分析需要采取的具体步骤（Fawcett 2008）。严密的分析程序和方法有助于语篇分析的精确性和特定意义或者结构的检测。

最后，为了使做的结论更加精确，加的夫语法通常在做出结论的同时表示出结论有效性的概率，如，"The Process is expressed in a lexical verb at M, so the main task is to find M, which is OBLIGATORY（99.9% reliable）"（过程由在 M 中的词汇动词表示，所以主要任务是找到 M；M 是必要成分（99.9%可靠））（Fawcett 2009）。

17.3　形式、功能和意义

根据以上介绍的系统功能语言学句法理论的两个模式，我们下一步需要研究的问题是：(1) 系统功能语法的功能结构是语法的还是意义的？

(2)系统功能语法提出级阶成分结构是否有必要?(3)元功能与微观功能,即结构成分的功能是什么关系?(4)加的夫语法与韩礼德的系统功能语法从研究视角和范围上有什么不同?

17.3.1 形式或者意义

关于第一个问题,韩礼德把功能语法描述为"被远远推向意义一方的语法"。他后来说:"语法中较高级阶的选择实质上是意义选择,但与原有基础不失去联系"(Halliday 1994a)。据此,我们可以确信韩礼德认为功能语法仍然在形式的层面上,即词汇语法层。无论它被推向意义方多远,它仍然不是意义层特征。这种说法被他此后在同一章节说的话证实:"这是'功能'语法的事实意味着它建立在意义的基础之上:但是它是'语法'的事实意味着它是对语言形式的解释。语法体现的每一种区别(每一组选择,或者'系统')都为形式的形成做出了贡献"(Halliday 1994a)。显然,功能语法不是一种意义语法,而是通过意义解释形式范畴的语法。形式和意义的关系是体现关系,也就是说,语法体现意义。从这个意义上讲,既然功能语法不是功能意义理论,我们需要一个更高的意义层。但福西特对此提出疑问(Fawcett 2008),认为:

> 现在有一点很清楚,韩礼德认为事实上有必要在系统网络之上还有一个更高的层次,即"意义潜势"层,形成"真正的"意义层(Halliday 1994a: xx)。韩礼德认为"依据我们目前的知识水平,我们还不能描述语言的意义系统"。

他们观点的不同实际上是对语言学理论中功能概念的不同认识引起的。对于韩礼德来说,功能有两个层次:宏观功能(Macro-function)或元功能(metafunction)和微观功能(microfunction)。从宏观功能或元功能角度讲,功能等同于意义(Halliday 1973),因为这里的功能指整个语言的功能,如概念功能、人际功能和语篇功能。从微观功能的角度讲,功能指结构中成分的功能,如动作者、目标、主位和述位。这里的语法是通过形式与意义的关系解释的。从这个意义上讲,从语法的功能成分方面来说,功能是把意义与形式连接起来的中介因素,因为在功能理论中,形式通过与意义的关系得到解释。这种观点得到迪克（Dik 1989）和叶尔姆斯列夫（参见 Johansen 1996）的支持,他们认为功能是一个关系概念。迪克认为："在功能语法中,最重要的位置给了功能或关系而不是范畴"。但是这里的功能是一种成分和成分所在的结构之间的关系,例如主语和小句的其他成分之间的关系。但是,叶尔姆斯列夫认为功能是一种层次之间的关系。根据约翰森文中所述（Johansen 1996）,叶尔姆斯列夫在一篇名为《语言的层次》的论文中阐释了他的符号系统和符号模式。叶尔姆斯列夫从他的符号理论角度解释了表达和内容之间的关系。他认为,符号由表达和内容组成,表达由形式和实体组成。在内容形式和表达形式之间是符号的功能,因此,功能是连接表达形式和内容形式的成分。

从韩礼德的功能理论和叶尔姆斯列夫的符号模式上,我们可以看出,一个结构成分的功能是它能体现更高层次结构中的成分。当我们研究形式结构成分的功能时,我们实际上是研究它如何体现意义。如果我们接受这种解释,把功能看作一个关系概念,就很容易解释韩礼德对功能语法的解释。功能结构是处于形式结构和意义结构之间的一种关系,处于形式和意义之间。但是,它的位置并不是准确固定在正中,而是可根据功能理论的性质而上下移动。如果像韩礼德所说它被远远推向意义一方,那么它就接近意义而远离形式；如果它和形式接近,那么它就远离了意义（见图 17-3）。

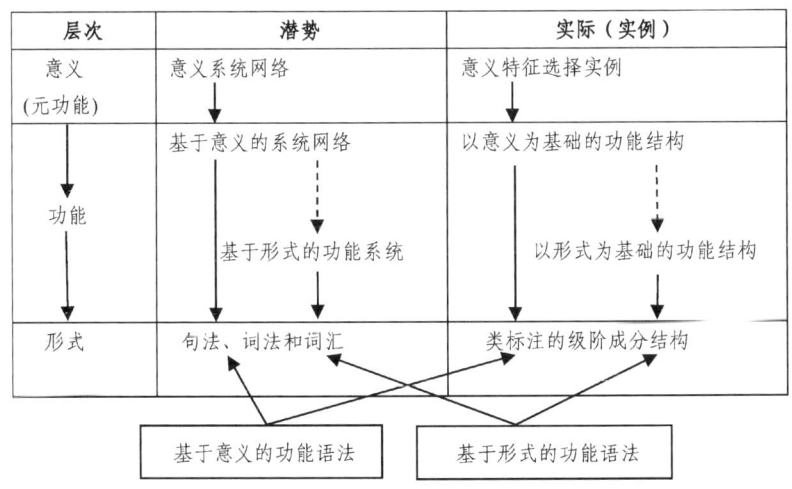

图 17-3 基于意义的功能语法和基于形式的功能语法的对比

对于建立在意义基础上的系统功能语法来说,有必要有一个更高的意义层来描述意义系统。在意义层面,意义与用途,或者说是与社会交往中语言交际功能的体现关系更为密切。这里的意义不仅可由人类语言实现,还由其他的符号系统实现,如手势、音乐、舞蹈、莫尔斯电码、交通信号系统、建筑等。建立这种功能语法的目的是体现意义和实现在社会文化环境中的交际目的,所以可以被用于多模态话语分析(Kress & van Leeuwen 1996/2006;O'Halloran 2005)和批评话语分析(Fairlcough 1995;Young 2004)等

语言表达的意义是通过形式结构中各成分的功能实现的。因此这一层次的意义网络完全是意义特征,它们接受不同符号系统的实现规则。如果它通过语言实现,他首先通过功能语法的系统网络实现,这一系统网络把意义特征与形式特征,即词汇和语法特征联系起来。这个系统的特征与意义特征相似,但与形式特征密切联系。

对于以形式为基础的功能语法,语法功能仅仅通过与相同结构中的其他成分的关系来定义,而不是直接和上一层的意义相联系。但这种语法很容易被赋予直接与意义相联系的上一层次的功能,如加的夫语法。这种语法按照级阶组织,以利于使其结构成分体现更高层次的意义。

因为它是建立在语言形式的基础上,因此,它实现的意义不包括由语言之外的其他符号系统实现的意义。这样,它不需要有一个更高的意义层,因为成分的功能与意义结构成分的意义是相对应的。这就是加的夫语法没有必要有更高的意义层的原因,也是为什么它把结构成分的功能看成意义成分的原因(见上页图 17-3)。

17.3.2　成分结构和功能结构

韩礼德的建立在意义基础上的系统功能语法把级阶成分结构作为它的"基础"。当从功能语法的角度分析语篇时,重点是小句的功能结构,它的成分结构很少被涉及。但在福西特的建立在形式基础上的加的夫语法中,成分结构得到详细的分析,而且被赋予了基于形式的语法功能,如主语、操作词、主动词、补语等。

原因似乎很明显,韩礼德的系统功能语法"被远远推向意义一方",他优先考虑意义,分析的目的是看形式是如何体现意义的,而不是形式是怎

样通过意义构建的,因此其研究重点是意义。分析的最后结果是社会交往中的语篇作为整体表达什么意义。有必要时,譬如,当我们力图探讨成分结构中的什么成分实现什么意义时,形式会被明确化。因此,系统功能语法并没有和"原有基础"失去联系。从这个意义上我们说,在语篇的功能分析中并不是总有必要把成分结构明确化。

但是,建立在形式基础上的功能语法,尽管没有必要以类标注来标示成分结构中的成分,但在分析中它必须被明确化。在这种语法中,形式成分结构是从语法功能的角度分析的,因此它可以用于分析更高层次的意义结构。

17.3.3 宏观功能和微观功能

如上所述,韩礼德认可两种功能(Halliday 1973):第一种是语法(或者句法)功能,即语法结构中的成分,如动作者、过程、主位等是词、词组、小句等在更高单位的结构中的作用。第二种功能是整个语言的功能,如概念功能、人际功能和语篇功能。前者被贝里称为微观功能,后者被称为宏观功能(Berry 1977),后来韩礼德和韩茹凯(Halliday 1973, 1978, 1985; Halliday & Hasan 1985/1989)称其为元功能。韩礼德的宏观功能或元功能是"对高度抽象的语言多用途性的表现"(Halliday 1973)。它们是对大量具体的语言使用的概括,是通过交际中最本质的因素:发生的活动、涉及的参与者,交流的媒介或者渠道来定义的。概念功能、人际功能和语篇功能分别体现了情景中的这三个方面。它们被尽可能地抽象化和泛化,而不是关注意义的具体方面,如情感、态度、极性等。我们可以说元功能是从情景和文化层面来定义的,不考虑语言形式的特点。基于意义的功能语法更具有语义学模式的特点,但是,福西特说,"韩礼德的模式中有四种意义,而在加的夫语法中,我们区分了八种意义(经验、逻辑、人际、极性、有效性、情感、主位和信息)"(Fawcett 2008)。这种不同不仅仅是意义数量的不同,而是反映了研究思路和如何看待语言功能的视角的不同。作为基于形式的功能语法,福西特试图找到与他的功能句法相匹配的功能,当有否定标记语时,应该有极性功能;当语法中有情感成分时,就应该有情感功能等。从这个意义上讲,这八种功能仍然是概括的功能,虽然在有效性和极性属于概念功能还是人际功能方面仍存在争议,但它们可以归于韩礼德的三大元功能之中(见表 17-1)。

表 17-1　韩礼德的系统功能语法与福西特的加的夫语法的功能成分对比

模 式	功　　　能							
韩礼德	概念功能		人际功能				语篇功能	
福西特	经验	逻辑	人际	极性	有效性	情感	主位	信息

17.3.4　社会的或认知的

韩礼德从社会符号的视角开创和发展了系统功能语言学,这一视角表明了"一种普遍的意识形态或者认知立场,一种看待对象的概念视角"(Halliday & Hasan 1989)。这里的"符号的"指语言被看作一个符号系统,一个意义系统,"社会的"指社会系统,是与文化同义的意义系统。韩礼德把语言研究的视角区分为内部视角和交互视角,是一种社会的与心理生理的对比,环境与生物特性的对比。韩礼德说,"第一种视角把个体看作一个整体,从外面看它;第二种视角把焦点集中到部分上,从里面看它。这两种视角分别称为'作为行为的语言'和'作为知识的语言'"(Halliday 1973)。

系统功能语言学从交互的视角研究语言。尽管福西特也把系统功能语言学作为它的研究客体,但他选择从不同的角度解释语言,试图找出"行为者是如何组织语言传达意义的?并试图把长期含糊的问题明确化:即通过语言传达的意义潜势是理想行为者的意义潜势"(Fawcett 2008)。"行为者"不再是"社会人",一个与环境相联系的整体,而是由他的"部分",福西特所说的"信仰系统"或者"普遍知识"组成的人。行为者是自己言语的计划者和推理者,他的言语具有特定目的和语篇结构。这个模式有两个突出特点:认知的和互动的。行为者是既思考(认知)又与他者互动的个体。韩礼德的研究中没有涉及认知方面。

17.4　结束语

以上研究表明,系统功能语言学的不同模式有他们不同的研究重点、范围、视角和特点,虽然它们有很多重合之处,但它们有不同的目的。因此,一个理论应该有多种模式,满足不同的需要实现不同的目的。它们有共同的基础,但为了实现不同的目标而朝着不同的方向发展。系统功能语法的两种模式就是这样的。它们在很多方面是互补和重合的,但从研究视角、重点和范围上又有显著差异。首先,它们是互补的,因为功能理论既要与意义密切联系,满足人类的各种需求,帮助他们达到不同的目的、实现不同的目标,又要建立在每个功能范畴坚实的形式基础上。韩礼德的系统功能语法作为功能语法满足了第一个要求,加的夫语法满足了第二个要求,它把语法置于坚实的基础之上,而不仅仅是"没有和原有基础失去联系"。

两种模式研究视角的不同是一个重要区别。相同的语言现象可以从不同的角度看待,从这个意义上讲,它们是互补的。例如,通过韩礼德的系统功能语法,我们得出一个关于用途和社会现实的结果;通过加的夫语法,我们得出一个尤其适合计算机操作和人工智能的更具体严密的结果(见图17-4)。

层次	系统功能语法	加的夫语法
语境	文化和情景语境 ↓	信仰系统和互动事件(计划与设计) ↓
意识形态	语类 ↓	语篇结构表述 ↓
意义 (元功能)	系统网络和意义结构(语域) ↓	意义功能系统和 类似意义的有功能标注的结构 (及物性、语气、主位)
词汇语法	意义功能系统和 类似意义的有功能标注的结构 (及物性、语气、主位) ↓ 句法(词法和词汇) 和类标注的级阶成分结构	↓ 句法功能系统 类似形式的功能标注的功能结构和 类标注的级阶形式结构 ↓
音系	音系系统和结构	音系系统和结构

图17-4 系统功能语法与加的夫语法对比

18

论英语反意问句中附加问句与主句的可分离性

18.1 引 言

韩礼德在分析英语祈使句的语法结构时认为(Halliday 1994a),"无标记肯定句没有语气成分,动词形式(如 look)只有谓语动词,没有限定成分"。① 这显然给我们留下一个问题:如果英语的典型肯定祈使句中不含有限定成分,那么,在祈使句的强调、否定形式中的助动词是从哪儿来的?如果它含有限定成分,我们需要说明限定成分以什么形式存在,是强调、否定测试中的助动词 do,还是其附加问句中的 will/shall/would/can?反意问句中的附加问句又具有什么独特特点?本章重点探讨这些问题。

---

① 原文是:"In the analysis, the unmarked positive has no Mood element, the verb form (e.g. look) is predicator only, with no finite in it."(Halliday, 1994a: 87)

18.2　祈使句

韩礼德认为：语言具有概念功能(ideational function)、人际功能(interpersonal function)和语篇功能(textual function)(Halliday 1985 & 1994a)，其中"人际功能指的是人们用语言来和其他人交往,建立和保持人际关系,用语言来影响他人的行为,同时用语言来表达对世界的看法甚至改变世界的功能(Thompson 2000：F19)。"人际功能主要由语气、情态和语调来体现,而语气在英语中是由主语和限定成分的出现与否及其顺序来体现的。祈使句是语气的一种,用于"物品与服务"(goods & services)的交流,表达一种命令、请求、祝愿等;祈使句中的情态成分称为意态(modulation),包括义务(obligation)和意愿(inclination);从句法上讲,在无标记肯定祈使句中,主语缺省,谓语动词以原形动词的形式存在(Halliday 1994a：68)。例如：

[1] *a*. Be seated!

b. Become a leader in your field.

c. Open the door.

d. Be examined by a specialist.

e. Let's be Simpson characters for Halloween!

f. Let's have completely cleaned the place up by the time he returns!

以上例子可以分为两类：一类为由谓语动词开头的祈使句,包括前四个句子,表示期望听话者参与的行动和行为;一类为由let's开头的句子,表示由讲话者及其所指的群体以及讲话者和听话者共同参与的行动和动作。

有时主语也可以出现,但其功能更像是呼语,用以确定期望行使动作和行为的对象,这就是为什么在主语后出现的不是根据时态和数变化的谓语动词,而都是原形动词be、leave、come、guard等。例如：

[2] *a*. In this play *you* be the princess and *I* be the witch.

b. *The last one to finish* leave his keys with the janitor, please.

c. *Whoever knows the answer* come see me after class.

  d. Your men guard the front while we sneak in through the back!

  e. All officers be briefed on this operation by 0700, General!

  但相同的交际功能还可以由不同的句法形式来体现,如疑问句,甚至是陈述句:

[3] *a.* Be seated!

  b. Would you please be seated?

  c. Everybody has been seated.

  例[3b]和[3c]不是祈使句,而是疑问句和陈述句。用疑问句和陈述句来实现祈使句的功能是语法隐喻现象,而运用语法隐喻同样有其自身的功能,如客套、婉转、请求、试探等,如[3b]要比[3a]更加客气,而[3c]则是一种试探性要求,表示"我想让你做某事,但我没有权力命令你做"。

  正是由于韩礼德把祈使句限定在无主语或者主语具有和呼语相似的功能的句子中,他才得出祈使句中无限定成分的结论,因为这些祈使句中全部都是原形动词做谓语动词,而原形动词不包括限定成分,所以典型的祈使句中就没有限定成分。

  然而,一般现在时的限定成分就是附着在与原形动词形式相同的谓词上的,没有任何标记(单数第三人称除外),所以,典型的祈使句中是否有限定成分还是一个需要研究的问题。

18.3 祈使句式中的限定成分

  虽然在典型的祈使句中没有表示限定成分的标记,但在祈使句式的强调、否定形式中却需要明确的限定成分来做标记。祈使句式的强调和否定是发话者对听话者在提供或者求取物品和服务时进行的强调或否定,同陈述句式的强调和否定的功能相同。两者在这一方面的不同点在于:陈述句用于交流信息,而祈使句用于交流"物品与服务"。譬如,陈述句"John went to Beijing last year."的否定形式是"John didn't go to Beijing last year."，即对"约翰去年去了北京"这个信息进行否定；其强调形式"John did go to Beijing last year."是对原肯定陈述信息进行强调，即对"约翰去年去了北京"这一事件进行强调。而祈使句"Open the door, please!"的否定形式"Don't open the door, please!"和强调形式"Do open the door, please!"则是发话者从物品和服务的性质上对行为发起者的动作施加的一种否定和强调。从这个角度看，在祈使句的强调和否定形式中存在限定成分。再如(Halliday 1994a：88)：

[4] a. **Do**　　　Take　　　care　　　**won't**　　you
　　　限定成分　谓语动词　补语　　　限定成分　主语

　　b. **Don't**　You　　　believe　　it
　　　限定成分　主语　　谓语动词　补语

在此，显然，这两个祈使句中 do 和 don't 与在陈述句中一样，都是限定成分。

但不同的学者对这种现象有不同的看法。布卢尔夫妇认为，"我们选择祈使句就省略掉主语"(Bloor & Bloor 1995：45)，但他们没有说也省略掉限定成分。但汤普森(Thompson 2000：48)却认为，在祈使句中没有限定成分，其理由是："从人际意义的角度讲，祈使句是不能以公开协商的形式出现的，所以，限定成分的许多功能在这里是不相关的；命令是绝对的，没有选择，所以没有必要说明时间的关联性。"同时，他也承认，"祈使句的否定形式是有限定成分的，"但他认为，"它用途有限，只用于标示否定。"在这里有两个问题需要澄清：(1)祈使句的否定形式也是绝对的，没有可协商性的，那为什么它需要限定成分？(2)既然它没有可协商性，为什么在祈使句的否定形式中还要用限定成分来表示呢？

汤普森对第一个问题的假设是："没有可协商性就没有限定成分"。这个假设实际上是得不到语料证实的。从形式上讲，原形动词和带有限定成分的一般现在时在形式上没有区别，而且在否定和强调时就出现了限定成分，这只能说明限定成分的存在，而不是不存在。从功能上讲，尽管祈使句的可协商余地小，但总要留下可协商的余地，不然就不能出现找理由不执行命令或者以其他形式执行命令等的可能。实际上，这种可能总是存在的。

他的第二个问题更是没有什么理由可讲。语言结构的非典型形式都是从其典型形式中派生出来的，这是语言使用中的一个最基本规律，如有标记主位、有标记信息结构等都是从其典型形式转化而来的；即使是疑问句也是从陈述句中派生而来的。在祈使句的否定形式和强调形式上凭空加上一个限定成分是没有根据的。

综上所述,我们可以得出祈使句中存在限定成分的结论。但这又产生了一个新的问题:祈使句的否定和强调形式中的限定成分是从谓语动词中剥离出来的,还是另外附加上的。这需要比较一下陈述句和祈使句的限定成分的异同。

从小句的言语功能的角度讲,陈述句具有表述功能,而祈使句具有行事功能。这样,祈使句的否定和强调形式实际上是对行为发起者的行事行为施加的一种否定和强调,是对事件或行为本身进行的直接否定和强调。

虽然从经验功能的角度看,祈使句的否定和强调形式与陈述句的否定和强调形式有相同的功能,是肯定陈述句的变异形式,但两者在对人际意义的表达上还是存在不同。陈述句偏重对事实的表述,关注事件发生的时间和行为以及施事的主动和被动的状态,对于时间的准确度要求严格,对主语的选择上可呈现出多样性,并可以随着语境的变迁呈现多种变异形式。为了表达对命题的概率和频率的不同判断,发话者会选择不同的限定成分及其变体。祈使句式注重发话者对行为事件的表述,强调该表述对受话者施加的影响——或强化或否定,同时对受话者的动作施加影响的时间是现在,强调施加命令或请求等的现时性,指称对象为"你(您)""你们"或"我们"。这也是祈使句式的否定和强调形式与陈述句式的否定和强调形式在语义和语法两个层面上的显著区别。由此可见,祈使句的限定成分不是在强调和否定时另外附加上的,而是从祈使句的谓语动词中剥离出来的,即祈使句中有限定成分,是与谓语动词融合的"do",而且总是"do",没有其他形式。

18.4 祈使句的主句与其附加问句在语气上的分离性

上面对祈使句式的否定和强调形式进行分析后,得出祈使句中与谓词动词融合的限定成分为"do"的结论。然而,这一结论似乎与祈使句式的附加问句的限定成分多为"will/shall/would/can"的事实不一致,如前面的例[4a]和下面的例[5]:

[5] look after　　　your sister,　　　**will/won't**　　　you?
　　谓语动词　　　　补语　　　　　　限定成分　　　　主语

韩礼德认为,英语小句的语气成分,即主语和限定成分,是可以通过附加问句来检测的(Halliday 1985/1994a),如:

[6] a. The Duke gave your aunt that teapot, didn't he?
　　 b. Your aunt was given that teapot by the Duke, wasn't she?

通过附加问句的检测,以上两个句子的主语和限定成分分别是 he did 和 she was。依次类推,例[5]的主语应该是 you,其限定成分是 will,这与祈使句中的限定成分总是 do 的推论是相悖的。

然而,如果我们对更多类型的反意问句进行研究就会发现,反意问句可以分为不同的类型,而且不同类型的反意问句实现不同的人际功能。从形式上讲,辛克莱区分两种反意问句(Sinclair 1972:75—79):核查性反意问句(checking tags)和复制性反意问句(copy tags)。前者的主句和附加问句的极性不同,后者的主句与附加问句的极性相同。亚历山大(Alexander 1994:256—258)区分三种反意问句,即肯定-否定/否定-肯定类、肯定-肯定类、否定-否定类,但实际上与辛克莱的并没有什么区别。其他类型的反意问句包括:(1)不变反意问句(invariant tags)(Quirk et al 1985:814, Algeo 1988:174),如附加疑问为"*isn't that so?*""*don't you think?*"和"*am I right?*";(2)词汇反意问句('word tags)(Weber 1993:71),如 huh? right? OK?等。从功能上讲,艾尔吉欧(Algeo 1988:180—187,1990:443—450)区分五种反意问句:(1)信息反意问句(informational tag),表示以客套的口气寻求信息,两者的地位相同;(2)确认反意问句(confirmatory tag),客套程度更高,用于要求听话者同意自己的观点,请他参与到对话中来;(3)突显性反意问句(punctuational tag),用于强调,要求听话者注意自己的话语;(4)强制性反意问句(peremptorytag),用于打断听话者,强迫听话者停止讲话;(5)侵略性反意问句(aggressive tag),用于表示敌对的态度,谴责讲话者缺乏常识、爱心、好意等。

在这里，我们重点研究反意问句中主句的语气成分与附加问句的语气成分不一致的现象，特别是由不变反意问句和词汇反意问句所表现的两者的不一致现象。现举例如下：

[7] *a*. Go to room 12, *all right*?
　　b. Let's not go fishing, *all right*?
　　c. Get yourselves ready while I greet the guests, *OK*?
　　d. Let's not talk about it any more, *OK*?
　　e. You eat those peas right now, *got it*?
　　f. Bring me a slab, *won't you*?
　　g. Don't do that again, *will you*?
　　h. Peter has gone to London, *right*?
　　i. We are having fun, *don't you think*?
　　j. We have to cash some checks, *don't you understand*?
　　k. He must have failed in the exam, *hasn't he*?
　　l. You must go home right now, *needn't you*?

例[7]中的这 12 个反意问句中，前 7 个的主句是祈使句，后 5 个的主句是陈述句。前 7 个句子可以分为两个类别：对主句整个小句所体现的意义的提问，包括语气成分，和对谓语所体现的行为的提问。在前者中，附加问句是 all right 或者 OK，其意义是"你同意做我要求你做的事吗？"这样整个附加问句成为询问听话者意见的问句，其限定成分显然与主句的不同，如把[7a]—[7e]的附加问句中省略部分补充上，会得到如下附加问句部分："Is it all right？" "Do you think it is OK？" "Have you got it？" 而在后者中，所询问的对象是主语所体现的听话者接受请求、命令、指示等的可能性，包括肯定和否定和不同值的意态，其意义是，"我让你做这件事，你做吗？"或者"我要做这件事，你同意吗"，如[7f]—[7g]所示。

后 5 个句子也可以分为两个类别：对主句整个小句所体现的意义的提问，包括语气成分，和对谓语所体现的行为的提问。前者包括[7h]—[7j]，又可以分为两类：对主句整个小句所体现的意义的提问，如[7h]—[7i]，其意思是"我提供的这条信息你认为对不对？"，和对主句整个小句所体现的意义的理解，如[7j]，其意思是"我提供的这条信息你理解了吗？"。后者虽然是对谓语所体现的行为的提问，但其限定成分也与主句的不同,包括[7k]—[7l]。

在英语中,如[7a]—[7e]和[7h]—[7j]这样的对整个命题的真伪进行询问的现象很少,特别是在主句是陈述句的附加问句中,所以,在英语中这种句子通常被作为不符合语法的句子而在语法书中被排除,而在实际运用中可出现在某些特殊语境,或者某些区域中,如美国、加拿大和英国的某些地方。

显然,这两种附加问句反映了两种不同的对在陈述句中所提出的命题,和在祈使句中提出的提议的着眼点。前者把着眼点放在主语承担责任的"能力"上:对命题和提议的肯定与否定主要看主语是否有能力、有义务或者是否愿意承担,而后者则放在征求听话者的意见上:'你认为命题是真的,还是假的;这个提议是否可以完成。'这就是说,附加问句的命题或提议可以与主句的命题或提议是不同的,如[7a]—[7e]和[7h]—[7j]的附加问句的命题或提议与其主句的显然是不同的。

但是,无论是 Ok、all right,还是 will、shall,都与反意问句中祈使句主句的语气是不同的。这种情况也出现在陈述句中,如[7k]—[7l],只是这种现象在英语中不是典型的语法形式而已。这反映了附加问句与主句的分离性,即在附加问句中,所询问的对象可以不是主句的主语,或者可表达不同的情态或者意态,从而使主句和附加问句的主语和限定成分可以是不同的。

汉语的反意问句则恰好证实了以上观点。附加问句主要是对命题或者提议作为一个整体的询问,重点是征求听话者的意见,而在附加问句询问命题或提议的内部信息时,询问的对象是命题或提议的肯定或否定,或者不同值的情态或意态,而主语不是作为主要负责者对待的。例如:

[8] *a.* 以后就叫你小薇吧,嗯?
 b. 老头子,没事瞎嘀咕,睡你的省心觉吧,啊?
 c. 也未见得吧,也有是我怎样也拿不到的,不是吗?
 d. 跑快点儿,好不好?
 e. 以后注意点儿,知道了么?
 f. 以后勤快点儿,明白么?
 g. 就在这儿听,行吧?
 h. 你给我捎个口信给他,行不行?

i. 进去看看,可以吗?

j. 我们年纪轻,多干点儿,应该不应该?

在这十个小句中,[8a]—[8h]都是对整个命题的询问,询问的对象是听话者的意见,包括是肯定还是否定:"嗯""啊""行吗",而不是主句命题的真伪与概率或频率。[8i]—[8j]则是对命题和提议的情态和意态的询问,即"可以进去吗""我们年纪轻,应该不应该多干点儿。"同样,在这两者中,主句和附加问句都是分离的。

以上研究可见,英语的反意问句中主句和附加问句的关系可以由图 18-1 中的系统网络表示。

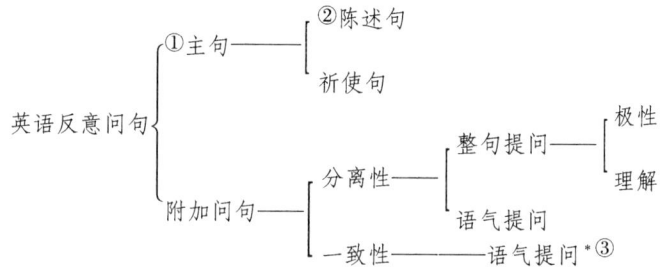

图 18-1 英语反意问句中主句和附加问句的关系

从这个系统网络中进行选择可以生成表 18-1 中各种类型的反意问句:

表 18-1 英语反意问句的选择表达和例子

序号	选 择 表 达	例　　子
1	[主句—陈述句]+[附加问句—分离性—整句提问—极性]	They will cash some checks, right/OK?
2	[主句—陈述句]+[附加问句—分离性—整句提问—理解]	They will cash some checks, understand/got it?
3	[主句—陈述句]+[附加问句—分离性—语气提问]	They will cash some checks, mustn't they/needn't they?

---

① ｛表示合取关系

② ［表示析取关系

③ 附加问句的典型形式。

（续表）

序号	选择表达	例子
4	[主句—陈述句]+[附加问句—一致性—语气提问]	They will cash some checks, won't they?
5	[主句—祈使句]+[附加问句—分离性—整句提问—极性]	Cash some checks, OK/all right?
6	[主句—祈使句]+[附加问句—分离性—整句提问—理解]	Cash some checks, understand/got it?
7	[主句—祈使句]+[附加问句—分离性—语气提问]	Cash some checks, shall you/won't you/needn't you?
8	[主句—祈使句]+[附加问句—一致性—语气提问]	*①*Cash some checks, don't you?*

图 18-1 说明反意问句的主句可以是陈述句和祈使句,附加问句部分可以是与主语分离的,也可以是一致的。在英语陈述句中一致性语气附加提问是典型的形式,而在祈使句中是不存在的。这种现象正好说明了英语反意问句中主句与附加问句的可分离性:在主句中用现在时是说我的命令或请求是现在的,而你是否执行或按我的要求去做却是将来的,或出自你的意愿,所以用将来时或意愿性情态。分离性附加提问包括对整句的提问和对语气的提问。对整句的提问可以是是非问句,也可以是对听话者是否理解的提问。汉语的反意问句系统与英语的相比主要是典型形式的区别。汉语的典型形式是整句提问,而且汉语中没有一致性语气提问(见图 18-2)。

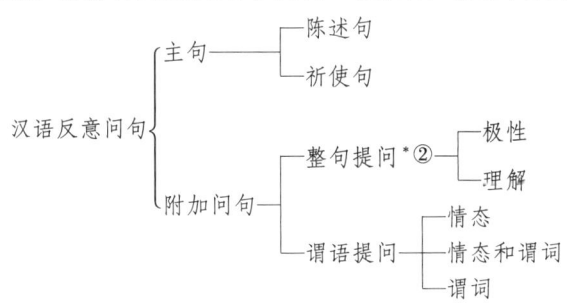

图 18-2 汉语反意问句中主句和附加问句的关系

---

① 从功能上讲,这种形式实际上不可用,因为现在要求做的是将来应该做的,不能用现在时态。
② 整句提问是典型附加问句。

从图 18-2 中可见，汉语的附加问句没有一致式；在英语中对语气的提问在汉语中成为对谓词的提问。谓词提问包括对情态的提问和对情态加谓语动词的提问，和在没有情态成分时对谓语动词的提问。

表 18-2　汉语反意问句的选择表达和例子

序号	选择表达	例子
1	[主句—陈述句]+[附加问句—整句提问—极性]	他们到银行去提钱，好吗/行吗？
2	[主句—陈述句]+[附加问句—整句提问—理解]	他们到银行去提钱，知道吗/懂了吗？
3	[主句—陈述句]+[附加问句——谓语提问—情态]	他们到银行去提钱，可以吗/能不能/应该不应该？
4	[主句—陈述句]+[附加问句——谓语提问—情态谓词]	他们到银行去提钱，可以去吗/能不能去/应该不应该去？
5	[主句—陈述句]+[附加问句——谓语提问—谓词]	*①他们到银行去提钱，去不去/提不提？
6	[主句—祈使句]+[附加问句—整句提问—极性]	到银行提钱去，好吗/行吗？
7	[主句—祈使句]+[附加问句—整句提问—理解]	到银行提钱去，知道吗？
8	[主句—祈使句]+[附加问句—谓语提问—情态]	到银行提钱去，可以吗/该不该？
9	[主句—祈使句]+[附加问句—谓语提问—情态谓词]	到银行提钱去，可以去吗/该不该去？
10	[主句—祈使句]+[附加问句—谓语提问—谓词]	到银行提钱去，去不去/提不提？

综上所述，英语和汉语的反意问句中的主句和附加问句都是可以分离的，其区别在于英语的附加问句的典型形式是对主句的语气成分的提问，所以，其对整个主句的提问比较少见；而汉语的附加问句的典型形式

---

① 从功能上讲，这种形式实际上不可用，因为陈述句表达一个命题，附加问句提供对这个命题的评价，而不是能不能或者是否去执行它。

是对整个主句的提问,所以,其对谓语动词和情态成分的提问比较少见,或者是不可用的。

18.5　结　语

　　本章从人际功能的角度探讨英语祈使句是否有限定成分,强调、否定形式和附加问句中的限定成分是否是典型祈使句的限定成分,以及英语祈使句的附加问句限定成分为什么与主句的不同,常为"shall/will/would/can"等。通过研究认为,英语祈使句也同样有限定成分,而且其限定成分总是"do"的一般现在时形式,强调施加影响的现时性;而附加问句的限定成分与主句的不一致是因为附加问句与主句的语气是可以分离的,由此可以是不同的。

19

汉语语气系统的特点

19.1 引 言

韩礼德说,[语言学]"分析中的范畴有两类：理论范畴和描述范畴……。理论范畴,从本质上讲,是适用于所有语言的……,但描述范畴原则上讲,是适用于某个语言的"(Halliday 1992)。语气和情态是理论范畴,是从语言在人类交际中的基本功能发展而来的。从这个角度讲,它们是普遍特征,适合于所有的语言。但它们的体现在不同的语言中是不同的。体现语气和情态的范畴是描述范畴。除了它们可以联合起来体现语气和情态以外,它们也是由语言的运作机制和基本的文化环境来决定的。本章旨在探索汉语语气中的描述范畴的特点,以发现语言作为符号系统的真实运作过程。

鉴于汉语是一个典型的分析性语言,没有标识性、数、格、时态等语言范畴的标记,汉语研究中还存在一些争议。其中之一就是汉语中是否有主语这个功能成分(见文玉卿 1994),其二是有哪些特征决定汉语的语气;第三是语气在汉语中是怎样体现的。本章重点研究语气系统的某些特点。相关的研究问题包括：

(1) 汉语的语气和英语的语气是否相同?

(2) 汉语主语与英语的主语是相同的概念吗?
(3) 汉语中是否有限定成分?
(4) 汉语语气的特点是什么?
(5) 哪些因素是必要的,哪些是可选的?

19.2　汉语的语气系统

汉语和英语都有语气和情态系统,因为两者都是体现语言的人际功能的,但是它们体现语气的形式在不同的语言中是不同的。在汉语中,交际事件的注重点一般集中在事件本身上,因此谓语动词的有效性特别重要,而主语的有效性就不那么重要。所以,胡壮麟(1994)认为,汉语的语气系统有如下特点:

(1) 汉语中没有限定成分,并且主语总是出现在首位。
(2) 有时,语气词"吗""啊""呢""吧"出现在句子的尾部来表示其语气的范畴。
(3) 汉语中的疑问词不移到句首。
实际上,除此之外,汉语中还有第四和第五个更加基础的特征:
(4) 汉语的语气不是以主语的有效性为特点的,而是由谓语动词、谓语动词的极性、整个命题以及对它们的评价的中介程度的有效性为特点的。因此,附加疑问句是与整个命题相关的,而不只是与主语的有效性相关。
(5) 汉语也有主语,但与英语相比,其作用要小。
下面我们具体探讨这些特征。

19.3　语气标记

在许多小句的末尾都有语气词来标识小句的语气类型。例如:

[1] *a.*〈1〉我想他或许是中国人**吧**。

〈2〉四凤(对父亲鲁贵):你听错了**吧**!

〈3〉鲁妈:大概她是不愿意**吧**!

〈4〉周蘩漪(对鲁妈):请坐! 你来了好半天**啦**。

〈5〉鲁贵(对四凤):哼! 我跟你说,我娶你妈,我还抱老大的委屈**呢**.

〈6〉四凤:这屋子听说直闹鬼**呢**。

〈7〉鲁贵:这两年过去,说不定他们以为那晚上真是鬼在咳嗽**呢**。

〈8〉四凤(对鲁大海):你说话顶好声音小点,老爷就在里面旁边的屋子里**呢**!

b.〈1〉他是中国人**吗**?

〈2〉鲁贵:你看,谁管过你**啦**?

〈3〉周冲:…他很寂寞的样子。我替他很难过,他到现在为什么还不结婚**呢**?

〈4〉周蘩漪:谁知道**呢**? 谁知道**呢**?

〈5〉鲁贵(对四凤):可是谁叫我是他的爸爸**呢**,我不能不管**啦**

〈6〉四凤:不是在门房里等着我们**么**?

c.〈1〉周朴园:我看过去的事不必再提起来**吧**。

〈2〉周萍(对蘩漪):你叫我说什么? 我看你上楼睡去**吧**。

〈3〉四凤(对鲁贵):得了,您别这样客气**啦**。

[选自唐青叶、李东阳,2007]

[2]

a. 世上所有国家都为我们拥有它而羡慕我们**哩**! (转引自《世界首脑名人演讲》)

b. 这故事多感人**啊**!

[3]

a. 屋里好热**啊**!

b. 真好看**啊**!

c. 你这一场好睡(**啊**)!

d. 知道我有多么忙**啊**。

e. 小姐你看,我的活儿有多么累**呀**。

[选自李杰 2005]

从这些例子以及其他一些例子中,我们可以发现语气标记的如下特征:(1)在任何类型的小句中,语气词都不是必需的,也就是说,任何类型的小句都可以没有任何语气词;(2)在用语气词的同类结构中,可用的语气词其中之一(或者从其中派生出来的)是典型的。例如,在陈述句中,通常没有语气词。所有有语气词的陈述句都是在某种程度上有标记的。鉴于"吧"典型地用在祈使句中,一个陈述句中出现"吧"具有祈使句的口气。在例[1a-1]"我想他或许是中国人吧"中,其意思是"请相信我!";在[1a-2]"四凤:你听错了吧!"中,其意思是"一定是这样的!"。在[1a-3]"鲁妈:大概她是不愿意吧!"中,其意思是,"就这样,相信我!"以"啦"结尾的陈述句的意思是其过程被拉长了,在例[1a-4]中就是如此。陈述句以"呢"结尾表示这个过程还在进行中,例如,在[1a-5]"鲁贵:哼!我跟你说,我娶你妈,我还抱老大的委屈呢"中,"呢"的意思是"他仍然受到冤屈";在[1a-6]"四凤:这屋子听说直闹鬼呢"中,"呢"表示房子还在闹鬼。

在疑问句中,典型的语气词是"吗",其意思是这是个问题,如[1b-1]。"啦""呀""呢"并不是疑问标记,而是用于产生特殊的修辞效果的附加意义。

在祈使句中,典型的语气词是"吧",意思是"我想要你做某事"。其他语气词,如啦""呀"根本不是祈使句的典型语气词。

在感叹句中,典型语气词是"啊",意思是"我十分惊讶、十分兴奋、十分害怕"。"呀"是从中派生出来的。

从以上所述可见,语气词是一个可选择范畴。当它们出现时,每一个范畴都有一个典型语气词,其他的不是标识这个类别的语气词,而是表达附加的人际意义。

19.4 主语与限定成分

当同一个命题以信息的形式进行交际时,其功能在汉语中的体现形式与在英语中是不同的。例如：

[4] *a.* **你父母**供你上大学。

  b. **是你父母**供你上大学。

  c. **你父母**供你上大学？

  d. **是你父母**供你上大学？

  e. **你父母**供你上大学吗？

  f. **是你父母**供你上大学吗？

  g. **你父母**供你上大学，是不是？（对不对）？（好不好）？

  h. **你父母**供不供你上大学？

  i. **你父母**供你不供你上大学？

  j. **你父母**供你上大学还是不供你上大学？

  k. 上大学去吧！

  l. 快去上大学去吧！

  m. **咱们**一起上大学吧！

  n. **我**供你上大学吧！

  在所有这些例子中，主语（你父母）都出现在句首。例[4a]是陈述句，"你父母"是一个正常的主语；在[4b]中，"是"是信息中心的标记，主语还是在句子的开头。在[4c]和[4d]中，句子成为是非疑问句，但句子结构并没有变化，只是句子的语调为升调。在[4e]和[4f]中，句末添加了语气词"吗"，表示这是个是非问句。在[4g]中，"是不是"、"对不对"、"好不好"是询问整个命题的有效性的附加问句，而不只是其主语。在[4h]、[4i]和[4j]中，疑问是由整体谓语，或者谓语的一部分的重现来体现的：在[4h]中，只动词"供"重现；在[4i]中是动词和宾语（供你）；在[4j]中，整个谓语，包括直接宾语和间接宾语都重现了。从[4k]到[4n]是祈使句，句子中或者没有主语，或者主语还是在句首。

  通览这些例句，我们可以发现，所有这些句子中都没有限定成分，因此在汉语中，语气成分中不包括限定成分。主语在所有语气的句子中都占据相同的位置，主语的存在与否，只对区分是否祈使句起作用。语气的变化，在语音层面上是由语调的变化来体现的；在词汇语法层面上，则是由谓语、谓语的一部分及其重复、句子尾部的语气词或主语的存在或缺失来体现的。

19.5 特殊疑问成分

在汉语的特殊疑问句中,特殊疑问成分仍在其原来的位置,其疑问性是由语气词和升调来表示的,例如:

[5] a. **谁**把电视机给弄坏了?
   b. 这是**谁**家的房子?
   c. 你到这里来干**什么**?
   d. 他们是**如何**在这么短的时间内完成这项艰巨任务的?
   e. 你**为什么**还不下班?
   f. 父亲**干么**要说这些?
   g. 张教授在**哪**里?
   h. 图书馆下午**几**点关门?
   i. 得**多少**时间才能做完?

[选自成方志、霍翠柳 2000]

在例[5a]中,"谁"做主语仍然在主语位置上,在[5b]中,"谁"做补语的修饰语,仍在原来的位置。在[5c]中,"什么"处在补语的位置上做补语;在[5d]中,"如何"在谓语前做状语的修饰语;在[5e]、[5f]、[5h]和[5i]中,"为什么""干嘛""几点"和"多少时间"都出现在谓语前的同一个位置上,这是汉语中状语的典型位置。

由此可见,在所有这些例句中,特殊疑问成分都在其典型位置上,疑问性是由疑问词和升调表达的。在其他句子中,语气词可以用以强化疑问特征,也可以用以增加其他人际特征,如"怀疑""好奇""抱怨",等。例如:

[6] a. 张教授上**哪儿**去呢?
   b. 在英国留学时,你都去过**哪儿呀**?

[选自成方志、霍翠柳 2000]

在此,用"呢""呀"明确说明它们是疑问小句。除此之外,"呢"表示这个小句表示疑问和怀疑,而"呀"表示这个小句还表达好奇的意义。

19.6 汉语语气的特点

汉语语气系统的这些特点是由其在汉语文化语境中的交际功能和汉语作为分析性语言的特点决定的。在英语中,主语起着十分重要的作用,因为它是为命题的成功与否负责的成分,是使命题有效的成分。因此,语气类别的变化总是涉及主语的出现与否,涉及其出现的位置。当有附加问句时,主语就是对命题负责的成分,例如:

[7] *a*. **James** went to study Chinese in China.

b. Did **James** go to study Chinese in China?

c. What did **James** go to China to study?

d. Where did **James** go to study Chinese?

e. **Who** went to study Chinese in China?

f. Go to study Chinese in China!

g. **James,** go to study Chinese in China!

h. **You** go to study Chinese in China!

i. What a wonderful language **you** are studying!

j. James went to study Chinese in China, didn't **he**?

k. Go to study Chinese in China, won't **you**?

l. Let's go to study Chinese in China, shan't **we**?

在所有这些例子中,主语总是意义协商和完成交际任务的关键成分。它对所有小句的交际都是至关重要的。

然而,汉语的语气不是以主语在交际中的责任性为特点的,而是由谓语、谓语动词极性,或者整个命题和其可能程度的有效性为特点的。

[8] *a*. 鲁贵:叫她想想,是你爸爸混事有眼力,还是她有眼力。

b. 周朴园:她为什么不再找到周家?

鲁妈:大概她是不愿意吧?

c. 周萍(对蘩漪):你叫我说什么? 我看你上楼睡去吧。

d. 周蘩漪:哦,你是你的父亲的儿子。———这些月你特别不来

看我,是怕你的父亲?
- *e.* 您少说闲话吧!
- *f.* 太太,您脸上像是发烧,您还是到楼上歇着吧!
- *g.* 妈,您不怪我吧?
- *h.* 啊,大少爷,这不是你的公馆,你饶了我吧!
- *i.* 二少爷,您渴了吧,我给您倒一杯水!
- *j.* 鲁贵:哦,好孩子,我早知道你是个孝顺孩子。
- *k.* 周冲:……他很寂寞的样子。我替他很难过,他到现在为什么还不结婚呢?
- *l.* 鲁贵:哦,好孩子,我早知道你是个孝顺孩子。
- *m.* 四凤(对鲁大海):你说话顶好声音小点,老爷就在里面旁边的屋子里呢!
- *n.* 周朴园:她为什么不再找到周家?

在现代汉语中,典型的语气结构是:

"主语 ∧ 状语 ∧ 谓语动词 ∧ 补语 ∧ (补语)
 她   ∧ 昨天 ∧ 给了   ∧ 我   ∧ 一本书。

其变体形式包括:

"主语 ∧ 状语 ∧ (补语)   ∧ 谓语动词 ∧ 补语
 她   ∧ 昨天 ∧ 把那本书 ∧ 给了   ∧ 我。
 我   现在   给您   倒   一杯水。

"主语 ∧ 状语 ∧ 补语
 他   昨天   还很高兴。

"主语 ∧ 状语 ∧ 谓语动词 ∧ 补语
 他   去年   还是   个学生。

"主语 ∧ 谓语动词 ∧ 补语
 他   打了   徐明。

"主语 ∧ 谓语动词
 您   渴了吧!

在所有这些结构中,主语总是出现在小句的首位,无论是陈述句、疑问句,还是祈使句,句子的结构不发生变化。这样,就出现了下一个问题:

在汉语中决定小句语气的主要因素是什么?

首先,当陈述句变为疑问句时,句子结构不发生变化,句子的语气类型主要是由语调"降—升"来体现的。所以,汉语中的语调是关键因素。

[9] a. 他去年还是个学生. ↘
　　b. 他去年还是个学生? ↗

然而,如果加上典型的语气标记,其语气类型就会更加明确,并增加了小句的疑问性。

[10] 他去年还是个学生**吗**? ↗

当是非问句变成特殊问句时,小句的结构不发生变化,这样是非问句与特殊问句的主要区别是特殊问句附加了特殊疑问词,所以我们可以说,特殊问句是从其相对应的是非问句中派生出来的。

[11] a. **谁**去年还是个学生?
　　 b. 他**什么时候**还是个学生?
　　 c. 他是**什么**?

那么,当疑问句和陈述句变为祈使句时将发生什么变化呢? 请看:

[12] a. 当学生去吧!
　　 b. 做个大学生吧!
　　 c. 你做学生吧!
　　 d. 我们一起做学生吧!

祈使句的典型结构是"谓语动词∧补语"。主语在需要时可以出现,如在选择行为者时。然而,决定祈使句的关键因素是主语的缺失和祈使句的典型语气词"吧"的出现。那么,在感叹句中会出现什么情况呢?

[13] a. 你真是个好学生!
　　 b. 你是多么勤奋的学生啊!

在感叹句中有表达感叹的特殊语调:在感叹词处的突然升高和在尾部的下降。

[14] a. 你↗真是个好学生↘!
　　 b. 你是↗多么勤奋的学生啊↘!

通过以上例子,我们可以发现,在现代汉语中决定语气类型的主要因素是:(1)语调模式;(2)可选的语气词、特殊疑问词以及主语的出现与否。

为什么句子结构在任何语气中都不发生变化呢?这是英汉语气不同注重点的结果。在英语中,主语是语气系统中的关注点,是确定英语语气的最关键因素。但在汉语中,它不再是主要的关注点。主要关注点转移到体现及物性结构的过程和情景语境的动作和状态的谓语动词上,甚至是整个谓语上。在此,关注点是过程或者行动的真与伪,和对命题和提议的概率、频率、义务和意愿的程度的评价上。这样,汉语语气的归类都是以这些因素为基础。例如,王力、高名凯和吕叔湘为语气的区分提供了如下的理论框架(表19-1,见齐沪扬2002):

表19-1 汉语的语气系统(王力、高名凯和吕叔湘)

王力的分类		吕叔湘的分类		高名凯的分类	
确定语气	决定语气	语意	肯定	否定命题	
	表明语气		不定	确定命题	
	夸张语气		否定	询问命题	
不定语气	疑问语气	虚与实	实说	疑惑命题	传疑命题
	反诘语气		虚说		反诘命题
	假设语气	与认识有关	直陈	命令命题	强制命令
	揣测语气		疑问		非强制命令
意志语气	祈使语气	与行动有关	商量	感叹命题	
	催促语气	语气	祈使		
	忍受语气	与感情有关	感叹、惊讶		
感叹语气	不平语气	语势	轻与重		
	论理语气		缓与急		

在这里,我们可以清楚地看到,王力的理论框架与小句的交际功能有关。第一级范畴接近于陈述语气(确认语气)、疑问语气(不确定语气)、祈使语气(意愿语气)、感叹语气(感叹性语气)。在所有这些范畴中,语气和情态没有区别。这并没有什么可奇怪的:当语气的关注点转移到过程和

行动上时,语气和情态之间的区别模糊了,因为疑问的内容不是主语,而是主要在行为,其真实性,其概率和频率的程度上。这个理论框架也可在贺阳的框架中发现(表19-2,见齐沪扬2002)。

表19-2 汉语的语气系统(贺阳)

功能语气	陈述语气		句末用句号,而不具有祈使语气。
	疑问语气	询问语气	句末用问号,而不是反诘语气。
		反问语气	句末有问号,句中有语气副词"难道、何尝"及"不行、不成"等词语,或句末带问号的否定句。
	祈使语气		句末用句号或感叹号,而不具有陈述或感叹语气。
	感叹语气		句末有感叹号,句中有"太、多么"等程度副词,或有"这么、那么"等表程度的指示代词。
评判语气	认知语气	确认语气	句末没有问号,也没有语气词"吧"。
		非确认语气	句末有问号,而不是反诘语气;句末无问号,但有语气词"吧"
	模态语气	或然语气	助动词"会、可能"等或语气副词"也许、或许"等。
		必然语气	语气副词"一定、必然、必定"等。
	履义语气	允许语气	助动词"能、能够、可以"等。
		必要语气	助动词"应、应该、要"等或语气副词"必须、一定、务必"等。
	能愿语气	能力语气	助动词"能、能够、可以、会"等。
		意愿语气	助动词"肯、愿意、情愿、想"等。
情感语气	诧异语气		语气副词"竟、竟然、居然"等。
	料定语气		语气副词"果然、果真"等。
	领悟语气		语气副词"难怪、原来、敢情"等及叹词"噢"。
	侥幸语气		语气副词"幸亏、幸而、幸好"等。
	表情语气		不属于上述四种情感语气的,用叹词或语气副词表达。

在此,功能语气就是语气,估计语气是情态,情感语气不是语气。

这样,当你质询一个命题时,你实际询问的或者是整个命题,或者是谓语动词,或者是整个谓语,或谓语的部分,例如:

[15] a. "以后就叫你小薇吧,**嗯**?"(梦回大清)
  b. "不太好闻,**嗯**?"(梦回大清)
  c. "就算是不好意思当面做,也得让我们听个响儿**不是**?你们说**是不是**呀?啊……(梦回大清)"
  d. 我告诉过你,八月节我就告诉过你,要塌!要塌!现在,你看,**是不是**?
  e. "各位客商也要小心跟随,各位都是求个平安顺畅**不是**?"
  f. "也未见得吧,也有的是我怎样也拿不到的,**不是吗**?"
  g. "今天看来不会来了,**是吧**?"
  h. "叫我名字,以后都这样叫,**好吗**?"(梦回大清)
  i. "晚上我们一起去看电影,**好不好**?"
  j. "不能叫那些俗人看咱们笑话,**对吗**?"
  k. 女同胞,还打算往自己脸上抹多少化学原料?**行了吧**?(大雪无痕)
  l. "非得有事儿么?想你了,专程来看看,**不行么**?"
  m. 还给她,**成么**?
  n. 还给你,**还不成么**?
  o. "两百块大洋,**怎样**?"
  p. "以后注意点儿,**知道了么**?"
  q. "你要好好伺候十三爷,**知道吗,嗯**?"
  r. "多做事,少说话,**明白么**?"

在此,所有的例子都与整个命题相关,这在英语中很少见。在英语中,当附加问句出现时,它们都与主语的有效性相关:

[16] a. You took a good care of Peter, didn't you?
  — Yes, I did. — No, I didn't.
  b. You didn't take a good care of Peter, did you?
  — Yes, I did. — No, I didn't.

在此,相关的因素是命题的有效性,而整个命题是由主语的有效性代表

的。在回答问题时,答案也都是与主语的有效性相关。下列问题在英语句子结构中少见:

[17] a. You took a good care of Peter, right?
— Yes, you are right. — No, you are wrong.
b. You didn't take a good care of Peter, right?
— Yes, you are right. — No, you are wrong.

但这些句子类型在汉语中常见。所有以上问题都属于此类。附加问句都与整个命题的地位相关,可分为三类:(1)询问的对象为整个命题或者提议,而且注意关心的是整个命题或提议的真伪,如例[15a]—[15j],其附加疑问是"嗯""啊""是吗""是不是""对吗""好吗""好不好""不是"等。(2)讲话者要求听话者接受提供的信息或者物品与服务,如例[15k]—[15o],其附加问句是"行了吗""不行吗""成么""还不成么""怎样"等。(3)理解句子传达的信息或物品与服务,即讲话者要求听话者理解他提供的信息和物品与服务,如[15p]—[15r],其附加疑问为"知道吗""知道了吗""明白吗"等。

小句的主体部分可分为两类:肯定和否定。与英语相比其独特的特点是无论小句是肯定或否定,附件疑问的极性不变,例如:

[18] a. "叫我名字,以后都这样叫,**好吗**?
b. "叫我名字,以后不要这样叫,**好吗**?

附加疑问包括三个类别:肯定、否定和中性,即肯定加否定,它们之间的区别只在于口气,不在于极性。

[19] a. 今天看来不会来了,**是吗**?
b. 今天看来不会来了,**不是吗**?
c. 今天看来不会来了,**是不是**?

但是,小句主体的极性对听话者的回答是有意义的,例如:

[20] a. 今天看来不会来了,**是吗**?
—不,会来的。
—对,肯定来不了了。

b. "叫我名字,以后都这样叫,**好吗**?
   ——好吧,就这样叫。
   ——不,不能这样叫。

听话者的回答依赖于话语的疑问小句的极性和听话者答语或事实的极性,即如果小句是肯定的,现实是否定的,那么答语就是否定的;如果小句是否定的,现实是否定的,那么答语就是肯定的。

第二类语气类别是与谓语动词的有效性,或谓语动词的极性相关的。在此,信息和物品与服务交流的焦点是谓语动词,与极性、可能性、经常性、义务和意愿的程度相关。例如,

[21] a. 王刚写没写过小说?　　　　　——写过;　——没写过。
     b. 王刚写过没写过小说?　　　　　——写过;　——没写过。
     c. 王刚写过小说没写过?　　　　　——写过;　——没写过。
     d. 王刚是不是写过小说?　　　　　——写过;　——没写过。
     e. 我们年纪轻,应该不应该多干点儿?　——应该;　——不应该。
     f. 可不可以进去看看?　　　　　　——可以;　——不可以。

由此可见,由于汉语中没有表示命题的有效性的限定成分,我们需要另外的方法来表示对命题和提议的极性的选择。这就是要把注重点放在整个谓语或谓语的部分上。例如,[21a]聚焦于谓语动词上,[21b]聚焦于谓语动词和体标记上;[21c]则聚焦于整个谓语,包括其补语;[21d]聚焦于谓语的极性上,即整个谓语上;[21e]和[21f]则聚焦于情态词上。对这些问题的回答与对其他问题的回答是相同的,或者是相似的。

这说明在信息和物品与服务的交流中,焦点置于过程或行动上,而不是施事上,所以,除非对比发生在主语上,主语很少是必要的,例如:

[22] a. 是王刚写小说了吗?　　　　　　——不是,是张国力。
     b. 不是王刚写的小说吧?　　　　　——不是,是张国力。

这样,就需要用一个焦点标记来表示它是一个有标记变体。

19.7 结　语

　　从上可见,汉语的语气系统与英语的相比有许多新的特点,包括:(1)汉语中没有限定成分,因此主语总是出现在句首。(2)有时,语气词出现在句尾,标识句子的语气类型,如"吗""啊""呢""吧"等。(3)汉语中的特殊疑问词并不向其他位置移动,而是在原位不动。(4)汉语的语气不是以主语的责任性为特点的,而是以谓语动词、极性、甚至是整个命题的有效性以及命题的可能性的程度为特点的;这样,附加疑问的真伪是与整个命题的有效性相关的,而不仅仅是与主语的有效性相关。(5)汉语有主语,但起到作用要比英语的小。

　　汉语语气系统的这些特点显示了汉语的深层运作规律。首先,汉英的焦点和取向不同:汉语注重过程和行为,因此,谓语或谓语动词的有效性成为决定语气选择的关键因素;第二,由于它注重过程和行为,而情态动词是谓语动词的一部分,语气和情态之间的界限就不清楚了,也就是说,语气和情态的界限模糊了。

20 语篇结构的多层次性及其与小句的关系

20.1 引 言

韩茹凯在《语言·语境·语篇》(Halliday & Hasan 1985)一书中提出了一个强有力的语篇分析模式,即"语类结构潜势"。它可以用以确定语篇的语类,也可用以分析语篇结构,还可以与产生语篇的情景语境系统地联系起来。这一模式的基本特点可简略总结如下:

语篇是情景语境的产物。情景语境包括三个变项:语场、基调和方式。在一定的情景语境中,每一个变项都决定语篇的一类意义的选择。它们形成一个语境构型或情景类型,例如"教师口头向学生讲授语言理论";"母亲打电话向孩子问学习情况"等。语境构型的这些特征可用以预测语篇的潜在结构,称为语类结构。韩茹凯认为,这些特征可用以预测:

(1) 什么成分一定出现(必要成分);
(2) 什么成分可以出现(可选成分);
(3) 它们必须出现在哪里(必要次序);
(4) 它们可以出现在哪里(可选次序);

（5）它们出现的频率(重现成分)。

必要、可选和重复成分以及它们的顺序组成了一个语类的语篇结构潜势。例如,她研究了在商店购买易腐食品的语篇结构成分,并认为在英语文化中,这种"柜台服务"的语类结构潜势可以简略表示为:

$$[(S\ E\cdot)\{SR\frown SC\frown\}\frown S\frown]P\frown PC(\frown F)$$

符号说明：G＝购买请求　SC＝同意购买　S＝买卖　P＝购买　PC＝购买结束　F＝结束　・＝顺序可变　⌒＝后接　( )＝可选　[ ]＝可选成分的范围　⌒＝可重复　{⌒}＝其中成分重复程度相同

在某一情景语境中,交际者要从相应的语类结构中作出选择,从而形成实际的语篇结构。同样,属于同一语类的语篇也可以根据情景语境分析语篇的语类结构。但是,语篇语类结构中的成分都是在很高的抽象层上,特别是必要成分。必要成分的变化可引起语类的变化,从而引起语域的变化。这样,这些成分都可以有其自己的语义结构,在较长的语篇中,还可以有多个层次的语义结构。

由此可见,语篇的语类结构与由句子直接体现的结构之间还可以有多个层次。因此,韩茹凯说:"似乎有一件事是确定的：结构成分与小句或句子之间不存在一一对应的关系"(Halliday & Hasan 1985)。从这个意义上讲,语类结构潜势只可分析语篇整体的、宏观的语义结构和语义特征,却不能分析语篇的具体的意义特征,尤其是不能与句子和小句的语法结构相联系。这与韩礼德所讲的"不是以语法为基础的语篇分析根本不是分析"(Halliday 1985：XVII)的断言是不一致的。

20.2　语篇的多层次性研究

实际上,语篇的多层次性是语篇的固有特征。范戴克(Tuen A. van Dijk)的"宏观结构"理论(van Dijk 1977)与曼(W. C. Mann)和汤普森(S. A. Thompson)的"修辞结构理论"(Thompson & Mann 1987)都是以语篇的多层次性为基础的。

[1] ① Why is it to your advantage not to break the mold? ② In short, why did the class fail?

① It failed because, as Dostoevski's "Underground Man" pointed out, thinking causes pain. ② And, like good little utilitarians, you want to avoid pain. ③ No, it's much easier to come up with instant aesthetics, instant solutions, instant salvation, instant thoughts. ④ After all, instant things, like breadfasts and TV dinners, are easily digestible — and easily regurgitated — and not terribly nourishing. ⑤ One of the more atrocious remarks I've heard this semester is, "Gosh, college is no fun," or ⑥ when an idea is presented, "it doesn't turn me on." ⑦ If you don't believe that knowledge for its own sake is a valid and valuable goal, then you are in the wrong place, and ⑧ you'd do much better in a vocational school, studying how to be a plumber or a beautician. ⑨ And if you don't believe, along with Ezra Pound, that "real education must ultimately be limited to men who INSIST on knowing," you are definitely in the wrong place. ⑩ You are mere clutter. ⑪ Granted, there are problems within the university itself — serious problems — that, despite what you may think, show some sign of possible solution. ⑫ One step they could take (but probably won't) is to limit enrollment, and keep the forty-five percent of you out who don't belong here, because it's not fun.

这个片段可分为两部分，每个部分都是整个语篇的一个语类结构成分，分别是"主题"和"解释"。

主题中有两个句子，一个提出问题：询因，另一个则进一步解释：续释。而解释又包括四个结构成分："原因^例证^规劝^措施"，而且每个成分又都有自己的组成成分。

语篇成分的这种区分方式与韩茹凯的语类结构成分的区分方式和韩礼德在语法研究中合作"级阶成分分析法"（Halliday 1985/1994a）是一致的。这样，从语篇的语类结构到句子在语篇中的功能之间还有一个层次；

而且句子的功能又可由小句的功能以一定逻辑语义关系组合而成。这个语段中各层次中的成分及其之间的关系可由图 20-1 表示：

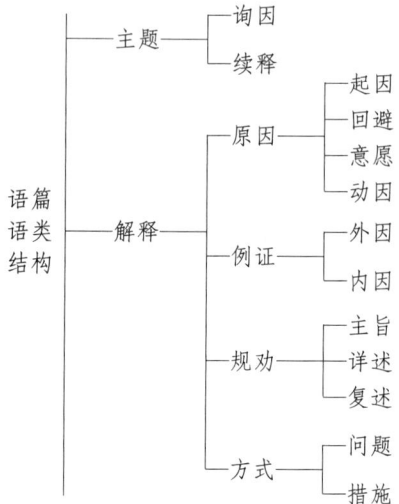

图 20-1　语篇的体裁结构

因此，为了弥补韩茹凯的"语类结构潜势"理论模式的这一缺陷，我们借用范戴克的"宏观结构"理论来解释语篇的多层次性，从而把句子功能结构和语篇结构成分联系起来。

"宏观结构"是语篇结构的"总体组织形式"，一组句子的宏观结构是一种意义表象，即是一组命题蕴含的话语（或其部分）的底层命题（van Dijk 1977）。它可有如下特征：

（1）它有一个中心话题。一组句子当其支持和围绕一个中心议题时就可以说形成一个宏观结构。

（2）它具有层次性。在较低层次上的几个宏观结构可以蕴含一个更高层次的宏观结构。这样同一语篇中的多个层次的宏观结构组成一个层次结构。语类结构是语篇中最高层次的宏观结构。

（3）它不受语类限制。由此，它不如语类结构成分具体，但两者是同范围的。

（4）它是实际的。它不是可以生成结构的系统部分，而是结构本身。

因此，宏观结构概念被赋予系统和语类的特性，可引入语类结构潜势理论中，与语类结构形成上下层关系，而且它可以有多个层次。

与宏观结构相对的是微观结构。微观结构指"一组句子的语义结构"(van Dijk 1977)。微观结构与宏观结构具有相同的特征,只是它没有层级性,是直接组织句子的结构,由此我们可以用它来指连接句子与宏观结构的结构,即它本身由句子组成,又可以本身或与同层次的微观结构一起组成宏观结构。这样一个语篇可以由三个类型的结构组成:GS(语类结构)→MS(宏观结构)→MIS(微观结构)g C(小句)(→=由……组成;g=由……体现)。

由此,小句是微观结构的成分,微观结构是宏观结构中最低层的成分,而宏观结构则在语类结构中作成分,而且它可以有不同的层次。这样,语类结构通过宏观结构和微观结构与小句的功能相联系。

语篇的语类结构由较抽象的语境构型或称情景类型决定,微观结构是由较具体的情景特征决定的。譬如,顾客要买芫荽,而芫荽还没有摆在货架上,可产生如下交流。

[2] C: Do you have coriander?
    V: Yes. How much do you want?
    C: Half a kilo.

由于较具体的情景特征的变化,微观结构也发生了变化;第一个小句由表示要买芫荽(如: Half a kilo of coriander, please.)变为询问是否有芫荽。由于这一成分的变化,其后的成分也随之发生变化,由此产生了与典型的微观结构不同的结构。

在语类结构分析中引入微观结构,有两个原因。一是它直接组织句子和小句,是较具体的结构;二即使是语类结构成分直接由小句或句子组合体现,也仍然需要引入微观结构概念来解释可由不同的句子或小句组合来实现同一语类结构成分的现象。以"柜台服务"语域中的"买卖起始"为例。"买卖起始"这一语类结构成分可以又由不同的句子或小句组合来体现,所以在这一层次上,语类结构与句子和小句之间没有必然的联系。

[3] a. V: Who's next?
       C: I think I am.
    b. V: Can I help you?
       C: Yes. I'll have some bananas, please.

这两个对话都可以体现"买卖起始"这一成分,但两者通常不能同现。由此我们可以说是微观结构组成了"买卖起始"这一语类成分,而不是小句或小句组合。

同语类结构和宏观结构一样,微观结构也具有潜在结构。以"买卖起始"为例。这一语类结构成分可以有如下可能的结构成分:(1)如果有两个以上的顾客在只有一个售货员的柜台买东西,他们需要以排队或其他形式等候。由此,例[3a]可能出现,我们称此为"候买"(WT);(2)如果顾客没有在货架上看到他要购买的东西,他首先要询问是否还卖这种东西,我们称此为"询货"(GI);(3)如果顾客没有见到售货员,他必须首先询问谁是这个柜台的服务员,然后进入买卖,我们称此为"寻卖者"(SV);(4)如果售货员没有注意到他,他必须首先获得售货员的注意,我们称此为"寻服务"(SS);(5)根据常规,在一般情况下,售货员先开口讲话,以示热情,我们称此为"寻求买卖"(PS)。这样,"买卖起始"的微观结构潜势可表示:"[(SV)·(SS)·(WT)·(GI)·(PS)]⌒SB(SB=开始买卖)。前五个成分无先后顺序,需要根据情景语境中具体的特征选择其中之一,接着开始买卖。微观结构中的成分是直接由句子或小句体现的。

20.3　语篇多层次结构的体现

它是由情景语境中较具体的特征促动的,直接由形式特征体现。这种由小句来体现微观结构成分的具体理论原则还有待于做进一步研究,不过我们可以发现,根据微观结构来探讨小句的语篇功能要比根据语类结构来探讨小句的语篇功能更容易。在例[3a]中,具体的情景特征表明售货员不知道现在轮到谁买东西了,但他必须知道,所以他必须要询问现在该轮到谁了。由此,这个微观结构是"寻轮",由两部分组成:"询轮"和"求轮"。"询轮"在此由表示"轮"的疑问句体现,"求轮"则由表示受话人寻求购买权利的陈述句体现。

从及物性关系上讲,第一个小句是确认下一轮的买者;第二个小句是表述买者认可。从语气上讲,第一个小句是疑问句,询问下一轮的买者;第二个小句是陈述句,陈述买者的认可。从主位结构和信息结构上讲,主位都是确认的下一个买者;信息中心在第一个小句中是询问的对象 who,在第二个小句中是下轮的买者 I。这种关系可具体地由图 20-2 表示:

系统		小句 Who	's	next	I	think	I	am
及物性	一般	确定者	关系过程	被确认者	感受者	心理过程	现象	
	比喻						被确认者	关系过程
语气	一般	剩余部分	限定成分	主语	主语	限定成分	剩余部分	
					语气			
	比喻		语气		情态	主语	限定成分	
					语气			
主位		主位	述位		主位	述位		
信息		新信息			已知信息──→新信息			
语篇功能		询轮			求轮			

图 20-2 从语篇片段到语法

在例[3b]中,情景语境中的具体特征表明卖者需要接触顾客来发现买者是想买东西,或只是逛商店。这样微观结构是"寻购",它也由两部分组成:"寻购"和"求购"。"寻购"由疑问句体现,询问顾客是否想买东西,而"求购"由陈述句体现,陈述顾客想买东西。从及物性系统上讲,两个小句都与顾客买东西有关。第一个句子是从卖者的角度编码的:他愿为顾客服务。后者是从买者的角度编码的:他愿购物。从语气上讲,第一个小句与寻购有关,是是非问句;第二个小句与明确他购物有关,由此它被编码成为陈述句。

从主位结构上讲,两个小句的主位都是讲话者,意思是:"我讲的是我要干的事。"但从信息结构上讲,信息中心在第一个小句中是在"help"上,用以强调卖者为顾客服务的意愿;第二个小句是在"bananas"上,用以表示,"这是我要买的东西"。语篇功能由适当的语法结构体现出来,这种关系可由图 20-3 表示:

小句\系统	(Will you Can I	buy help	something) you	I	'll	have	some bananas
及物性 一般	行为者	物质过程	目标	占有者	占有关系过程		被占有者
及物性 比喻	行为者	物质过程	目标	行为者	物质关系过程		目标
语气	限定 主语 语气	剩余部分		主语 语气	限定	剩余部分	
主位	主位	述位		主位	述位		
信息	已知信息——→新信息			已知信息——→新信息			
语篇功能	寻购			求购			

图 20-3 语篇功能由语法结构体现

语篇的不同层次结构之间的关系是建立在语义基础上的。微观结构成分与小句之间的体现关系还仍然是概然性的。在这方面,我们其后的主要工作是发现微观结构与小句的体现规则,使语篇与小句在这个层次上联系起来。

20.4 结　语

由上可知,语篇结构不仅是线性的,还是层级性的。语类结构还可以有不同层次的次级结构,在最低层次上,与小句功能结构联系起来。由此,范戴克的"宏观结构"和"微观结构"被赋予系统的特性和语类的特性,可引入韩茹凯的语类结构潜势理论中,一方面用以表示语篇语义结构的层级性;另一方面把语类结构与小句功能结构联系起来。在各个层次上的语类结构都是由情景语境促动的,都是语篇的概念意义、人际意义、语篇意义的结合体,可以与小句的意义联系起来。我们可以从这个角度探讨语篇结构和小句结构的体现关系。

21

韩礼德功能文体学理论述评

21.1 引 言

韩礼德有关文体学的著述不多,但却在文体学界影响很大。国内外许多文体学研究者研究和评论过他的文体学理论。例如,英国语言学家利奇(Geoffrey Leech)和肖特(Michael Henry 'Mick' Short)在其《小说的文体》(*Style in Fiction*)(1981)一书中,对文体学进行了较详细的阐述和扩展。国内也有学者撰文对其进行评述和研究,如申丹(1997)的《有关功能文体学的几点思考》。不过,许多学者只是根据韩礼德的《语言功能与文学文体:威廉·戈尔丁〈继承者〉语言探析》("Linguistic Function and Literary Style: Inquiry into the Language of William Golding's *Inheritors*")一文来评论他的功能文体学理论,而没有把它置入其系统功能语言学理论的大框架中去理解,再由于他的这篇论文主要是针对文学义体而言的,因此误解和曲解在所难免。本章根据笔者所能见到的所有韩礼德的有关文体学的著述和韩礼德系统功能语言学理论,来评述韩礼德的功能文体学理论,旨在澄清功能文体学中一些仍有争议的理论问题。

21.2 功能的思想

韩礼德功能文体学理论的核心是"功能"的思想。"功能"在语言学研究中可有许多解释(见朱永生1992),但主要有两个相互联系而又相互独立的意义:(1)语法功能,如主语、谓语、主位等;(2)语言的总体功能。韩礼德的功能文体学中的功能主要指第二种功能。韩礼德从无数具体的功能类别中归纳出三个纯理功能(metafunctions):概念功能(ideational)、人际功能(interpersonal)和语篇功能(textual)。概念功能是讲话者作为观察者(observer)的功能,表达人们的社会经历和内心的心理经验,同时也表达事物之间的各种逻辑关系,如并列、从属等。所以,概念功能又分为两类:经验功能(experiential)和逻辑功能(logical)。人际功能是讲话者作为闯入者(intruder)的功能,表达他的意见、态度、评价和他与听话者的相对的角色关系,包括社会角色关系,即韩礼德所讲的第一级社会角色关系,如教师\学生、上级\下级、厂长\秘书等,和交流角色关系(interactional role relations),即韩礼德的第二级社会角色关系,如询问者\回答者、批评者\接受者等(见 Halliday 1978:144)。谋篇功能是讲话者作为组织者(organizer)的功能,它把概念功能和人际功能,根据情景语境在语篇中组织成一个整体,共同在语境中起作用。

所有三种功能都同时存在于讲话者的语篇组织计划内。这三种意义是相对来说相互独立的。所以,三种功能组成三种意义"资源"(resource)。讲话者在讲话过程中要根据情景语境从这三种资源的系统网络中做出选择。从所有这三种意义中做出的选择都可对语篇的文体有意义。

因此,韩礼德不同意把文体只作为一种表达,而与概念意义,或称认知(cognitive)意义对立起来,把文体视为没有意义的特征。他认为这一方面与我们的许多文学文体是以经验意义为基础的感受不一致,另一方面,也把所谓的"非认知的"文体特征置于与哪些最贴切地表现我们对文学作品的认识的语言选择相对立的地位。他认为,我们不应该在语篇的意义领域内区分文体特征和非文体特征。"没有不存在文体的语言区域"。文体特征与非文体特征之间的界限不是明确的,而是重叠、明暗和多寡的区别。

他认为,语言功能在文体分析中起"中介"作用。语言形式,包括语法结构、语音结构等自身不能表明是否与语篇的文体相关,而是通过它在语言交流中的"价值"(value)表现出来,也就是说,看它是否在语篇整体中起突出作用,即在语篇产生的情景语境中起突出作用;在文学作品中,由于语篇的决定语篇内容的情景是作者在创作中创造出来的,所以要看它是否与表达作者的整体意义相关。这样语言功能就成为连接语言形式与情景语境的中介,这与韩礼德的系统功能语法理论是一致的。

21.3 突出与前景化

韩礼德文体学理论的主要概念之一是"前景化"。这一概念是首先由布拉格学派(The Prague School)的著名语言学家和文学评论家穆卡洛夫斯基(Jan Mukařovský)在 20 世纪 30 年代提出的。他认为"文体是前景化,是使人们注意,使其新颖,是系统地违背标准常规"。根据穆卡洛夫斯基的观点,日常用法使语言完全自动化和常规化,其使用者再也发现不了它的表达潜势或美学潜势。诗歌则需要运用违反日常语言的常规的方式来使语言非自动化(de-automatize),使其前景化(见 Mukarovsky 1964)。美国的特劳格特和布莱特把前景化等同于生成学派的偏离(deviation)(Traugott & Pratt 1980:31)。所以,国内学者常把 foregrounding 译作"突出";把 deviation 译作"变异"。

韩礼德接受了穆卡洛夫斯基的观点,把文体视为"前景化",但他明确把前景化视为"有动因的突出"(motivated prominence)。由此,笔者认为,把 foregrounding 译作"突出"混淆了有动因的突出与没有动因的突出(即与情景语境或作者的整体意义无关的突出)的界限,所以应译作"前景化";同时,deviation 也应译作"偏离"从而与 variation"变体"相区别(Halliday 1973:112):

前景化,据我理解,是有动因的突出。我们不难发现诗歌或散文语篇中的一些模式,语音、词汇和结构上的规则现象在语篇中从某种程度上突出出来,或者通过仔细阅读显露出来。通过发现这种突出对表达作者的整体意义有贡献,它常使我们有新的见解。但是,除非这种突出对作者的整体意义有贡献,它就似乎缺乏动因;一个突出的特征只有与语篇整体的意义相关才能前景化。这种关系是一种功能关系:如果某个语言特征,由于其突出,而对整个作品的意义有所贡献,它是通过它自身在语言中的价值(即通过它意义产生的功能)做出的。当这种功能与我们解释作品相关时,这种突出就似乎是有动因的。

韩礼德的这段话显然是针对文学文体而言的。在文学作品中,作品的整个意义和与意义相关的情景都是作者创造出来的,由此,文学作品的情景语境要根据语篇来推断。这样在文学作品的解码过程中,解码者一般应采用自下而上的过程,即首先通过语音文字来解释词汇语法,再通过词汇语法来解释语义,然后再通过语篇的意义来推断情景语境。这样,某个突出的语言特征只要与作者的整体意义相关就是与语篇的情景语境相关,就是有动因的突出,就能前景化。

在实用文体中,语篇是在情景语境中产生的。某个突出的语言形式特征只有在情景语境中起突出作用,才是被激活的(activated),才能产生文体效应。由此,实用文体的突出形式必须要到情景语境中去寻找动因。这可以在韩礼德的其他论著中表现出来(见 Halliday 1978;1985b;1994a 等),同时也是与韩礼德的整个系统功能语言学理论相一致的。

21.4　突出的方式

韩礼德认为:"突出是一个概括性术语,指语言显耀现象,语篇中的某些语言特征以某种方式凸露出来"(Halliday 1973:113)。文体学界对突出产生的方式一直争议颇深。最基本的争议是把突出视为偏离,还是把它看作数量上的显耀现象,也就是说,是从性质上看待突出,还是从数量上看待突出。

生成学派倾向于把突出视为"偏离"（见 Traugott & Pratt 1980：31），即偏离语言常规的语言特征是突出的。韩礼德则倾向于把突出视为数量上的显耀。韩礼德认为，把突出视为对常规的偏离是自然的，它可以解释为什么这些突出显耀，特别是在我们强调显耀效应的主观特性时。但同时他认为，偏离说对古怪的东西给以太高的评价，意味着常规形式对文体研究没有用处。他同意维利克（René Wellek）的观点，"语言学的文体学的危险在于把注重点放在了对语言常规的偏离和歪曲上。我们得到的是一种反语法、丢弃语法的科学。正常的文体学被文学研究者抛弃，只留给他们偏离文体学。但是，哪些最普通的、最常规的语言成分常常是文学结构的组成成分"（Halliday 1973：113）。

利奇认为，突出有两种（Leech 1969；1981）：一种为数量上突出：某些语言特征以超常频率重现，或从主观上讲，其出现频率超出了人们的预料，所以这种突出是获取常规的；一种为性质上的突出，即违反语言规则，偏离正常用法的突出，所以是背离常规的。韩礼德认为，这不是两种突出形式，而是一种。所有的突出形式最后都可以从数量的角度解释。这两种所谓突出实际上是观察突出的两种方式或角度，决定于讲话者从什么角度来观察它。

从常规的角度讲，语言中不存在一个放之四海而皆准的常规，"没有一组在所有的情况下都可以参照的可预料形式"（Halliday 1973：114）。首先，参照的范围可以是不同的。它可以是整个语言，也可以是一种体裁、一个文学流派、一个作者的作品等。所以，在某一局部是常规的，而到更大的范围内就会成为偏离的。例如，在诗歌中运用比喻手段是诗歌语言的常规，但与整体语言相比，这种用法是偏离的。从主观的角度讲，还有注重点的不同。文体学研究主要是比较性的：我们可以把此语篇与彼语篇相比较，两者都可以作为比较的起点。我们不能把这个语篇作为绝对的标准，而把另一个语篇视为偏离的。

是否在一个较长的语篇中出现一个不符合语法的句子，或特殊的语音模式，或一种特殊的表达方式可以看作一种偏离呢？韩礼德认为，这大概可以看作一种偏离。但这种情况在实际的语言运用中很少见，即使是出现，也是不相关的。实际上，偏离的形式是任何常规都要排斥的。反过来讲，如果这种形式被当作常规，那么语篇中的所有其他形式都是偏离的。由此,人们在文体学研究中对偏离不感兴趣。相反,某个作品产生了很大的影响,但一个词一个词或一个句子一个句子地看,并没有什么特别或引人注目之处。

综上所述,从常规与偏离的关系上来看,韩礼德认为,突出既可以看作获取常规,又可以看作偏离常规,但两者是同一种现象。我们可以根据具体情况有时把突出看作偏离常规,有时看作获取常规。但他倾向于把突出视为获取常规。

韩礼德认为,突出可以是概率性的,是与整体语言不同的频率分布和过渡概率。他把这种现象称为"失衡"(deflection)。这种现象也是既可看作对常规的偏离,也可以看作获取常规。某个语言特征,从这个角度讲,是强化了常规,而换一个角度讲则是违背了另一个常规。两者是相互隐含的:对这一个常规的违反是对那一个常规的强化。但无论突出是获取常规,还是违反常规,它总是可以用数字来统计的。

对语言特征的数字统计可以包括对长篇巨著中读者对某个项目,或某些项目的反应,如语音模式、词汇语法模式等,也可以只是对某些很少出现的项目的统计。所统计出来的数字可以是突出的表现。韩礼德认为,对于突出可以通过数字统计表现出来有两种反驳意见。一是文体是个性的表现,不能只简单地用数字表示。这当然是对的,但这不是对用数字表示突出的反证。数字只表示某个或某些项目出现的频率,它仅仅是分析阶段的成果。文体分析者还需要对其进行解释。正如韩礼德所讲,如果某个作品、某个作者、或一个时代显现出一种明显的文体特色,这一特色是可以用某些统计数字来表示的,那么这些数字表示的特征就是前景化的突出特征。我们就不能说这些数字是没有意义的。

对其第二种反驳意见是:特征出现的次数一定是与文体无关的,因为我们不知道语言中的频率,所以无法对其做出反应。韩礼德认为,这显然是不对的。我们都对不同的语法或词汇模式十分敏感,它们是我们的"意义潜势"(meaning potential)的一部分。读者对语篇意义的预测是以我们意识到的语言中固有的出现频率为基础的。如果语篇中出现了出乎意料的模式,这一模式又对于表达作者的整体意义有关,即在情景语境中起突出作用,那么,这些突出特征就是有动因的前景化特征。

数字可以表示突出,但不能表示前景化。一个数量上十分突出的特征可能是些无关紧要的特征,而某一数量上不十分突出的特征可能是十分相关的。但是,某些文体特征一定是以数量上的突出表现出来的。所以我们需要在众多的突出模式、项目和现象中确定出前景化的特征来。

21.5 语境、功能与相关性标准

韩礼德把前景化定义为"有动因的突出"。前面我们讨论了什么是突出以及突出的形式。下面我们再来讨论前景化的动因。

语境指讲话的环境,即篇外环境,和上下文,即篇内环境。马林诺夫斯基(Bronislaw Malinowski)称其为"情景语境"(context of situation)。情景语境是由三个组成部分组成的概念框架:语场(field)、基调(tenor)和方式(mode)。语场指发生了什么事,包括参与者从事的活动和题材。基调指谁参与了交际事件,包括交际者之间的各种角色关系。方式指语言在情景中的作用以及语篇的符号组织方式等。

情景语境制约对意义的选择。语篇是在情景语境的制约下通过对意义的选择生成的。意义系统由与三个情景变项相对应的三个意义成分组成,即概念意义、人际意义和谋篇意义。讲话者对意义系统的选择又促动了对词汇语法系统的选择,从而形成了语法结构。对词汇语法系统的选择又促动了对音系系统或字系系统(graphological system)的选择,从而形成了音系或字系结构。

在逐层选择中,对音系层的选择用以体现对词汇语法层的选择,对词汇语法层的选择用以体现对意义层的选择。对语义层的选择则是由情景语境支配的。所以,语言形式的功能是由其是否在情景语境中起作用决定的,语言的意义就是语言形式在语境中的功能。这样,文体分析中的相关性标准就是看语言的突出形式是否在情景语境中起到了突出的作用。语言形式与情景语境的相关性是由语言功能作为中介联系起来的。例如,科技英语表现出关系化、静态化、缩略化、客观化的文体特色。这些特色是由科技英语语篇中过程的名物化,逻辑关系过程化,即韩礼德所称的"语法喻化"(grammatical metaphor),突出特征表现的。反过来讲,这些突出特征使表达简洁、紧凑（谋篇功能）；使意义浓缩、客观（概念功能）（见 Halliday 1994a），这与现代科技英语强调客观性、经济性、易于理论化等特征是一致的。这样突出的形式由于其在社会交际中的功能而与情景语境联系起来，使其在情景语境中有突出的交际功能，建立起了相关性，得到了前景化。

  文学语篇的情景语境要比实用文体的情景语境复杂得多，具有多层次性。从第一层次语境上讲，作者给读者提供语言艺术，使其得到艺术享受。但他达到这一目的必须要再创造一个情景，从创造的情景中创造出艺术来。这就形成了决定语篇内容的第二层次情景。这第二层次情景显然是实现第一层次情景的。由于它是作者创造出来的，所以，需要读者根据作品的意义推测出来。这样，情景语境的三个变项也都出现了不同程度的多层次性。例如，韩礼德在分析詹姆斯·瑟伯(James Thurber)的"恋人与其情人"这个寓言故事时，把情景语境描述为(Halliday 1978：146)：

语场：(1) 语言艺术：通过讲故事给人以乐趣。
   (2)(i) 主题：人类偏见(他们与我们不同，所以要恨他们)。
    (ii) 情节：虚构的动物之间的对话，如一对河马和一对鹦鹉。
基调：(1) 作者与读者：作者作为叙述者，幽默者，并给读者以相应的角色。
   (2) 成双成对的动物，夫妻相互强化共同的态度。
方式："自足"语篇：语篇是确定情景的唯一的社会行为。
   书面媒介：自己默读。
   小散文：首创，语篇投射到传统的寓言体裁上，组成叙述/对话体，寓意为高潮成分。

  情景语境的复杂性表现为意义的多层次性，意义的多层次性又由词汇语法和音系特征体现。所以，词汇语法层的突出特征能够表达意义的多层次性，就能在情景语境中起到突出的作用，就是与情景语境相关的。由于文学语篇的决定语篇内容的情景是由作者创造出来的，所以语篇的整体意义，或者是作者的整体意义，成为衡量文学作品中突出形式是否与表达作品的文体相关的唯一标准。这就是为什么韩礼德把作者的整体意义作为决定相关性的最后标准的原因。

  在韩礼德对戈尔丁的《继承者》的分析中，他把相关的意义分为三个层次:(1)直接意义,即表达题材,当时的客观现实的意义,如在他所选的第一段中,表达 Lok 的行为、行动、思想和观察等;(2)主题意义,土著人的思维和观察力范围狭窄,活动范围小,行为没有效力等;(3)人类性质,人类不同发展阶段的知识和精神上的发展以及由此产生的冲突。下层的意义用以实现上层的意义,即与上层的意义相关;对及物性模式选择同时体现了所有三个层次的意义,因而体现了作者的整体意义,得到了前景化。

21.6　总结与评价

韩礼德的功能文体学理论对文体学的贡献可以归结为以下几点:
(1) 提出了一个运用语言学理论进行文体学分析的理论模式和分析框架。这个框架可以简略地用图 21-1 表示。在编码阶段,讲话者要根据情景语境分别在语义、词汇语法和语音文字系统中做出选择,形成语篇;在分析阶段,听话者则从语篇中发现突出的语言现象;在解释阶段,听话者则需把提炼出的突出现象与情景语境相联系,看这些特征是否与情景语境相关,即是否在情景语境中有突出的作用,来确定它们是否是前景化的特征。

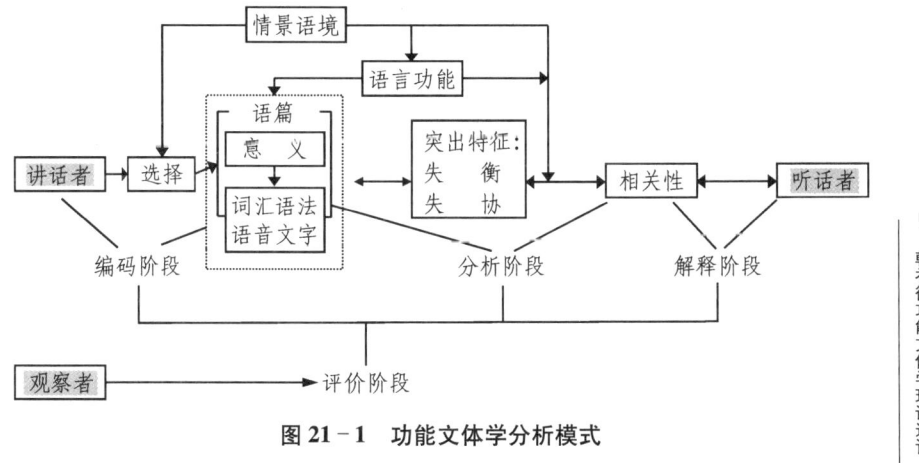

图 21-1　功能文体学分析模式

（2）扩大了文体学研究的视野和范围。语言学家研究文体学通常只注重描述语言现象，而不能把这些语言现象与语篇产生的社会文化环境和语篇的功能联系起来，常出现见树不见林的现象，所以对文体学贡献有限。而文学研究者则通常注重语篇产生的社会、文化、心理等环境因素和语篇的意义，但却忽视对语言形式作细致的分析，出现分析显得空洞，见林不见树的现象。韩礼德的功能文体学把这两者较好地结合起来，同语言学家一样分析语言现象，同文学研究者一样分析语篇产生的历史背景、社会和心理环境，并把语言分析的结果用情景语境来解释，确定语篇的文体。这大概从某些方面可以说明为什么韩礼德的功能文体学理论会产生这么大的影响。

（3）论述了常规、偏离常规和获取常规，性质突出与数量突出，之间的辩证关系。韩礼德运用辩证的方法从确定常规的范围，文体分析者的注重点的角度解释了偏离常规与获取常规的一致性；性质突出与数量突出的一致性，使人们的注重点不再放在有关这些问题的争论上，而是放在语篇的分析与解释上，这不能说不是对文体学研究的一个贡献。

（4）提出了分析阶段与解释阶段两阶段研究过程。分析阶段用以理清素材，从素材中发现可能有价值的成分，而解释阶段则用以确定这些选择出的特征（突出特征）是否真的有价值。如果有价值，它就是前景化的文体特征，否则就是无关紧要的。

（5）把突出与前景化区分开来。韩礼德明确地把前景化定义为"有动因的突出"，这就明确了两者的区别，清除了对两者的模糊认识。从形式的角度分析文体通常把突出与前景化相互混淆，认为突出的特征就是文体特征。而当发现某些突出特征对语篇的文体没有什么作用时，就又怀疑自己的分析是否有效，是否正确。实际上，这一过程只是缺少一个解释阶段来确定它是否属于有价值的特征即可。

笔者认为，韩礼德的文体学理论中需要明确和完善的两个方面是：

（1）有些理论问题没有明确化，所以产生了一些争议。由于韩礼德主要在一篇论文中阐述了他的文体学理论，所以有些理论问题不能进行更深入的讨论，这样就留下了一些悬而未决的问题。例如，是否所有的语言选择都是文体选择的问题。利奇和肖特说："韩礼德认为所有的语言选择都有意义，而且，所有的语言选择都有文体选择"（Leech & Short 1981：33）。显然，他们认为，韩礼德把对文体的选择等同于对意义的选择。然而,申丹则认为,韩礼德并不主张所有的语言选择同等重要(申丹1997)。实际上这一分歧主要产生于韩礼德的一句话:"没有不存在文体的语言区域"(Halliday 1973:112)。这种分歧的产生一方面涉及对韩礼德所说的"语言区域"的理解,一方面涉及对韩礼德整体文体学理论的理解。在此,"语言区域"可以理解为意义的类型,如概念意义也可以产生文体效应,也可以理解为语言的所有方面。如果按第一种意义解释,则可以得出"不是所有的选择都同等重要的结论",如果按第二种意义解释,则可得出利奇和肖特的结论。笔者认为,从韩礼德的总体文体学理论上讲,并不是所有的选择都有文体价值。在所有的意义选择中,只有那些突出的特征才有可能成为文体特征;在突出的特征中,还需要滤掉那些在情景语境中不起突出作用的,所谓"无关紧要"的特征。

(2)过于强调数量突出,忽视性质突出。当然,韩礼德强调数量上的突出是要纠正把所有的文体特征都视为对常规的偏离,都视为性质上的突出的倾向。但在理论问题上,矫枉无须过正。既然突出特征可以根据具体情况,有时可以视为偏离常规,有时可以看作获取常规;有时可以视为数量上的突出,有时可以看作性质上的突出,那么,我们就应该为文体学研究者保留这一"自由",让他们根据具体情况自己选择。

总之,笔者认为,韩礼德的文体学理论为我们提供了一个比较完整、全面的文体学分析框架,是文体学研究领域的宝贵财富,但我们还应该对其不断探索、不断改进,使其继续发展、更加完善。

22

多模态功能文体学
理论框架探索

22.1 引　言

韩礼德的功能文体学理论从功能的角度来探讨语言的文体特点(Halliday 1973：103—142)，并在此基础上建立了一个以分析语言特征的前景化为基础的功能文体学分析框架(张德禄 2005a：44)。这个框架所涉及的主要因素是：(1)潜在的文体特征，包括不同类型的意义(如概念意义、人际意义、语篇意义)、词汇、语法和语音文字特征等；(2)所选语言特征的突出方式，主要为失衡和失协两种方式和它们的次范畴；(3)控制对这些特征进行选择的情景语境和语言功能。讲话者在情景语境的促动下对语篇的意义进行选择，同时根据意义和语言功能选择词汇语法，进而选择语音文字特征，这些特征要根据语境和功能特点呈现一定的突出形式，这些突出形式由于与语境和语言功能相关而被前景化，成为语篇的文体特征，这些特征被听话者解读。整个过程可以分为编码阶段、分析阶段、解释阶段和评价阶段。编码阶段是讲话者选择的过程，而文体分析大部分是解码性的，所以，编码阶段常常被略过。分析阶段是把语言特征与情景语境相联系来确定语篇的突出特征，解释阶段则把突出特征解释为前景化特征。另外,从观察者的角度,还可以对语篇的文体做出评价。

在以后的十几年中,学者们主要应用系统功能语言学功能文体学理论(Halliday 1973:103—138),对不同体裁和语域的语篇的文体特点进行研究,其主要成果汇集在由伯奇(David Birch)和奥图尔(M. O'Toole)主编的《文体的功能》(Functions of Style)一书中(Birch & O'Toole 1988:31—44)。

随着现代技术的飞速发展,各种多媒体技术开始进入课堂;在几千年的书面语占统治地位的交际中,页面占据主导地位,而现在,随着计算机技术的发展,屏幕越来越占据主导地位,同时,图像、动画等则成为交际的主媒体(Kress 2004)。

既然人类交际不再是语言独尊的局面,而是由多种模态来共同完成的,包括空间、手势、凝视、身势、移动、声音、腔调、音乐、三维事物、口语、书面语(Jewitt 2009:14)、图形、表格、图像、动画等。这些不同的模态各自都是一个符号系统,在合适的语境中表达意义,实现交际目的。但它们在绝大多数情况下都不是单独实现交际目的的,即使是语言也是如此,而是和其他模态来共同配合完成交际任务的。这些模态都对语篇的意义构建做出贡献,而不仅仅是通过语言。正如诺里斯所说,"所有的交际都是多模态的,并且多模态'已渐渐远离了在交际中总是语言起中心作用的概念',虽然不可否认,通常是这样的"(Norris 2004:3)。这样,探讨多模态语篇的文体就成为一种必然。下面以语言和图像实现的多模态话语为例来探讨多模态功能文体学的理论框架。

22.2 语言与图像在交际中的协同作用

要认识语言与图像的关系,就要首先知道如何描述图像。克雷斯和范律文根据系统功能语言学理论,从图像体现三个功能成分的角度,探讨了视觉语法(grammar of visual design)。他们认为,图像中的视觉符号不仅可以反映客观世界和主观世界发生的各种事件,而且可以表现各种各样的人际关系,与此同时视觉符号内部也是一个有机的和连贯的整体,因此可以借用韩礼德的语言三大元功能理论,分别从表现意义(representational,即概念功能"ideational")、互动意义(interactional,即人际功能"interpersonal")和组篇意义(compositional,即语篇功能"textual")三个不同的层面分析图像等视觉符号的语义关系(Kress & van Leeuwen 1996)。

在表现意义上,重点探讨不同的图像之间或同一个图像中不同成分之间存在的概念关系。例如,图像矢量(vector)相当于及物系统中的过程(process),可分为叙事类(narrative)和概念类(conceptual);叙事类可分为行动(actional)、反应(reactional)、心理(mental)、话语(verbal)等方面的过程;概念类包括分类(classificational)、分析(analytical)和象征(symbolic)等方面的过程。与此同时,还有与其相匹配的参与者和情景成分。

在互动意义上,重点探讨图像中参与者之间的社会关系、图像设计者的交际目的以及图像解读者本身对图像内容的介入(involvement)程度等,由距离、视点、接触和情态体现。

在组篇意义上,可以根据同一个图像中不同成分之间或不同图像之间所处的相对位置(如上下、前后、中心边缘关系)等版面安排的具体情况,分析多模态话语的信息分布(information distribution),确认哪些成分是已知信息(given information),哪些成分是新信息(new information),从而理清哪些信息是多模态话语的起点(point of departure),哪些信息是多模态话语想要传递的信息焦点(information focus);另外,还可以通过框界(framing)来确定某个成分的边缘和单位的大小。

既然语言和图像能够具有相似的功能,体现相同的意义,两者在共同体现语篇的意义,取得文体效果上就具有相互协同和互补的关系。巴特(Barthes 1977)对图文之间的关系进行了探讨,认为图像的外延意义是无限的,因此图像的意义是多重的(polysemous)且飘忽不定(floating),其意义的实现在一定程度上依赖于文字,需要文字来对其过于弥散的意义潜势加以控制(Machin & van Leeuwen 2007:157—158)。他区分了两种图文关系:延伸(补充)关系和详述关系。延伸(补充)关系是指一种符号系统对另一种的表达进行补充(relay),使其具有一些新的意义。详述关系则是指用两种符号系统对同一个意义进行详述(elaborate),两相呼应(Kress & van Leeuwen 1996:16)。克雷斯和范律文则认为,图像本身就"有其独立的组织和结构"(*ibid*:17),图像与文字文本之间的关系是关联性的而绝非依赖性的。他们还提到,图像与文字两种交流模式都对我们文化的建构起到了重要作用,但两者是以其各自独特的方式、独立地完成这一过程的。

  巴特与克雷斯和范律文两者各自强调语言和文字之间存在的两种关系:逻辑语义关系和表现关系。从逻辑语义关系上讲,巴特的详述和延伸关系与韩礼德的逻辑语义关系是一致的(Halliday 1985/94),他的逻辑语义关系中的扩展关系(expansion)包括三个次范畴——详述关系(elaboration)、延伸关系(extension)和提升关系(enhancement)。但是,我们不能只是说文字是对图像的详述、延伸或提升,而是相互的。从表现关系上讲,两者在创建意义上相互协同,就有互补或叠加关系,可以表现为抽象具体关系、概括特殊关系、主辅关系、前景背景关系、补缺关系。笔者把这种关系归纳为两类:(1)互补关系,包括强化和非强化关系;(2)非互补关系,包括交叠、内包和语境交互关系(张德禄 2009a,2009b)。

22.3 多模态功能文体学理论框架的构建

  多模态功能文体学是探讨多模态语篇的文体特点,即探讨多种模态如何在一定的情景语境中相互协同,共同体现意义所表现出来的文体特色。在由图文组成的多模态语篇中,文字和图像出现在同一个语篇中,它们之间就具有三个基本特点——语境一致性、意义互补性和模态独立性。这三个特点是建立多模态功能文体学理论的基础。

22.3.1 三个基本特点

22.3.1.1 语境一致性

  所谓"语境一致性"是说文字和图像出现在同一个语境中,包括三个方面的语境因素:(1)同文化;(2)同情景;(3)同交际目的。

同文化是说图像和文字发生在同一个文化语境中。例如,一个西方的儿童故事要配上西方文化所接受的图像,而不是配上东方文化中的图像。假如需要配上东方文化的图像,则会被认为是一种偏离或突出特征,用以取得特殊的文体效果,如比较、讽刺、挖苦、诋毁等,用以衬托西方文化的图像。

同情景是说图像和文字是发生在同一个情景语境中。根据系统功能语言学理论,情景语境有三个变项(Halliday 1978;Halliday & Hasan 1985/1989):话语范围(field)、话语基调(tenor)、话语方式(mode)。话语范围指发生了什么事,也就是说,图像和文字发生在同一个事件中,共同表现同一个事件的意义。话语基调表示谁和谁说话,包括它们之间的关系,即图像和文字必须共有相同的交际者:讲话者和图像生产者相同,听话者和图像观看者相同。话语方式指话语在语境中的作用,即对语境的依赖性,包括交际的媒介和渠道;也就是说,图像和文字对语境有相同的依赖程度,有相同的交际渠道,如同在相同的时空中发生的事件等。

同交际目的是说图像和文字用以实现相同的交际目的,而不是各自有不同的交际目的。它们可各自强调不同的方面,但都是用以实现同一个宏观目的。语境的一致性是把图像和文字视为实现同一个语篇的基础,也同时排除了其他可以延伸的解释和意义。

22.3.1.2 意义互补性

所谓"意义互补性"是说虽然图像和文字可以实现相似、相像、甚至不同的意义,但它们各自在建构语篇整体意义上都要有自己特殊的作用。在传统的文字和图像共同出现的语篇中,文字通常是主模态,而图像是对文字的进一步说明或再现,是对文字所体现意义的一种强化。但在现代通常以图像为主模态的语篇中,文字和图像可用以实现语篇不同侧面或者不同阶段的意义,这就是两者的互补性。另外,有时文字提供重点信息,而图像提供背景信息;有时则相反。有时两者表达的意义是整体部分关系,即图像或者文字表达的意义是另一个模态所表达意义的一个部分,但是重点信息。

22.3.1.3 模态独立性

尽管语篇的文字和图像是在共建同一个语篇,实现相同的交际目的,但它们是不同的模态,有不同的表达意义的形式机制,即词汇语法规则。交际者使用不同的模态来实现同一个语篇的意义是有缘由的,即是"有动因的"(motivated)(Halliday 1973:112),所以,通常某个模态是另一种模态的"前景化"(foregrounding)。如果语言模态是常规,那么图像模态就很可能是前景化的;反之亦然。多模态功能文体学的主要任务是探讨两种模态在共建语篇意义的过程中是如何使某个模态或某个模态的某些特征突出来,成为前景化特征的。它可以是语言特征,也可以是图像特征,也可以两者兼之。

22.3.2 基本理论框架的构建

多模态理论框架的构建要建立在这三个特点之上。在语境分析上,把两个模态实现的意义放在同一个文化语境和情景语境中去探索,考察它们结合在一起如何与社会文化和情景语境相联系。在意义层面,语篇的意义是一个整体,重点探讨不同的模态是如何体现语篇的整体意义的。在词汇语法层面上,重点探讨两个模态在体现语篇意义方面各自起了什么作用,哪个模态的哪些特征是突出的,哪个模态的哪些特征得到了前景化。

在此,模态之间的相互配合和协同是研究的重点。在情景语境以及交际目的的促动下,发话者从意义系统中做选择。然后根据选择的意义选择合适的模态组合来实现所选择的意义,在这里要确定哪些意义成分由文字表达,哪些意义成分由图像表达。哪些意义在某个模态中是前景化的,哪些只提供背景信息。模态之间是什么关系,包括逻辑关系和表现关系(见下页图22-1)。

根据韩礼德的系统功能语言学理论,文化语境为整个语言提供了环境(Halliday 1978;Halliday & Hasan 1985/1989),而情景语境是某个类型的交际事件的语境,所以,情景语境是文化语境的具体体现,即交际事件中的文化因素是根据情景语境自然选择的,因为整个交际事件是在文化语境中发生的。这样,根据图22-1所示,发话者根据情景语境和交际目的选择要表达的意义;所选择的意义可以由图像体现,同时也由文字体现,因此就有了由图像体现的意义和由文字体现的意义;由图像体现的意义由图像成分和图像语法体现;受意义的制约,某些图像特征成为突出的特征,如处于前景中的人、事物、特征等;文字亦如此,由文字体现的意义由词汇语法体现,其中某些特征成为突出特征。在此图像意义和文字意义的分配是关键因素:两者可能地位同等,相互补充,可以一方依附于另一方,还可以一方对另一方进行强化,或一方包含另一方,对另一方进行详述、扩展和提升等。其中的任何意义特征都可以成为突出特征。这些突出特征如果与情景语境和交际目的相关就成为文体特征。

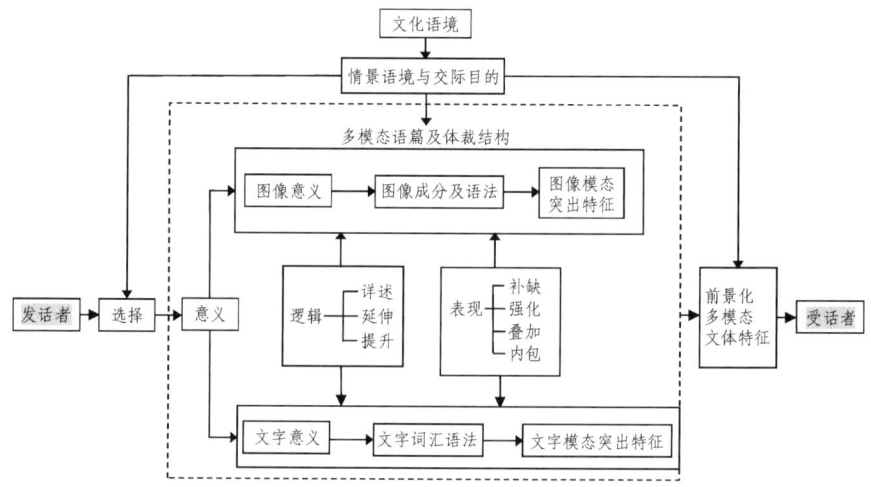

符号说明:虚框表示多模态语篇与语境的界限,包括语篇结构、意义、不同模态的词汇语法及其之间的关系,还包括不同模态的突出特征。

图 22-1　多模态功能文体学分析框架

22.4　实例分析

下面我们以一则连环画为例,说明以上多模态功能文体学在多模态语篇文体分析中的作用。本例选自一个幽默的连环画小故事,主要由文字和图像两种模态体现。在连环画中,文字和图像的作用也有不同的关系,有的以文字为主,图像只起辅助说明的作用,或者主要是吸引读者,具有人际功能;有的文字和图像起相似的作用:图像提供逼真事件,文字说明具体的细节,如人物的背景、名字、行为的具体过程等;有的以图像为主,文字只起辅助作用,如文字只提供参与者的话语。我们所选择的这个连环画片段属于这一类别。

图 22-2 叶子的枯萎

这个微型连环画的题目是《叶子的枯萎》,是一侧幽默故事。这侧故事共包括八张图片,图片之间相互连接,表示故事的进展过程。故事是以图像为主展开的,图像的意义主要依靠三个方面体现:(1)图像本身的成分及其之间的关系,如图像中有哪些参与者,哪些处在前景,哪些处在背景;每个图像表示什么人、动物、植物、事物等,在什么空间中进行。(2)故事中的语言,是通过言语泡投射出来的,即通过言语泡来表示言语者是谁、他要干什么以及参与者之间的关系等。言语泡投射口头话语,但在图文连环画中由文字体现。(3)不同图片之间的比较,如新图片发生了什么变化?是否还发生在同一个场景中?两张图片相比,有哪些新的进展等?

据此,我们下面从模态配合、语境与意义体现、体裁特征、前景化特征、文化意义五个层面来探讨这个小幽默图像故事的文体特征。

22.4.1　模态配合

在第一张图片中,处在前景中的有三个参与者:男子、孩子和盆栽中的植物,背景中是一只狗和房内的空间;男子手捧一本书在读,是行动过程;男子、孩子都面对盆栽中的植物,是行为过程;植物在茁壮成长,是分类过程;而狗却在后面看着他们三者,也是行为过程。单凭这张图片,我们只能发现男子和孩子都对植物面带亲切表情,很欣赏,很友善的人际意义,但言语泡中男子说的话点名了主题:"这本书太好了!它讲述了有关植物心理学的问题。"在此,第一个小句为分类过程,第二个为话语过程。

第二和第三张图片与第一张在很多方面是相同和相似的,所不同的是处在前景的男子所说的话不同,和狗的表情不同。男子在第二张图中说"例如,如果你想让植物长得茂盛,就应该柔声地和它讲话",这是话语和心理过程;狗的表情由单纯地看转到很感兴趣,仍然是行为过程。在第三张图片中,男子的话语又变成"对它说'晚上好,漂亮的小树,你的叶子真漂亮'",这是分类过程,而狗的表情表现出惊讶的神情,所以在人际意义上是和蔼与惊讶的对比。

在第四张图片中,男子仍然处在最前景中,但其视线不再对着植物,而是转身要去其他地方,只是通过他的言语——"还有,它对音乐敏感,尤其是晚上,莫扎特的",我们知道他是要去取唱片,放莫扎特的音乐。他手里仍然拿着书,是行动过程,孩子的视线对着男子,而不是植物,是行为过程,所以植物渐渐退出前景,处在边缘和背景中,狗的表情仍为惊讶。

在第五和第六张图片中,增加了一个参与者——女子。在第五张图片中女子处在背景中,从观察者的角度看他们在干什么;男子和孩子还是处在前景中,男子在放音乐,是行动过程,"瞧,这样不错吧"——这是分类过程,而孩子则从观察者变成闯入者,实践男子的话语,说"晚上好,漂亮的小树!"——这是话语过程,而狗仍然被冷落,仍在观察,是行为过程。在第六张图片中,女子从背景走向前景,这样在情境中就有三个参与者,男子说"做了个好梦,是吗?"——这是话语投射行为过程;女子说"你好,小树",这是投射问候;孩子说"晚上休息得好吗?"——这是投射行为过程。而狗的情感则由惊讶转为愤怒,由观察者变为闯入者说"我开始生气了",这是反应过程。

在第七和第八张图片中,狗进入前景,而其他人转入背景中;在第八张图片中植物在也在前景中,与狗形成对比。第七张图片实际上是两幅图合并的:在右半部分,男子虽然渐入背景,但仍然有话语——"让它喝点儿水吧!"——投射的是行动过程,在边沿出现,表示去打水,也是行动过程;而狗处在前景中,说"开口闭口都是好树啦,好叶子啦,哼!"——投射的是分类过程,其语言和口气把狗的心理表现得淋漓尽致。在右半部分,是狗的独角戏,大声汪汪地叫起来,是话语过程,"你知道我要对你说什么吗?汪汪汪!"——投射的是心理过程和疑问语气;在他的言语泡中还有一系列符号,表示狗的语言,但我们无法给它解码,但可以估计是侮辱性语言。叶子还是在边沿的背景中。第八张图片是结果,处在前景的是植物和狗,狗转身向回跑,是行动过程,并喊叫道"啊呀!"而植物的叶子开始枯萎,是行动过程。

通过对模态的描述可见,处在前景中的突出特征开始是男子、孩子的行为和话语,然后增加了女子的行为和话语,最后转为狗的行为和话语,而植物一直处在被动中,直到最后才对狗的行为做出了反应:枯萎。

22.4.2 语境与意义体现

以上我们对这个微型连环画的模态选用做了简单介绍,下一个问题是:以上描述的模态和模态组合是如何根据语境体现意义的?

从话语范围的角度看,故事是根据书本知识了解如何对待家养花卉植物,并据此行动,包括对植物做了什么、说了什么和植物的反应等。这样,从表现意义上讲,图像主要表现参与者的行为、行动、环境等,而言语泡则表现参与者的话语和心理活动。实际上,在八张图片中,话语和心理活动没有明显的标记和界限。这组连环画主要表现了这两大类别的过程。从行动的角度讲,男子开始读书、转而看花、转而取唱片、放唱片、浇水;孩子主要为观察者,看植物、看男子的行为,并和男子一块儿活动;女子到来,由观看、到参与活动;狗开始一直是观察,对男子和孩子的行为做出不同的反应——漠然、惊讶、气氛,最后做出过激行为。从话语和心理的角度讲,男子根据书的内容,对植物说了一系列友好的话语,柔声说话、晚上问好、放音乐、浇水等;而孩子和女子也跟随他说相同和相似的话语,只有狗的话语是从嫉妒到恶意伤害别人:它生气了,对植物汪汪叫,说坏话。

　　从话语基调的角度看,本连环画涉及三种关系:(1)男子、女子和孩子与植物的关系——友好和精心照料;(2)狗和植物的关系——狗对植物嫉妒和愤怒;(3)男子、女子和孩子与狗的关系——狗由于感到失宠而有怨气。这样,从交互意义上讲,故事交际的双方是植物和其他参与者,而植物只有反应,并没有与他们直接交流,可见,整个语篇是关于其他参与者如何对待植物的。男子、孩子和女子对植物的态度、话语和行为皆出自男子所读的书中,所以,他们的态度、行为和话语是有目的的:让植物茁壮成长,供他们欣赏。这样,他们通过多种渠道为植物提供物品(水)和服务(好听的话语、和蔼的态度、悦耳的音乐),而狗则不理解主人的意图,认为由于植物的存在而使自己失宠,所以,对植物进行报复,为它提供了不可取的服务(恶言恶语、刺耳的叫声、愤怒的态度),从而使它的主人已做的努力化为泡影。

　　从话语方式的角度看,图像和言语泡互补和相互强化而形成连环画,图像是主模态,而话语起补充和强化作用,共同组成整个话语。这样,从组篇意义上讲,图像和话语呈互补和强化的关系。从互补关系上讲,图像提供主要行动、过程、反应和态度等,文字提供具体的信息,如书中的内容、问好、对植物的态度和植物生长之间的因果关系、放音乐和浇水、狗的态度和心理都是通过口头话语体现的;另外,话语也对行为起到强化和具体化和精确化的作用。没有话语,对图像可以有多种解释;有了话语,解释的范围缩小到基本无歧义的程度。

22.4.3 体裁特征

这是一组微型幽默连环画故事,包括四个阶段:起始阶段、发展阶段、高潮阶段和结尾阶段。开始阶段包括第一、第二张图片,主要引出故事的缘由。男主角发现他读的书中讲到植物心理学的问题,对植物柔声讲话,会使它生长茂盛。第二部分包括第三至第六张图片,是主人公如何对待植物——柔声说话、问好、放音乐等,可以分为三个步骤:(1) 对植物柔声说话(图3);(2) 为植物放音乐(图4);(3) 女主人公的加入(图5和图6)。高潮阶段在第七张图片中,是狗对植物的态度、行为和话语;结尾阶段在第八张图片中,是植物的反应:叶子枯萎。

22.4.4 前景化特征

使幽默产生的突出特征包括以下几个方面:在开始阶段提出植物心理学是一个对科学现实的偏离:因为科学研究到现在主要承认人类心理学和动物心理学,还没有研究到植物心理学的阶段。主人公对这个新发现的认真态度与这个荒诞的提法使人发笑;第二,我们都知道,植物是无法听懂人类的话语的,对植物说话、为植物放音乐相当于对牛弹琴,但主人公的话语和对植物和蔼可亲的态度和植物无动于衷的情景形成对比,使人发笑,而让植物喝水则放在背景中处理,因为它是人人皆知的常识,无法成为前景化特征;第三,狗竟然会对植物嫉妒和发怒,它的话语和表情是另一个突出特征,使人发笑不已;第四,更使人出乎意料的是,狗对植物发怒,发出汪汪声,植物竟然真的枯萎,狗仓惶逃跑和发出的"哎呀"声使人更加发笑不止。

22.4.5 文化意义

这则幽默故事,与寓言故事、幽默笑话等一样,是一定文化语境的产物。首先,故事中的人物男子、女子、孩子会使这个言语社团的人很容易想到这是一个完整的家庭,那么其关系就是父亲、母亲和儿子,另外,狗显然会被理解为宠物,而不是野兽;植物自然会被理解为家里养的花,而不是外面的野草野花。这样,宠物狗因失宠而感到不舒服就成为自然的了。

这样,尽管故事中讲到一些离奇的事件,如植物心理学、给植物问候、放音乐和因对植物汪汪大叫而使它枯萎等,但读者不会把这些当成实际发生的事件,而是看作幽默的创作,是前景化的突出特征。这主要是因为这些理解方式已经深入这种文化中言语社团成员的心灵之中。在这种文化中有一种专门供人欣赏、使人娱乐的体裁——幽默故事,它可以是真实的,也可以是模拟现实的,还可以是完全创造的,只要给人带来美感、带来娱乐即可。它可以完全由语言体现,也可以完全由图像体现,还可以由语言和图像共同体现;还可以改编成其他体裁,如电影、电视剧、动画等。

然而,任何文学艺术,如果使它具有美学效应,就必然要把特定文化中的价值观和人生观引入作品中,使其顺应社会的约定俗成的潜规则,促进社会的和谐。由此赋予这些作品另外一个功能——使人学会为人处世的教化功能。如在本例中,它教育人们不要嫉妒心太重,不能因为自己一时被冷落而迁怒他人,特别是受宠之人。同时,这个故事在更加深刻的层面上揭示了科学与神话的关系。神话是人创造的,科学也是人创造的,人类创造的科学可以用以创造更加感人的神话。

22.5　结　语

随着文体学和多模态话语分析的发展,多模态文体学分析已经成为一个新的文体学分支,对这个领域的研究也已经成为当务之急。本章在功能文体学理论研究的基础上,以图文连环画为例,探讨了多模态功能文体学理论框架的建构问题,提出通过探讨不同模态的突出特征,模态之间的连接和协同的关系,从模态组合、意义建构、语境、体裁和文化多个层面探讨图文连环画的文体。同时,本章尝试把这个分析框架应用到一则图文连环画的分析中,分析了这则连环画的文体特征。由于本章所探讨的多模态功能文体学理论框架是一个新的尝试,还需要不断改进和完善。

第三部分

外语教学研究

PART THREE

PEDAGOGICAL RESEARCH FROM
A FUNCTIONAL PERSPECTIVE

23

系统功能语言学在外语教学中的应用

23.1 韩礼德及其继承者在语言教学研究中的主要贡献

十几年前,外语教学与研究出版社计划出版一套丛书"中国英语教师丛书",其中一本是《功能语言学与外语教学》,由笔者和苗兴伟、李学宁完成,于 2005 年 11 月由外语教学与研究出版社出版。韩礼德教授亲自为本书作序,称它是他 40 年前与麦金托什和斯特雷文斯写的那本书(Halliday, McIntosh & Strevens 1964)的继承者。本章以此书为基础,简略讨论系统功能语言学如何在外语教学中应用和发挥作用。

系统功能语言学的教学理论在初期集中表现在韩礼德等人在 1964 年出版的专著《语言科学与语言教学》(*Linguistic Sciences and Language Teaching*)(下简称《语言》)一书中。在此书中,韩礼德等在探讨了语言学理论的基础上论述了语言学在语言教学中的作用,这是探讨语言学与语言教学的基础;然后,他们探讨了语言教学与语言学习问题,包括语言教学的方法;接着,他们用两章的篇幅探讨了母语学习和外语学习问题;最后,他们探讨了英语在英国的基本情况。1975 年,韩礼德出版了他的专著

《学习如何表达意义:语言发展探索》(*Learning How to Mean: Explorations in the Development of Language*),探讨了儿童语言发展的过程,对外语教学会有很多启示。在韩礼德等人的《语言》中,他们研究的重点之一是语言变体问题,提出了机构教学的概念。在后续著作中,他们也对语言变体,包括语域和方言特征进行了比较深入的探讨,对根据机构进行语言教学进行了初步研究(Halliday 1978;Halliday & Hasan 1985/1989)。

韩礼德等在其《语言》中,还对语言学与语言教学的关系进行了探讨。他们认为(Halliday et al 1964:137—176),语言学与语言教学没有直接的联系。但语言学理论可以使我们对语言有更加深刻的理解,对语言的描述更加精确、一致和有力。它可以使我们认识到,语言事件不是任意性的,而是按照可辨认的模式发展的。从另一个角度讲,这种模式可以认为是对语言事件的预测,首先表示哪些事件在一定的语境中是可能的,哪些是不可能的;在可能的事件中,哪些更有可能,哪些不太可能。

作为系统功能语言学的创始人和发展者,虽然韩礼德自己对语言教学很感兴趣,并实际讨论了语言教学和外语教学,同时还说他的语言学理论产生的动力是教育性的,但他主要是一个语言学理论家。因此,他的理论主要是由别人应用到外语教学等应用学科中的,他自己讨论如何把语言学应用到外语教学中比较少,特别是在近二十年中更是如此。但其他应用语言学家把他理论应用到外语教学理论与实践中去发展了许多新的教学方法,特别是情景语言教学法、文化教学法、语篇教学法和交际教学法。他的语言学理论对语言教学,特别是外语教学理论和实践的发展所起的作用是巨大的。

同时,韩礼德自己对语言教学理论和方法的论述,即使是比较早,距今已有三十多年的时间,仍然有很多可以借鉴的方面。关于韩礼德等人对语言教学,特别是外语教学的论述,可以总结为以下几点:

(1) 语言学和语音学对语言教学的作用是提供描述,而不是可以代替语言教学。

(2) 应用语言学是一个主题,而不是一个学科。

(3) 外语教学主要是教授掌握外语的技能。外语知识的学习只是辅助性的,有利于促进外语学习,但不能代替外语技能的训练。

(4) 外语教学主要涉及几个教学阶段:项目限定、项目分级、项目的讲授和测试。

（5）外语教学应该首先从教授口语开始,不必要有书面材料;语法翻译法不是外语教学的好方法。应该以训练学生的语言技能,提高学生的交际能力为主。

（6）外语教学最好的模式应该是综合性的以发展学生的意义潜势为主的模式。

（7）在外语教学中还要考虑外语教学的环境,选择所教授的方言和语域等语言变体。

（8）儿童语言发展对语言教学,特别是外语教学很有启发——提供了儿童实际获得语言的过程。

韩礼德对语言教育的主要贡献是在如何学习和教授母语,同时也考虑第二语言或者外语教学。我们可以从三个方面发现韩礼德对语言教育的贡献：一是明确的语言教学理论和思想；二是儿童如何发展自己的母语,三是语言在社会化和学校教育中的作用。韩礼德的阶与范畴语法和系统功能语法对外语教学的影响是十分巨大的,直接和间接地激发了许多新的教学理论和方法的产生。首先,是在其语言功能和语言选择等理论的影响下产生了交际教学法；在其语言变体理论,特别是语域理论的影响下产生了专门用途英语（English for specific purposes, ESP）教学方法；在其情景语境和文化语境理论的影响下产生了以文化为基础的外语教学法；在其语境与意义之间的关系的理论下发展了语类理论,并产生了以语类为基础的教学方法；在其功能语法的影响下产生了新的语法教学方法；在其功能理论的影响下产生了新的课程设置研究。从研究范围上讲,系统功能语言学不仅研究语言教学理论和方法,还研究如何教授历史、地理、数学以及其他理科专业。另外,系统功能语言学还发展了教材、教学软件和教学材料,开展了网上教学经验交流等。

他的继承人和合作者,还有一些应用语言学家和语言教学研究者,在系统功能语言学和语言教学的诸多方面发展了他的语言教学理论,包括外语教学理论。在系统功能语言学的系统观和功能观的基础上,结合海姆斯的社会语言学理论和奥斯丁的语言哲学理论发展起了长盛不衰的交际教学法；在韩礼德等1964年的著作《语言科学与语言教学》的基础上发展了影响巨大的专门用途英语教学；在韩礼德等文化语境和情景语境理论的基础上发展起了文化教学法；在韩礼德等的语类理论的基础上发展起了以语类和语域为基础的写作教学法；在韩礼德等理论基础上发展了主题协商教学大纲;同时,韩礼德的功能语法也为语法教学开辟了新的教学模式和教学方法。

下面分别介绍系统功能语言学在外语教学目标的确定、主题交流教学大纲、语境教学法、语法教学、语篇教学、在听力、口语、阅读、写作以及测试等中作用。

23.2　教学目标的设计

教学目标实际上涉及两个方面：其一是教学目的,指期望学生从初学阶段到结束所取得的结果,即培养目标;其二是指期望学生在实际的学习中所学到东西,包括教学内容、技能和策略等。任何教学目标都是使学生学习,达到培养目标的要求。但学生的学习目的与老师的教学目的不总是完全对应的。在老师所要求的宏观教学目的的指导下,学生还有其自己的更加具体和实际的学习目的。从事文学研究者可能需要学习美的"精华"语言;要从事笔头翻译者只主要注意书面语言的词汇语法特点和如何把一种语言与另一种语言进行互译;要求出国者首先考虑的是通过TOEFL、IETES 或者 PETS 考试,然后再考虑如何在国外应用外语;许多大学生把学习英语的目的定位在通过四级或者六级考试。学生和老师的目的的不完全一致性造成老师教学目标和学生学习目标之间的脱节,从而尽管老师为自己的教学制定了很严谨和认真的教学计划、教学方法和程序,学生却不完全按照老师的计划行事。根据系统功能语言学理论建立起来的外语教学的教学目标系统网络,可以使师生都可以进行选择,将有利于解决教和学的目标不完全对应的现象。

根据韩礼德所说,语言学习的总体目标是发展学生的意义潜势(Halliday 1976),这完全反映了外语教学的完整真实的目标,是所有学习外语的人都梦想达到的目标,但实际上很少有人知道达到这个目标意味着什么,同时有更少的人实际上能够达到这个目标。它意味着他能够在目标文化中表达所有的意义,即他已经掌握目标语所有的意义系统。所以,这只是一个理想的教学目标。

要真正掌握目标语的整个意义系统,不仅涉及语言的系统本身,而且涉及语言的所有系统和所有方面,包括与语言相关的所有外部层次和方面。这些比较具体的教学目标实际上在根据系统功能语言学理论,或者借鉴系统功能语言学理论发展起来的教学法的教学目标中体现出来,只是它们还没有从理论上系统地总结出来而已。

罗宾·梅尔罗斯的主题交流大纲(topical interaction syllabus)是完全根据系统功能语言学的理论发展起来的(Melrose 1991)。他没有明确表明语言教学的具体目标是什么,但从他的大纲的具体内容上可以看出,他的大纲的教学目标是意义协商(meaning negotiation)。这个大纲的教学模式包括以下项目:社会话语和实践(social discourses and practices)、情景类型(situation types)、交流过程(interactional processes)、词汇语法和音系(lexicogrammar and phonology)和伴语言特征(paralinguistic features)。

根据以上讨论,主要参照梅尔罗斯的模式,可把语言教学的目标进行汇总,得出系统功能语言学教学理论的教学目标系统网络图,包括以下几个方面:文化类——社会文化活动、话语的构成、主题系统;情景类——社会语境、题材、社会关系、态度、目的、渠道、媒介、共享信息;语类类——交流过程、交流顺序;意义类——概念、人际、谋篇;形式类——词汇、语法、音系、字系;非语言类——手势、身势、表情、距离。

在实际的语言教学中,语言教学的目标不是固定不变的,也不是千篇一律的,而是根据具体的需要有很多不同的目标。这些目标可以根据其特点归纳为一般目标、特殊目标、阶段目标和具体目标。它们实际上是对概括和整体性的教学目标系统网络中选择的结果;两者是"潜势"与"实际"的关系。

一般目标指语言教学的目标是从总体上提高语言能力,而不是只是在某些方面提高语言能力,忽视其他的能力。特殊目标是为了某些具体的目的而进行的语言教学活动;而在力图实现这些总体目标的过程中,还在某个阶段有其特殊的目标。比阶段性目标更加直接的是具体目标。所谓具体目标是在从事具体教学活动中需要确定的目标,如教授某门课程的教学目标、从事某项教学活动的教学目标等。

23.3 主题交流教学大纲

　　教学大纲是为课堂教学在教学内容、教学程序、甚至教学方法上提供教学计划。所以,教学大纲是教学的先导,设计什么样的教学大纲就决定用什么的教学方法和教学程序。在传统的语法翻译法盛行时所流行的教学大纲是语法教学大纲(grammatical syllabus)。语法大纲把语言分为不同的部分,教学按各个部分分步进行,直到最后把所有部分都学完,使学生学到整个语言的语法。这个大纲的问题是,以这种方式教授语法虽然可以让学生学到系统的语法知识,但不能使学生真正掌握语法,因为他们只是学到了知识,却没有真正学到这些语法知识的真实含义,没有学会在实际的交际中运用这个句子。

　　随着交际教学法的产生和发展,围绕交际教学法发展了许多课程设置大纲,如意念大纲、情景大纲、功能意念大纲等。后来,一些交际教学法推行者放弃了纯语言学的路子,提出了过程法和过程法与结果法的结合等。梅尔罗斯在研究以上模式的特点时发现这些模式都不能说是比较完美的交际教学法,所以他在研究系统功能语言学理论的基础上,提出了一个新的语言模式,称为"意义协商模式"(Melrose 1991:47)。这个模式是通过改造系统功能语言学的重要理论方面而形成的。这个模式的主要特点是他把通常用静态方式描述的意义层次用动态的方式表现出来。他认为,语言交际是动态的,是一个过程,而不是静态的。所以,他提出了交流过程的概念。这样,在语言交际中,他把社会文化层次,即文化语境看作社会话语和实践,把情景语境看作语境类型,把意义看作意义交流过程。

　　同时,梅尔罗斯又把实现以上三个层次划分为几个具体的次范畴。社会话语和实践包括话语构成、主题系统和社会行为符号。话语构成指表达已经建立起来的机构化的学科,医学、心理分析、经济或者教育等话语组织原则,以话语实体,如讲话者角色、主体的地位和陈述的组织原则等之间的关系为特征。话语构成中还包括非话语实体,如把桌子和椅子以一定的形式排列——以前的教室中所有的桌子和椅子都对着老师,而现在有些桌子和椅子对着学生自己。

主题交流大纲最终要在教学中应用。本模式对于主题练习的应用没有提供什么指导，因为语法结构和功能是英语教师所擅长的。但主题练习还是十分必要的，与文化知识练习结合在一起，可以强化学习者的文化知识库。

但是，交流练习需要指导。交流练习的类型主要包括以下几个类型：(1) 角色扮演(role play)，让学生扮演某些角色进行交际训练；(2) 解决问题：提出一些难题来让学生通过交流来解决。这两种方法都是外语教师经常用的。但在这些方法中，某些具体的方法可以具有意义协商价值。例如，两个学生可以相互讨论另一个学生说明的目的是什么，可以通过交流和讨论进行。设计这些讨论题时，要注意设计一些不确定的题目，分成最少两组，让学生进行辩论和讨论。一组学生可以让他们通过讨论来获得正面的效应，而另一组学生则让他们通过讨论获得反面的效应。这种角色扮演有点像排练，所以不自然。这样，我们可以采用一种称为"心理图式"或者"个体图式"的方法。这个方法是给学生提供一个语篇，然后提出一些没有答案的问题来让学生讨论。学生通过各抒己见，既锻炼了外语讲话能力，又提高了交际能力。

23.4 语境教学法

随着现代语言学理论的不断发展，语境在外语教学中占居越来越重要的地位。实际上，语境在外语教学中的重要性是与语境在现代语言学理论中的地位相一致的。在传统语言学研究中，语言学研究的重点基本上是语音、词汇和语法，语义和语境被认为是不可捕捉的东西而置于边沿地位。外语教学的方法主要是语法翻译法，即教学的重点是语法，掌握外语语法的方法是把外语翻译成母语，或者把母语翻译成外语。

由于语法翻译法的局限性，在19世纪中叶，外语教学研究者梦想让学生不借助母语，而是和学习母语一样直接学习外语。因此，在欧洲兴起了自然法，也称为直接法。在直接法中，教学不是由语言，特别是母语，来进行的,而是用目标语使学生直接进入外语的环境中。这种方法与语法翻译法一起在欧洲流行到 20 世纪 20 年代。直接法反映了欧洲语言学的以社会和功能为基本出发点进行语言学研究的传统(Richards & Rodgers 1986:9)。

从 20 世纪初开始,世界语言学被分成两大阵营、两个传统:一是欧洲的社会功能传统,以布拉格学派、伦敦学派等为代表;二是美国的形式心理传统,以结构主义、转换生成语言学为代表。各自发展起了一些新的教学方法。根据形式主义发展起了模式训练法,发展了以人文、情感和心理为主要依据的教学方法,包括认知法、全身反应法、社团语言学习法、沉默法和新自然法。这些方法都强调为学生创造学习的外界和心理环境,学生通过动作、心理感受和情感来学习语言。语境适合性则只是蕴涵在这些方法之间,没有得到明确的强调。根据功能主义发展起了口语法和情景法、交际教学法和最近发展的主题协商法。这些方法不仅把语境作为外语教学的重要因素,而且还发展了比较系统的语境理论,主要为韩礼德的系统功能语境理论和海姆斯(Dell Hymes)的社会语言学语境理论。

语境涉及外语教学的方方面面。从教学内容的角度讲,它涉及教授有关语境的知识,即什么是语境、语境包括哪些范畴、语境在语言的运用和语言系统的形成中起什么作用等等,涉及根据语境在外语教学中应该选择什么作为教学的内容。从教学方法上讲,它涉及应该采用什么样的教学程序、教学设计、教学技巧等。从教学材料的选择上讲,它涉及的是使用真实语料还是使用人造语料,涉及什么是真实语料、与语境是什么关系等。

语言是在语境中产生,也是在语境中运用的,因此,外语教学必须把语境纳入其整个教学过程中。在外语教学中,老师在认识语言系统本身的特点的时候,还需要认识语境及其次范畴,以利于把语境因素与语言特点系统地结合起来,同时在适当的时机向学生传授有关语境理论的知识。所以,在外语教学中,语境可以作为知识来传授。从知识的角度讲,语境可以分为五个类别:篇内语境、交流语境、互文语境、情景语境和文化语境。语境还可以作为工具,利用语境来为学习外语服务。我们还可以利用语境来设计一些有效的教学方法,如根据文化语境可以发展批评性文化教学法;从系统的角度讲,我们可以灵活地采用四个步骤的教学方法:系统积累、系统建立、系统使用和系统完善;根据现场语境,我们可以使用交换语境法;根据交流语境,我们可以发展角色扮演法、任务教学法、提供情景法等;根据互文语境,可以发展复习和预习的方法等。

23.5 语法教学

语法教学在外语教学中占有重要的地位。对于学习者来说,语法是运用所学语言进行交际活动的重要基础。在交际教学法中,交际能力的培养也包含了运用合乎语法的句子表达意义和实施语义功能的能力。在许多人的印象中,语法或语法教学似乎只是关注句子的正确性问题,甚至有些人把语法教学看作是纯粹的语法规则的灌输和机械的句型操练。那么,应当如何看待语法和语法教学呢?语法在外语教学中应当发挥什么样的作用呢?

系统功能语言学将语言的实际运用作为研究对象,并主张从个体间的交际出发来描写语言。韩礼德认为语言是一种社会符号系统,语言与社会之间存在着密切的关系,研究语言就是研究"社会的人"(social man)如何在社会文化语境中运用语言进行意义的交流。韩礼德把语言看作是行为,语言运用便是人的社会行为潜势在语言中的反映(见图 23-1,箭头代表实现手段)。

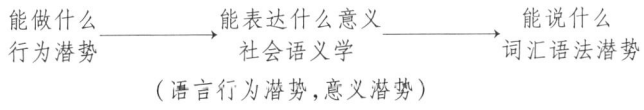

图 23-1 语言作为社会行为潜势

也就是说,语言行为首先是一种行为潜势,它是通过语言的意义潜势表达的,而意义潜势则需要通过语言的词汇语法系统来表达。语言作为一种社会符号系统不可能脱离其赖以存在的社会文化环境,语言行为是个体与个体之间、个体与社会环境之间交互作用的社会行为。

功能语言学把语言看作是一个交际系统,语法分析的目的在于发现语法是通过怎样的组织结构来使语言使用者进行意义的构建和交换的。这种语法所关注的并不是如何清楚地区分合乎语法的句子和不合乎语法的句子,而是某一个结构形式在特定的语境中实现交际意图时的适宜性问题。因此,这种语法所关注的首要问题是语法结构和结构成分的功能及其在语境中的意义。语法学家在描写这种语法时所使用的语料来自现实中使用的语篇。

在语言交际中,人们通过概念功能来表现事物与过程,通过人际功能来实现语言交流,通过语篇功能来组织信息。语言形式不是任意的,而是受意义的支配,并且反映意义。人们在交际中选择哪种语言形式,是由所要实现的社会语义功能决定的。系统功能语法主张诉诸意义来描写语法,原因在于语言形式是意义或功能的体现形式,是将意义现实化的机制。

因此,根据系统功能语法理论进行语法教学,首先要使学生知道"做什么",清楚所从事的活动;然后,要知道根据所从事的活动要表达什么意义;最后知道根据所要表达的意义选择合适的词汇和语法,还有语音和文字特征。根据语言的三个元功能,语法教学应当立足于教学生如何根据语言的及物性系统和词汇表达事物和过程,体现概念意义,培养学生的认知能力;如何根据语言的语气、情态系统以及语调表达语言交际中的交际角色和言语功能,表达对表达的命题和提议的可能性、出现频率、义务性和意愿性的判断,体现人际意义,培养学生的交际能力;如何根据语言的主位系统、信息系统和衔接等来表达语言组织信息的功能,体现语篇意义,培养学生根据语境和语言组织语篇的能力。

由此看来,语法教学是交际语言教学的一个主要方面。语法能力是交际能力的重要组成部分,是交际能力的基础。在教学中,教师应当抛弃那些单纯以结构为纲、脱离语境和语言运用的实际进行句型操练的做法,而是教学生学会根据所表达的意义从多个系统中作出选择,并将作出的所有选择同时实现为语法结构。通过语法教学要使学生具备三个方面的能力:(1)表达所要谈论的对象并在时间上进行定位,即选择适当的过程类型、参与者、环境成分和时态;(2)使表达的内容在人际意义上具有相关性和适宜性,即选择适当的语气、情态和归一度;(3)使信息在整体上与前面的话语以及情景语境具有相关性,即选择适当的主位结构、信息结构和衔接手段。

23.6 语篇教学

功能语法所关注的首要问题是语篇的意义是如何实现的。语言教学就是以语篇为中心,在具体的社会文化语境中运用语言实施各种功能,并以此培养学习者的语言交际能力。从某种程度上说,语言教学其实就是语篇教学。

系统功能语法认为,语言本质上是一个语义系统网络,并通过概念功能、人际功能和谋篇功能提供意义潜势。语言交际不是通过孤立的句子来实现的,而是通过语篇去实现的。存在于意义潜势中的各种意义只有通过一定的语篇才能变得有意义。语篇不是大于句子的语法单位,而是一个语义单位。韩礼德和韩茹凯把语篇定义为具有功能的语言(language that is functional)(Halliday & Hasan 1985:10)。总之,语篇指的是任何长度的,在语义上完整的口头或书面语的段落(Halliday & Hasan 1976:1)。语篇是在情景语境的制约下,将语言的概念意义、人际意义和语篇意义现实化的结果。正因如此,韩礼德和韩茹凯把语篇看作是元功能结构体(metafunctional construct)(Halliday & Hasan 1985:44)。同时,语篇也是社会文化语境的产物,任何一个语篇都反映了一定的社会意图和文化特征,并以此使语篇与特定的社会文化意义联系在一起。

总之,语篇是语言体现意义及其所反映的社会文化模式的基本单位。这一点对语篇教学具有两个方面的启发意义。第一,语篇的生成是在情景语境的制约下从意义潜势中不断选择的过程;语篇的理解是根据概念功能、人际功能和语篇功能对语篇进行的解读。第二,语篇教学不能脱离文化语境,特定的语篇类型是在一定的文化模式中长期积淀的结果,因而总是与一定的文化联系在一起。系统功能语法的"语言模式"为语篇教学提供了理论上的依据。

语篇产生于特定的文化语境中,并通过特定文化中的语类结构潜势来有效地表达交际意图。同时,语篇产生于一定的情景语境中,并通过在意义潜势中的选择来表达相应的功能意义,从而使语篇呈现出一定的语域特征。因此,语篇教学在很大程度上就是培养学习者根据语类结构潜势有效地进行交际的能力和根据情景语境选择得体的语言来表达功能意义的能力。特别是在外语教学中,学习者不但要培养用得体的语言实现交际意图的能力,还要根据目的文化中的语篇组织规约,运用适宜的语类结构达到交际的效果。

围绕语类和语域进行语篇教学是培养学习者的语篇能力的有效方法。在这一方面,德雷维安卡(Beverly Derewianka)和哈蒙德(Jenny Hammond)等都进行了富有成效的探索(Derewianka 1990;Hammond et al. 1992),他们的研究成果对语篇教学具有一定的启发意义。

语篇教学的第一步就是对教学活动的内容和步骤作出计划和安排。教师是根据所要培养的语篇能力来制定教学计划的,如怎样讲述一段经历或故事,如何说明一个事物或过程,如何在会话中提出自己的观点,等等。教学活动的安排和准备可以从两个方面进行:一个是课堂教学的主题,即围绕什么话语范围组织课堂教学;一个是语篇类型,即以什么语类作为课堂教学的焦点。这两个方面相互结合,相互补充。以主题为出发点计划教学内容时需要做的准备工作包括:(1)选择主题;(2)确定对这一主题的学习需要涉及哪些语类;(3)分析语类结构和重要的语言模式;(4)选择并计划适当的口语或书面语活动的顺序。以语篇类型为出发点计划教学内容时需要做的准备工作包括:(1)选择语类;(2)分析语类的图式结构和重要的语法模式;(3)将语类在合适的语境(如话语范围)中定位;(4)选择并计划口语或书面语活动的顺序。准备工作就绪之后,教师就可以将计划付诸教学环节。教学过程由四个阶段组成:(1)创设主题或语篇类型的语境或话语范围,增进对主题或语类的了解;(2)分析语类范例;(3)合作建某个语类的语篇;(4)独立构建某个语类的语篇。这四个阶段可以根据教学的实际情况和学习者的能力和知识水平进行调整或不断循环。

在语篇教学中,我们可以运用自下而上(bottom-up)的教学方法,从语篇出发,探讨词汇语法所表达的功能意义与该语篇赖以产生的情景语境和文化语境之间的关系。我们也可以运用自上而下(top-down)的教学方法,从文化语境和情景语境出发,探讨文化语境和情景语境对语类结构和语域特征的制约。在语篇教学的过程中,教师要根据教学内容的需要以及语篇赖以产生的文化语境和情景语境创设适宜的环境,并设计各种教学活动,提高学习者的语篇表达能力和理解能力。这样做不但可以开阔学习者的视野和思路,而且增强学习者语言运用的意识,从而有效地培养学习者的交际能力。

23.7 听说教学

在传统的听说教学中,人们关注的重点是语篇中的词汇和语法的识别,忽视了语境和意图对于理解的作用,从而不能够完整地把握语篇的整体意义。传统口语教学重视语音、语调的训练,也进行大量的句型操练,然而,如何在此基础上建立一个语言形式与语境密切联系的口头语篇教学模式则乏善可陈。

交际型的听力、口语教学不忽视语言形式的重要作用,但是更加关心的是以语言功能为中介建立语言形式与语境、意图的关系。这样,某些与语境、意图相关的语言项目对于语篇的理解和建构的价值就凸显出来。在听力或口语中,寻找和表达这些关键成分,就具有十分重要的意义。

根据系统功能语言学理论,语言交际主要通过声音符号和书写符号两个渠道进行,因而就产生了两种话语方式——口语和书面语。由于两者的传播方式不同,就在语言的交际意图、语义的选择、语法词汇形式的选择上产生了很大的差异。这就产生了在口头语言教学和书面语言教学上使用不同的教学方法的问题。口语和听力都涉及口头语言:前者为产出过程,后者为接受过程,所以两者放在一起讨论。

口头语言的交际和现场语境更加密切,因而语境的作用更加直接。在口头语言的教学中就要特别关注语境的作用,使学生学会根据语境说话和理解讲话者的意义。这样,社会文化知识和语境知识以及运用这些知识的能力,在口头语言交际中特别重要。因此,根据系统功能语言学理论,我们认为,口头语言的教学首先应该使学生在学习有关语言的形式和意义特征的同时,学习社会文化知识和社会交际,包括语言交际的规则,学习情景对语言的作用,学习根据语境说合适的话和根据语境理解讲话者的意义;第二,语言交际的意图是十分关键的,左右着语言的选择。系统功能语言学为我们提供了认识直接的交际意图的方法,即通过语气和情态来认识,但要理解更加深刻层次上的意图还需要借助情景语境和文化语境来认识。

听力是一个解码过程,对所听到的声音进行解释,通过音系特征和词汇语法特征,结合语境发现讲话者话语的意义。所以,这个过程涉及把两个方面的因素结合起来,共同确定语篇的意义。一方面是语言形式和实体——听话者需要听清楚所说的话,大体知道每个词、成语、谚语、词组等的意思以及所用的语法结构;另一方面是文化语境和情景语境。两者结合起来来理解整个语篇的意义。教师在教学中需要同时考虑这两个方面的因素,使学生学会利用这两个方面的因素来解码,既发现由语言形式明确表达的意义,又要发现通过语言形式的预示和非语言特征来表达的意义,成为含义和预设等,并且还要训练学生的敏感程度和反应能力。

说话是一个编码过程,对所要表达的意义用词汇语法和音系特征表达出来。然而,说话的过程不仅涉及用什么样的语言形式来表达意义,使其准确和流畅,还涉及语境、语域、语类、交际意图等的限定作用。所以,在说话过程中,讲话者需要根据语境和交际的目的(通常是下意识地)判断出他需要表达哪些意义,同时需要确定哪些意义是由非语言特征来实现,哪些需要用语言特征和非语言特征同时实现,哪些是由语言特征实现的。所以,在口语教学中,教师需要采用适当的教学方法使学生能够根据语境讲合适的话语;讲话要有明确的交际目的,学会选择恰当的语言特征、非语言特征以及对两者进行正确的匹配来表达意义,使语篇结构适合语类结构,使语篇上下文之间、语篇与语境之间衔接完好。

教学方法应该以使学生从事实际的口头语言交际为主,通过模拟、角色扮演、相互交谈、课堂讨论等方式来完成,应该尽量减少解释和知识传授的时间,把知识融入语言实践中去。

23.8 阅读教学

根据系统功能语言学研究范围比较全面的特点,阅读中读者应该掌握的与语言相关的因素也涉及语言的多个层次,这些因素各在阅读中起着不同的作用。首先,书写符号的辨认和词汇语法的知识和技能是进行语篇阅读的最基本条件,如果没有这些基本条件,阅读就无法进行;语言的意义是阅读的基本目标;文化、语类、情景和交际目的是读者实现其目标的外部条件。从这个角度讲,从意义到语境不是单向的,而是双向的。读者可以通过语篇的意义来推测语篇的语境因素,而同时语境因素又反过来促使读者更加精确地和确切地理解语篇的意义。语篇的意义只有通过从语境到语义,再从语义到语境的多次反复才能精确地理解语篇的意义。因此,在阅读教学过程的设计方面要考虑这些不同因素的作用。

第二,读者在阅读一个语篇时,特别是在比较高的阶段,学生一般都已经掌握了阅读过程所涉及的各种因素的一些知识,如相关文化方面的知识,语类方面的知识,在什么语境中表达什么样的意义,由什么样的语言特征来体现等。这也是为什么以前的阅读教学不把语境因素、文化因素和语类因素作为主要教学对象的原因。

第三个应该考虑的因素是学生的层次和基础。在外语阅读学习的基础阶段,学习的重点应该放在字系和音系特征的学习,在词汇语法知识和技能的学习上;在中级阶段,则应该把阅读的重点放在词汇语法与意义和语境的联系上,通过大量的练习来学习把知识变成能力;在高级阶段,则应该把重点放在根据不同的文化特点、语类和语境来理解语篇的深层意义和对语篇评价和欣赏上。

第四个应该考虑的特点是学习者的个体特点。有些学习者多善于思考,但很少用言语表达自己,表达能力不一定很好;有一些学生则善于口头表达,但思考不够。在阅读教学中要掌握学生的这些特点,并根据学生的组成情况,综合设计阅读教学程序。

根据阅读过程从"从下到上"的特点,阅读教学也应该采用从下到上的顺序。至于哪个阶段为重点,则应该根据学生的水平、语篇的难度等因素来确定。

在阅读的初期阶段,进行词汇的辨认练习是十分必要的。拼写训练是外语教师十分熟练的教学方式,不必多讲。拼写相似和发音相似的词的辨认是很重要的,应该进行专门的训练。一是可以通过直接的对比进行训练;二是在阅读教学过程中,教师利用启发和直接的方式让学生注意不同词之间的区别,在发现学生将词的发音和意义辨认错了时可以通过实例来进行辨认练习。

除此之外,还有标点符号的辨认,不同的字形所表达的意义,如在正规字体的语篇中突然出现了斜体,或者黑体,它必然代表一定的意义。

除了书写符号和特征的辨认以外,第二个经常遇到难题的层次是词汇语法层次的特征。因此,在学习实体特征以外,还要学习形式层次的特征。对形式层次的问题,应采用以下步骤:(1)浏览全文辨认生词、生习语和表达方式、难以理解句子;(2)从功能的角度教授生词、生短语、习语等;(3)从系统的角度来深入和扩展学生对这些生词语的掌握;(4)从意义到语境进行推测;(5)掌握相关语类特点;(6)总结语篇所表现出来的相关的文化独特性;(7)从上到下进一步把语类、语境、语义、词汇语法和字系特征联系起来。

阅读是阅读写作双向交际过程的一个部分,但阅读通常被当作一个独立的技能来进行学习和教学,而且它本身也有自己的独特性,即重接受、重理解、重推测。在本章,我们重点讨论了根据系统功能语言学理论进行阅读教学理论、教学程序和方法的研究,并提供了功能阅读策略模式图和阅读问题选择系统图。当然,现在的研究还是十分初步的,因为系统功能语言学内部对阅读教学的研究偏少,从而难以参考大量的前人研究成果来丰富自己的研究。

23.9 写作教学

系统功能语言学认为阅读和写作都是交际双方之间进行的意义协商过程,从而发展起了意义协商教学模式(Melrose 1991),强调了语言交际的双向性,纠正了结构主义大纲中阅读教学和写作教学相分离的理论基础。模式同时揭示了阅读和写作过程与文化、语类和情景语境的联系,纠正了语法大纲把阅读和写作活动还原为词汇语法练习的做法。此外,此理论进一步反映了阅读、写作与听说活动的区别和联系,为培养听、说、读、写是统一的交际能力的设想提供了具体的实现途径。

系统功能语言学将阅读与写作教学作为一门综合性、交际型课程开设，并且对教学内容、教学程序和教学方法具有多方面的指导作用。阅读和写作教学的总目标是培养批判性的读写能力。这种高级书面语言交际能力的培养，目的不仅仅是满足日常生活中交际的需要，而且还具有丰富学习者本人的精神生活、发展文化知识、传播社会经验的作用。

哈蒙德等认为，一个完整的写作教学程序包括四个阶段：建立场知识、建立语篇模式、合作创造语篇和独立创作语篇（Hammond et al. 1992：5）。前两个阶段实际上主要是接受过程，包括阅读过程，后两个阶段实际上是写作过程。在第一个阶段中，学习者通过各种教学活动对写作主题进行比较充分的了解，通过增加相关的社会经历和知识来更加充分地认识要写作的语篇的内容。第二个阶段是一个阅读过程：通过对典型语篇的分析和研究，学习者熟悉了相关的语类模式，对语篇的语类结构有了比较清晰和深刻的认识。这里需要明确的是，阅读的目的在于写作教学，而不是与写作具有同等地位的阅读教学。在第三个阶段学习者尝试把对主题的认识用恰当的语类结构组织起来，产生语篇。其中教师需要提供一定的指导和帮助。第四个阶段为学习者独立写作语篇阶段。最后两个阶段为写作阶段。

这种组织课堂教学的方法可以称之为"读写循环教学法"。它将教学实践与教学计划、教学评估结合起来。读写循环教学法为教学任务的安排提供了分析框架。以主题和语类为起点，教师在每一个教学阶段中都开展相应的口头、笔头活动，以完成一系列教学任务。在不同阶段的教学活动中，教师与学生和学生之间的相互角色要不断进行预定的动态转换。教学阶段的过渡必须基于教师对学生进行目标、进展等方面的分析和诊断。通过在课堂教学中随时评估教学活动的效果，以决定是否有调整教学任务、重复教学活动的必要。

读写循环教学法把阅读和写作结合起来，使两者相互促进，从文化和语境的角度出发，进行写作训练，比传统的写作教学模式效率要高得多。这个模式的第一个步骤是对阅读和写作都十分重要的步骤。其基本作用是丰富学生在这方面的意义潜势，建立比较完好的知识结构，同时提高学生在这个领域的表达能力、语言知识和运用能力，达到能够阅读和写作相关领域的语篇的水平。因此，这一阶段是十分重要的。第二和第三、四个步骤是相互促进的。通过在阅读过程中分析相关的语篇的语类结构、交际功能、词汇语法特点等使学生掌握了语篇的基本知识，知道了自己将来要写作的语篇的特点,从而为下一步的写作打好了基础。

但写作毕竟是一个比较难的技能。学生要写出好的文章,必须在词汇、语法的基础上言之有物,使内容具有意义性。此外,还必须言之有序,遵循语篇结构的常规,讲究谋篇布局。这对学生提出了很高的要求,故而在写作过程中还需要教师的不断指导和帮助。合作创作语篇正是基于这种观点。当教师确实认为学生有能力写出合格的语篇时,再让他们独立写作。

这个模式另一个特点是它的开放性。它虽然是一个四个步骤的循环,但是可以重复的,而且可以在任何一个阶段重复,所以适用于不同阶段、不同水平的学生。

此模式的第三个特点是语篇的阅读和写作过程与语篇所表达的实际内容相互交流。学生通过亲身经历来理解自己所要学习的内容,通过对比来认识母语和目标语语篇在这个领域的异同,是一个从语篇到语境,再从语境到语篇不断循环变化的过程。

但在这个模式中,我们也会发现一些缺点。例如,学生对作文题目的选择、学生对交际目的的意识、学生对自己写作的观点、态度、立场的选择、对为实现交际目的而采取的措施和方式等方面存在一定问题。

23.10　语言测试

外语教学的培养目标已经从以传授语言结构知识为主转变到了以培养学生的语言交际能力和整体素质为主。从系统功能语言学的观点来看,采用什么样的测试方法是由不同的测试目的来决定的。在这方面,系统功能语言学理论为交际测试理论和方法提供了一个把语言知识和交际能力结合起来的系统理论框架。韩礼德等认为,测试可以用三种方式区分:(1)正式测试和非正式测试;(2)主观测试和客观测试;(3)考试和不包括考试的测试(Halliday et al. 1964:214—221)。在测试中,还可以区分能力测试、成就测试和进步测试。能力测试是预测性的,即它测试与快速和有效的学习相关的行为特征。成就测试是测试实际的语言行为能力。进步测试只是测试在时间单元中的成绩,是对不同时间段间所表现出来的能力的测试。但从测试内容上讲,测试是直接受到测试理论和方法决定的。系统功能语言学在这方面提供了一个从形式到功能,再到语境的全方位的理论框架,同时也提供了从语言和语境知识到交际能力的框架。

系统功能语言学理论框架可以从两个方向上为教学中的测试提供理论依据。一是从测试设计的角度。系统功能语言学可以为测试设计提供一个以测试学生的意义潜势的发展和交际能力的理论框架,从测试分析的角度,它为测试结果提供了一个分析框架,使教师能够知道测试的效度和方面。但无论从测试设计的角度,还是从测试分析的角度,都需要从语言的语境、交际目的、语言的功能和实现语言功能的意义几个层面上进行。

从分析的角度讲,这种研究展现了系统功能语法在语言交际能力测试领域广阔的应用前景。系统功能语法在重视语言的意义和功能的同时,也十分重视语言结构的分析,这对于提高测试的信度具有重要的意义。当然,与结构主义不同的是,这种结构分析是一种动态的分析,并且由结构正确性的语法分析可以转化为交际适合性的功能文体分析。

另外,及物性结构、语气结构、主位结构、信息结构、衔接机制等体现语言的三个元功能。特别是衔接机制,通过有形的具体手段,把三个元功能组织成为一个整体。这对于交际测试理论和实践的发展作出了贡献。在目前交际测试领域,还没有哪种语言交际综合能力(测试)在语言结构分析的基础上成功地将综合能力分解后,又可以加以整合。

从这个角度来说,语言交际能力的评价标准之一是学生的语篇衔接能力的高低。衔接机制及其衔接力的研究是促进交际测试的发展并最终取代结构测试的关键因素之一,对于改变测试与教学脱节的状况,充分实现外语教学的最终目标具有深远的意义。

23.11 结　语

本章以笔者与苗兴伟、李学宁于 2005 年出版的《功能语言学与外语教学》一书为基础,简单总结了系统功能语言学可以在外语教学中应用的主要方面。这些方面包括系统功能语言学可以用以设计教学目标,包括一般目标、特殊目标、阶段目标和具体目标,在此,系统功能语言学的发展学生的意义潜势的理论对教学目标的设计具有宏观指导作用;可以用以设计教学大纲,为语言教学提供一个交际模式;可以用以指导语法教学,使学生学习语法与用语言进行交际联系起来;可以用以指导语篇教学,为语篇教学提供了新的教学模式;可以用以指导听说教学,使学生把听和说的语言与交际目标和交流的意义结合起来;可以用以指导读写教学,为阅读、写作以及阅读写作一起提供了教学的模式,最后还可以用以指导语言测试,从测试设计和测试分析两个角度为教学测试提供理论框架。

　　本研究当然也存在一些问题。一是由于是对把系统功能语言学用于外语教学的概括性的介绍,因此,研究得不够具体和细致;二是介绍的还不是很全面,由于信息掌握的局限性和水平所限,难以把系统功能语言学在语言教学、第二语言教学和外语教学中所有应用成果都总结在内;第三,在这个领域,无论是学术研究,还是实际应用都在迅速发展,某些新的发展难以纳入本研究中。

24

韩礼德功能语言教学思想探索

24.1 引 言

系统功能语言学在自身不断发展和完善的同时,也对语言教学,特别是第二语言教学和外语教学的发展产生了很大影响,不仅成为许多从事语言教学的教师进行具体的语言教学研究的理论基础,而且还成为许多语言教学理论流派(如交际教学法、情景教学法等)的理论基础。韩礼德本人也十分重视语言教学和语言学习。他甚至认为,创建和发展系统功能语言学的初衷是"教育性的"(educational)(Halliday & Hasan 1985/1989)。因此,韩礼德对语言教学,特别是第二语言教学和外语教学提出了许多真知灼见。本章主要概括地论述韩礼德对语言教学的论述和认识。

韩礼德的功能语言教学理论在初期集中表现在他与人合作在 1964 年出版的专著《语言科学与语言教学》(以下简称《语言》,参见第 287 页第 23.1 节)中。在此书中,韩礼德等在探讨了语言学理论之后论述了语言学在语言教学中作用。随后,在 1975 年的著作中,他探讨了儿童语言发展的过程。在韩礼德等人 1964 年的著作中,他们研究的重点之一是语言变体问题,提出了机构教学的概念。在其他著作中,他们也对语境、语言变体,包括语域和方言特征又进行了比较深入的探讨(Halliday 1978;

Halliday & Hasan 1985/1989）。本章重点讨论语言学在外语教学中的作用，包括语境、系统语言学、机构语言学、儿童语言发展、语言对比等在语言教学中作用等。

24.2 语言学在语言教学中的作用

24.2.1 应用语言学

韩礼德等认为,语言学理论的重要作用之一是更加精确地描述语言,但用语言学理论来描述语言还不能说是对语言学的应用(Halliday et al. 1964)。如果我们描述一种语言或一个语篇的目的只是为了更多地了解这种语言或者这个语篇,那么这是运用语言学理论,而不是应用语言学。应用语言学是指通过进行语言描述或者运用已有的描述来具体地达到其他的、语言科学以外的目的。虽然语言学研究的目的不是应用,但某个理论只有在某些领域应用时,才能引起人们对它的兴趣。

应用语言学通常被看作是和普通语言学一样的概念,是一个学科的名称。但韩礼德认为,一个学科要在客观世界中有自己的研究领域,如生物、化学等,但应用语言学不是对某个学科的研究,也不是对语言的研究,而是一种研究角度和方面,因此严格地讲,应用语言学是一个主题(Theme,见 Halliday 1993/2002),表示从某个角度或者方面来研究某个学科,如从语言学的角度来研究外语教学。

应用语言学最初是以第二语言教学和外语教学为主要任务的,因此,在其后的讨论中我们不严格区分语言教学和外语教学。语言学可以应用于外语教学并不是说它可以使外语学习变得很容易。反之,外语学习总是一项很难的活动,因为外语学习是一种很复杂的活动。要用新的语言模式来代替从儿童时期就学到的母语语言模式是很难的,而且这种外语模式与自己母语模式在许多层次上都是不同的,需要仔细认真的观察、思考和控制。

24.2.2 语言描述的作用

韩礼德等在其《语言》(1964)中,对语言学与语言教学的关系进行了探讨。他们认为,语言学与语言教学没有直接的联系。但语言学理论可以使我们对语言有更加深刻的理解,使我们对语言的描述更加精确、一致和有力。它可以使我们认识到,语言事件不是任意的,而是按照可辨认的模式发展的。从另一个角度讲,可以通过这种模式对语言事件进行推测:表示在一定的语境中哪些事件是可能的,哪些是不可能的;在可能的事件中,哪些更有可能,哪些不太可能。

当语言学理论建立起来后,它可以用来描述语言。描述语言就是建构这种推测。它既与语言的内部形式模式相关,又与其外部语境模式相关,其主要问题是怎样可以正确和精确地描述语言。为了更好地教授语言而描述语言的活动已经持续了很长时间。如果说现代语言学理论对语音学、音系学、语法和词汇进行了更好的描述的话,这是因为外语学习者认识到他们对语言的运作有了更加深入的理解。众所周知,传统的对语言的描述方式是有错误的,而这些描述方式还用在许多教材和教学法中。

24.2.3 语言描述中存在的问题

语言描述的精确性还有个程度问题。任何对语言学的描述都不可能达到最完美的程度,但这种描述起码不应该有错误。成年人学习外语的缺点是他们的母语的语言模式已经固化,所以学习外语受到母语的干扰很大。但他们的概括能力和认知能力强的特点可以补偿他们的缺点。但如果对语言的描述是错误的,那么他们的优点就可能发挥不出来,甚至会产生负效应。由此可见,语言描述的正确性和精确性是十分重要的。

他认为,在20世纪60年代对语言描述的批评是它们太复杂,这是因为它们所赖以存在的理论基础太简单。语言学理论和语言描述的关系是语言学理论越简单,其所产生的语言描述就越复杂;反之,语言学理论越复杂,其所产生的语言描述就越简单。例如,我们的语言学理论只需要很短的篇幅就可以写出来,而在这种理论指导下写的语法却需要几百页,甚至上千页。

随着语言学理论的发展,对语法的描述就趋于简单,所用篇幅就会减少。

从历史的角度讲,语言学理论存在的问题很多,而且经历了一个长期的发展过程。其中几个主要的问题是:(1)语言学理论主要以形式为基础,其范畴是以形式为标准建立起来的,在西方的古希腊时期就是如此。(2)语言的功能被认为只是被动地反映现实,而不能积极地创造现实或者影响现实,而且其反映现实的能力也是不完整、不确切的。因此,描述中出现的缺点被认为是语言的缺点,而不是理论本身的缺点。(3)语言的意义被缩减,而且形式模式被认为没有意义。意义和形式被割裂开来,或者认为概念是不存在的。这两种观点都影响对语言的正确描述。许多教材和教学法是以这些语言描述为基础编写的,因而会影响外语教学的效率。由此可见,语言描述要以现代语言学理论为基础,正如我们有了电灯,就不要总是以蜡烛来照明一样。

这样,语言科学对语言教学的主要贡献是提供好的描述。任何语言描述都涉及语言学,它表示对语言的明确态度,表示语言是怎样运作的和怎样解释的。但语言描述不是语言教学的教材。语言学家可以说哪是好的描述并提供好的描述,但不能说语言是怎样教的。教材可以以语言描述为基础编写,但编写教材是一种专业工作,与语言描述不完全是一回事。

语言教学是语言学可以应用的主要领域之一。一个应用语言学家应该能够评价语言描述和语言教材的好坏,能够提供他自己的教学材料,能够计划和教授一个语言课程,能够尽可能多地理解语言的运作。

然而,什么样的语言学可以提供好的语言描述呢?韩礼德认为,首先要有一个好的描述语言学,系统功能语言学属于此类。除此之外,机构语言学是语言描述必不可少的。在外语和第二语言教学中,还需要比较语言学来比较母语和目标语之间的相同点和不同点。

24.3　语境与语言教学

韩礼德把语言看作一个社会符号系统。"社会"的意思是从社会角度来看语言,而不是从心理的、生理的或者美学的角度来看待语言。"符号系统"的意思是:语言是符号,但它不是孤立的符号的组合,而是一个符号系统,是众多语言交际符号系统之一。为什么要从这个角度看问题呢?这主要是系统功能语言学所关心的问题是语言教育问题。从社会的角度看待语言是最有意义的。语言学习都是社会过程,并且语言学习的环境是社会机构:从抽象的角度看是学校教育系统;从具体地角度讲是教育环境:学校和教室。教学活动是一种社会活动。

在语言的社会交际中,作为一个符号系统,语言的基本单位是语篇。语篇是一个纯理功能框架,是概念功能、人际功能和语篇功能的复合体。由此,作为符号系统的语言的语境是文化语境,而语篇的语境是情景语境。除此之外,语篇还与其他已经出现的语篇有联系,如学生正在学习的语篇与他们已经学过的语篇有联系。这样,韩礼德把语篇与语境之间的关系因素归纳为五个类别(Halliday & Hasan 1985/1989):

语篇:是一个纯理功能构型,是概念功能、人际功能和语篇功能的复合体。

情景语境:是一个话语范围、话语基调和话语方式的构型,是可以说明语域的特征。

文化语境:是使语篇有价值、限定语篇的解释范围的机构性和观念形态性背景特征。

互文语境:与其他语篇的关系,包括由此产生的假设等。

文内语境:语篇内部成分间的联系,包括表示语篇内部语义关系的衔接。

这五个因素形成了语篇和语境关系的循环圈——从语篇到语境,再从语境到语篇。学习是一个语境化过程:通过语篇的语境化可以使学生了解在什么语境中出现什么语篇;从解码的角度讲,使学生了解什么语篇能够出现在什么语境中。学生可以通过语篇来学习语言,也可以通过语篇来学习其他学科的知识。

从教育学的角度讲,学习过程通常被看作一个认知过程,而不是一个话语过程。实际上,学习不仅是一个认知过程,还是一个话语过程。我们的任务是探讨语言在学习中的作用,以利于完善学习理论,把学习既看作一个认知过程,也看作一个话语过程。从语言学习的角度讲,学生通过语篇学习语言,即通过语言的语境化来学习语言。语言教学是帮助学生实现这种语境化,通过语言和语境的互动来教授语言。

24.4 系统语言学与外语教学

24.4.1 系统语言学

在现代语言学理论中,瑞士语言学家索绪尔最早提出了语言系统的概念。他认为语言可以区分"语言"(langue)和"言语"(parole)(Saussure 1916/1974)。这里的"语言"就是指抽象的语言系统。此后,大多数语言学家把语言看作"系统的系统",是"语言单位按一定层次,并且在层次与层次之间有关联的排列"(Hartmann & Stork 1972),实际上是指语言的组合关系或者结构。

后来,伦敦学派和哥本哈根学派对系统做了新的定义。弗斯把语言的聚合关系称为"系统",把语言的组合关系称为"结构"(Firth 1957)。叶尔姆斯列夫区分语言的"系统"和"过程"(process);系统的底层关系是聚合关系,过程的底层关系是组合关系(Hjelmslev 1943)。

韩礼德不把语言看作所有合乎语法的句子的集合,也不把它看作一种组合关系,而是一个有意义、有规则的源泉——意义潜势(meaning potential),同时他同意叶姆斯列夫的观点,把结构看作过程的底层关系,是从潜势中衍生出来的,而潜势可以更好地用聚合关系来表达。这样,语言的系统可以看作一种可进行语义选择的网络,当有关系统的每个步骤一一实现后,便可以产生结构。系统存在于所有的语言层次中,各个层次都具有自己的系统来表示本层次的语义潜势。

24.4.2 教学目标与方法

根据系统的观点,语言教学的目的是能够使学生发展其"意义潜势",能够根据语境在这个"潜势"中选择适合语境的语言。教师的任务是以各种适当的方式方法,向学生提供他们所需要的知识和能力。

从教学内容上讲,老师应该尽量满足学生的学习需要。这就要求老师首先探查学生学习中的需要,然后根据学生的需要来安排教学内容。因此,教师要在现有的教学条件和资料允许的范围内,根据学生的实际能力,在教学中向他们提出学习要求。从功能的角度来看,这些要求要适合他们的学习需要,有一定的用途,不然,他们就没有学习的动力。

从教学方法上讲,由于学生的学习需要、学习方法和学习风格各异,教师在教学中需要运用适合于各种需要的教学方法,而不是局限于一种方法,或者寻找一种最好的方法。语言是在一定的环境中学习和运用的,所以教师应该采用各种适当的教学方法来创造适合于学生学习的环境。学生学习的最佳环境是以学生为中心,教师作指导,教师和学生共同来创造教学结构的环境。这种教学结构不依赖于任何一套教学方法和教学原则。另外,无论在教学内容上,或是教学方法上都不能只注重一个层次,而是既注重学生对语音、书面写作、语法和词汇知识的掌握和运用能力,同时还要注重学生用语言表达意义和用语言做事的交际能力的提高。

24.5　机构语言学与语言教学

24.5.1　机构语言学

机构语言学是系统功能语言学的重要组成部分。总的来讲,它涉及语言的运用与运用语言的人之间的关系,包括研究语言在不同语境中的运用、不同语言社团的成员之间的关系、语言的变体和语言态度的语言学分支。在语言学中,人要根据语言或者他们使用的语言来分为不同的团体。语言社团是其中的成员都认为讲同一个语言的团体。例如,所有的汉族人都认为他们讲汉语,并人体同意汉语应该用什么书写形式。这种定义语言社团的方式有其优点:它反映了讲话者对他的语言的态度。通过语言社团,我们可以谈论许多其他与语言社团有关的问题。例如,如果两个语言社团发生接触会发生什么事? 某个语言社团中所讲的语言有哪些语言变体? 这里我们主要探讨语言变体在语言教学中的作用。

语言变体,从总体上讲,可以分为两大类别:方言和语域。方言是根据讲话者来确定的语言变体;语域是根据用途确定的语言变体。选择错误的语域,或者混淆不同的语域是外语学习者经常犯的错误。不同的语域由不同的情景类型来决定。情景类型由三个主要因素来决定:话语范围、话语方式和话语基调。话语范围系统地决定语言的概念意义。根据话语范围,我们可以区分科技语域、非科技语域,区分政治、经贸等语域。话语方式系统地决定语言中的语篇意义。根据话语方式,我们可以区分口语、书面语,区分行动语言、反映语言等。话语基调系统地决定语言中的人际意义。根据话语基调,我们可以区分正式语域、非正式语域、交流信息和交流物品和服务等。

24.5.2 特殊用途语言教学

机构语言学也与外语教学密切相关。首先,机构语言学是语言描述的主要对象。对语言的描述包括对语言变体的描述,甚至包括对语言变体的态度的描述。特别是在规定性外语教学中,对语言变体的态度是决定性因素。语言学家有责任在观察和描述语言的同时,勿忘观察和描述对语言的态度。

第二,语言变体是外语教学的主要内容。任何语言教学都不可能包括语言的所有方面和层次,都要在制定教学计划时做出选择。这种选择也可以包括两个方面:(1)对所教授的语言变体的选择;(2)对教授不同的语言变体的顺序的选择。例如,从前者的角度讲,是选择医学英语还是选择经贸英语作为主要的教学内容;从第二者的角度讲,在普通英语作为外语教学的主要对象的教学计划中,日常用语通常作为首先要教授的对象,然后是比较专业的语域。

另外,既然语言变体是语言的普通特征,那么就需要让学生了解语言的这些特征,并在语言运用中能够有效地运用这些特征。外语学习者通常犯的错误是不知道在什么语境中运用什么语言特征:或者把一种语域用于所有的语域中,或者把不同的语域特征混合在一起使用,或者选择错误的方言和语域特征,从而使交际失败。

从方言的角度讲,外语教学不可能把所有的方言变体都作为教学对象,而且也不必要。除了特殊的用途之外,例如外语学习者需要到所学习的方言区去工作、学习和生活,一般要教授本族语讲话者都公认的语言变体,这就是"标准语"。外语教学一般要以本族语言社团的标准语为教学目标,如汉语普通话。但有时,我们需要选择两至三种语言变体作为教学对象。例如,在英语教学中,我们可以选择美国英语的标准英语,也可以选择英国英语的标准英语,也可以把两者都作为标准语来教授,还可以根据需要选择澳大利亚英语或者加拿大英语作为教学对象。

从语域的角度讲,教授整个语言的所有语域变体是不可能的,也是不必要的。所以,外语教学要首先明确学习的目的,然后根据学习目的选择相关的语域变体。例如,一般外语工作者应该首先选择共核语言部分作为其外语学习的目标;将来从事特殊行业的人则需要学习相关行业的语言,例如,将来从事外经贸工作的学生要根据外经贸工作的需要选择与经济贸易相关的语域变体。专门用途英语是从这种教学思想中产生出来的。语域具有封闭性和开放性之分。学习一个封闭性语域就不必要教授这个语域之外的其他语域特征,可以比较快、比较好地完成教学任务。如果学习一个开放性的语域,则需要了解这个语域所涉及的所有有关的特征,并根据这些特征的多少和难度的大小等制定教学计划和设计教学方法。

在过去的十多年中,专门用途英语发展迅速,并在教学计划的制定、教学程序和教学方法方面积累了许多经验。但这种教学思想的产生与韩礼德等人的系统功能语言学的语言变体思想也起了一定促进作用,正如威多森所言(Widdowson 1980),有必要根据学习者对语言的需要来决定课程内容的假设似乎是韩礼德等所说的"内务英语、警察英语、法官英语、药剂师和护士英语、农业专家英语、工程师和安装师英语"的意思(Halliday, McIntosh & Strevens 1964)。

24.6 儿童语言发展与语言教学

韩礼德认为,研究儿童语言发展可以直接为外语学习和教学提供参考,因为知道了儿童如何发展语言,我们就可以参考儿童发展语言的方式和方法来教授语言,提高外语教学的效率。对儿童语言发展的研究可从两个角度进行:(1)从心理学的角度来研究,其重点是儿童如何"习得"(acquire)语言结构;(2)从社会学的角度,其重点是儿童如何在社会环境中发展意义系统,学会用语言做事和满足自己的需要。系统功能语法的研究重点是后者。

从功能的角度研究儿童早期的语言发展涉及观察和研究幼儿逐步学会表意的过程。在幼儿开始学习语言的阶段,他所获得的是一组初级的语言功能。每个这样的功能都包含一组供选择的意义。在每个这样的功能中供选择的意义的数目在开始阶段很少,但随着儿童不断成功地运用语言,其数量迅速增加。随着儿童不断成功的运用语言,他获得更多的意义和功能的愿望就会得到加强。通过这一过程,儿童要获得的是一套"意义潜势"。

韩礼德等认为,语言教学和语言学习是密切相关的。如果我们知道人类学习语言的特点,我们就会更好地装备自己,就可以确定教学方法。关于人类是怎样学习语言的,我们还知道的很少。但我们知道任何正常的儿童都生来就有学习语言的能力,只是遗传和民族对儿童学习哪一种语言无关。一个中国儿童到美国可以和美国儿童一样有效地学习英语。儿童们学习语言不需要懂语言学或者语音学。

一部分儿童可以同时学习两个或者多个语言,即双语者或者多语者。但一般来讲,儿童在学习了第一语言后才学习第二语言,有时是在他长大以后。但在8岁或者以后,学习语言的能力会明显减弱。

儿童不需要系统的教导就可以学好第一语言。学习者不需要教师来教导他怎样学习语言。但是有些情景可以为学习者学习第二语言提供有利条件。教师的功能是提供促使这些条件起作用的物质条件。

那么什么是这些条件哪?第一是年轻:学习第二语言越早越好。二是学习者所得到的是有意义的语言学习经历。这就是说,外语学习是学习正在使用的语言,也通过语言的使用来学习语言。第三是动机,但动机也可以分为正动机和反动机。如果儿童感到有压力学好一门外语,或者他对学习外语感兴趣,把外语作为一种能力,这就是正动机。如果他对外语学习十分反感,十分厌恶,他就会学得十分费劲,有时根本学不会,这就是反动机。

24.7 语言比较与语言教学

对于外语教师来说,除了进行语言描述之外,还要进行语言比较,将外语和母语进行比较,发现两者的异同,为外语教学提供参考。比较描述语言学有两个基本原则:一是在比较前描述,二是比较某些模式,而不是整个语言。第一点是明显的:你不能在还不知道两个语言各自是怎样运作时就比较它们运作的异同。第二点实际上也是比较明显的,但人们通常不理解。在外语教学中,我们可以对语言系统的某个部分或者两种语言的某些模式进行比较,了解它们各自的特点,以利于外语教学,但很难对整个语言的各个方面都同时进行比较。这样,比较通常有三个步骤:(1)对比较的两个语言的模式或者系统进行详细描述;(2)建立可比较性;(3)进行比较。

比较实际上可以根据比较的层次以不同的方式进行。但这些比较都是以描述为基础的;描述的越好,比较就会越成功。一旦两个语言用相同的范畴来比较,就可以把这些描述作为比较的资料,用以编写教材和教学材料。

外语教师实际上总是把外语与本族语相比较来作为许多语言教学课程的基础。韩礼德等认为,他们讨论比较的目的不是如何把比较运用于外语教学,而是要说明建立在有效描述基础上的比较比以前建立在印象上的比较要有力得多(Halliday et al. 1964:118)。

在讨论运用哪些语言标准进行比较时在比较的用途上还存在一定的争议,是与错误分析和母语的干扰相关的。他们认为,在此对比较的作用和特点的认识上存在误解,混淆了诊断错误和防止和纠正错误的界限。通过好的比较,我们可以预测错误和预测错误的根源。但如果考虑预测错误的目的,我们就会发现这个过程涉及三个阶段,而只有其中两个阶段是与比较相关的。

首先,在准备教学材料时,比较法可用以发现外语中的哪些特征最有可能是错误的根源,并可以描述这些特征以减少它们产生的不良效应。例如,对英语或者法语的时态系统进行很好的比较不仅可以使我们预测英国学习法语的学生有可能在时态的哪些方面出错,也可以描述法语的系统以利于提前预防某些错误。这是比较的预防性运用。第二,比较法还可以用于解释学生可以犯的错误,并准备补救练习以消除这些错误。但对错误的诊断与比较没有关系,因为这里涉及的是分析错误,而不是研究其根源。有一种特殊的语言比较方法称为"转移性比较"。在转移性比较中,比较者首先描述一种语言的范畴,然后看另一种语言中的与第一种语言中建立的范畴相同的范畴有什么特点。这种比较的特点是:它是一种单向的比较。但也需要对两种语言都进行比较好的描述,因为如果对两种语言的特点不了解,就不能很好地把比较所得的结果用于第二种语言中,就不能使比较有效。第三是确定转移的方向。由于比较主要涉及外语教学,所以我们讨论的重点应该放在外语教学上,由此比较的程序是用第一语言的模式作为参照来了解外语的模式。例如,如果我们学习的外语是英语,那么我们就用适当的汉语范畴来讨论英语的特征。

这种方式与传统的教材写作方式是一致的,只是由于这种转移的运用不是有意图的和规划好的,所以没有区分描述外语本身的特点和把外语看作像本族语的一个奇怪变种而进行转移性比较两者之间的差别。第二点实际上强调以第一语言为基础的转移的危险性:它可能由于在学生心目中建立起错误的相似性,久而久之而使第二语言难以处理。无论如何,学习外语的学生不能认为他是在学习一种与他的本族语相比不完整、不正规的复制语言。

24.8 简 评

作为系统功能语言学的创始人和发展者,虽然韩礼德自己对语言教学很感兴趣,并身体力行地讨论语言教学和外语教学,同时还说他的语言学理论产生的动力是教育性的,但他主要是一个语言学理论家。他的理论主要是由别人应用到外语教学等应用学科中去的,因而他自己讨论怎样把语言学应用到外语教学中比较少,特别是在近二十年中就更少。但其他应用语言学家把他的理论应用到外语教学理论与实践中去发展了许多新的教学理论和方法,特别是情景教学法(Melrose 1991)、文化教学法(Kramsch 1993)、语篇教学法、交际教学法(Brumfit & Johnson 1979)和最近发展起来的主题交流方法(Melrose 1991)。他的语言学理论对语言教学,特别是外语教学理论和实践的发展是巨大的。

同时,韩礼德等人早期对语言教学理论和方法的论述现在仍然有很多可以借鉴的方面。

以上我们总结了韩礼德等人对语言教学,特别是外语教学的论述,有些观点仍然十分新颖,对于语言学理论的应用、语言教学,特别是第二语言教学和外语教学都具有指导意义或者借鉴意义。例如,应用语言学是把语言学理论应用于探讨其他学科和领域,所以应用语言学不是一个学科,而是一个主题;语言学和语音学对语言教学的作用是提供描述,而不是可以代替语言教学;如果语言学对语言的描述能够解决语言教学中对语言描述的错误和缺陷;机构语言学对语言的描述更接近语言教学的目标,特别是外语教学的目标;外语教学中要考虑外语教学的环境,选择所教授的方言和语域等语言变体;对比语言学中主要比较的语言方面主要是语法和语音。其他方面如果在语言教学中遇到难题,也可以通过语言比较解决;儿童语言发展对语言教学,特别是外语教学很有启发:它提供了儿童实际获得语言的过程。我们需要讨论的是他的理论对于确定语言教学的内容有什么作用,有利于发展哪些相关的外语教学方法,有利于哪些方面的外语教学。

25

功能语言学的语言教学研究成果概观

25.1 引　言

　　韩礼德对语言教育的主要贡献在于如何学习和教授母语,同时也考虑第二语言教学和外语教学。他对语言教学,包括外语教学的直接贡献,主要体现在他 1964 年与麦金托什、斯特雷文斯合作出版的专著《语言科学与语言教学》(The Linguistic Sciences and Language Teaching)一书中(Halliday, McIntosh & Strevens 1964：137—307)。但韩礼德的阶与范畴语法和系统功能语法对外语教学的影响是十分巨大的,直接和间接地激发了许多新的教学理论和方法的产生。首先,是在其语言功能和语言选择等理论的影响下产生了交际教学法;在其语言变体理论,特别是语域理论的影响下产生了特殊用途英语教学方法;在其情景语境和文化语境理论的影响下产生了以文化为基础的外语教学法;在其语境与意义之间的关系的理论下发展了体裁理论(generic structure theory),并产生了以体裁(genre)为基础的教学方法;在其功能理论的影响下产生了新的课程设置理论等。下面分别予以探讨。

25.2 交际教学法

近来,在外语界流行的交际教学法在很大程度上是在韩礼德的系统功能语言学理论的基础上发展起来的。从理论上讲,交际教学法产生于三大理论根源(Melrose 1991),分别是:(1)语言学根源,即韩礼德的语言的意义系统和功能理论;(2)社会学根源,即海姆斯(Hymes 1972:269)的"交际能力"(communicative competence)理论;(3)哲学根源,即奥斯汀(Austin 1963)的言语行为理论(speech act theory)。

韩礼德对交际教学法的发展起重要作用的理论,是他的社会语义学理论(Halliday 1973:72—102)。此理论对交际教学法的贡献可以总结为五大要点。

25.2.1 社会环境和情景语境

韩礼德把社会文化看作一个行为系统,由一系列行为模式组成。语言行为是这种社会文化行为的一种。行为系统,也称为"行为潜势",在两个方面由语言体现出来。一是社会,一是情景。从社会的角度讲,个体的社会角色的建立和维持、亲密度和距离的建立和维持、各种不同形式的界限的维持、各种不同的人际交流等都属于此类。这些不同的行为模式是与某些具体的社会语境相关的。从情景的角度讲,语言运用的情景类型是关键因素。什么情景决定发生什么事情,出现什么行为,如游戏、交流、任务、讨论等。在这些情景中,人的行为是有结构的,如在商店买东西的程序等。根据这一理论,交际教学法要把语言作为一种行动或者行为系统来对待,要考虑语言运用的社会环境和情景语境。

25.2.2 意义系统

所谓语言行为是用语言来表达意义。要表达意义就要从意义系统中做出选择。语言学习是学习如何表达意义。语言的意义系统要由语言的词汇语法系统来体现。所以,语言的词汇语法系统要适合于体现语言的意义系统。语法系统不是自主系统,而是自然语法,所以学习语法必须要和学习语法所表达的意义系统联系起来,即和语言的运用结合起来,用于实际的语言交际。

25.2.3 语域分析和衔接理论

威多森(见 Brumfit & Johnson 1979:52)认为,话语分析实际上是探讨如何把句子用在社会行动中进行交际。话语可以大体上定义为句子的运用。韩礼德发展起来的语域分析理论和衔接理论是运用于语篇分析的,因而是研究句子的运用的。语域分析理论是根据语境来研究语言变体和语篇的类型的。语言变体是与语境类型相联系的。特定的情景类型决定特定的语言变体和特定的语篇类型;特定的语言变体和语篇类型由特定的词汇语法模式来体现。因此,根据语域理论,教授形式特征必须通过语义特征与情景语境特征联系起来,发现语言形式特征的交际功能。衔接是意义特征,是句子组合成语篇的重要因素,由语法和词汇等形式特征来体现。它所实现的是语篇功能,是通过纵横交错的衔接纽带和衔接链把句子组成语篇的重要机制。所以,运用交际教学法还必须要教授给学生句子是如何通过衔接组成语篇整体的,是探讨句子的运用的重要手段。

25.2.4 语言的多功能分析

威多森(见 Brumfit & Johnson,1979:65)在讨论对等成分时认为,我们可以把一组被认为是对等的句子看作是从深层结构中派生出来。这个深层结构可以称为"原深层结构"(proto-deep structure)。从语法上讲,它们是对等的,因为它们是可以相互释义的。但它们只是从语法特点上是对等的,在功能上的价值是不同的。传统教学法和其他语言学理论难以给以满意的解释。韩礼德的多功能分析可以很好地解释这种现象。韩礼德认为,成人语言都具有三种纯理功能:概念功能、人际功能和语篇功能。两个所谓对等的句子之间可能在概念意义上,或者人际意义上是相同的,但在语篇功能上是不同的,或者是在语篇功能的某些方面是不同的,如在主位结构上是不同的,在信息结构上是不同的,从而表现出不同的信息组织方式。这样,在教学中,运用韩礼德的多功能语言观,我们不仅可以解释各种各样的语言现象,而且还可以揭示语言运用的功能特点,揭示形式与功能的关系。

25.2.5 语言的系统观

在语言交际中,每个语段都要有一定的新信息,不然交际是没有意义的。这种新信息,或称"疑点"(doubt),或者信息空白(information gap)(Johnson 1979:192)为学生做进一步选择提供了基础。疑点与选择是紧密相关的。疑点说明存在选择,而选择概念是韩礼德的语言观的中心。语言交际就是在语言的意义潜势中,即从系统网络中进行选择的过程。从各种不同的选择集中及时做出合适的选择是流利的语言交际的基础。从这个观点来看,交际教学法就是一方面要为学生的语言交际提供可以在实际交际中做出选择的选择集,另一方面通过训练和实践教授他们如何在系统中进行选择。从这个角度讲,系统功能语言学可以从两个方面为交际教学法提供帮助:一是从内容上为学生提供可以在实际交际过程中进行选择的选择集(sets of options),二是进行如何进行选择的训练。这就要求我们外语教师在教授某个词汇或者语法项目时不是单纯地教授这个项目,而是把这个项目与它所属于的系统联系起来,必要时提供与其对立的选择项,使学生掌握整个系统,而不仅仅是某个单独的项目。然后,利用例证和训练来使学生掌握如何从这个系统中进行选择的方法和技能。

25.3 特殊用途英语

韩礼德的系统功能语言学对外语教学的主要贡献之一是其激发了特

殊用途英语教学理论和方法的产生。韩礼德等在其著作中明确提出了进行特殊用途英语教学的必要性,提出了"内务英语、警察英语、法官英语、护士和药剂师英语、农业专家英语、工程师和装配师英语"等英语变体(Halliday, McIntosh & Strevens 1964:189),并且说"每一个这样的特殊需要都在合适的教学材料出现前,需要由专门的人员在具有大量语言样品的基础上,对受限定语言和特殊的语域进行认真的研究"(Halliday, McIntosh & Strevens 1964:190)。

这样,特殊用途英语的意思是,如果学习者的语言学习需要进行精确地说明的话,这些具体说明就可以用来确定可以满足这些需要的教学内容。所以,进行特殊用途英语教学的首要问题是进行学习者的需要分析(needs analysis),然后要确定学习者需要达到的水平或者能力,最后确定教学材料和方法。学生的需要可以有两种解释:一是学生学习了语言后,他要用它干什么。这是以目标取向的需要定义,是与终极行为相关的,是学习的结果。二是学生如何做才能获得他学习目标所规定的能力。这是以过程取向的需要定义,是与转换行为相关的,是学习的措施。但在特殊用途英语教学中,第一种解释受到青睐,这是因为,正如韩礼德所说,大家都相信,只要学生的需要进行描述后就可以运用这种描述来设计课程,是结果决定课程设置。

正如韩礼德所述,特殊英语教学可以使学习的目标更加精确和明确,而不是像普通语言课程那样什么都学。这就要求我们要描述不同语域的语言。语域有开放和封闭之分。比较开放的语域涉及面很广,学生需要学习的内容就特别多,而封闭语域比较狭窄,需要学习的内容就比较少,这样学习效率就会很高。

25.4 以文化和语境为基础的教学

韩礼德的系统功能语言学发展了比较成熟的文化理论和情景理论,可以为从文化和语境的角度进行外语教学提供理论依据。正如克兰姆什

(Kramsch 1993:35—67)所说,"韩礼德的系统语言学提供了一个观察这一传统的对立概念(语言与文化——笔者注)。韩礼德通过把语法称为'人类经历的理论',把语篇称为'社会交流的语言形式',把文化定位于我们运用的语法、选择的词汇和我们赖以生存的隐喻中"(Halliday 1990:7—8)。

25.4.1　文化与语境

文化通常也作为语境的一个类别。韩礼德认为,有五个因素可以组成语篇与语境的循环圈:(1)语篇;(2)情景语境;(3)文化语境;(4)互文语境;(5)文内语境。同时他认为,所有的学习都是一种语境化过程,是建立有关下一步要发生什么事的预测,包括对非语言环境的预测。

克兰姆什也以韩礼德的语境理论为基础讨论了五种语境(Kramsch 1993:35—67)。这五种语境分别是:语言语境、情景语境、交流语境、文化语境和互文语境。其中,文化语境是所有其他语境的背景,指在话语事件中参与者之间的有关机构和思想意识方面的背景知识。本族语讲话者不仅用他们自己的声音讲话,而且还要讲在他们的社会和语言社团中建立起来的共有知识、他们所赖以生存的隐喻表达方式和他们用以表达他们的经历的范畴。因此,本族语讲话者对他们之间的话语是可以预测和理解的。然而,这些知识对于外语学习者而言是难题,因为外语学习者没有本族语讲话者的记忆和知识。由于外语课堂上教师和学生通常都不是本族语讲话者,所以他们经常意识不到他们话语中的文化内涵。所以,在外语教学中,教师应该使学生学会本族语的话语模式,并将其用于他们的外语交流中去。

25.4.2　文化与外语教学

在外语课堂中,文化是通过学生之间或者教师与学生的对话来创造和激活的。在对话中,参与者不仅重塑了已有的文化语境,而且具有创造一个新文化的潜力,因为对话是在外语环境中进行的。法国语言学家沙罗多(Patrick Charaudeau)认为讲话者和听话者在交际中都同时扮演两个角色(Kramsch 1993：47)：发话者同时也是交际者；受话者同时也是阐释者。在产出过程中，发话者向受话者发话，同时认为他发出的话符合受话者的交际目的。在阐释过程中，受话者建立了发话者讲话目的的印象，并传送给发话者。

在外语课程中的参与者通过改变发话和交际的条件、改变课堂话语的接受和阐释的条件来创造自己的文化。老师和学生一方面在交际中使传统的课堂文化固化，一方面，又要激发目标语的文化，做目标语文化规定的行为。所以，教师自己在外语课堂中成为建立新文化语境的工具。他们需要不断地了解和研究学生的企图和目的来确定不同语境，使这些不同的语境有意义。

在课堂教学中，任何交际活动的成功都主要决定于参与者如何观察情景语境和如何通过他们语言和非语言行为来改变它。克兰姆什(Kramsch 1993：35—67)通过海姆斯的八个情景因素详细探讨了参与者如何改变情景语境的方式。接着，克兰姆什通过探讨文化与语境在口语教学、故事和文学教学、真实语篇的教学中的作用阐释了韩礼德的文化与语境理论在外语教学中作用。

25.5 以体裁为基础的教学

25.5.1 体裁概念

体裁实际上是语篇的类别(在法语中的原义就是"类别")。人们对这个概念在系统功能理论框架中的地位还有不同的看法：韩礼德认为他是话语方式的一部分，而韩茹凯把它视为同语域相同的概念，认为它是一个意义概念(Halliday & Hasan 1985/1989：100—116)。但马丁等认为，体裁是文化的一部分，是出现在情景语境之上的(Martin et al. 1992：507)。在其分析模式中，他区分四个层次，即观念形态、体裁、语域、语言；而他的语言层次又包括语义层,所以他的语域和体裁都在语言之外和之上,即观念形态决定体裁、体裁决定语域、语域决定语言。观念形态(ideology)是文化的主要组成部分。以上这些语篇体裁分析方法都为以语篇为基本单位进行语言教学提供了教学方法和分析模式。

25.5.2 教学循环程序

教和学即不是完全同步,也不是矛盾的,而是形成一个循环圈(Hammond et al 1992:17)。这个循环圈共包括四个阶段。这四个阶段涉及选择教学任务和活动,把他们按一定的顺序排列,并把它们与主题和语篇的类型联系起来。这四个阶段分别是:(1)为体裁建立语境与领域;(2)把相关体裁模式化;(3)教师和学生共同构建语篇;(4)学生独立构建语篇。此循环圈可以由图 25-1 表示。

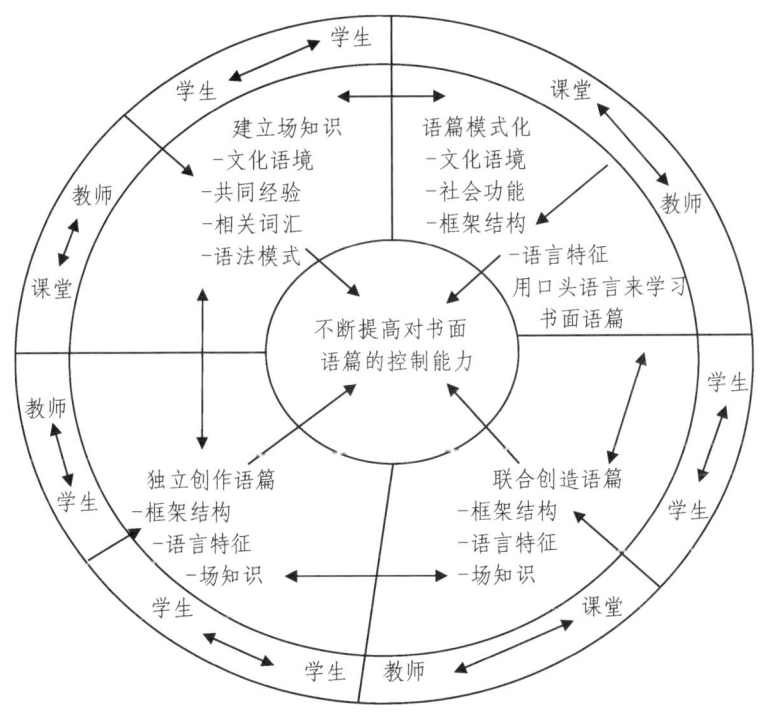

图 25-1 教学循环圈

这个教学循环圈主要用于提高写作能力，但如果我们把第一、第二部分作为阅读教学的程序，第三、第四部分作为写作教学的程序，那么这就是一个阅读、写作教学循环圈。

这个过程既涉及学习语言，也涉及学习有关语言的知识。教师与学生以及学生与学生要进行大量的口头交流、讨论和协商。在每个阶段，教师要组织一系列的活动，使学生掌握不同的语言特点和语言能力。这些活动的范围可以很大，从交际性、开放式的活动到具体的语言点；从以学生为中心到以教师为中心。教师和学生可以根据学生的掌握情况不断变换角色。

25.5.3 教学过程

25.5.3.1 建立场知识

教学循环圈的第一个阶段是通过分析课文建立场知识。在这个阶段要讨论语篇产生的背景和语境，包括相关的词汇语法。通过这个阶段使学生能够在学习课文之前就对所要学习的内容有一定了解，有了一个坚实的基础，对于分析课文和进行创作活动就比较容易了。

25.5.3.2 把语篇模式化

这个阶段是语篇分析阶段。但语篇分析的重点不只是注重一个语篇的分析，而是注重一类语篇的分析，所以要把本语篇作为一类语篇的一个实例。从了解语篇的社会文化、社会功能到语篇的词汇语法和语音，从了解语篇的词汇语法到语篇的社会功能，可以进行多次反复，一方面可以使学生更加熟悉这类语篇，同时也可以提高学生自己了解语篇和分析语篇的能力。如果只进行阅读活动可以到此为止，教师可以提供更多的语篇让学生进行对比和讨论、分析，也可以让学生自己寻找相同和相似的语篇来进行讨论和分析，做汇报等。如果要进行写作活动可以进入到下一步，即语篇的共同创作过程。

25.5.3.3 共同创作语篇

这个阶段涉及把以上两个阶段的成果应用于实践的过程，同时也是学生由使用口头语言向使用书面语言过渡的过程。教师一方面需要继续估计一下学生对这个领域的知识和语类结构等的知识的掌握情况和其实际写作能力。对于不足的部分还要通过一定的措施来进行补充,如通过进一步的阅读和讨论等。

25.5.3.4　独立创作语篇

最后一个阶段是独立创作阶段。进行这个阶段的前提是,学生已经掌握了主题、体裁结构和书面语篇的特点以及相关的词汇语法模式。教师需要继续确认学生确实具有了这些能力。如果不然,还可以再重新进行一个循环。

25.5.3.5　评价和测试

在阅读和写作的整个循环中都要随时进行评估和评价,看教学是否达到了预期的目标,看学生是否掌握了应该掌握的知识和能力。它是整个循环中不可缺少的步骤和方面,并决定教学的进度和是否再重复已进行的活动。最后还要进行一次总的评价,由此决定是否需要进行下一个循环。

25.6　课程设置研究

罗宾·梅尔罗斯以系统功能语言学的理论为基础,在交际教学大纲的基础上提出了一个新的教学大纲,称为"意义协商模式"(meaning negotiating model)(Melrose 1991:47)。如图 25-2 所示。

这个模式是一个语言过程模式。其中,社会话语和实践指马丁所提出的"观念形态",包括话语形成、主题系统和社会行为符号等,是社会文化层次上的东西。情景类型就是情景语境,包括话语范围、话语基调和话语方式。两者的关系是社会文化主要决定情景语境,但情景语境也可以作用于社会文化。协商过程是协商顺序与其他相关因素的结合。协商过

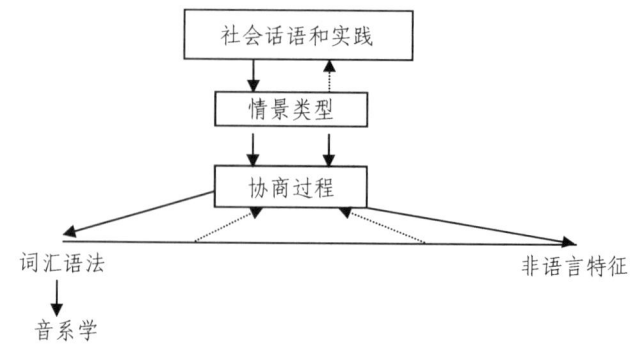

图 25-2 语言过程模式

程是由情景语境决定的。协商过程可以由语言实现,也可以由非语言特征实现。虚线说明讲话者和听话者可能出现不一致现象。如果由语言实现,首先体现为词汇语法,然后由音系特征体现。

梅尔罗斯又把实现上面的三个层次划分为若干具体的次范畴。社会话语和实践包括话语形成、主题系统和社会行为符号;情景类型包括题材、社会关系、渠道、符号功能和目的;交际过程包括交际顺序、态度和共享的知识。后来,他论述了这个模式的运作过程,并且用它检验了功能意念大纲的交际性,提出了这个模式存在的缺点。后来,他进一步探讨了语言过程模式的特点,做了进一步说明,把它定义为主题协商模式,发展了主题协商模式大纲。

主题交流大纲的基本内容是:首先对社会话语和实践、交流过程、语境类型等因素进行分析,并据此对语篇进行分析,总结出关键的功能成分,作为学习的主要目标;然后,根据以上列举的因素和方法进行实际的交际练习等。

25.7 小　结

韩礼德的继承人、合作者以及一些应用语言学家和语言教学研究者,在系统功能语言学和语言教学的诸多方面发展了他的语言教学理论,包括外语教学理论。从以上成果可见,系统功能语言学在语言教学领域是大有作为的。但目前的研究还不是很全面、系统。譬如,虽然系统功能语言学特别强调口语的第一性,但没有发展一套比较系统、可行的听说能力的培养教学法。笔者认为,根据系统功能语言学的发展状况和当前已经取得的成果,现在已经到了对系统功能语言学在语言教学中的作用进行系统、全面的研究,全面推进语言教学的发展的阶段了。

26

语言教学目标系统及应用

26.1 教学目标研究

教学目标实际上可以从两个角度来认识：一是教学目的，是指要求学生从初学阶段到结束所取得的结果，即培养目标；二是指要求学生在实际的学习中所学到东西，包括教学内容、技能和策略等。任何教学目标都是要促使学生学习，达到培养目标的要求。但学生的学习目的与教师的教学目的不总是完全对应的。在教师所要求的宏观教学目的的指导下，学生还有其自己的更加具体和实际的学习目的。从事文学研究者可能需要学习美的"精华"语言；要从事笔头翻译者只主要注意书面语言的词汇语法特点和如何把一种语言翻译成另一种语言；要求出国者首先考虑的是通过 TOEFL、IETES 或者 PETS 考试，然后再考虑如何在国外应用外语；许多非英语专业的大学生把学习英语的目的定位在通过四级或者六级考试。学生和教师的目的的不完全一致性造成教师教学目标和学生学习目标之间的脱节，从而尽管教师为自己的教学制定了很严谨和认真的教学计划、教学方法和程序，学生却不完全按照教师的计划行事。根据系统功能语言学理论建立外语教学的教学目标系统网络，使师生都可以在共同的系统中进行选择。通过师生比较各自的目标，并各自进行调整，将有利于解决教和学的目标不完全对应的现象。

26.2　发展学生的意义潜势

根据韩礼德的论述,语言学习的总体目标是发展学生的意义潜势(Halliday 1976),这完全反映了外语教学的完整真实的目标,是所有学习外语的人都梦想达到的目标。然而,实际上很少有人知道达到这个目标意味着什么,同时有更少的人实际上能够达到这个目标。它意味着他能够在目标文化中表达所有的意义,即他已经掌握目标语所有的意义系统。所以,这只是一个理想的教学目标。

要真正掌握目标语的整个意义系统,不仅涉及语言的系统本身,而且涉及语言的所有系统和所有方面,包括与语言相关的所有外部层次和方面。首先,他需要熟悉目标语的文化,并且能够按照目标语文化的规则和原则行事,实际上是使学习者成为目标语社团的一个成员。其标志是能够根据情景语境讲适当的话语,得体合适地完成交际任务,包括根据不同的活动和题材讲适当的话;根据不同的交际对象讲不同的话;根据不同交际媒介讲不同的话;根据语境选择合适地道的词汇和语法结构来表达自己的意义;用合适的文字和语音讲合适地道的话等。

这些比较具体的教学目标实际上在根据系统功能语言学理论,或者借鉴系统功能语言学理论发展起来的教学法的教学目标中体现出来,只是它们还没有从理论上系统地总结出来而已。

从20世纪80年代以来发展起来的许多教学方法都曾或多或少地受到系统功能语言学理论的影响。其中,受其影响比较大的是情景语言教学法、交际教学法和主题交流教学法。情景语言教学法主要以费斯和韩礼德的情景语境和文化语境理论为理论基础,把语言活动看作整个社会交际活动的一部分,是现实世界语境中有目的的活动。情景语言教学法的教学目标与其他教学法的目标没有多大区别,也是语言的基本技能——听、说、读、写。但这种教学方法有两个突出特点:一是结构主义特点,强调精确性和口语性,以口语带动写作;二是采用归纳法:教师给学生提供大量原始材料,给学生很多的感性认识,但不给予很多的讲解,学生需要自己归纳出用法和意义来(Richards & Rodgers 1986:35—37)。

交际教学法是受到韩礼德的功能主义理论和海姆斯的社会语言学理论的影响发展起来的教学理论。从海姆斯的理论的角度讲,教学的目标是发展学生的交际能力,与乔姆斯基的语言能力形成对比。与"意义潜势"相似,交际能力也是一个十分概括和笼统的概念,需要进行更精细的分割才具有可操作性。根据皮艾夫之见,交际教学法可以有以下几个层次的教学目标(Piepho 1981):

(1) 综合性层面或者内容层面(语言作为表达手段);
(2) 语言层面或者工具层面(语言作为符号系统和学习的目标);
(3) 人际关系或者行为的情感层面(语言作为一种表达有关自己和别人的价值和判断的手段);
(4) 个体学习需要层面(以错误分析为基础的补偿性学习);
(5) 概括的教育上的非语言目标层面(学校课程内的语言学习)。

这些还只是一般层面上的目标,可以应用于任何教学语境中,还不包括具体的为某种特殊目的制定的学习目标。这类目标是不容易确定的,因为教学目标反应学生的学习需要。

对教学目标做这种描述主要有两个问题:一是对各个层次之间的关系没有进行描述,没有使它们形成一个统一体,这样就使得教学目标显得繁杂,项目过多,难以操作。实际上,这些不同的教学目标是获得语言交际能力不可缺少的因素。

二是在教学目标中没有把语言上的目标列进去,所以缺少了最中心的项目,如听说读写等技能。作为语言教学,其最终的目的是获得语言上的知识、能力和素质,所以语言上的目标必须说清楚。从获得语言交际能力的角度讲,以上项目的获得是为了真正获得交际能力,或者说它们是获得交际能力的具体表现。这样,语言教学的目标可以描述为:学生需要掌握具有什么关系的交际者在什么样的语境中为了何种目的,运用什么样的词汇和语法,通过什么样的渠道和媒介交流什么样的意义,以获取语言交际能力。

梅尔罗斯的主题交流大纲(Melrose 1991)是完全根据系统功能语言学的理论发展起来的。他没有明确表明语言教学的具体目标是什么,但从他的大纲的具体内容上可以看出,他的大纲的教学目标是意义协商(meaning negotiation)。这个大纲的教学模式包括以下项目:(1) 表示社会文化的社会话语和实践,包括话语的构成、主题系统、社会行动符号三个次范畴;(2) 表示情景语境的情景类型,包括社会情景、题材、社会关系、渠道、符号功能、目的、态度、共享知识;(3) 交流过程,包括交流顺序;(4) 词汇语法和音系以及伴语言特征。

这些具体的项目都是整个交际过程中不可缺少的方面,可以用描述一个交际过程的方式把它们联系起来。

26.3 语言教学目标系统网络

26.3.1 教学目标系统网络的项目

根据以上对三个教学目标体系的讨论,我们可以把语言教学的目标进行汇总,主要参照梅尔罗斯的模式,把以上讨论的项目根据类型进行归纳,构建出系统功能语言学教学理论的教学目标系统网络。下面对归纳出的结果进行说明。

26.3.1.1 文化类教学目标

把这类因素确定为教学目标是因为这些因素影响,甚至决定学生是否能够运用所学的语言项目来进行语言交际。或者说,如果学生不掌握这些因素,就不能适当地运用所学的语言项目来进行社会交际。

话语的构成,指构成话语所涉及的文化背景、经济、政治、习俗、习惯、社会活动等。主题系统指话语所涉及的活动类型和领域。社会行动符号指社会交际中交际者之间的角色关系,包括同事之间的关系、不同性别角色之间的关系等。具体可以表现为老同事向新同事介绍咖啡厅、男人为女人买咖啡等。

26.3.1.2 情景类教学目标

社会语境指交际事件所涉及的社会活动类型,如买卖东西、购物、休息等。题材指谈话所涉及的领域等,如咖啡、饼干。社会关系指交际者之间存在的比较固定的角色关系,如上级与下级、男人与女人等。态度指交际者对他所谈论的主题,或者对他的交际伙伴所表现出来的情感。目的指要通过交际事件达到的结果,如调节他人的行为、建立更加密切的关系等。渠道指语言交际所通过的方式,如面对面口头即席讲话、为了阅读或者学习而写的文章等。符号功能所进行的语言交际在整个交际事件中的作用,如辅助功能、主要功能、组成功能等。共享信息指交际者之间所共有的信息和知识。例如,一方要讲的事情可能对方根本不知道,是新信息,或者对所讨论的事情双方都清楚。

26.3.1.3 语类类教学目标

语类类别从社会交流类型的角度讲,语类类型指交际活动的类别,如打电话、商店买东西、教室里上课、大会上作讲演等。交流顺序指某类交际事件中活动的顺序,如开始干什么、中间干什么、最后干什么等。

26.3.1.4 意义类教学目标

概念意义指语言用以表达人类的外部世界和内心世界的经历的意义,如咖啡馆喝咖啡的经历、在商店买东西的经历、思考某个事情如何做的经历等。人际意义指语言用以表达交际者之间的各种角色关系的功能,包括比较固定的社会角色关系和社会交流中的临时性的角色关系,还包括所涉及的态度、判断、评价等。谋篇意义指语言用以表达语言在交际中的作用、交际的媒介和渠道等的意义。

26.3.1.5 形式类教学目标

语法和句法的系统、结构和功能;词法系统、词的构成;词汇的意义、功能和用法;音系、音位以及音位结构、超音段特征、语调等;字系书写符号的类型、结构、功能、超字符特征等。

26.3.1.6 非语言特征类

手势的类型和表达的意义及其系统特征;身势语的类型和表达的意义及其系统特征;面部表情系统、类型及其表达的意义;距离语的类型及其表达的意义。

26.3.1.7 实践类教学目标

在听力方面能听懂各种语境中由音波传播的语言,并能根据语境和讲话者的特点排除各种干扰,理解各种不完整话语。在口语方面能在各种语境中根据讲话目的,讲出适合语境的话语,发音准确,语调正确,讲话通畅流利。在阅读方面能阅读各种语类的语篇,而且理解正确、精确、深刻;能解读寓意深刻的语言和用反语、双关以及其他各种修辞手段编码的语言。在写作方面能够写各种语类的语篇,文体风格适合该语类的特点,意义结构完整,语篇连贯。在翻译方面能够流利地和比较精确地把目标语以书面语形式或者口语形式翻译成母语,或者把母语翻译成为目标语。

26.3.2 教学目标网络的结构

教学目标是要通过教学达到的结果。这种结果要在学生身上体现出来。通过以上讨论我们可以发现以下几个道理:第一,语言学习不仅要学习语言,包括语言的意义、形式和实体,而是还要学习文化知识、有关客观世界和社会的有关知识、语言交际的基本原则和规则、人际关系和交际方式等。第二,教学目标所涉及的因素很多,但对这些因素的掌握程度和方面却差别很大。这些因素可以作为知识来学习,这样学习语言就像学习数学和化学一样,以认识和了解为基本目标;也可以作为能力,即内化的知识,这样这些知识就成为讲话者的实际能力和素质。第三,这些因素可以即成为知识,又成为能力,使讲话者成为即有知识,又有能力的语言学专家。一般来讲,学习的目标是第二种——为了运用语言,而不是为了了解语言。但在与学术有关的圈子内,学习的目标应该是第三种——学生应该成为既有知识,又有能力的人。

从所涉及的这些因素的基本性质上讲,我们可以把它们分成两个类型:以培养潜力为主的因素和以培养实践能力为主的因素。文化类、情景类、语类类、意义类、形式类和非语言类因素都是用以培养学生的语言交际潜力的因素;学生掌握了这些因素可以大大提高交际的质量和精确性,但不会把它们付诸实践是没有用处的。听说读写译能力属于实践类因素。它们本身都是用实践名称定义的,表现在实践的过程中。这样,实际上前者的潜在语言交际能力是主要由后者来表现。

另外,在前者中,这些因素是在不同的层面上。笼统地讲,它们可以主要分为四个层次:语言外部因素、语义因素、语言形式因素和实体因素。与语言的内部因素平行,而且起辅助作用的还有语言的伴语言因素和非语言因素。它们对语言内部因素起补充作用和作为可选择的资源。这些因素组之间不是平行的,或者一般具体的关系,而是体现关系,即语言的外部因素由语言的内部因素来体现,语言的意义由语言的形式来体现,语言的形式由语言的实体来体现。

我们能否只把最后体现的层次作为教学的目标,而其他层次作为包括其中的内容加以说明即可呢?这是传统的和以形式主义为主要理论基础的教学理论和方法所推崇的方式。教学大纲只把学生所要掌握的形式项目列出来即可,没有涉及文化、语境、语义等内容。实际上这是不可行的。其原因是:(1)如果我们只把形式项目列出来,教学的重点很容易放到形式上,从而造成重知识、轻实际能力的现象,造成重形式项目的记忆而忽视其在不同文化、语境中的用途的现象。(2)文化因素、情景因素、语义和形式之间没有一一对应的关系,而是层次之间存在融合、分化、零体现等现象。因此,语言学习不仅是要学习不同层次的项目,还要学习不同层次之间体现和被体现的规则、方式等。

这样,语言教学目标的系统网络要包括一个由不同层次的因素和不同的语言技能组成的系统网络,可以由图26-1(见下页)表示。

这是一个十分复杂的系统网络图,是在系统功能语言学的系统网络图的基础上,经过添加某些特殊关系符号形成的。在此,我们需要分清"表现""体现"和"平行"的关系。表现是集和成员的关系,是总体和个体的关系;个体作为总体的一个例证而表现总体,两者是同一类事物。体现是不同层次之间的关系,是上一个层次的项目在下一个层次的项目中表现出来的关系,因此,项目之间的关系是不同类别的事物。平行则表示在同一个层次上的不同类关系,或者不同级阶的关系。

这个网络还表现出知识和能力并行的关系。技能和综合知识的获得及其内化、能力化是合取关系,是同时进行的。我们没有必要区分知识和能力,而是把它们融合为一体。语义、语法、词汇、音系和字系规则和原则的显性化,或者内化都是必要的,而不是相互矛盾的。学生在学习文化、语境、语类的知识和在运用中提高听说读写的能力;在掌握语言运用语境的同

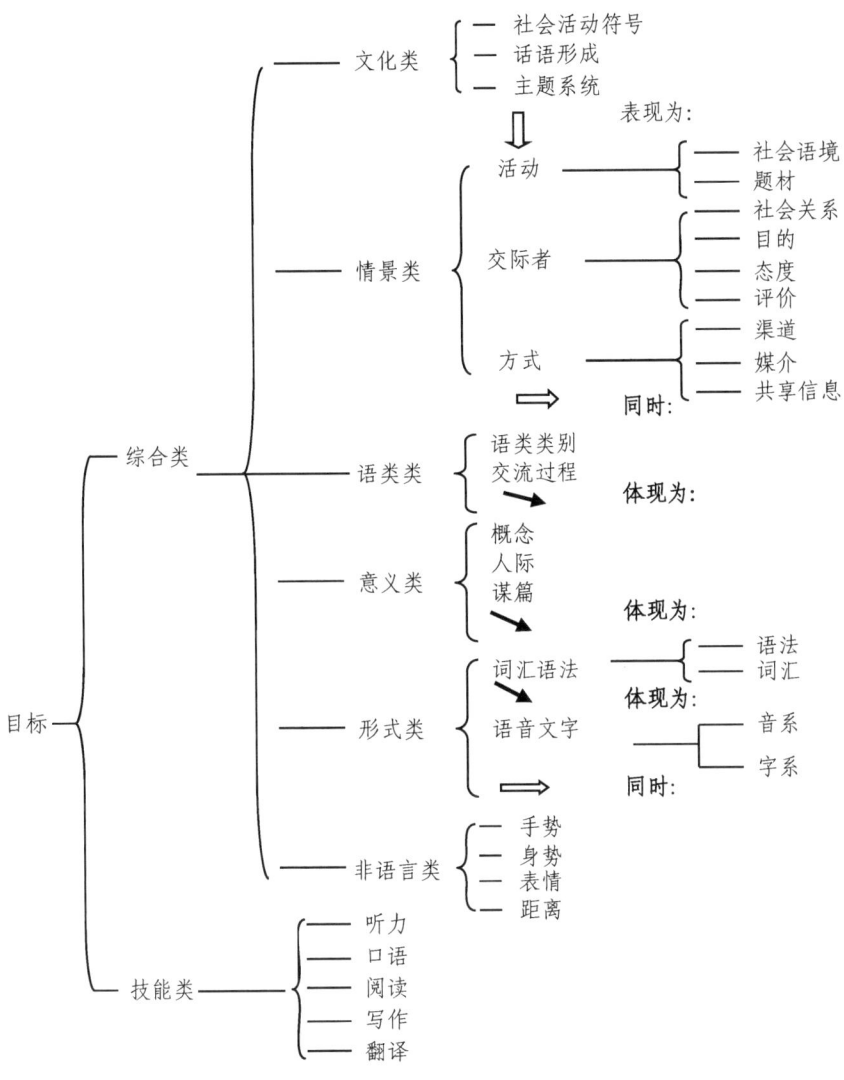

符号说明：
{ =合取关系，表示共时性选择的关系；[=析取关系，表示排斥性选择的关系
⇒ =平行关系，表示它们在同一个层次上；⇓ =表现关系，表示集与成员的关系
↘ =体现关系，表示一个层次的项目由另一个层次的项目来表现的关系

图 26-1　语言教学目标网络

时，学习社会文化，反之亦然。在语境中表达意义，在表达意义中学习词汇和语法的结构和功能，最后使学生达到掌握"意义潜势"的程度。

26.4 实际语言教学目标

在实际的语言教学中,语言教学的目标不是固定不变的,也不是千篇一律的,而是根据具体的需要有很多不同的目标。这些目标可以根据其特点归纳为一般目标、特殊目标、阶段目标和具体目标。它们实际上是从概括和整体性的教学目标系统网络中选择的结果;两者是"潜势"与"实际"的关系。

26.4.1 一般性目标

一般目标指语言教学的目标是从总体上提高语言能力,而不是只是在某些方面提高语言能力,忽视其他的能力。例如,大学英语专业本科的教学目标通常是在总体上提高英语能力,即认识目标语文化特点和语言表达的习惯;学会根据语境选择适当的意义和词汇语法;学会针对不同的语境和交际目的说不同的话,并学会英语的听说读写能力和一般的语法、词汇、语音知识。特殊目标是为了某些具体的目的而进行的语言教学活动,譬如为了某些学科的书面翻译、为了进行某些学科资料的阅读、为了某些特殊的用途,又如与外国人进行简单的专业对话、能够到国际会议上宣读专业论文等。

26.4.2 阶段性目标

阶段性教学目标通常表现为突出整个目标网络图中部分目标的情况。例如,在大学一年级,特别是学生入学阶段,教学的目标一般确定为语音语调知识和能力的提高和完善。其他的知识和能力的提高通常放在次要的位置上。教学活动主要围绕提高和完善语音的正确性和精确性,语音语调的知识和能力等(见图 26-2)。词汇语法的学习等则放在次要的位置上。在三、四年级阶段,外语教学的目标是专业的和专门的知识,如语言学、文学、经济贸易等,是根据文化语境和情景语境讲适当的语言的能力。

在不同的阶段,在目标网络中选择的目标项目就会有很大的差别(见图26-2)。例如,在初级的语音阶段,语言教学的目标主要是:语音的发音练习、语音模式练习、音变、连音、语调的类型和用途等。与其相关的目标是不同的情景因素对发音的影响、对音变的影响等以及一些词汇语法项目等。在高年级阶段,教学的目标包括文化类、情景类、语类类、意义类和词汇语法类等目标项目,同时还包括技能类的各类项目,而语音类和文字类项目则不再是主要项目。

情景类: 活动: 社会语境; 题材;
交际者: 目的;态度; 评价
方式: 渠道;媒介; 共享信息
形式类: 词汇语法: 语法;词汇
语音文字: 音系;字系

说明:黑体为重点目标

图26-2 初级语音阶段的目标项目选择

26.4.3 特殊目标

特殊目标,是为了便于学员执行特殊的任务或者从事特殊的职业和工作而设置的语言教学的目标。例如,在第二次世界大战时期,美国人为了更加卓有成效地与纳粹德国作战而学习德语,教学的目标是在军事行动中经常用到的口头语言。这种教学的目标主要是一些日常用语和一些用于军事领域的固定表达方式。具体而言,在文化领域,其主要的目标是军事领域的文化和日常文化;在语境方面则主要是军事题材、与敌人的关系、口语媒介等;在语类方面是有限的几种语类的语篇,如军事行动、日常对话等。语篇的意义和词汇语法是与以上领域相关的意义和形式特征。同时,还要学习一些相关的非语言特征。如果从图26-1的目标网络图中选择,则可以主要有图26-3中黑体所标示的若干种目标。

文化类	话语的构成
	主题系统：军事
情景类	活动：**题材：军事**
	交际者：目的；态度
	方式：渠道：口头；媒介：声音
语类类	**语类类别：军事类；日常对话**
	交流过程
意义类	概念；人际；谋篇
形式类	词汇语法：**语法**；词汇
	语音文字：**音系**
非语言类	手势；身势；表情；距离：
技能类	听力；口语

图 26-3 军事英语主要学习目标

　　如果学员是某个非语言专业的学生，他们将来的职业主要是与其本专业相关的，就没有必要让他们学习所有其他专业的语言，否则学生也不感兴趣，会影响他们的学习动力。

　　但是，即使是在这种情况下，也不能让学生只掌握本专业的语言，而不考虑语言的共核部分，因为特殊用途语言是以共核语言为基础的。由此可见，在目标语作为特殊用途语言的情景中，只强调语言的共性，或者语言的专业性都是偏颇的。比较合理的方法是在学习共核部分的前提下，同时学习专业语言部分，使学生既有比较坚实的语言基本功，又有比较强的专业能力。

　　另外，还有对语言技能的选择。如果学生将来主要从事本专业的笔头翻译和专业阅读和论文写作，则学习的重点是读写技能的提高，口语和听力则可以放在次要的位置，但这并不是说可以不进行口语和听力训练，因为后者可以促进前者的提高和完善。

　　从语境的角度考虑，可主要关注其将来所从事的活动类型、题材、交流的渠道和方式即可。交流语篇的类型主要为说明文，其次是描述文。其他语类的语篇使用很少，不必要作为教学的目标来处理。其所交流的意义主要为概念意义。

　　在形式上，在学习了基础的基本技能和语法知识的前提下，从专业的角度看，学习的目标主要是词汇和一些相关的表达式；从实体的角度讲，书面语篇由文字体现，因而学习的重点是字系学；从技能的角度讲，阅读和写作是两个孪生姐妹，但阅读更加直接。

26.4.4 具体性目标

无论一般目标、特殊目标,还是阶段性目标,都是比较概括的,难以在实际的语言教学过程中描述,只能作为所有教学过程的指导理念,决定语言教学的方向。具体的教学过程需要有具体的教学目标。根据布朗的观点,具体教学目标是"希望学生在一门课程或者一个项目的最后知道的,或者能够做的知识、行为和/或技能"(Brown 1995:73)。这些目标不是任意的,而是根据以上三类教学目标派生出来的,是在具体教学中实现以上三类教学目标的。

确定学生的学习目标是"需要分析"理论的重要作用之一。课程设置人员需要首先分析学生的需要,然后根据需要选择概括的教学目标,然后再把这些抽象的教学目标分解为具体的教学目标。这个过程本身是可以为在课程设置中设计教学活动和教学过程提供重要参考资料和思路的。当具体的教学目标确定后,就可以对学生的总体学习需要进行具体的分析、分割、分类、评价,从而建立一个连贯的教学过程。从这个意义上讲,具体的教学目标实质上为课程设置的建立、修订和修改提供了建筑材料。

与以上讨论的教学目标相比,这些教学目标既具有相似之处,又具有不同之处。从相似的角度讲,双方都表达出了教学项目结束时学生应该达到的具体目标。所不同的是,这些具体的目标不仅指出了具体目标的类别,还确定了应该达到的程度。这就提醒我们,在做课程设置的教学目标时,不仅要定性,还要定量,即不仅要指出教学具体目标的类别,还要指出要达到的程度。

从这个意义上讲,一般教学目标中的具体教学目标从理论上讲是无数的,因为它涉及语言的方方面面,涉及语言教学的方方面面。所以,实际上,任何人都无法达到一般教学目标所规定的理想教学目标,其区别是程度上的。

即使是特殊目标和阶段性目标,其具体目标和总体和概括目标之间的距离也很大。也就是说,一个概括目标可以在其之下几个层次上有许多具体的教学目标。这些具体的教学目标都是为了实现概括目标的(见图26-4)。

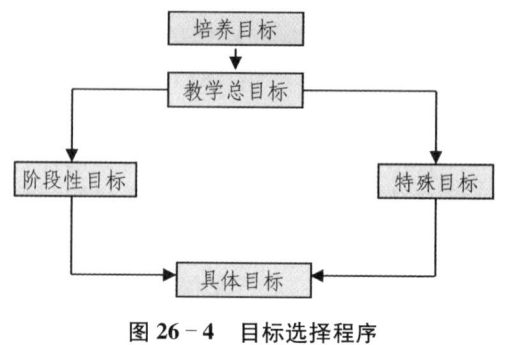

图 26-4　目标选择程序

26.5　结　论

　　以上是根据系统功能语言学理论对语言学习所涉及的方面的论述，探讨了语言学习在不同的层次和方面的目标。

　　从教学模式的角度讲，不同的教学目标对教学模式有很大影响，可以引起不同的教学模式。例如，如果把教学目标定义为技能，那么这个教学模式就是训练性的，技能只有通过训练才能更好地获得。如果我们把语言教学的目标定义为"意义潜势"，同时学生学习的目标也是获得意义潜势，那么教学的模式就呈现千姿百态的形式，因为它强调的结果是整体性的，需要通过各种各样的手段来获取。教学目标也呈现出多样性、多层次性、共选性等特点，由此产生了一个庞大的概括性的语言教学目标系统网络。

　　但在实际的语言教学中，教师不可能，也不必要同时把所有的教学目标项目都纳入其教学中，而是在不同的阶段、根据不同的具体目的、根据学生的需要和教学程序有不同的侧重和取舍。这就是系统网络的特点。

　　据此，教学目标可以归纳为：一般目标、特殊目标、阶段目标和具体目标。其中阶段目标是以上两个目标的部分，具体目标是以上三种目标的具体体现。任何概括的目标都必须通过具体目标体现出来。

27

语境理论与视听教学

27.1 语境在各种外语教学方法中的作用

随着现代语言学理论和语言教学理论和方法的不断发展,语境在外语教学中占据越来越重要的位置,而且,其重要性是与它在现代语言学理论中的地位相一致的。在传统语言学研究中,语言学研究的重点基本上是语音、词汇和语法,语义和语境被认为是不可确定的东西而置于边沿位置上。外语教学的方法主要是语法翻译法,即教学的重点是语法,掌握外语语法的方法是能够把外语翻译成母语,或者把母语翻译成外语。

从 20 世纪初开始,世界语言学被分成两大阵营,派生于两个传统:一是欧洲的社会功能传统,以布拉格学派、伦敦学派等为代表;一是美国的形式心理传统,以结构主义、转换生成语言学为代表。在 20 世纪 30 年代至 50 年代,随着结构主义语言学和行为主义心理学的发展,外语教学被认为是一种习惯的培养和形成,模式训练法成为主流。在第二次世界大战中兴起的听说法提倡听说领先,是模式训练法的典型代表。在欧洲则相应地发展起了口语法和情景法。这两种方法都把语境作为外语教学的重要因素,即所学习和训练的语言项目要与它们所处的语境联系起来。但可惜的是,功能主义所发展起来的语境理论没有运用到这些方法中去,因此语境还是一个模糊和笼统的概念,没有成为重点研究的对象。

最近,在欧洲则发展起了交际语言教学法(Communicative Language Teaching)和最近发展的主题交流法(Topic-Interactional Approach)(Melrose 1991)。这些方法不仅把语境作为外语教学的重要因素,而且还发展了比较系统的语境理论,主要为韩礼德的系统功能语境理论和海姆斯的社会语言学语境理论(Brumfit & Johnson 1979: 5—26)。语境涉及外语教学的方方面面。从教学方法上讲,它涉及应该采用什么样的教学方法、教学程序、教学设计、教学技巧等。本章重点以韩礼德的系统功能语境理论为基础,探讨语境在多媒体教学和视听教学中的作用。

27.2　语境理论简介

根据系统功能语言学理论,语境概括地讲,可以分为两个类别:文化语境和情景语境。文化语境是整个语言系统的语境,决定整个语言系统中的意义系统。情景语境是具体的语言运用的语境,是文化语境的具体体现。文化语境是由无数的情景语境表现出来的,而情景语境是通过文化语境来决定具体的交际事件中交流的意义的。在外语教学过程中,我们通常只需要参照语篇的情景语境即可,但一定要在情景语境中考虑文化背景的作用。情景语境是一个比较概括的概念,还可以分为即时语境、篇内语境、交流语境和篇间语境四个类别。

篇内语境指上下文之间的关系。篇内语境指上下文之间的关系。在语言学研究中,为了节省篇幅,作者经常用一个句子或者一个词、词组等来作为例子说明。然而,经常这一个句子在不同的上下文中可以有不同的解释,或者从单个句子的角度讲是不地道的,但在一定的上下文中是可以解释的,而且是可以出现的。

即时语境是语篇产生的外部环境。人们在现实生活中会遇到无数不同的即时情景。这些情景可以归纳为数目有限的情景类型(situation type),如"母亲给孩子讲故事""顾客在商店买东西""教师在教室里上课等。社会文化就是通过各种各样的情景类型来表现的。这些情景类型与语言的"意义潜势"相联系,从而在语言中产生了各种各样的语言变体,称为"语域"(register)。即时语境是一个具有三个组成部分的概念框架:语场(field)、语旨(tenor)和语式(mode)。

交流语境指由讲话者和听话者共同建立的语境。讲话者在说话时要不仅考虑自己的说话目的,自己要表达的意义,还要对听话者的接受能力,他的理解水平、知识结构,特别是他们共同的知识做出判断,来确定哪些信息需要预设、哪些可以隐含,哪些必须明确用语言形式或者手势和动作表达等。

篇间语境就是语篇之间的相关联系和相互影响所形成的语境。外部环境、文化背景、交际目的等可以影响交流的意义,以前出现的语篇、以后出现的语篇、现在与本语篇同时出现的语篇都可以影响本语篇要交流的意义和说的话。

27.3 语境与多媒体教学

27.3.1 用语言解决文化问题

多媒体的发展、录像和计算机的结合,能够使我们运用真实语料进行教学,从而产生了革命性发展。这主要是由于超语篇(hypertext)的产生造成的。超语篇指非线性语篇,是纳尔逊(Theodor Nelson)于60年代中期提出的(Kramsch 1993:196)。

多媒体和语境结合起来,可以为学生的学习提供了多种条件。这种方法的基本优点是可以在同一个宏观语境中,随时变换语境。学生叮以对同一个语篇从多点进行接触,可以从多个渠道通过这个语篇。例如,在多媒体处理中,一个语篇可以根据内容分割为几个部分,各个部分相互链接,但我们不必要按从开头到结尾的方式进行学习,而是可以打开任何一个部分进行学习。对于各个部分以及其中的部分可以采用"漫游式",根据需要可以通过这个部分自然转移到另一个部分,然后又到另一个部分,还可能再转过来。

另一个"自由"是我们可以从宏观语境到微观语境进行自由转换。例如,在语篇中遇到新的语言点可以直接点击进入另一个超语篇中学习有关这个语言点的知识。例如,遇到 AIDS、SARS 等缩略语时,你可以直接点击链接点来了解它们的全拼形式、它们的意义等。在完成这项操作之后可以很容易地转到原来的语篇部分。

从语境的角度讲,多媒体可以从两个方面在外语教学中起作用:交互式叙事和交互式记录。所谓交互式叙事,是说在教学中可以随时改变叙事的对象,使现实语境发生变化。例如,在叙事当中,其中人物可以转向观看者提出问题、提出要求。一个人在故事当中遇到问题,他不是自己想法去解决,而是问观看的学生如何解决问题。这就会使学生参与到叙事当中去。譬如一个人到了纽约,下了飞机,举目无亲,又不会讲英语,就转向问学生,"我该怎么办呢?"——探询如何才能到目的地、如何才能找到出租车、如何与出租车司机交谈等。

交互式记录是把纪录片中的内容交互化,使交流语境发生变化,成为与学生进行交流的材料。例如,一个加拿大人要到北京旅游,用鼠标一点击链接,出来一个导游小姐告诉你北京可以到哪些旅游点去旅游,然后问你,你愿意到什么地方旅游;同时,在其他窗口展现出北京各个景点的实际面貌,你如果点击一个景点,就会有导游小姐来与你对话,问你先从哪个门开始,主要看哪几个点,是粗略地看,还是细细地看等。学生可以通过点击对话,也可以通过点击与说话来完成。这些新的电子材料为我们的教学改革提供了广阔的前景。

27.3.2 新的学习方法

多媒体为我们提供了一种以学生为中心的学习方法,与传统的教学方法有五点不同(Kramsch 1993:200):

(1) **非线性**。在网上和计算机屏幕上可以平面的,或者立体性地展现内容,可以多通道、多点进入语篇中,与现实世界更加接近。

(2) **语境依赖性**。在多媒体教学中,语篇被直接置入语境中,反映事件的环境和过程,反映该言语社团的文化风貌等,使语言直接与语境相联系,表现出语言在语境中的作用。

（3）**重复性**。在多媒体教学中,除了新的东西以外,以前学过的东西不断出现。这些以前学过的东西不是完全的重复现象,而是重新解释、重新组织和重新建构以前的知识来使新知识与以前的知识结合起来。

（4）**建设性**。在多媒体教学中,学生不再是意义的发现者,而是在浩瀚的多媒体的知识海洋中进行漫游,通过语境和社会现实来构建意义、创造意义。

（5）**学生主导性**。多媒体教学使学生不再完全依赖教师和教材来决定要学习的方面,而是通过多媒体认识自己的知识结构的特点和缺陷,自主选择自己要发展的方面。

所以,多媒体教学在以下五个方面对学生的学习有利。

（1）鼓励学生把不同的项目联系起来、发现新的模式和根据语境进行推测。

（2）为学生能够接触知识、组织知识和提供知识的语境框架提供了机会。

（3）为学生提供了探索路线,不是哪一个正确,哪一个错误,而是有不同的逻辑结果。

（4）使学生能够利用语料库相关的网络来创造意义。

（5）使学生能够选择自己的学习方向,自己来解释事件,决定自己优先发展的方面。

27.4　语境与视听教学

教学的主要形式是课堂教学。这就必然会涉及这堂课与前面所上的课和下面要上的课程之间的关系问题,涉及对学习目标的作用。这样,语境的互文性起着十分重要的作用。另外,外语学习既涉及语言交际中实际运用的语言,也要考虑可以运用的语言,考虑与所运用的语言相关的特征,即语言的系统和功能。这就涉及语言的上下文语境。语言的形式特征总是和语言的语境特征相联系,因此外语学习必须把语言和语言运用的环境联系起来,这就是语言的现场语境。外语学习的目标是外语交际能力的提高,因此交际语境起重要的作用。下面分别探讨各种语境与外语学习的关系。

27.4.1　互文语境

互文语境在语境研究中一般不作为主要的因素来探讨。但在视听教学中则是要首先考虑的因素,因为每一视听活动都必须和前面已经进行的活动联系起来。这就产生了掌握背景信息的问题。每一次视听活动(第一次课除外)都是以前面已经进行过的相关活动为基础的。但学生是否完全掌握了以前活动的内容以及掌握程度,将会直接影响到本次课程的效果。因此,学生可以通过复习来使本堂课与前面的课建立起互文性。

复习的方式可以是多种多样的,没有固定的格式,通常可以运用教师提问题,或者学生提问题的形式来解决学习的重点和学生的困难,也可以让学生复述所学内容的方式来锻炼学生的表达能力;还可以采用角色扮演的形式来把以前学过的内容用"真实"语境表现出来,把知识融入交际中。

互文性实际上还可以表现在视听教学的整个过程中。例如,在课堂上遇到一个语言项目可以把它与以前所学过的与其相似、相同、相反以及相关的项目进行比较、对比、联系等。这样既可以用已经学过内容来强化现在的学习项目,又可以与以前学过的项目结合起来,使它们形成相互联系的组合,还可以强化项目的系统性,把现在所学的项目置于其系统中合适的位置上,使它进入学生的知识结构和知识系统中。通过这样多次的互文活动可以把有意识的知识变为无意识的交际能力,或者"语感"。

27.4.2　上下文语境

互文性与篇内语境总是密切相关的。实际上,在外语教学中,篇内语境和相关语篇实际上不是截然分开的。两者在教学上形成一个连续体,譬如,有时第一堂没有学完的东西移到下一堂课来学,这样我们就难以说清它是篇内的还是篇间的。

在上下文语境中,我们需要从线性结构和宏观结构两个角度来考虑教学的程序和方法。我们不仅要考虑线性的话语之间,或者话语内部的关系,还要考虑语篇的宏观结构关系。从线性关系上,我们可以使学生掌握微观层次的问题,如语言点、词汇、语音、复杂的句子结构、习惯表达方式、固定搭配、句子内部和之间的连接方式等,掌握信息的流动方式、句子之间的各种衔接关系等。从宏观结构的角度讲,要明确使学生掌握语篇的主题是什么、它是怎样展开的、由几个部分组成、各个部分的功能是什么、各个部分是怎样发展的,各自对于实现语篇的总的交际功能起什么作用等。

我们可以采用多种方法来完成以上任务,譬如可以采用课堂讨论的方式。在放完一段录像或者录音后,教师可以根据语篇的特点和学习任务,定出讨论的题目和讨论方法,让学生参与讨论。

27.4.3　即时语境和文化语境

我们把两类语境放在一起来讨论是因为两者总是在语篇的生成过程中同时起作用。所以,韩礼德把情景语境看作文化语境的具体体现(Halliday & Hasan 1985/1989)。

语境既是社会交际的过程,也是社会交际的产物,因此研究语篇必须把它和它产生的环境结合起来。在学习一篇课文时,也需注意首先描述语篇的历史背景。这也是描述语篇产生的情景语境和文化语境的过程。

在视听教学中,一定要首先注意语篇产生的即时语境和文化背景。一般我们在注意语篇产生的背景时首先考虑的是在什么地点和时间,在什么情况下发生了什么。实际上,要精确地认识语篇的语境,应该首先确定语篇的话语方式,即其语篇的语境依赖程度如何(是行动中的语言,还是反映性语言),是独白还是对话,是口语还是书面语。在这个前提下,认识语篇的语境可能更确切些,因为这样你就知道哪些语境特征是相关的。例如,在行动性语言中,现场语境十分重要,是理解语篇的主要因素,因此要时刻把所说的话与现场语境密切联系起来;而在反映性语篇中,现场情景几乎和语篇的内容无关,因此就不必过多考虑即时语境。

确定了语篇的话语方式,认识了发生的交际事件,就要从几个方面认识语篇的语境依赖性。一是语篇中所涉及的文化规约、固定的程序、范式、行为模式等。这些除了交际者按这些模式行事之外,还把它们作为已知的信息和知识来处理,所以通常作为预设的对象,或者作为隐性信息来处理。这对于外语学习者来说是学习的难点所在。

第二是现场语境中的事物和人物等,由于是在现场中存在的,因此就不必由语言来体现,也通常作为预设的信息,或者隐性信息来处理。

这两种语境因素,前者主要涉及文化因素,后者主要涉及情景因素,是预设和隐性信息产生的源泉,是口头语篇的主要特点。所以,在语篇学习和描述中认识这些语境因素是理解语篇的关键因素。实际上,对语篇的真正理解产生于从语篇的形式特征和微观特征到语境特征和宏观特征的认识,而语篇的生成过程是与其相反的程序。

27.4.4 交流语境

交流语境是外语学习的关键。在视听教学中,我们首先要了解语篇的讲话者以及听话者,他们之间的社会角色关系,如教师与学生、上级与下级、老板与雇员、军官与士兵;了解他们之间的交流角色关系,如求取信息、给予信息、聊天取乐、劝说听话者相信某事等,也包括交际者的态度、亲密关系、熟悉程度等。

认识交际语境只是根据语境学习语言的第一步,更主要的是要能够利用各种教学方法把它们变成学生的实际语言交际能力。与交流语境相关的教学方法包括:角色扮演、布置任务、提供语境、变换语境因素等来把语境的系统性与语篇的系统性结合起来。

角色扮演 对于对话或者会话类语篇来说,除了了解语境和背景,学习相关的语言知识等外,角色扮演是一个十分有效地把学生的语言知识变成语言能力的好方法。教师可以选择几个学生模拟语篇中的人物进行对话,其他学生可以模拟或者听和看,轮流进行角色扮演。这样做的好处是学生可以随时得到教师的反馈,及时纠正角色扮演中的错误和不合适的地方,提高学习的质量;其缺点是大多数学生实际上得不到,或者得到很少的锻炼。

另一种方式是教师把全班所有的学生进行分组训练,教师只是作为组织者和维持秩序者,最后给予评价和引导。这样,学生可以得到充分的锻炼,但学生在对话中的错误则不能得到及时纠正。

第三种方式是把两者结合起来。首先进行有控制的角色扮演,让两个或者三个学生模拟语篇中的人物进行对话,而其他学生只是观察和评价,教师及时给予指导,并决定训练的进程。通过几个学生的对话,教师可以建立起角色扮演的基本模型,然后让全班学生进行训练。这样,在教师的指导下的训练可能效果更好些。

然后,为了训练学生的作为观察者进行语言交际的能力,学生不仅可以模拟参与者,还可以模拟观察者来进行角色扮演。例如,在两个同学进行对话的同时,第三个学生可以对其行为进行解说,给予解释、评论和评价。这样,不仅可以提高学生的观察问题和解释问题的能力,还可以提高他们的书面语表达能力。这在高年级可能更适用。

任务教学法 这是当今外语教育中通行的一种方法。教师交给学生一项具体的任务,让学生自己想办法解决。以前在口语或者听力教学中,我们通常要求学生听录音、背诵对话等。现在有了视听说一体的软件,我们可以要求学生看录像,或者通过录像进行视听说综合训练。同时,还可以让学生完成一些具体的交际任务。例如,让学生自己想办法(如通过问路)找到回家的路,让学生自己描述一个到银行取款的过程等。另外,还可以划定范围,让学生自己策划一个任务,并自己完成。譬如,教师可以让学生策划一个到城里做事的任务,并描述整个过程,或者利用对话来模拟整个过程等。

提供情景法 与任务法相近的是提供情景法。教师可以给学生描述一个语境,然后让学生自己根据这个语境进行交流,产出实际的对话。在所有这些教学活动中,教师要尽量选择合适的例子说明:这包括所选择的例子难度适中,发生的事件是学生感兴趣的,而不是教师自己感兴趣的,对完成教学任务是有利的,交际事件是学生熟悉的和愿意讨论的,学生有发表意见的余地和时间等。

变换语境法 每一个具体语境都是无数语境的一个具体实例,因此只是针对某个具体的语境进行教学活动是远远不够的。这样,在教学中不断变换语境,并引导学生在新的语境中进行社会交际的训练,是提高学生的口头交际能力和适应能力、提高使用语言的精确性和合适性的好方法。

变换语境可以采用多种方式,如扩展环境的范围、增加参与者、变换交际目的、改变行为的顺序和结构、改变基调、改变媒介和渠道、改变体裁、使交际常规自动化、探索语境不同层次的特征等。变换语境的基本方法是使语境中的某些方面保持不变,而改变其他的因素。

首先,从话语范围的角度讲,我们可以使参与者的关系以及交际的方式保持不变,而改变其发生的事件。例如,几个同学出外旅游,遇到别人发生了车祸怎么办;在公园里赏花,可进行什么样的交际;在草地里野餐如何进行交际,去爬山进行什么样的交际。当警察的父亲给儿子写一些他自己的经历:他训练时发生了什么、他是怎样做的,生活情况怎样、怎样维持治安秩序、怎样抓罪犯、怎样进行案件调查等。

从话语基调的角度讲,我们可以使话语范围保持不变,而改变话语基调。例如,讲话者可以改变他的听话者。他首先给同学甲讲一个他如何到北京参观故宫的故事,同时同学甲给他提出问题,要求他对某些细节进行说明,还可以进行辩论;然后,他把同一个故事给同学乙讲述,同时同学乙给他提出问题,要求他对某些细节进行说明,还可以进行辩论。

改变听话者还包括改变交际场合。例如,假设你出国回来,你把你出国的经历介绍给大家;你可以给你的家人讲你的经历,还可以给你的同学讲你的经历,还可以在大会上以报告的形式讲你的经历。

对于同一个事件,你可以采取不同的态度和情感来对待,因而可以通过变换口气和态度来进行交际练习。例如,当你得知肇事者在大火中努力救火,不幸死亡时,你可以采用淡漠的态度,认为他自己放火,然后被烧死,是咎由自取,不值得同情;你也可以采用同情的态度,认为虽然他放的火,但他还努力救火,丢掉了年轻的生命,十分可惜;你还可以采用褒奖的态度,认为虽然他不小心失了火,但英勇救火,不怕牺牲,最终献出了自己的生命,应该追认为烈士等。

从话语方式的角度讲,你可以不断改变话语方式来进行交际训练,包括改变渠道、改变媒介、改变体裁等。例如,听说广州发现了非典型肺炎(SARS)的病例,你想把这个消息告诉别人,你可以与他面对面地进行交流,可以与他通电话,可以给他捎口信,可以给他写信,也可以写新闻报道,还可以写个小故事等。

在所有这些课堂教学过程中,教师都在扮演着一定的角色。一般认为,教师在课堂上的角色是不变的,是讲授者和领导者。但从语境的角度讲,教师根据教学的程序、教学的安排以及教学的目标,不断地变换角色。例如,在给予指导和指令时,教师是指导者;在讲解教学内容时,他是讲授者;在学生开始活动时,他是组织者;在学生不需要组织时,他是观察者和评判者;在需要教师参与时,他也是参与者等。教师通常意识不到他需要扮演这些不同的角色,因此在各种情况下分别以某一个面孔出现在学生面前,从而影响教学的效果。

27.5 小　结

综上所述,语境在视听教学中是必不可少的重要因素,因为它与语言关系十分密切,主导着语言的运用。从外语教学的角度讲,语境可以帮助我们选择比较合适的教学方法。在语境的帮助下,传统外语教学中使用过的方法和最近在现代语言学、心理学、人类学、教育学等启发下发展起来的许多教学方法都可以"各显其能",在不同的教学环境、不同的条件、不同的教学对象、不同的层次和阶段中发挥其作用。

28

系统功能语言学对机助外语教学的启示

28.1 引 言

随着科技的发展和计算机与网络的普及,计算机辅助外语教学在外语教学中占据越来越重点的位置,特别是大学英语的多媒体化和网络化发展,更加突出了计算机辅助外语教学的作用。当代语言学理论的发展当然对计算机辅助外语教学的发展起到了一定推动、提高与优化作用,但计算机辅助外语教学首先是教育性的,所以,语言学在其中起的作用需要比较好的定位才能充分发挥语言学在计算机辅助外语教学中的作用,使其总是产生正效应,避免负效应,或者无用功。

语言学在计算机辅助外语教学中主要有两个作用:(1)可以提供语言描述(见 Halliday et al. 1964),帮助外语教学者和学习者了解语言的本质和特点,从而根据语言的特点和性质优化外语教学;(2)语言学理论可以成为语言教学理论的基础,用于指导语言教学的目标、程序、方法、原则的制定。

系统功能语言学是语言学众多理论之一。由于它特别注重语言的功能和在人类社会交际中的作用,因而可以为计算机辅助外语教学提供理论基础和指导。

系统功能语言学理论是继承了费斯的功能主义思想,同时参考和兼收欧洲功能主义学派的思想和理论,由韩礼德等创立的。韩礼德以人文主义思想为基础,形成和发展了他自己的一些语言学观点和思想,归纳起来可以包括以下几个方面:(1)主要从社会文化的角度研究语言,把语言看作一个社会符号系统,在语言的普遍性和特殊性上,更强调与语言的实际运用相关的语言特殊性,因此十分注重研究语言的变异特征,包括对语域和方言的研究;(2)注重语言的系统性,但把语言系统看作"语言的聚合关系",看作意义潜势,由可进行语义选择的系统网络组成;(3)认为语言系统是分层次的,是一个由语义层、词汇语法层、音系层组成的多层次系统,层次之间的关系是体现和被体现的关系;(4)从系统中进行选择便产生了在社会文化交际中实际应用的语言。语言的性质决定于语言在人类交际中所完成的功能。在系统功能语言学研究中,有两个比较重要的意义:一是语言所完成的交际任务,从这个角度讲,语言是一个由概念意义、人际意义和语篇意义组成的概念框架;二是语言单位在语言结构中的功能,指构成一个语义系统的起具体作用的语义成分,是形式化的意义潜势的离散部分,由词汇语法来体现。体现概念意义的是及物性系统,包括行为者、过程、目标、环境等;体现人际意义的有语气系统,包括语气和剩余部分等成分;体现语篇意义的有主位系统和信息系统,前者由主位、述位两个功能成分组成,后者包括已知信息和新信息两个功能成分。语言是在语境中运用,并且由语境决定的。韩礼德认为语言的情景语境包括三个变项,分别与语言的三个纯理功能相对应。这三个变项是:话语范围(field of discourse)、话语方式(mode of discourse)和话语基调(tenor of discourse)。

28.2 计算机辅助外语教学的特点

计算机辅助外语教学是外语教学的一种特殊形式,主要是为外语教学增添新的教学工具,包括硬件和软件两种:从硬件的角度讲,主要为外语教学增添了电化教学设备,包括各种多媒体和网络教学设备,这样就增添了电化教学设备的使用问题、操作问题以及由此产生的对外语教学的任务、目标、方法和程序的影响等;从软件的角度讲,主要为外语教学提供教学软件,包括教学资料及其使用的程序和方法等。具体地讲,这些软件包括对教学材料的编辑,使教学材料成为可以在外语教学中发挥作用,特别是发挥最佳作用的材料;对教学材料的管理,包括在什么时候运用什么材料,用多大量的材料等;对教学材料的控制,包括对材料的类型、量和使用时间的控制等。

计算机辅助外语教学的目的是提高外语教学的效率和质量,所利用的主要是其多媒体技术和网络技术,包括专用机助语言学习软件程序、联网、普通自编程序、特殊自编程序、刻录真实语料的光盘、网络、电子邮件、专用外语网址、非专用真实语料网址、文字处理系统、多媒体投影设备、Excel 制表系统等(Jarvis 2004)。

这些新的外语教学手段具有如下几个突出特点(邓星辉 2003):

(1) **信息媒体多维化**:可以通过多种媒体来同时传播信息,从而产生多种刺激,通过听话者的多种感觉来进行学习,提高学习效率和质量。

(2) **各种媒体的集成性**:它是各种不同的电子信息的集成,即把数值、文字、声音、图形、动态图像有机地集成在一起,并把结果综合地表现出来。

(3) **各种媒体的交互性**:这就是让传播信息者和接受信息者相互之间有信息的实时交换。就多媒体技术整体而言,其内容主要涉及"计算机软件技术、音视频数据压缩和解压技术、专用芯片技术、总线技术、网络传输技术、专用音视频硬件卡技术和大容量存储技术等"(思讯等 1996)。

同时笔者认为,计算机辅助外语教学除了以上三个特点外,还具有第四个特点:交际者角色和语篇的可转换性。从角色的角度讲,交际者可以由被动和接受性角色转化为主动和参与性角色,即从观察者转换为参与者;从语篇的角度讲,接受者的注意力还可以从一个语篇转移到另一个语篇。

这些新的外语教学手段可以使外语教学的条件发生新的变化。这样变化可有利于提高外语教学的效率和质量。这些变化包括(冯伟 2003):

(1) **信息量的暴涨**:指由于多媒体光盘储存的大量信息及计算机网

络实现的资源共享使得多媒体课堂所呈现给学生的信息量比传统的课堂信息量要多得多。

（2）**学习的个性化**：多媒体外语教学的人机组合模式多样化及人机对话的实现使学生的个性差异和学习进度会得到较好的调节。

（3）**语言材料的形象化和真实化**：传统的媒体只能展示单维文字的语言，原本生动的语言无法通过传统的媒体表现出来。而多媒体技术则能运用各种媒体的长处，向学生展示语言的丰富性和形象性。

（4）**学习环境的多元化**：多媒体语言教学利用多媒体技术以多种形式表现语言，生动、形象的语言材料容易营造自然、轻松的语言学习环境。图、文、声并茂的多元化语言环境能使学生长久地保持学习兴趣。

（5）**提供大量的背景知识**：包括文化、交际者、现场语境等方面的知识，使学生易于理解和掌握的难点和重点。

（6）**学生直接参与的机会**：使学生由观察者和理解和解释者变成参与者，从而提高了学生的交际能力，体现了学生的学习主体地位。

28.3　计算机辅助外语教学与外语学习

28.3.1　外语学习的基本因素

根据系统功能语言学的观点，学生学习语言就是要发展他的"意义潜势"（Halliday 1976），而发展其意义潜势则需要通过各种不同的方式和手段来学习语言，包括学习知识、学习技能、学习说话的常规、学习词汇语法和语音文字系统等。其中，通过语言在社会交际中的功能是最有效的学习方法。学好外语的基本因素可以由图 28-1 表示。

从语境的角度讲，计算机辅助外语教学有利于提供各种新的语境因素。例如，它可以通过文字、图画、动画、录像等手段提供背景信息和现场语境信息；通过录像和电影、多媒体软件等提供交流语境，使学生可以直接参与到交际当中去；它还可以提供互文语境，利用多媒体提供上文、下

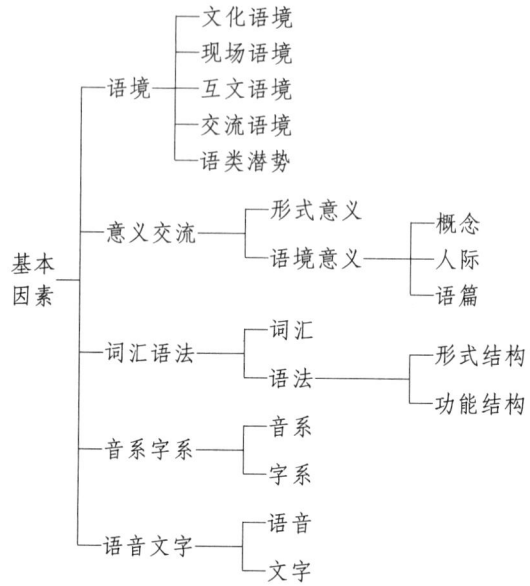

图 28-1　学好外语的基本因素

文、相关文、内嵌文、共时文、超级文等。另外，多媒体和网络等计算机辅助外语教学手段还可以同时提供多种语境：超文本提供背景信息；录像提供现场语境和交流语境等。这样，计算机辅助外语教学还可以给学生提供很多自由选择的机会，可以通过这些手段自学和有重点和针对性地学，例如可以利用点击自由选择自己需要的信息。

从语音文字的角度讲，多媒体和网络等计算机辅助外语教学手段可以通过录音、录像、电影、多媒体软件提供真实的语音，从而可以通过视听觉刺激学生的感官，提高对真实语音和文字的辨别能力，从而提高学习效率和学生的交际能力，同时还可以通过语篇和超语篇提供真实的文字，包括大小不同、形状不同、疏密不同的文字等。

28.3.2　机助外语学习的基本模式

从计算机辅助外语教学的方式上讲，可以通过课堂教学的模式，也可以通过自学模式（见图 28-2）。在课堂教学中，学习的内容可以是知识，也可以是技能。从知识学习的角度讲，计算机辅助外语教学设备可以提高知识学习的效率。综括起来,知识学习可以有以下几种方式:(1)通过网络、电子文本、超文本等大幅度提高各种知识量;(2)所需要的知识更容易获得:可以通过网络搜索和寻找来获得;(3)可以更加系统地提供知识:可以通过超文本链接、图形等方式来系统地提供信息。但知识学习的缺点是信息量过大,各种相关和不相关的信息混杂在一起,容易浪费学生的时间,因此,要教会学生如何做出合适的选择,以最优化的方式选择所需要的语料。

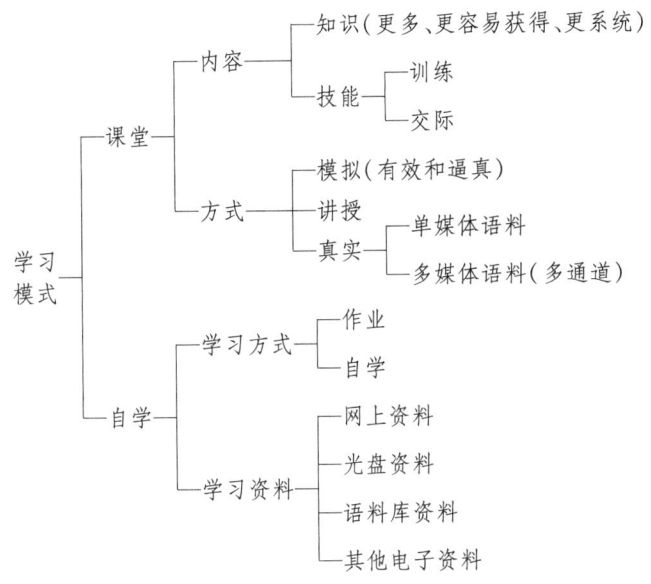

图 28-2 机助外语学习的基本模式

从能力训练的角度讲,计算机辅助教学可以通过图形、录像、电影、软件等提供真实的场景和背景;还可借助各种多媒体手段提供接近于真实的模拟语料。其多通道传输语料大多数通过听觉和视觉的结合,但有时可以增加触觉,即包括感受、感觉等。可以更加经济、省时,提供有利于由知识变为内化能力的条件和环境。

另外,通过多媒体设计一些易于交际的场合,如用录像提供一个情景,使学生参与,让学生讨论;随时改变学生的角色,由观察者和学习者变为参与者,如提供直接和学生交流的场合。通过交际性的提高来促使学生的语言能力转化为语言交际能力。

同时,计算机辅助外语教学还为学生自学提供更加便利的条件。例如,提供大量的资料,使学习资料丰富;提供便捷的资料,使资料易于获取;提供快速的信息传递,使信息易于更新;提高自学的效率和质量,培养学生的交际能力。

28.3.3　机助外语学习的过程

如上所述,语言是一种符号,符号可以以声音或者图像的方式刺激接受者的感官,所以语言学习和理解的过程是以接受刺激为起点的。这与行为主义心理学的观点是基本一致的(Skinner 1957)。在一般的教学过程中,学生通常以三种角色之一出现:接受者——在课堂上,学生只被动地接受教师的知识传授和训练,自己没有主动学习的权利;观察者——学生只是旁观所发生的交际活动或者教学活动,并不参与到其中去,而且也没有学习的压力;参与者——学生要作为交际者参与到交际活动中去,通过交际学习语言。

同时,在这种教学环境中通常只有一种刺激。在视觉中只有书写符号,而在听觉中,是语音符号,或者伴有噪音。这些符号在进入学生的大脑后,可以成为有意识的形式符号进入认知过程中,然后通过大脑的处理,包括判断、推理、理解、认识等过程而进入长期记忆中;同时也可以直接通过无意识的表意过程而进入长期记忆中。

与此同时,情感也是重要的参与因素:从意愿上的正反应可以促进符号及其表达的意义进入长期记忆中;如果是逆反应,则可以在符号进入大脑中形成一定屏蔽作用,从而影响符号及其表达的意义进入长期记忆中。

同时,职责也是重要的因素,如果其责任感特别强,则促使语言符号进入下意识的动力就强,其进入长期记忆的可能性更大,反之则小。如果是融合性的责任,则其职责的动力就强,因为这关系到他将来的生活的质量;如果是工具性的,则相对小些,因为这个工具是可选择的,虽然对他的生活有一定影响,则不会是特别重要的。如果是专业性的,则处于两者之间。同时,对于语言符号是否可以进入认知过程中,也是十分重要的。

无论通过传统的教学方式,还是通过多媒体和计算机辅助外语教学的方式学习,其学习所涉及的因素是一致的。但在不同的教学方式中各个因素所起的作用不同。例如,在图28-3中,黑体部分在计算机外语辅助中具有特殊的作用。

多媒体和网络对于外语教学来说主要是从语言产生的环境和语言的载体两个方面发生质的变化：语言产生的环境是语境；语言的载体是语音和文字。

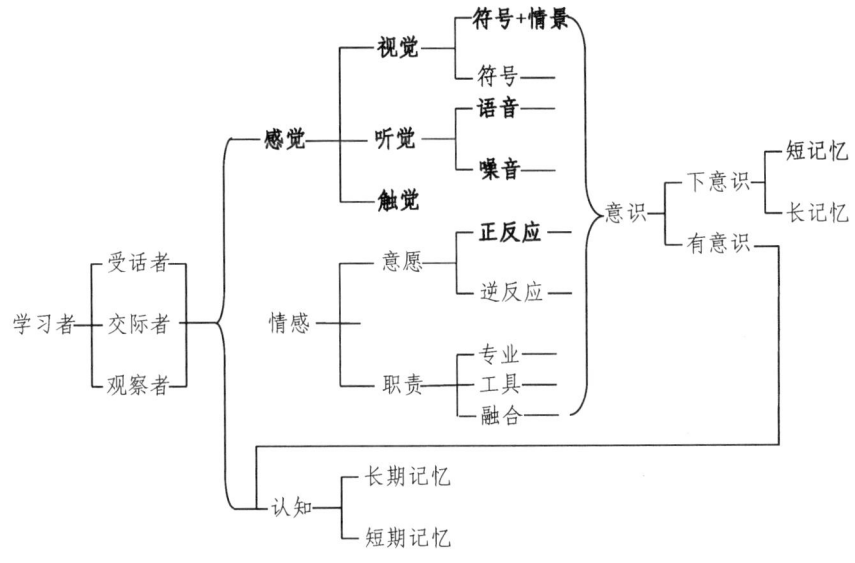

图 28-3　学习者的一般学习过程

在计算机和多媒体辅助教学的环境中，学生学习的环境会发生许多变化。这些变化包括：

（1）学生作受话者、观察者和参与者的角色可以随时发生变化，还可以是同时具有这些角色中的两种，或者全部。例如，在多媒体教学中，学生在作用接受者看和听时，可以被要求做出评论，也可以被要求参与到整个交际事件中进行交际活动。

（2）视听作为两种学习的主要接受器官可以同时受到刺激，有时还包括触觉，从而可以多通道接受信息和受到刺激，这是多媒体本身的意义。

（3）有利于在情感上产生正反应，因为各种图形和影像可以大幅度地提高学生的兴趣和爱好，提高其参与方面的意愿（见下页图 28-4）。

这些新的变化都是有利于提高学生学习效率和质量的。首先，多媒体的应用使学生有单纯的接受者，特别是被动的接受者，变成既是接受者,又是积极地参与者,一方面可以观察者的角度进行评论和评价,另一方面可以从参与者的角度加入交际过程中,从而在学习知识的同时,可以大大地提高其交际能力。这是多媒体教学的中的**角色转换**特点。

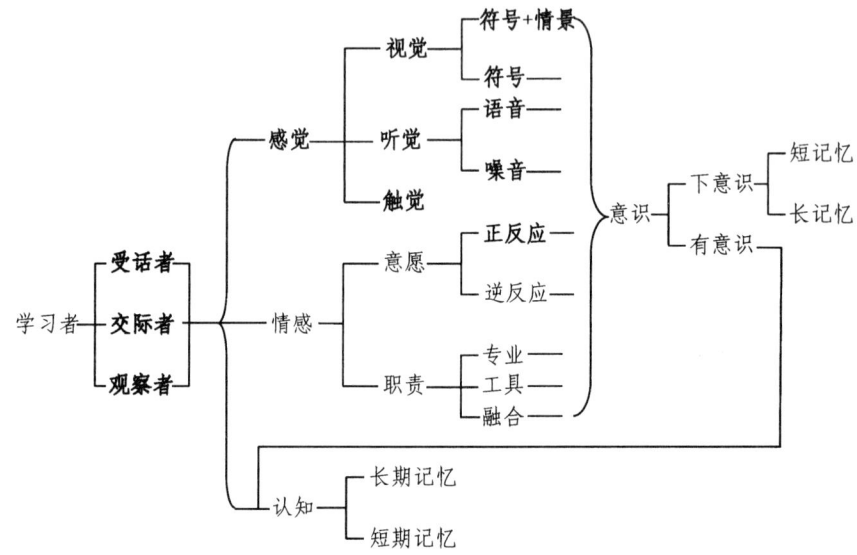

图 28-4 多媒体和网络条件下的学习过程

第二,多通道刺激学生的感官可以大幅度提高学生的效率。对记忆力的研究表明,单用听觉,三小时左右能保持所获得知识的 60%,三天后则下降为 15%;单用视觉三小时能保持所获得知识的 70%,三天后则为 40%;如果听视觉并用,则三小时能保持所获得知识的 90%,三天后则为 75%。如图 28-5。上述结果说明听视觉并用可获得更多的信息量,更长的记忆保持率,是最佳的信息获取方式(黎大志 2002)。

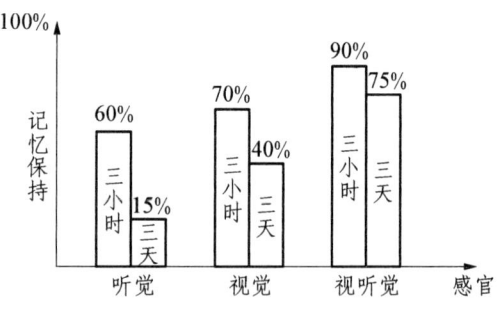

图 28-5 学习记忆的保存

由此可见,通过多媒体传递的信息可以更容易地进入学习者的长期记忆中,而且由于刺激信号比较密集,它们更易于直接通过下意识直接进入长期记忆中,并得到保存。

28.4 机助外语教学的系统性和功能性

根据系统功能语言学理论(Halliday 1976),语言教学的目标是发展学生的"意义潜势"(meaning potential),即在目标语文化中用语言表达意义,提高语言交际的能力。根据语言的层次性特点,"意义潜势"不仅可以包括海姆斯的交际能力(Hymes 1972),还包括文化、认知方式和语用因素等。学生既需要学会词汇语法、语音和文字系统,还需要学会目标语文化中交际原则和常规、特殊的意义系统和行为方式、根据语境选择语言的能力等。

语言的意义潜势表现为语言的系统性,是语言使用者在社会交际中语言选择的资源。也就是说,学生必须首先建构起这个资源,才能具有比较强的语言交际能力。而建构这个资源可以通过多种渠道进行。对于儿童来说,主要是通过在社会环境中向父母和所有周围的人学习和交际中建构这个潜势,而对于成人来说,除了进行实际的语言交际之外,还可以通过知识学习、有意识的操练和模拟交际过程来专门学习。外语教学的过程就是为学生提供这种学习的环境和条件。多媒体和网络教学可以说为发展学生的意义潜势提供了更加优越的条件。

28.4.1 发展意义潜势

从意义潜势建构的角度讲,可以分为相互联系和交叉的四个阶段:系统积累、系统建构、系统完善和系统选择。

(1) **系统的积累**:系统的积累是指系统中项目的积累。任何系统都是由两个或多个项目组成的。没有学习项目,就不可能掌握系统。所以,学生的首要任务是通过学习在记忆中积累意义潜势中各个系统网络中的项目。

（2）**系统的构建**：当系统中的项目积累到一定程度后就需要把这些项目放在其在系统中的适当位置上去。只有当项目在其系统中适当的位置上时学生才算真正学到了这个项目，并且这个项目才能真正成为他的语言中活的项目，成为可以在系统中被选择的项目。

（3）**系统的完善**：当系统中的项目大致可以满足系统的要求时，系统就会趋于完整。系统完善是把所有系统中的项目补充完整，并且把它们置于其适当的位置上。每个语言在某个层次上都是由许多系统组成的，而且系统之间都有一定的关系，一般为依赖关系和平行关系。这些系统组成这个层次的系统网络。如果每个层次的系统网络都大体得到完善，那么，他的意义潜势就基本建构完成了。但实际上，没有任何一个人能够把目标语的所有语言系统都能掌握，所以这是一个有选择的概念，即除了语言的共核部分外，另外选择一个或者几个语域作为学习的对象即可，这是由语言的变异性决定的。

（4）**系统的选择**：构建系统的目的在于能够使用它，因此只有学生真正学会在系统中选择自己所需要的语言项目，组成适合交际环境的语言结构，学生才算真正掌握了这个语言的意义潜势。但是，人们对系统的选择并不是在完全掌握了整个系统，达到完善的程度时才能在系统中进行选择的。实际上，学生在语言学习的起初阶段就开始尝试把已经学过的项目从系统中选择出来进行交际。无论所学的系统是否是完善的，只要系统中项目在其适当的位置上就可以选择出比较准确和适合语境的语言来。然而反过来讲，如果要把系统中的项目放在其合适的位置上就必须知道它在社会交际中具有什么功能。

从这个角度讲，语言的系统和功能是密切联系的。系统的建立需要语言在社会交际中行使其功能；语言的功能是由语言项目在系统中的位置决定的。这样，计算机辅助外语教学手段在学生的系统建立和选择上将起到促进作用。

28.4.2　计算机辅助外语教学的作用

计算机辅助外语教学通过图形和录像、电影提供真实的场景和背景，同时还可以多通道传输语料,大多数为听觉、视觉的结合,但有时可以增加触觉,即包括感受、感觉等。经济、省时,提供有利于由知识变为内化能力的条件和环境。

从语境上讲,越真实越有效,因为真实语境可以为学生提供实际的交际需要,产生比较深刻的感受,而不会因为不是真实语境而使学生感到虚假,而不重视,或者不好意思参与交际。

最真实的语境当然是进行实地考察,但这通常是不现实的。所以,通过多媒体和网络提供真实语境是最便捷和有效的措施。这样,在外语教学中,老师应该坚持的第一个原则是尽量提供真实语境原则:提供的语境越真实越好,首选媒介是录像和电影,然后是幻灯片,最后是图片。

其第二个原则是:在真实语境的前提下,尽量创造条件让学生参与,创造交流语境。例如,提供语境让学生现场评论;提供一个交际者,让学生作为第二个交际者;随时改变参与者角色,把学生拉入现场语境的交际事件中等。

其第三个原则是:在可能的情况下,尽量提供背景信息,可以采用"点击"方式提供电影和录像材料,用超本文提供背景信息等。互文语境也可以作为背景信息来对待,通过录音、录像、电影、超文本等来提供。

计算机辅助外语教学可以各种多媒体手段提供接近于真实的模拟语料,这是计算机辅助外语教学的最大优势之一。最真实的语料是讲话者和听话者进行直接交际的语料,所以我们提倡让学生多接近外教进行交际,多开展英语角等方式来提供真实的交际环境。因此,在课堂教学中,我们必须要坚持的原则是:提供尽可能真实的语料。以上提供真实语境的原则也是提供真实语料的原则。在口语交际中,录像提供的语料比录音要真实,主要表现为环境的真实性。在书面语交际中,可以通过幻灯片和超文本来提供真实语料。

在选择的语料的量上和选择什么样的语料上,需要坚持以下几个原则:

适量信息原则:多媒体和网络的特点是信息量的爆炸性增长,但人们实际处理信息的能力是有限的,所以如果处理不得当,就会出现信息量的过量,而产生阻塞。这样,学生虽然接触到大量的信息,但却不能进行真正意义上的吸收和消化,从而使它们不能进入长期记忆中,更不能成为交际能力。因此,在什么阶段输入多大的信息量是我们需要研究的课题。

信息选择原则：在单媒体教学时期，经常出现教学资料匮乏现象，特别是在"文革"时期和 20 世纪 80 年代初期，因此只要有外语的语料，大家都爱不释手。但在多媒体和网络教学阶段，却出现了相反的情况：信息的爆炸性增长和多通道传播。这就需要对信息进行有效的分类和组织，并根据学习的需要进行选择，不然就会出现大量信息涌入，造成无法处理的信息阻塞。

稍有难度原则：在语料的提供上，除了量的要求外，还有难度的要求。难度低于学生已有水平的语料如果作为学生学习的语料，通常不能有效地促进学生的学习。这样，语料的难度应该稍微高于学生的实际水平，这也要求要对提供的语料进行筛选和选择。

以已知信息引入新信息原则：选择了语料还要考虑以一定的方式传授给学生。从信息流动的角度讲，信息流是以波浪式方式推进的，总是以已知的信息来引出新的信息，因此，在语料的提供上也要遵循新旧信息交替出现的程序。

系统性原则：语料的提供除了要考虑量和难度外，还要考虑系统的建立和完善。在传统外语教学中，这种方法是比较突出的，所不同的是，在传统外语教学中，信息提供的方式是知识性的，是让学生知道目标语中有哪些系统，系统中有哪些项目等；而在现代外语教学中，特别是在电化外语教学中，系统是通过语言的实际运用和交际来学习的。因此，在外语教学中，我们在安排语料的输入时，也考虑从系统建立和运用的四个阶段来进行。

28.5 结　语

如上所述，计算机辅助外语教学为外语教学开辟了新的天地；而系统功能语言学可以为计算机辅助外语教学提供新的视角和理论基础。首先，语言学，包括系统功能语言学，对于计算机辅助外语教学具有两个主要作用：一是提供新的语言描述；二是提供理论指导。计算机辅助外语教学主要为外语教学提供了新的教学工具,用以提高外语教学的质量和效率。

计算机辅助外语教学具有多维性、集成性、交互性和角色和语篇转换性等特点;新的外语教学手段是外语教学发生了新的变化,包括信息量的暴涨、学习的个性化、语言材料的形象化和真实化、学习环境的多元化、提供大量背景、为学生提供直接参与交际的机会等。

从系统功能语言学的角度讲,在诸多涉及外语教学的因素中,计算机辅助外语教学主要在情景和语音文字两个层次上提供新的有利条件。

根据系统功能语言学,外语教学的目的是发展学生的"意义潜势",通过语言在社会交际中功能来学习语言,发展意义潜势。具体地讲,就是要充分发挥外语电化教学设备的优势,坚持以上所列举的基本教学原则,提高教学效率和质量。

29

多模态话语理论与媒体技术在外语教学中的应用

29.1 引 言

在话语交际中,话语的一大部分意义是由非语言因素体现的,如伴语言特征,如音响度、声调、语调、音速等,身体特征,如手势、身势、面部表情、动作、移动等,和非身体特征,如 PPT、音响设备、网络、实验室、周围的环境因素等。在这种情况下,交际不再是利用一种感官进行,如说话是听觉,书写是视觉,盲文是触觉等,而是用两种或者多种感官同时进行,如用 PPT 上课则是视觉与听觉同时进行的;模拟与讲解则是听觉、视觉和触觉同时进行的。以这种交际方式产生的话语就是多模态话语。

在多模态话语分析方面最早的研究者之一是罗兰·巴特(Roland Barthes),他在 1977 年发表的论文《图像的修辞》(*Rhetoric of the Image*)中探讨了图像在表达意义上与语言的相互作用;克雷斯和范律文研究了模态与媒体的关系,专门探讨了多模态现象规则地表达意义的现象,包括视觉图像、颜色语法以及报纸的版面设计和不同媒介的作用等(Kress & van Leeuwen 1996;2001);奥哈洛伦不仅研究多模态的理论建构,还专门研究了数学语篇中的多模态现象(O'Halloran 2004);罗伊斯研究了不同符号在多模态话语中的互补性,探讨了在第二语言课堂教学中多模态的协同性等(Royce 2002;2006)。

国内多模态话语的研究还处在起始阶段,还没有见到专著出版,只有数量不多的论文,其中胡壮麟的《社会符号学研究中的多模态化》(2007)讨论多模态符号学和多媒体符号学的区别,介绍了具有媒体和模态双重特性的计算符号学,并指出在人类进入社会符号学多模态化的新世纪,对多模态识读能力的培养应引起重视。其他研究包括李战子(2003)用系统功能语言学理论对多模态话语理论的研究。

然而,如何在话语分析中把多种媒体和多种模态结合起来进行分析解读是现代语言学研究,特别是话语分析研究应该特别注意解决的问题。本章首先对多模态话语研综合框架进行研究,然后探讨在这个框架下,现代多媒体技术在外语教学中的作用。

多模态话语指运用听觉、视觉、触觉等多种感觉,通过语言、图像、声音、动作等多种手段和符号资源进行交际的现象。话语的多模态性一直没有受到人们的重视,只是到了现代语言学研究中,人们才开始把它作为一种语言的辅助表达系统来研究,但没有作为意义表达模态来研究。随着多媒体话语的产生,人们直到最近几年才逐步认识到其重要性,才作为一个独立的前沿学术领域进行研究。

系统功能语言学是最适合于研究多模态话语的理论模式,其主要原因有以下三个方面:(1)系统功能语言学不仅关心语言内部的运作机制,同时还研究语言外的环境和动因以及伴随语言的实现意义的特征,即其他体现意义的适合于不同模态的媒体,话语的多模态性实际上是包括在这个框架之内的。(2)系统功能语言学把话语的意义和功能放在首要位置上,而不是实现它们的符号系统;这样反而有利于我们更加全面的研究语言的符号系统,因为它不是局限于一种符号系统,而是可以实现话语意义的各种符号系统,这样就为多模态话语研究打开了方便之门。(3)意义的实现是以多模态形式进行的,语言只是这些形式中最有效的一种。即使如此,不同模态的话语会在不同的语境中有不同的作用,是不同模态的媒体相互协作的结果,用系统功能语言学理论可以把不同模态之间的协作放在同一个框架中进行。

29.2 多模态话语分析的理论基础

如上所述,多模态话语的最合适的理论模式是系统功能语言学理论,因为它不需要像借用其他理论那样为适应新的研究目标而对理论框架本身进行修改。虽然,在多模态话语分析中,似乎他的研究范围扩大了,但系统功能语言学理论本身不需要做任何改动就可以直接作为其理论框架。

这个框架主要由五个层面的系统和选择的基本因素和条件组成(Martin 1992),分别是:(1)文化层面,包括作为文化的主要存在形式的意识形态和作为话语模式的选择潜势的体裁或者称体裁结构潜势;(2)语境层面,包括由话语范围、话语基调和话语方式组成的语境构型;(3)意义层面,包括由几个部分组成的话语意义以及概念意义、人际意义和谋篇意义;(4)形式层面,包括实现意义的不同形式系统,包括语言的词汇语法系统、视觉性的表意物体和视觉语法系统、听觉性的表意音块和听觉语法系统、表意实体和触觉语法系统等以及各个模态的语法之间的关系,分为互补性的和非互补性的两大类——互补性包括强化和非强化两类,非互补包括内包、交叠、增减、情景交互;(5)媒体层面,是话语最终在物质世界表现的物质形式,包括语言的和非语言的两大类——语言的包括纯语言的和伴语言的两类,非语言的包括身体性的和非身体性的两类(身体性的包括面部表情、手势、身势和动作等因素;非身体性的包括工具性的,如PPT、实验室、网络平台、实物[投影]、音响、同声传译室等)。

下面我们根据多模态话语分析的综合理论框架来探讨在外语教学中如何选择最有效的模态和媒体进行教学实践活动。

29.3 多模态话语综合理论框架

如上所述,系统功能语言学为多模态话语分析提供了一个相对现成的理论框架。这就是说,在语境和交际层面和话语意义层面,单模态的语言交际和多模态话语交际并没有什么区别。林飞(Victor Fei Lim——笔者音译)在研究图画与语言形成的多模态话语时提供了如下的框架(Lim 2004)。在这个框架中,语言和图画作为交际模态共有意识形态、体裁、语域和话语意义四个层面。在内容层面,图画具有视觉语法,而语言则有词汇语法;在表达层面,语言由印刷符号体现;图形由图形符号体现。在这里最主要的研究领域是把两者在内容层面和表达层面整合为一体,特别是在内容层面研究的任务最重。

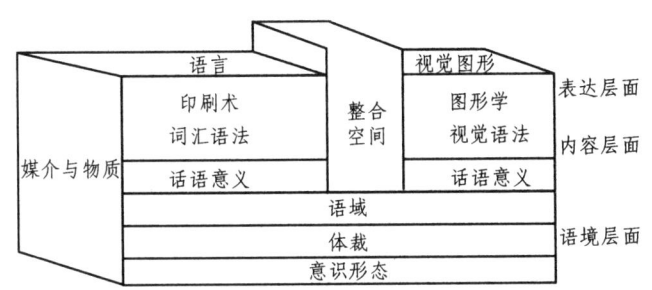

图 29-1 林飞的综合性多符号模式(Lim 2004)

这个框架是对语言与图像所形成的多模态话语的分析框架,还不是一个对所有模态都适用的框架。但其基本思路是正确的,理由如下:第一,他关于层次的思想是正确的,因为多模态话语交际和单纯的语言交际是相同的,都是由文化语境和情景语境支配的交际现象,都要通过话语的意义来实现交际,由形式来体现意义,由实体特征来体现形式特征;第二,不同的模态涉及由不同的媒体来体现,如语言由声音或者印刷符号、图画由图形符号、舞蹈由动作符号来体现;第三,不同的模态需要整合在一起,因为它们体现的意义属于同一个交际事件,所以,需要结合为一体才具有交际意义。据此,可以根据韩礼德的系统功能语言学理论和我们以上研究的结果,提出了多模态话语综合分析理论框架(见图 29-2)。

这个框架分为四个层面:文化层面、情景层面、内容层面和表达层面。文化层面是使多模态交际成为可能的关键层面。交际的传统、交际的形式和技术都由这个层面来决定。没有这个层面,情景语境就不具备解释能力。这个层面包括由人的思维模式、处世哲学、生活习惯以及一切社会的潜规则所组成的意识形态,还包括可以具体实现这种意识形态的交际程序或结构潜势,称为体裁。

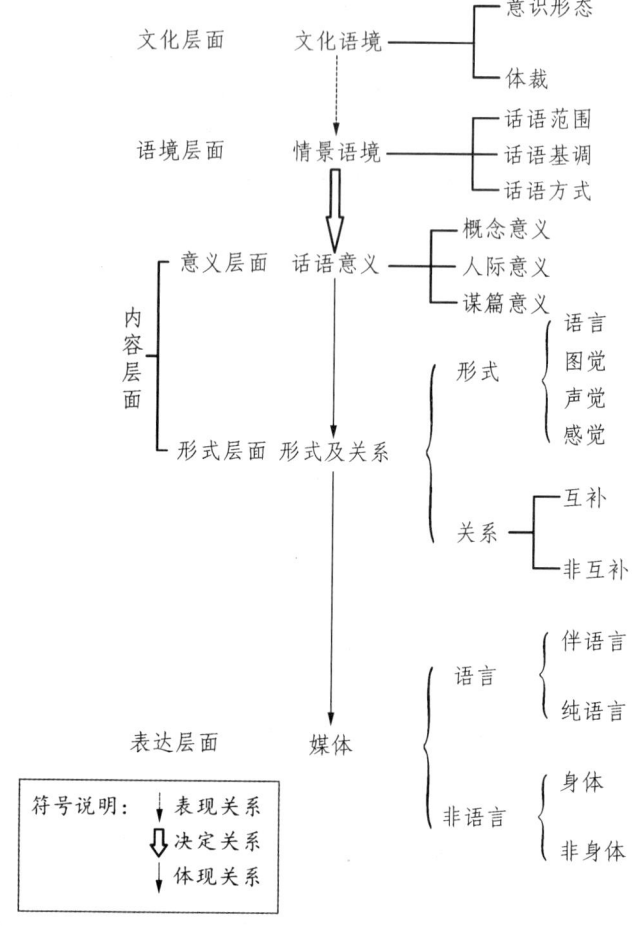

图 29-2 多模态话语分析框架

在具体的语境中,交际要受到语境因素的制约,包括话语范围、话语基调、话语方式所决定的语境因素。同时,这个过程还要实现所选择的体裁,以一定的交际模式进行。

在话语意义层面,有由话语范围、话语基调和话语方式所制约的概念意义、人际意义和谋篇意义。

在形式层面上,不同模态的形式特征相互关联,共同来体现话语意义。在这个层面上,每一种模态有其自己的形式系统,如视觉语法、听觉语法、触觉语法等。探讨这些不同模态的语法系统是新的研究课题,因为视觉语法、听觉语法都不像语言的语法那样确定,而是具有相当大的主观性和模糊性,需要做长期的研究才能发现它们的内部运作规律。但更加重要和更难的是发现它们之间的协调、联合、互补等关系。因此,目前多模态话语研究的重点还是不同模态的形式特征以及它们之间的关系。不过下面我们重点谈多模态话语理论框架在现代技术条件下的外语教学中的应用。

29.4　现代技术条件下多模态选择

29.4.1　多模态选择程序

我们设计多模态话语理论框架除了要描述多模态话语系统的特点和规律外,也是为了更好地运用多模态话语系统的特点,做出最佳选择。根据以上图二所示,对多模态话语分析综合框架进行选择的基本程序是:在一定的文化语境中,受意识形态的支配和体裁系统的制约,讲话者要根据具体的情景语境,包括所涉及的事件和领域、交际者之间的关系以及语言与非语言媒体之间的关系,选择要表达的意义,包括概念意义、人际意义和谋篇意义。所选择的意义要以合适的模态表达出来,譬如,口语和书面语属于不同的模态。对于这两者的选择显然主要决定于话语方式,如是即时的,还是有准备的;是长期保存的,还是说完就结束的等。同样,对多模态的选择也是受语境制约的。譬如,在噪音很强烈的环境中只选择口头表达是不足的,因为噪音可以淹没你的声音,使交际无法进行。这样,就需要借助其他的交际手段,如利用视觉模态手势等。

对系统的选择涉及不同模态之间的相互配合问题,所以在选择中,利用好不同模态之间的关系是十分重要的,如在以上噪音很大的环境中,视觉模态对听觉模态起到补充作用,使交际可以进行下去,使讲话者要交流的意义能够传达给听话者。所以,在此,我们在选择中所要考虑的关键因素是在一定的情景中,如何选择合适模态来有效地表达所要传达的意义。

模态与媒介是形式和实体的关系。模态语法确定选择什么样的媒体。如视觉语法确定不同视觉媒介之间的相互配合。例如,教师在讲解一个事物时,如果这个事物是对于学生来说可以通过语言媒介讲清楚的,则无需其他视觉媒介的配合;如果是无法说清楚的,即这个模态形式无法完全体现所要表达的意义,则需要其他媒介的配合,如图画、图形、实物等。因此,要探讨对模态的选择的基本规律,则需要在具体的情景语境中用实例来演示选择的过程。下面我们以外语教学过程中对模态的选择来探讨模态选择的基本规律。

29.4.2 模态选择主导因素

在外语教学中,主导模态选择的基本因素是:(1)教学内容所涉及的领域(话语范围);(2)教学对象的情况以及与授课者之间的关系(话语基调)和教学的条件和场所等(话语方式)。这些因素可以具体描述为:

话语范围:所教的课程的内容,包括深度、难度。

话语基调:教师的个人特点,包括性格、爱好、特长、目标等;学生的基本特点,包括他们现有的知识结构、兴趣、能力结构等以及他们之间的关系;其中还包括交际者之间的交际目的,如传授知识、提高能力、提高素质等。

话语方式:设备条件、教学环境、传播渠道等。

例如,如果所教的课程是语言学基础理论,那么教学目标就是知识型的,教师一般要采用讲解的方式,把理论的原理讲清楚,然后利用实例进一步说明等方式,采用的媒体形式包括书本、PPT、口头讲授、回答问题等方式,涉及的模态为视觉(书本、PPT)和听觉(口头讲授和回答问题)。

这个教学模式涉及模态内部媒体之间的协作,如书本与PPT。其中,PPT通过色彩、光亮、突出的字体等来强调重点信息,而书本则可提供具体信息,弥补PPT提供的框架中的具体信息;在听觉模态中,则是来自不同个体的声音的配合。它们虽然都是表达语言的声音的,但它们的音调和音响、语速、发声的时间都不同,一问一答,相互搭配;或一人讲,其他人听,呈现单向性等。

然而,更重要的是视觉模态与听觉模态的协作。从形式上讲,每一种模态都可以是自足的,都可以基本上完全表达所有的信息。但在教学中,我们不可能只用一种模态,这是因为,虽然它们能够承担表达信息的任务,但是它们没有提供信息传递的开始、延续和结束,没有关注学生是否已经理解或者掌握,同时也没有把关键的、重要的信息以另外的形式突出出来;最后,还容易使信息接收者产生视觉疲劳,丧失兴趣和接受能力。所以,两种模态的协作是必需的,也是必然的。

实际上,在这个过程中,视觉虽然十分突出,但只提供交际的条件,听觉模态决定交际的实际进程。这是因为听觉模态是绝对的线性模态,只能根据时间向前推进,这也符合知识学习循序渐进的特点,同时对一些特殊的信息进行突出、强化或者弱化,进行前景化或者背景化。

这样从两种模态的关系上讲,听觉是主模态,主导交际的进程;而视觉模态则对听觉模态主要起两个作用:强化,通过视觉模态来使听觉模态得到的信息更加清晰和准确;补充、弥补听觉模态所缺失的,没有传达清楚的,或者听话者没有完全接受的信息。

那么,听觉模态是如何主导交际的进程的呢?它受到课堂教学体裁结构潜势的控制,即我们一般所讲的教学模式,或者教学程序的制约。所以,从这个角度讲,探讨最优化课堂教学体裁结构潜势,特别是外语教学的最优化课堂教学体裁结构潜势,是我们的重要任务之一。

29.4.3　多模态选择的原则

在多模态话语选择中最关键的因素是如何使不同模态相互配合来获得最佳交际效果,而这种模态之间的配合主要是在形式层面,特别是语法层面,表现出来的。根据系统功能语言学理论(Halliday 1971/1978/1985),语言要同时体现三种元功能——概念功能、人际功能和谋篇功能。那么,从多模态话语的角度讲,除了语言之外,其他符号系统也同样是实现三个元功能的系统,如克雷斯、范律文和奥图尔把多元功能的思想延伸到图像上,提出视觉语法的概念(Kress & van Leeuwen 1996；O'Toole 1994);奥图尔还提出了一个更具体的以多元功能分析为基础的,用于分析绘画的模式。

另外,现代多媒体技术的发展为多模态话语交际提供了新的环境和条件,也为多模态交际提供了新的途径。多媒体网络平台可以提供大量的语料,提供教学和学习材料;可以模拟真实语境,从而提供模拟交际的语境,为老师和学生提供教学和学习的环境;录音、录像、图像可以作意义表达的辅助方式,同时可以激发交际者交际的兴趣和热情等。

这样,在多模态话语交际框架下,对模态的选择可以从三个角度进行:(1)为外语教学提供教学情景和便利条件,提高教学效率;(2)为外语教学提供辅助条件,提高教学效率;(3)为多模态话语交际提供多通道话语意义表达方式,下面分别探讨。

作为工具 外语教学主要培养学生的外语实践能力,即在真实语境中的交际能力。所以,在外语教学中提供真实语境是一个十分有效的手段。但在传统的外语教学中,由于受技术条件的限制,我们很难把真实的交际语境搬到课堂上。用角色扮演等模拟方法虽然比一般的模式训练要更有效,但由于没有环境的支持,使学生感觉不到实际语境的存在,因此,仍然停留在凭空想象上。

多媒体技术的发展实际上为提供尽可能真实的语境提供了便利条件,可以提供图像、录像、声音,作为学习的实际环境。设计者可以利用从真实交际场合中得到的录像材料作为:(1)学习材料,让学生了解和认识真实语境的实际情况,使获得的语境知识更加具体;(2)背景信息,让学生与录像中的交际者在录像提供的语境中进行交际。这种方法能够使学生认识到真实的交际语境的实际现状,在近乎真实的语境中学习交际,同时还有利于克服"文化休克"现象。使学生尽早直接接触近乎真实的语境,一方面可以使学生亲身感受到异国的交际环境,另一方面可以使学生学习如何应对这种差异,提高交际能力。

发展现代多媒体技术的一个最基本的理念是多模态交际可以使受话人通过多通道获得信息,比单模态话语更容易使受话者理解和记忆。例如,我们可以通过多媒体技术来为学生学习和老师教学提供多媒体教学(学习)平台;或者用 PPT 或实物投影讲解等。例如,"皮特在一次车祸中身亡"可以在 PPT 上用英语表示为"Peter was killed in a traffic accident",用图像可以表示为一个车毁人亡的场面,其主要成分有已经死亡的皮特,已经毁坏的车和以公路为主的场景,表示发生了车祸,皮特在车祸中死了;也可以是一段录像,形象地展现皮特遭遇车祸的过程。当然,还可以是语音"Peter was killed in a traffic accident"表示,或者是一段发生车祸的声音,如车的刹车声,配上皮特的喊叫声,都可表示皮特遭遇车祸的过程。这种语言与非语言的搭配使用是多模态话语教学的主要形式,可以通过多种感官,如听觉、视觉、触觉,或者同一种感官的多种形式,如文字配上图画,或者有动感的录像片;读文字时放事件发生时的声音等,来提供信息,刺激听话者感官,提高教学效率。

作为助手 提供工具是为教师提供条件,使他的工作容易进行,这是从外部提供的一种帮助;实际上,现代技术还可以从内部提供动力,使教师和学生从内心愿意从事这种活动,把外因转化为内因。这显然基于设计者知道人们喜欢什么、喜爱什么、乐于做什么、什么能够引起人们的注意力等。

第一,特殊的东西、大的东西、颜色艳丽或者浓的东西更能吸引人们的注意力,这就是突出,把事物前景化。例如,在教学中在PPT画面上用艺术体、黑体、大体字,可以使文字突出;在文字中加上图片可以更能引起学生的注意等。

第二,美丽的东西、怪诞的东西、幽默的东西更能引起人们的兴趣,提高学生的参与度,因此,在教学中,用现代技术提供美丽的图片,特别是与教学内容相关的图片,或幽默的简笔画,或提供彩绘和彩色字体、美丽的环境介绍,可以使学生积极参与,注意力集中。

第三,有挑战性的、对抗性的环境,或者幽默的环境,可以激发人们参与的热情。因此,利用现代技术手段提供一些有一定难度的破解题、谜题;描述一个对抗的语境;或者提供一项交际任务等,可以激发学生的学习热情,把学习过程当作一项智力的测验、能力的测试或者是一项游戏,把学生从学习环境引入到游戏环境、狂欢环境、解决难题的环境中,可以大大提高学习的效率。当然,教师要设计好,紧扣学习的主题和教学目标,而不是单纯的游戏等。

作为补充 如上所述,模态的选择涉及最佳搭配问题,不是完全自由的、随意的。首先,从经济的角度讲,如果能用单模态解决的问题,就没有必要选择多模态,避免浪费时间、人力物力等。第二,从模态之间的配合的角度讲,如果不同模态产生矛盾、相互抵消、相互无关、互不衔接等现象,还可能降低教学效果。从这个意义上讲,模态的选择要以增加正效应为原则,具体可以包括互相强化、互相协调、前景 背景、整体-部分(抽象-具体)等关系。

强化关系是指在多模态选择中用一种模态来突出另一种模态所表达的信息,或者其部分信息。这就是说,用第二种或者多种模态参与教学的目的不是为了让它们提供更多的信息,而是让第一种模态表达的信息更加突出。例如,利用多种媒体同时参与一个交际事件,通过多种模态同时刺激听话者的感官,可以提高交际的有效性。例如,我们可以用 PPT 显示句子"Peter was killed in a traffic accident",并可同时读出这个句子,在 PPT 画面上配上皮特发生车祸的照片,或者放一段发生车祸的录像片,配上发生车祸时的声音等。实际上,在这里,读出句子是教学的主过程,而配上文字或/和图画则是对这个过程的强化,是听话者理解更深刻、掌握更加牢固等。

协调关系实际上是运用多模态交际最有效的教学方式,也同时反映了社会交际的基本特点,即人类交际不是只通过语言一种媒体进行的,而是运用可以利用的各种媒体进行的。利用多模态之间的协调性,就是还原人类社会交际的本来面目,即由一种媒体不能独自完成的交际任务可以由其他媒体来补充。例如,在讲包括下面一个对话的故事时,如果没有图画,我们会不知所云:

[1] **Big Nutbrown Hare**,"I love you as high as I can reach."
　　Little Nutbrown Hare,"That is quite high. I wish I had arms like that."

但是如果我们配上图画就很容易了,而且还很幽默(见图 29-3)。

图 29-3　图文关系示例

在此,图画和文字的相互配合使交际变得十分容易和有趣。

前景-背景关系表示语言交际都是在一定的语境中进行的,即每一个交际事件都有一个背景。

在外语教学中,语言交际显然都是处在前景中,由其他模态提供背景。例如,在戏剧的开始,首先出现一个布景,提供事件发生的时间、地点、环境,还可以包括人物等。

整体-部分关系也称作抽象-具体关系。语言交际都遵循经济的原则,如果用笼统的话语可以实现交际目的,就不会把具体的信息再讲出来。同时,语言也具有一定的局限性,对于纷纭复杂的现实社会,语言无法把所有的意义都表达出来,而只能选择一些最相关的部分。这就使读者通常只对所讲内容一知半解,或者只懂得一些大道理,而不了解细节。在多媒体时代,教师可以通过选择合适的媒体来提供具体的信息,从而使学生能更清楚地理解所教的内容。举个简单的例子,当教师讲授一种新奇的动物或者植物时,一般首先提供名称,然后做些简单的讲解。通常即使是教师认真仔细地讲它的样子、特点等,学生仍然不知所云。实际上,这时候最好的方法是提供一个照片,如果条件允许的话,提供一段关这种动物或者植物的录像,会使学生一目了然。

29.4.4 多模态选择的目标

从经济的角度讲,使用单模态要比用多模态要简单、省力,所以使用多模态进行交际必然要有一定的理由,组成这些理由的最主要因素是使用多模态的所要取得的效果或者目标,形成多模态选择的动因,可以总结为以下几个方面:(1) 补缺,一种模态不足以表达意义,或不能使听话者理解意义,用另一种来补充剩余的意义,即一种模态只能体现要表达的部分意义,另一部分需要通过另一种模态来体现。例如,在较远的距离内或者嘈杂的环境中喊叫某个人时同时打手势;在幽默图画中只提供语境依赖性强的书面话语,或者在录像中提供同类口头话语。图画没有文字则不能把整体意义表达出来;同样,录像没有口头话语也会使看者一头雾水。(2) 强化,一种模态或一种模态的一种形式表达整体意义,用一种模态的另一种形式或者另一种模态来突出部分意义。例如,在口语中用重音、在写作中用黑体来强调重要信息、在绘画中用把要突出的信息置于前景,或者用某些重的、鲜艳的色彩来突出要表达的信息等,目的是使重点意义突出出来。在讲解语言学理论时用 PPT 画面突出某个重点概念和定义等。(3) 吸引注意力,一种模态表达基本的意义,另一种用更加具体和形象的媒体来重现这种意义。例如,用文字标出某个动物或者植物的名称,用图像把这种动物或者植物的典型形式表现出来;用语言艺术、图像、动作来幽默地表达意义,吸引听话者的注意力等,使要表达的信息形象化、产生幽默的效果、激发学生的兴趣等。其主要目的是使读者或听话者把注意力转移到话语交际上来。(4) 抒发情感,用一种模态来表达基本的概念意义,用另一种模态来表达人际意义,包括态度、情感、目的等。例如,在用文字描述游行事件的同时,用照片再现当时的场景,用一定的角度和方式把警察表现为邪恶的人,或者用相同的方法把他们表现为英雄,都属于这一类。目的是力图左右听话者或者读者的态度和价值观等,使其转向有利于自己的观点和态度上来。(5) 易理解,一种模态表达比较抽象、概括、偏僻、难度特别大、深奥道理或者结论等,用另一种模态来提供其实例、说明、关系等使理解更加容易。例如,在谈论西方的龙时,在中国人头脑中出现的形象是中国雄伟荣耀的、代表皇帝的龙。用文字说明则需要很多的话语,但用图形方式表现出来则十分容易理解,因为根据形象本身就可以发现,西方的龙是邪恶的化身。这类多模态的用途还包括用表格表示数量和关系、用简化图表示理论框架、用流程图表示进程等。其目的是使所交流的信息易于被听话者理解和接受,避免模糊和不确定性理解。

29.5 结　语

综上所述,系统功能语言学为多模态话语分析和研究提供了理论基础。多模态话语可以从文化、情景、话语意义、语法、形式和媒介多个层次进行研究。从媒体的角度讲,各种不同的非语言媒体,特别是现代技术媒体,为话语交际提供了大量新的可选择方式。它们可以通过不同的模态来实现话语的意义。在多模态话语中,不同模态的话语之间是相互联系的,这些关系我们把它们总结为互补与非互补;在互补中,又有强化与非强化之分;在非互补关系中,可以区分内包、交叠与语境互动几个类别。在现代技术条件下,在多模态话语交际框架下,对模态的选择可以从三个角度进行:(1)为外语教学提供教学情景和便利条件;(2)为外语教学提供辅助条件;(3)为多模态话语交际提供多通道话语意义表达方式,提高教学效率。对于一定的话语以什么模态和媒体表达最为有效,是需要进一步认真研究的课题。

30

多模态学习能力培养模式探索

30.1 引　言

　　读写能力(literacy)在语言教育,特别是母语教育中是有文化的标志。然而,自从20世纪90年代开始,对读写能力的认识发生了很大变化,认为人们不仅通过语言进行交际,而且还通过其他交际手段进行,如手势、眼神、身势、图像、动画、动作等,同时其他交际手段在社会交际中的地位也越来越重要。这样,读写能力就逐步扩展为多元读写能力(multiliteracy)。

　　根据新伦敦小组(New London Group 1996)的观点,发展多元读写能力来源于两个不同,但又相互联系的变化:一是不断增强的区域变化和全球化:教育要适应语言和文化的变化;二是由于信息技术飞速发展,大量文献资料信息一般要以印刷品、图像等多模态语篇形式来传递,同时,互联网已成为当今世界主要的信息来源,计算机界面和网络文本都是多模态的。

　　国际形势以及科技的发展促进了对多元读写能力的研究。20世纪90年代,新伦敦小组(New London Group 1996)在《哈佛教育评论》(*Harvard Educational Review*)上发表了题为《多元读写教学:设计社会未来》(A Pedagogy of Multiliteracies: Designing Social Futures)的论文,在国际上引起广泛关注,其主要内容是针对学校的读写教学可选择的方向提出了一系列假设,以帮助学生能在不久的将来适应急剧的社会变化,迎接经济全球化、语言文化多元化和交际技术多样化的挑战。他们把"设计"(design)作为实现多元读写能力的一个重要理论概念,并提出了已有设计(the available design)、设计过程(designing)和再设计(redesigned)的理论框架,还提出了实现多元读写能力的教学设计步骤,包括实景实践(situated practice)、明确指导(overt instruction)、评判框定(critical framing)和转化实践(transformed practice)。克雷斯等在讨论理科课堂教学时提出了多模态学习是在语境和学生个人兴趣的促动下构建符号转换行为的观点(Kress et al. 2001)。教师的教学话语也作为学生在语篇生成过程中可利用的资源,与此同时,学生也利用来自其他方面的资源,如已学知识、课本知识等。其中学生兴趣被作为一个重要的生产新符号的动因,而学生语篇则看作学习的结果。学生的学习过程是通过在已有资源中进行选择从而产出新语篇的过程。克雷斯对他的多元读写能力的理论进行了比较全面的阐述(Kress 2003)。除了对教学媒体和模态的发展,模态的供用特征进行探讨外,还提出了一系列新的概念,发展一个理论框架。朱伊特和克雷斯则用一系列实例来说明如何在多模态环境下培养多元读写能力(Jewitt & Kress 2003)。

国内对这个理论的研究重点在介绍引进和实践应用上。朱永生(2008)对这个理论作了全面介绍,并用教学实例作了说明,同时还提出了改革的建议;韦琴红(2009;2010)则研究了多元读写能力的培养模式;葛俊丽和罗晓燕(2010)、王惠萍(2010)、张义君(2011)等进行了多元读写能力培养实证研究,包括在阅读中的应用研究。本章力图在前期研究的基础上构建一个多元读写能力培养模式,用以语言教学和学习。

30.2 多元读写理论建构

30.2.1 多模态设计

多元读写能力的主要组成部分是多符号系统意义潜势。在语言学习中,学习的主要任务是发展学生的语言意义潜势;而在多模态交际时代,学习的主要任务不仅是要发展语言意义潜势,而且是要发展多种符号系统的意义潜势,包括要认识和掌握各种模态的供用特征(affordances)(Kress et al. 2001:xii)。每个模态的供用特征都有其自己的意义范围和特点,都不能表达所有的意义(Kress 2003:5)。

然而,外语学习的重点仍然是语言,所以,语言之外的模态的供用特征无法像语言学习那样从知识、能力、运用等多个层次上进行系统学习。这样,多元读写能力的培养主要以实践为主,在语言和其他符号系统的运用中学习这些系统的供用特征。

实际的语篇意义构建要涉及对多种模态系统的选择。这样,在选择中就要面对如下问题:(1)是选择单模态,还是选择多模态,需要选择哪几个模态?(2)这些模态各自具有什么供用特征,在交际中主要起什么作用?(3)这些模态之间的关系是什么?要同时回答这些问题,要经过一个复杂的过程才能完成,这样,"设计"概念就应运而生了。

根据新伦敦小组的观点,设计涉及三个步骤——已有设计、设计过程和再设计(New London Group 1996)。已有设计表示交际者已占有资源,也就是说,已经掌握的各种模态的供用特征以及运用它们在交际中形成的常用模式,包括语言的语法以及其他各种模态的语法和语篇序列(order of discourse)(New London Group 1996),是多模态选择的可用资源。根据已有研究(Machin 2007),任何复杂的、具有三个层次的符号系统都具有语法,交际者掌握了这些模态系统的语法就可以选择合适的语法结构用以交际。另外,语篇序列表示与某个社会活动相联系的已经结构化的常规模式。这个模式可以是单模态的,如语言语篇的结构,也可以是多模态的,即把从多个模态选择的成分置入这个语篇序列中组成新的语篇序列。语篇序列包括互文性概念,即每一个语篇都要与和它相关的语篇相联系。例如,教师的语篇要与学生的语篇相关联,同时,要与学校教务管理部门的语篇相关联。语篇序列包括由体裁、文体、声音、方言、语域等引起的语篇变体。语篇是一个知识构型。不同类型的知识具有不同的特点,由不同的模态以及模态组合体现。例如,在商店购物涉及对购物语域的知识,如商品类型、购物程序等,而这个知识结构可以由身体动作(排队、指向某种商品、观看和寻找某个或某些商品、取款、付款、取走商品、离开商店等)、口语(在每个步骤要讲的话)、实物(购物车或者篮子、钱包和钱、要购买的实物等)组成。作讲演则涉及另一个体裁,由另外的模态组合体现,即口语、书面语,还可包括 PPT、图像、动画等。

设计过程表示,在每一次的新的交际中,交际者都需要从已有资源中选择合适的模态或者模态组合;当你确定选用某个模态或者模态组合时,就需要把它设计为能够完成交际任务的话语。设计过程涉及对已有资源的重新运用。无论是单模态设计,还是多模态设计都用以体现韩礼德提出的三个元功能,即设计属于概念功能的知识结构,属于人际意义的社会交际和社会关系、交际者的身份,属于语篇意义的新的语篇结构是如何由合适的模态组合来实现(Halliday 1978;1985/1989)。

根据新伦敦小组的观点,每一次设计都不是对已有资源的简单重复,而是涉及把已有资源转换(transformation)为适合实现新的交际任务的资源(Kress 2003)。转换的程度是不同的,有的转换量比较小,仍然保留原来的基本模式和结构,因此,仍然会让听话者感到十分熟悉,有一定的可预测性。这个特点是保持模态系统稳定的一个基本因素。其他的转换量比较大,在已有资源的基础上进行了比较大的改造,成为新颖的意义模式。然而,无论多么熟悉,新的设计都具有它的独特性;同时无论多么创新,新的设计都具有已有资源的"痕迹"。

另外,在多模态设计中,无论是听还是读,无论是说还是写,都被看作一个产出过程,而不是像以前那样,把听和读看作接受过程;把说和写看作产出过程。这就是说,在听和读的过程中,听话者要根据语篇产出自己理解的意义。与此相一致的是,无论是产出过程,还是接受过程,都被视为设计,即在多模态交际中,听话者也需要对语篇提供的多模态资源进行设计,填充适合语境和交际目的意义或者意义组合。

再设计是由设计过程产生的新意义。它虽然选择了已有资源,但不是它的重复;与用以进行设计的已有资源相比较,可以有不同程度的创造性和生成性。再设计一方面是由新创意义构成的,另一方面也是建立在历史和文化的基础上,也就是说,新的意义(再设计)是历史和文化积淀的意义模式的结果。通过再设计产生的新意义也使设计者发生了改变,扩展了他的已有资源,开阔了他的眼界。

多模态设计与原来的简单选择之间的另一个区别是在新的多模态设计中有很强的交际性特点。随着信息技术的发展,交际性越来越强。例如,过去与远方的人传递信息要写信,最快也要五六天的时间才能收到,而现在可以写手机短信,可直接得到回应;更直接是打语音电话、视频电话或网上聊天室对话(如 QQ 对话)。这样,交际双方都具有相同的话语权。这就改变了原有的权力关系。以前设计者因具有选择的权力,具有话语权而具有特权,地位要高于读者和听话者,而随着交际性的增加,听话者也是讲话者和作者,讲话者的权力丢失了,交际变得更具双向性、权力的层次被扁平化。

产生这种现象的另一个原因是所有的人都有接触信息的能力。这样,听话者可以随时根据所获得的资料与作者对话,提出自己的观点和意见,作者的权威性就会因此大大降低。作者产出的语篇不再是作者自己的独创产品,读者可以根据已有资源与作者平等对话,因此,作者的权威不复存在。

30.2.2　多元读写框架

在传统的索绪尔符号学中,符号被看作由能指(signifier)和所指(signified)组成的整体(Saussure 1916/1974:67)。能指是声响图像(sound-image),是人的大脑对发出声音的感觉;所指是所指物在人的大脑中产生的概念(concept)。两者都是心理活动。也就是说,在索绪尔看来,符号是形式和意义的组合体。克雷斯则认为,词作为语言符号不是符号整体,而是符号的能指(Kress 2003:38)。设计过程是把已有符号的能指根据语境表达的意义综合设计,产出新语篇。符号的意义需要设计者在设计中为能指设计意义,听话者在解读中为能指填充意义。每一次设计过程都在原有基础上转换了意义,是一个意义制造过程。随着符号意义的转换,符号的原有状态发生了变化,符号发出者内心的符号系统也发生了变化,这就是学习。

从这个角度讲,经过设计产出的符号都是新的,因此,在新的多元读写过程中,创造是正常和经常的现象。索绪尔符号学的一个基本理论是符号的能指和所指之间的关系是任意性的,而这个理论本身有一个关键性的错误——能指和所指的层次问题。索绪尔认为,体现意义(所指)的是声音,但实际上体现意义的是形式,即词汇语法。从社会符号学的角度讲,能指和所指之间的关系不是任意的,而是有动因的。用这个结构、这个词汇来表达这个意义是因为它适合于表达这个意义。尽管美国哲学家皮尔斯(Charles Sanders Peirce)把符号分为三个类别：图像(icon)、索引(index)和象征(symbol)(Pharies 1985),但符号产生的基本动因是能指和所指之间的相似性,主要表现为能指和所指之间的类似性(analogy)和隐喻性(metaphor)。在相似性基础上用某个符号的能指表达所指时,这种相似性总是部分的,包括：(1)用部分指整体,如用车轮表示整个车；(2)用个体指类,如用一个车来表示所有类型的车；(3)用具体指抽象,如用一个人形来表示有血有肉的人,或者用一个词来表示一个人。这种理论意味着,符号的所有方面都在表达所表现的事物的最突出的方面代表了符号制造者的兴趣；所有的模态形式都是重要的,都需要特别加以注意。在我们日常生活的社会环境中制造任何符号的过程都是符号化过程(semiosis)。

在社会符号学理论指导下,多元读写理论框架包括下面几个主要理论概念：

第一,在多模态语篇建构中,每个模态都在整体意义建构中有特定功能,这就产生了"模态的专业化"(modal specialization)(Kress 2003：46),例如,书面语更有利于表现一系列事件,而图像则更有利于表现成分之间在空间中的关系。另外,不同的模态所负载的信息量,即它的功能负荷(functional load)不同。在以备课本为主的教学中,主要的功能负荷由书面语承载,而在以 PPT 课件为主的教学中,主要的功能负荷由空间布局、特殊形状、图像和动画所承载。

第二,体现模态的物质材料在用身体来接受和产出意义方面具有模态的效应。每一种模态都与一种人类的感知系统相联系,如声音与听觉相联系,运动与触觉相联系；而通过不同的感觉系统就可具有不同的体现意义的方式。这就产生了不同模态的供用特征的不同。

第三,人类在不断制造新符号,因为现有的符号资源总是不足以表达新意义,这样"转换"和"联通"(transduction)成为关键概念。转换是在相同模态内部进行,联通表示通常由一个或者一组模态体现的意义由另一个或另一组模态体现,类似于修辞研究中的"通感"(synaesthesia)。例如,要把一个用书面语写成的小故事改变为一个连环画就涉及把由书面语的供用特征体现的意义改由图像来表达。联通是人类进行交际的一个基本模式。这正是多模态设计的一个基本理念。

第四,知识和信息等没有物质表现形式,必须通过物质实体来为它"定影"(fixing)(Kress 2003:44)。用什么模态、在什么位置用等,都要经过这个过程。

最后,每个模态的结构成分都要在语篇中占据一定位置,称为"出现地点"(site of appearance)(Kress 2003:48)。这些出现地点有其自己的规则和次序,会反过来对出现的语篇产生影响。例如,在过去页面逻辑占主导地位,书面语统治页面,图像图表(如果有的话)从属于书面语。现在,屏幕逻辑占据统治地位,图像统治屏幕,书面语从属于图像。在这种情况下,屏幕逻辑现在也影响页面逻辑;在页面上,图像越来越多。所有这一切都要通过设计来实现。设计把设计者的目的、兴趣和欲求等都设计在话语中,设计是向前看的,是建设性的和理想的。

在多模态交际中,阅读路线(reading path)的改变是一个关键因素。在单模态的语言交际中,阅读是线性的。但在多模态时代,不同的模态具有不同的解读模式,从而形成新的阅读路线。阅读图像可以从上到下,也可从下到上;从左到右,也可从右到左;从中心到边沿,也可从边沿到中心。阅读多模态语篇与阅读书面语不同:前者根据线性特点解释语篇的意义,后者则要求捕捉语篇的重点和顺序。这一系列概念都与用不同模态体现意义相关,它们与语境和意义的关系可用图 30-1 表示。

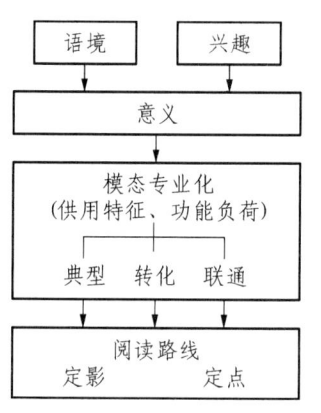

图 30-1 多元读写理论框架

这个框架表示:在语境和兴趣的促动下,交际者要从意义系统中选择合适的意义,这些意义经过设计合适的模态或者模态组合来体现。这样,交际者需要了解所选择模态的意义潜势,即它的供用特征,从而根据其功用特征确定它要体现的意义,因此,每个模态在体现意义上具有了专业化特点,在语篇中承载一定的功能负荷。有些新意义需要新的符号或者符号组合来体现,可以有三种方法来体现新意义:一是创造全新的符号,其代价太大,不易实施;二是把已有资源做新符号用,通过转换进行;三是通过借用其他模态的符号资源,通过联通进行。最后从各个模态中选择的符号组合由相关模态的媒体"定影"和"定点"。

30.3 发展多元读写能力

作为外语学习者,首先要了解多元读写能力包括哪些类型,懂得自己需要重点发展哪些能力,然后从两个方面来发展多元读写能力:(1)通过再设计来发展已有的资源;(2)在设计过程中拓展模态选择的能力。

30.3.1 多元读写能力的类型

学生首先要清楚在多模态话语时代,多元读写能力都包括哪些具体能力。思韦茨提出了六种主要的多元读写能力(Thwaites 1999),这些能力可以概括多元读写能力的主要类别,但从外语教学的角度讲,语言能力应该是主要的学习目标,学习其他模态一方面是为了提高整体的交际能力,同时,也有利于提高语言交际能力。同时,这六种能力可以归纳为两个类别,即社会交际能力和技术读写能力。

30.3.1.1 语言读写能力

语言读写能力是传统意义上的听说读写译的能力。但这种语言能力与传统意义上的语言能力有了比较大的区别,主要表现为以下两大方面:(1)语言模态与其他模态各有不同供用特征,即学生需要认识语言模态意义潜势的特点,认识它在交际中的优势和局限性。例如,它可以对任何意义通过叙述、推理、说明来体现,但难以体现这些意义原本的具体信息。而图像则可以很容易地体现这些意义。(2)语言模态与其他模态在不同语境中能够相互协同和搭配,即学生应该学会在语言不能很好地表达某些意义时,能用其他模态来配合它来体现。譬如,当需要说明一个具体的不熟悉的事物时,用图像就很容易,而语言则可以添补附加的信息和说明事物之间的逻辑关系等;当语言不能很好地体现要表达的意义时,就需要其他模态来补充,如说话时打手势等。

30.3.1.2 社会交际能力

社会交际能力包括思韦茨所讲的文化读写能力、政治读写能力、评判读写能力和后现代读写能力(Thwaites 1999),要求讲话者具备深厚的目标语的文化底蕴、敏感的政治洞察力和评判能力,具备对多元文化的理解和适应能力。文化读写能力是多元读写能力中最关键的能力,它包括相关的业务知识、有关社会的基本知识,相关的道德标准和原则等。政治读写能力要求学生有成熟的政治修养,掌握有关政治的知识,对政治问题敏感,对政治现象有解读能力。评判读写能力是对选择的模态和表达的意义有评判能力。学生不仅要学会相关的知识,还必须要有自己的观点,要能够在以前的知识、经验、经历的基础上,发展自己的思想和观点;能够批判性地管理来自各种数字网络材料库的知识,能对它们做出合理的评价,有自己的独到的见解。后现代主义读写(postmodern literacy)推崇解构主义,强调变异性、独特性、异质性和多元化,反对以规范和定律来认识事物(Thwaites 1999)。这与多模态交际的出现是一致的。学生应该清楚在社会交际领域发生的变化,以后现代主义思想认识社会交际。

30.3.1.3 技术读写能力

技术读写能力包括科技读写能力和媒体读写能力,是讲话者要具备的现代媒体技术的知识和能力,不仅要掌握其技术操作知识,而且还要掌握这些技术模态的供用特征,即意义潜势。在多模态话语时代,许多模态是由科技手段实现的,如网络、计算机、PPT等。因此,提高多元读写能力需要学生学好现代科技知识,掌握现代技术设备的使用和操作等。

同时,还要学习了解有哪些媒体可以用作交际的手段,各自可实现什么模态,了解这些模态之间在体现语篇的整体意义中的关系。掌握不同模态的供用特征,了解它们各自的意义潜势;掌握模态的专用性特点,了解模态成分和结构的功能负荷和功能分布等。

30.3.2 发展已有资源

在以读写能力培养为主的语言教学中,学习的主要目标是发展语言能力。但在多模态话语交际中,交际由多种模态的组合体现,学习者首先要认识这些模态的特点和重要性;同时,在这些模态中要分清主模态和辅助模态、自动模态和有意识选择模态。

虽然在多模态话语分析理论中,从理论的角度,各种模态都具有相同的地位,各自具有独立的系统,但通常在交际中的作用是不同的。一般来讲,在以页面逻辑为主导的交际中,书面语是主模态,其他都是辅助性的。在以屏幕逻辑为主导的交际中,图像、动画和语言都是主模态,而其他模态是辅助模态。了解了这些特点,学生就应该把学习的重点放在主要模态上,而间接学习其他模态。

另一个更重要的区别是自动模态和有意识选择模态的区别。虽然在多模态交际中,涉及的模态很多,但真正有意识选择的模态却屈指可数,所以,学生应该清楚地了解哪些模态是有意识选择的,哪些是自动的。一般来讲,技术和手工模态都是有意识的,如图像、动画、艺术图形和字体、书面语等,而由讲话者身体动作体现的大部分符号系统是自动的。当然,这些模态都可以在需要的时候成为有意识的模态。在交际过程中,一般来讲,有意识选择模态完成主要的交际任务,而自动模态只是配合有意识选择模态来体现意义。这样,在一般的交际中,自动模态可以不予以注意,而把重点放在有意识选择模态上。当需要这些模态做补充、强化等作用时,它们变成有意识选择模态。

在社会交际中,模态系统繁多,具有不同的来源,即由不同的媒体系统体现。但符号系统有简单和复杂的区别。有些模态十分复杂,如语言;有些则十分简单,如已知的某些动物的语言。与此相关的是,有些系统只有两个层次——媒体和意义,而有些是三个层次的系统,包括媒体、词汇语法、意义。一般来讲,两个层次的符号系统实现的意义范围比较小,意义结构简单,只由一个项目来体现,如交通信号灯的符号系统、某些鸟的鸣声等。

另外,符号还可以根据能指和所指之间的关系分为不同的类别,如皮尔斯的图像符号、索引符号和象征符号分类(见 Pharies 1985)。从符号的媒体特征与它所表达的意义的关系上,有些模态两者具有相似性,如一幅画与实际的花之间的关系;有些则有因果关系,譬如,生了烟就会推测出着了火;有些则没有什么关系,譬如把花称为"flower",但花与 flower 之间没有任何相似和因果关系。不同类型的符号有不同的特点、解码难度和供用特征。譬如,图像符号与其意义有直接的关系,很容易解码,可以不必要用语法,而象征符号则识别难度大,需要学习能指与所指之间的关系。

第三个需要认识的方面是符号的维度。口语和书面语都是线性的。但进入多模态交际时代后,模态的种类增加,模态呈现的维度也增加了。例如,图像是二维的,照片则是立体的,即是三维的;动画不仅是三维的,而且是动态的。这样,不同的模态的维度需要识别,每个模态的解码方式也需要学习。不同维度的模态具有不同的解码方式。

不同的模态源自不同类别和维度的媒体,同时,它们本身有不同的供用特征,用于不同的目的。但每个模态也具有它的局限性。例如,语言是一个三个层次的象征性符号系统,具有表达各种意义的能力,包括一些通常由其他模态体现的意义。例如,参观一场画展的意义主要是通过绘画体现的,但我们完全可以用语言来描述它。然而,语言描述无论多么精确和细致都无法表达图画本身所携带的形象逼真的意义。

从意义范围上讲,语言首先是一个可体现意义范围最大的模态,这可以解释为什么语言一直作为主要研究对象,而图像则更有利于体现具体形象的意义,而不容易体现概括抽象的意义。意义的范围大,则学习的难度大,因此,学生应该清楚自己学习的模态的意义范围,以利于更好地设计学习计划。

第二,有些模态只是用于某些特殊的领域,包括专业领域,如交通信号、音乐、舞蹈、图纸等;而有些则可以适用于普通交际以及更多的领域,如语言。掌握模态的这些特征为多模态设计中选择模态提供了依据。

第三,有些模态更有利于体现概念意义,而有些则更利于体现人际意义。语言可以体现各种意义,但以概念意义为主;交通信号是指示性的,主要为人际意义,也包括概念意义。但音乐则主要体现人际意义,激发人的情感和愉悦感,而概念意义则难以捕捉。

最后,不同的模态对意义表达的精度是不同的,有的可以比较精确具体地表达意义,有的则只能比较模糊的表达意义。例如,打手势只能表达大概的意义,箭头、横线、竖线、曲线等都只能粗略地表达意义,而语言可以比较精确的表达意义,图像由于其象似性而会更加精确。所以,是否需要精确的表达意义,精确到什么程度,也是模态选择的重要依据。

30.3.3　发展模态选择能力

以上对模态的共用特征和类型的研究都有利于对使用的模态做出合适的选择,但多元读写能力还包括更多的模态选择能力,如对于文化和交际目的与模态的关系、体裁与模态的关系、语境与模态选择的关系的认识和对不同功能负荷的模态结构的认识等。

多元读写能力最首要的任务是要具有深厚的文化底蕴,对目标语文化有深刻的了解,了解这个文化的常规和交际规则、道德准则等。随着多模态交际的发展,以前常规的交际规则发生了变化,模态选择的范围扩大了,多模态选择成为一种常规。学生需要认识这种新的形势,不仅要学会这个文化的交际常规,而且要学习有关新模态的知识以及如何对这些模态进行选择的基本规则。

第二,要发展学生对语境的敏感性,作为多元读写能力的重要组成部分。首先,学生要明确自己的交际目标。每一次说话,都要根据交际目标选择合适的体裁和交际模态。再者,要明确所从事的活动是什么,所谈论的内容是什么,即要清楚交际的话语。

第三,要明确交际者及其之间的关系是什么,在交际中选择合适的口气、正式程度、礼貌程度,选择合适的言语功能;还要认识交际的方式,认识选择哪些模态或者模态组合更加有力等。

第四,进入模态选择层面,重要的是掌握多模态话语的每个模态及其结构成分的功能负荷,以利于更加准确地选择合适的模态以及模态结构,合理地分布信息,给予每个模态成分或者结构合理的信息值。当学生熟悉了模态的结构成分的功能负荷以后,它就可以在交际目的和情景语境一定的前提下,根据模态的专业化特点,自如地选择合适模态和模态组合,组成合适的语篇结构体现设计者的意义。

30.4　多元读写能力培养模式

最后从教学的角度谈谈多元读写能力的培养问题。除了学生要主动学习之外,再一个关键因素是教师在学生的多元读写能力的发展方面的作用。新伦敦小组提出了以下四个方面的教学方式:实景实践(situated practice)、明确指导(overt instruction)、评判框定(critical framing)和转化实践(transformed practice)(New London Group 1996)。已有的建立在语境、交际、知识、形式、功能、认知等基础上的教学方法很多,那么为什么新伦敦小组会提出这些方面呢?这四者之间是什么关系呢?按照新伦敦小组的观点,它们之间没有先后关系,难以以一种模式来固定它们之间的顺序。实际上,这四个方面是语言学习,特别是外语学习都会涉及的过程,只是在以前的教学方法中,每个方法通常只强调其中一个方面,而忽略其他。

30.4.1 实景实践

实景实践的关键因素是浸入到实践的交际过程中,由于浸入式教学的难度很大,因而也包括对实际交际过程的模拟。以学习者已经具备的经历和已经掌握的知识为基础来发展某些基本技能或者获取某些知识,这个过程也需要把学习者的文化或次文化态度考虑在内,而不是把学习者当作单纯的训练对象。学生需要进行真正的社会实践来学习。在这个过程中,可以有教师的指导。交际教学法、任务教学法、商谈教学法都是直接用语言及相关模态进行交际的,因此,都可以在多模态教学中发挥作用。

实景实践实施难度大,难以找到合适的语境来进行这类实践活动,因此需要在两个方面进行调整。首先,多元读写能力包括设计多种模态的能力。这么多类别的模态系统同时学习难度很大,需要有选择地学习,需要把学习的重点放在语言以及经常与语言协同和搭配进行交际的模态上。其二,可以进行浸入式学习的环境十分有限,不仅是受时空的限制,而且受到科技等多种条件的影响。这样,我们可以从两个方面来克服这个困难。一是减少需要学习的模态类型,筛选要求学生学习的模态和模态组合,去掉哪些对语言交际意义不大的模态或者模态组合;二是为浸入式教学提供可替代的教学模式,譬如采用科技手段提高模拟实践环节,这些手段包括录像、实景学习软件等。

30.4.2 明确指导

明确指导的主要目的是发展学生的已有资源。课堂讲授的目标不是灌输知识、进行训练、死记硬背,而是让学生明确交际的基本规律、基本程序,了解相关的知识,有意识地控制他们学过的东西,能够了解哪些是重点,哪些是焦点信息,做到他们自己做不到的事情。当教师需要引导学生进入新知识、新技能、新活动时,其中一个重要环节就是要给学生明确的指导,包括指导他们如何进行活动以及教师如何实施指导等。这些理论和知识首先包括元语言,即用以论述和讨论这个领域的语言,以使学生能够对相关的领域进行反思、讨论、概括、推理等。另外,这些理论和知识包括模态的系统特征。最后,这些知识还包括模态在社会交际中的基本模式和功能,包括模态选择的基本规则和模式;不同模态的专用性、意义范围、供用特征、功能负荷等;语言及相关模态所表现的领域的相关知识。

从这个角度讲,实景实践和明确指导一体的,无法区分孰先孰后。在不需要明确指导即可进行的学习活动中,如口译活动、商务活动、法庭辩论等,可以首先进行实景实践,然后补充相关的理论知识、注意事项、最佳活动程序等。在不经过指导则无法进行的学习活动中,则需要教师首先给予明确的指导,然后再进行实践活动。

30.4.3 评判框定

评判框定是使学习者能够整理他们在实践中已经学过的东西,有意识地控制和理解知识系统和社会实践之间的历史、文化、社会、政治、意识形态、价值方面的关系,是把学习者在自然状态下学习的知识陌生化,把它从原生态状态提取出来,成为可以进行研究、讨论、评价、改编、总结、概括、抽象的东西。通过评判框定,学生能够以一定个人或社会距离客观地来看待自己学习的东西,能够建设性地评判它,解释它在整个文化中的位置,创造性地延伸和应用它,并能最后在此基础上进行创造性的工作。

评判框定实际上出现在整个教学过程中,教师应该时刻在培养学生的思辨意识和看问题的角度和层次,与此同时,教师也应该专门设计教学环节来提高学生的创新能力,如设计问题,要求学生就相关内容发表自己的观点;阅读相关领域的多模态语篇,并就其内容的某个方面写出自己的看法和观点;设计相关的题目,让学生就这些题目创作多模态语篇。这个过程一般是在前两个阶段之后,因为这个过程主要是学生自己的学习过程,是对自己学习的反思,自然从逻辑上是在实践和知识传授之后。

30.4.4　转化实践

转化实践是建立在循环课程和建构主义教学实践的基础之上的。学生对其从实景实践、明确指导和评判框定中所学的东西从设计和实践上进行进一步反思,把他学到的构建意义的能力在不同的语境中用于实践,对学生的理论知识和实践能力的测试就把学生的这种能力作为主要测试对象。

这个阶段要把实践中得到的知识和经历固化,成为学习者的知识进入学习者的知识结构中。从这个角度讲,新伦敦小组所推崇的另一个教学方法是重复和循环教学法,对已经学过的内容要通过一定的方式进行重现,使其循环式上升。在设计中,要把已有资源与新内容结合起来,在前后知识上建立通道,使其不断深入、逐步固化,成为学习者的知识和能力。

转化实践是以上三个过程的结果,应该在以上三个过程之后,但这个过程不是终结,因为许多知识和能力要经过反复实践来获得,转化实践可以在需要时转化为实景实践,形成一个循环模式。新伦敦小组认为这四个部分不分先后,可以以任何顺序进行,因此,他们没有设计出一个教学程序。卡兰齐斯根据新伦敦小组的观点设计了多元读写能力自学的模式(Kalantzis et al. 2005),即经验化、概念化、实践化、分析化四个阶段,并使这四个成分既相互通达,又大致有一个典型的、无标记的顺序(见图 30-2)。

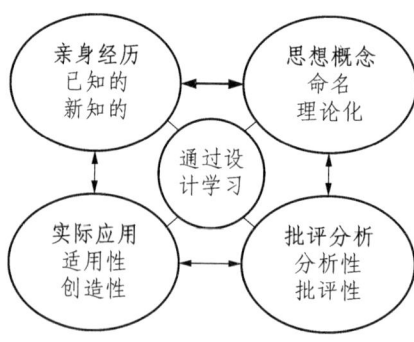

图 30-2　多元读写能力培养学习模式

这个模式一方面显示了一个自然的学习顺序(由粗箭头表示):学生通过实践获得经验和经历,然后概念化和理论化而升华,形成知识;然后通过分析和评价而成为学习者个人意义潜势中的一个部分。在此,实践和概念化可以根据语境的不同而调换位置。第二,这些阶段不是严格意义上阶段成分,而是可以根据需要随时改变这个顺序。譬如,分析和评价都需要和语境联系起来,它们都可以通过中间的通道和直接通道联通起来。第三,这个学习模式最后的结果是一个循环模式:转化实践又可以应用到实践中作为已有计资源来参与另一轮的循环。

教学的目的是使学生学习好,因此,其模式也应该符合学生学习的一般认知规律。因此,从这个学习模式可以演化出一个教学模式。

这个教学模式的无标记顺序是:实景实践和明确指导可以根据语境的需要而变换顺序。例如,在所学的对象难度大时,就需要首先需要老师的指导,再进行实践;而在以技能为主的学习任务中,则应该把实践放在首位,进行浸入式学习。这样,这个模式的无标记模型可用图 30-3 表示。

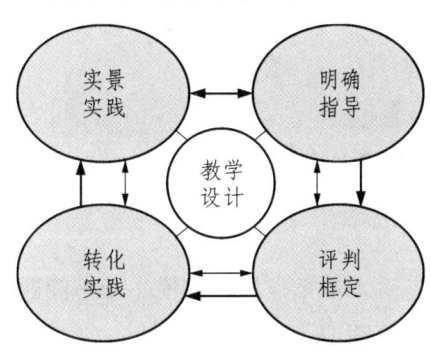

图 30-3　多元读写能力教学模式

30.5　评　论

与已有的教学理论和方法相比,多元读写能力教学法具有综合性、内省与外促相结合、评判与创新相结合的特点。它不再仅仅是通过外因来促使学生学习,而是引导学生思考和发表自己的观点和意见,并在此基础上发展自己的理论和思想。

从综合性上讲,本教学思想涉及教学的全过程和所有的方面,不仅涉及知识学习,还涉及技能和整体素质的提高;不仅涉及教学过程,还涉及教学后学生的学习任务以及学习思路的落实等;不仅涉及学什么,还涉及如何学等。

　　从内省的角度上讲,本教学思想不仅要学生积极参与社会实践和社会交际活动,通过参加这些活动,自动获得交际能力,而且要对已经进行的实践活动进行反思,把现在学到的东西与原有的资源进行联系和比较,重构自己的知识结构和能力框架。

　　从评判框定的角度讲,本教学模式在学习知识、提高能力、重构知识和能力框架的基础上,还要求和引导学生对自己的经历和实践进行评判反思,发展自己独立的见解,给出自己的观点,发展自己的思想和理论。

30.6　结　语

　　本章重点探讨多模态学习问题,在多模态话语分析理论中称为"多元读写能力"。首先,我们讨论了多元读写能力发展的原因以及多元读写能力的定义、翻译、国际和国内的环境、新的信息技术的发展和对这个领域已有的研究。第二,我们根据多模态交际的发展谈了多元读写能力发展的动因,多模态选择的过程,所涉及的相关概念和理论,提供了一个多元读写能力的理论框架。第三,我们探讨了发展多元读写能力的主要方面,包括发展已有资源,认识相关模态系统的供用特征和功能专用性,在社会交际中模态选择的能力,并且学会设计学习的目标,发展各种读写能力,分为三个类别语言能力、社会交际能力和技术读写能力。第四,我们探讨了多元读写能力的培养,提出了课堂讲授、实景实践、评判框定和转化实践的多元读写能力培养模式,并作了评论。但对这个领域的研究还是初步的,还需要在具体的教学内容、教学方法、学习方法等上做进一步研究。

论设计学习
——多元读写能力培养模式探索

31.1 引 言

设计在语言学研究中不作为一个理论概念来对待,因为语言学一般把语言交际作为单模态交际过程,不必进行设计。但在多模态话语分析理论中,设计却成为一个重要的概念。多模态话语分析理论自20世纪90年代迅速发展起来,其主要原因,从理论上讲是语篇分析理论发展的必然;从实践上讲是现代科技的发展促进了现代交际手段的变化。

从语篇分析理论的发展来看,进入20世纪90年代,语篇分析的关注点开始由对语篇内部语言特征和语篇结构的研究向语篇外部的研究发展。批评话语分析把重点放在交际目标上,多模态话语分析理论则重点研究体现语篇的模态及其形式和媒介上。两者研究的重点各自是语篇分析研究向外发展的一个重要领域,代表了语言学发展的趋势。从客观条件来讲,随着现代技术的发展,各种多媒体技术开始进入课堂;几千年来,在书面语占统治地位的交际中,页面占据主导地位;而现在,随着计算机技术的发展,屏幕越来越占据主导地位,图像、动画等则成为交际的主媒介(Kress 2003:6,51)。由此,多模态话语分析理论从90年代中期开始迅速发展起来。多模态话语分析理论与外语教学有着千丝万缕的联系。一方面,外语教学改革促进了多模态话语分析理论和多模态外语教学实践的发展,另一方面,多模态话语分析理论促进了外语教学改革的发展。

随着全球化的发展、文化的多元化以及国内对素质培养模式的推广,学生需要学习的知识越来越多,单靠课堂教学已不能满足其需求,需要发展获取新知识和信息的手段,扩大获取资源的范围。现代科学技术以及多模态话语分析理论的发展使新的教学方式成为可能,出现了许多新的信息呈现方式和信息资源,如网络平台、多模态学习课件,这些新的方式和资源会转化为新的教学手段,使新的教学模式、教学方式和学习方法成为可能,这样,多模态教学就成为一种必然。教师可以利用新的教育技术来提高教学效果;学生可以利用现代科学技术来搜索新的信息资源,利用多媒体平台来自主学习和实践,这就使设计学习成为可能。

"设计学习"是"通过设计学习"(learning by design)的简称,与"通过记忆学习""通过训练学习""通过实践学习""通过完成任务学习""自助平台学习"等概念相比照。这一概念是新伦敦小组于1996年前后提出和倡导的,后来成为多元读写能力培养的主要理论依据(Kress et al. 2001:169;Jewitt & Kress 2003:17;Kress 2003:59;LeVine & Scollon 2004;Stein 2008:23)。

多模态话语分析理论中的设计概念与普通设计概念既有联系也有区别,它仍然是"有意识地就某些要做到的事预先进行计划和勾画"的意思,但在多模态话语分析理论中,它是一个综合利用交际模态进行有效交际的概念。设计者既要把所需模态选择出来,还要将它们组织起来,形成一个模态组合整体,最有效地完成交际任务。从设计与不同层次交际因素的关系来说,设计是运用所有的符号模态或符号模态组合作为符号资源的过程,是在某个交际语境中实现话语的方式。用一个比喻,设计可以比作图纸,设计的对象可以比作房子,即设计是把要发出的话语变成图纸;这与建筑设计相似,是把已有的资源组织起来组成一个框架,作为产出的图纸(Kress & van Leeuwen 2001:50)。此外,多模态话语分析中的设计不同于普通设计概念的一个重要方面是:普通设计概念总是局限于编码阶段,是一个主动的过程,而多模态话语分析中的设计既包括编码阶段,也包括解码阶段,即学习阶段(Kress & van Leeuwen 2001:69)。这样,通过设计学习就成为可能。

目前，用多模态话语分析理论探讨教学的研究很多（如 Kress et al. 2001；Kress et al. 2005；Lotherington 2011；Cloonan 2010；朱永生 2008；曾庆敏 2011；李欣等 2012），但对于多模态学习的研究却偏少（Kress & van Leeuwen 2001；Jewitt 2006；Kalantzis et al. 2005）。然而，在多模态时代，特别是知识爆炸的时代，仅靠课堂教学已不能满足学生对知识和能力的需求，急需发展自主学习和多模态网络学习等，教师应学会如何在新时代引导或指导学生学习。

31.2 通过设计学习研究概观

31.2.1 设计理论

设计理论首先由新伦敦小组提出，包括三个部分——已有设计（available design）、设计过程（designing）和再设计（the redesigned）。已有设计是已有意义资源，设计过程是在符号过程中利用已有资源所做的工作，再设计是通过设计过程再生和转换的资源。

已有设计是设计的资源，包括各种符号系统的"语法"，即语言语法、电影语法、图像语法、身势语语法等；也包括"话语次序"（order of discourse）；还包括话语文体、话语体裁、方言、话语声音以及互文语境，即设计过程中所遇到的以前经历话语。其中，"话语次序"是费尔克拉夫借用了福柯的术语（Foucault 1981），指由社会力量规定的一系列话语、语类的系统（Fairclough 1995），它与特定的社会领域相联系，并构成其社会。

设计过程涉及重新表现和重新语境化，即把已有设计中的资源重新表现出来，置于新的语境中。但实际上，设计过程并非对已有设计资源的重复表现，而是涉及对已有意义资源的转换。这一过程包括读、看、听等过程，是通过已有资源中各种模态的词汇语法体现语言的三个元功能的过程，从而产出新的结构和对现实的呈现方式，成为转换的设计，即再设计。

所谓再设计是意义制造者对意义的重新制造，是一种新意义。虽然它很大程度上利用了已有设计资源,但它不是对已有设计的重新实例化或重新结合,而是具有创造性和新产性。它以历史和文化积淀的意义模式为基础;同时,它也是人类的特殊产物,通过设计过程,意义设计者也改造了自己,重新构造和协商自己的身份、能力和素质。可以说,设计过程也是一个学习过程,是通过设计学习的过程。再设计又成为已有设计,成为新的意义制造资源。

31.2.2 设计学习理论的优势

以设计理论为基础的设计学习比普通学习概念有了很多新发展。第一,学习过程传统上被认为是一个被动的接受过程,即教师提供什么知识,学生就学什么知识。在新的设计理论中,学习不是被动地执行和接受,而是积极地进行设计。教师只是提供学习条件和要求,学生通过设计达到学习目标,学习者成为积极的意义创造者,在这个过程中,既实现了交际任务,又改变了自己。第二,设计学习改变了以前的单模态学习方式,把多种资源综合起来,发挥各种资源的优势,提高学习效率和效果。在这个过程中,学生需要选择合适的模态或模态组合来实现意义。第三,设计学习把知识学习和能力发展结合起来,学习者首先必须"知道"各种模态的意义潜势,然后还需要有能力亲手"做好"意义的制造工作,即能够有效地选择合适的模态组合,实现要表达的意义。第四,学生的超学科学习能力得以增强。人类的学习从来就是超学科的,为了有效地掌控知识才划分了不同的学科,让不同学科的学生专攻本学科的知识,这在一定程度上限制了学生的发展和整体素质的提高。但在设计学习中,学生必须充分利用各个学科的相关知识,选择各种模态来实现要交流的意义,这样有利于学生发展对超学科知识的驾驭能力,提高综合素质。第五,学生需要有更强的分析评价能力,即评判能力。当更多的模态成为可选择的意义体现方式时,学生需要发展选择能力,不仅要知道选择什么,还要分清优劣,从而选择最有效的交际方式来创造意义,实现交际目的。最后,在设计学习中,让创新成为一种常态。虽然设计过程在很大程度上是利用已有资源的过程,但总是把这些资源用于新的语境中,来实现新交际任务,还要进行新的组合,从而创造新的意义,使已有设计成为转换的设计,从而成为新的已有设计。

31.3 设计学习理论要素

31.3.1 设计学习的目标

学习目标由读写能力(在外语学习中是听说读写能力)向多元读写能力的转移主要有两个原因:一是全球化和多元化引起了意义的多样化,使现有的主要以语言做媒介的意义表达方式难以招架;二是现代科技和现代网络技术的发展促使人们不得不学习使用新的媒体来表达和解读意义。这个转化从表面上看主要是要学生学会用现代多媒体技术来进行交际,包括选择合适的媒体和把媒体进行合适的组合来表达和解读意义,学生需要在发展语言读写能力的同时,还要发展媒体读写能力和技术读写能力。然而,实际上,随着媒体读写能力和技术读写能力需求的增强,其他相关的能力也被突出出来。例如,思韦茨就提出了文化、历史、科学、媒体、政治、评判、经济等读写能力(Thwaites 2003)。

新媒体和新技术促使知识爆炸式发展,按传统的知识学习方式学生难以招架,在浩如烟海的知识海洋中不知如何选择所需要的有用信息。如此,知识掌控能力和信息分类能力就变得越来越重要,这就是"信息读写能力"。与此相应的是学生必须要发展使用社会新环境,能够在新形势中及时调整自己的"社会文化读写能力"。第三个与此相关的是学生需要发展评判能力,对于各类知识和信息有分析、鉴别、评价能力,能够把自己所学的东西与学习目标和交际需要相联系,这就是"评判读写能力"。最后也是最关键的一个是创新能力的发展。科学技术发展日新月异,学生应该学会创造性地选择利用已有的资源或者创造新的资源来制造新的意义,把已有的资源转换为新的资源,所以,必须要发展创新能力,或者"转换读写能力"。

在多模态时代,要发展学生的多元读写能力,因此以上谈到的几种多元读写能力在学习中实际上是整合为一体、共同发展的。根据情景的不同会出现不同的组合方式,有时以语言、信息、媒体技术读写能力为主要组合,如在学习媒体和模态关系、模态组合模式时;有时以社会文化、政治、评判读写能力为主要组合,如在发展学生对文化和语境的敏感度时。

31.3.2 设计学习的内容

31.3.2.1 模态类型

学习什么能够发展多元读写能力?新伦敦小组在1996年就曾研究了这个问题,提出了五个主要的模态或模态组合类型:语言模态、听觉模态、视觉模态、空间模态、身势模态。每种模态都由不同的模态成分组成。语言模态成分包括表达方式、词汇、隐喻、及物性、过程的规范性、信息结构、微观连贯关系、宏观连贯关系等;听觉模态成分包括音乐、音响效果等;视觉模态成分包括颜色、视角、矢量、前景化与背景化等;空间模态成分包括生态系统、地理位置、建筑意义等;身势模态成分包括行为、身体形状、手势、感觉、情感、身体动作、空间关系等。五个模态类型成分之间的相互协同和合作为多模态。

31.3.2.2 模态的整合利用

多模态出现的动因是多模态协同会产生比单模态更加优异的效果。其隐含假设是每个模态都具有不同的意义潜势,或者说"供用特征"(Kress 2003:35),一方面它们可用在不同语境中实现不同目的,另一方面它们可结合起来实现单模态所无法实现的效果。例如,电影是视听说同时进行的,哪种单模态都无法达到这种效果。每个模态独特的供用特征也暗示着模态的专业化(modal specialization)(Kress 2003:36),即某模态用到某专业领域会发挥更大的作用。如在书面写作中用书面语,在记录真实场景中用图像。这也预示着不同模态在多模态语篇中有不同的"功能负荷"(functional load),即它们承载不同类型的意义。在模态体现意义中,由于新的语境的需要,它在被使用过程中改变了它惯常承载的意义,发生了模态意义的转换(transformation),特别是某个类型的模态被作为另一个类型的模态使用，发生模态意义的联通（transduction）（张德禄 2012b）。

31.3.2.3 实现的意义

设计学习的过程是意义交流的过程，是在意义的转换过程中改变意义制造者本人。所制造和转换的意义可以是多样的。韩礼德划分了概念意义、人际意义和语篇意义三种元意义（Halliday 1973, 1978）。新伦敦小组接受韩礼德的意义分类，认为五个类型的模态都可以用于实现三种元意义。但卡兰齐斯和科普认为五个类型的模态能够实现五种意义，分别是表现意义、社会意义、组织意义、语境意义和意识形态意义（Kalantzis & Cope 2000）。其中组织意义和语境意义是韩礼德的语篇意义的次类别，分别表示语篇中意义如何组织成为连贯整体，和语篇如何适合语境，成为具有适合性的语篇；而社会意义和意识形态意义是人际意义的次类别；两者的区别是前者表示交际者之间的关系，而后者表示交际的目的和目标是什么。

31.3.3 设计学习的条件

设计学习是一种正规的学习，不同于自然环境下在家庭或社区与同伴玩耍时所进行的学习。正规的学习是有意识的学习，是按照一定的计划和规划、有组织有步骤的学习的过程。其中，学习的内容、使用的媒介、教学的环境和方法是否适合学生学习就成为一个关键问题。卡兰齐斯和科普提出，最利于学生学习的条件有两个：（1）在有归属感的条件下，学生最想学习，他们感到是在熟悉的环境中学习，是在为自己学习；（2）在能发生转换的条件下，学生感到在学习中能够从深度和广度上进入一个新的领域或世界，同时能够改变自己（Kalantzis & Cope 2004）。这比克雷斯等人提出的简单的一个"兴趣"更深刻和有说服力（Kress et al. 2001: 22）。卡兰齐斯和科普认为，设计学习可以发生在教育、课程和教学法三个层面上（Kalantzis & Cope 2004）。从学校和教师的角度讲，这就需要在这三个层面为学生创造良好的学习条件，使他们乐于学习，有归属感，能学到新知识，提高自己；而从学生设计学习的角度讲，他们需要在这三个层面上找到自己的归属、努力学习新知识。教育指教育机构和场所，如中学、大学等，一直延伸到社区。第一，学生要有在"家"的感觉，有安全感、参与积极的竞争等。课程是核心领域,包括教学内容、教学媒体和教学过程。在"转换型"课程模式中,学生要首先进入实际经历中,亲身经历要学的内容,掌握核心的理论和概念,对所学内容做出自己的评价,并能够把所学创造性地应用到实践中,使它们变为学生自己的知识和能力。第二,学生要能够利用好各种新的媒体资源进行学习。第三,学生应该积极参与到教学过程中,明确学习目标,参与实践活动、多思考分析、把知识和概念与实践相结合,提高自己的能力。

31.3.4 设计学习的过程

教学法是学习的微观过程,通过知识的运作进行。新伦敦小组把它归纳为四个部分:实景实践、明确指导、评判框定和转换实践(New London Group 1996,详见本书§30.4节)。从学生的角度,与这四个教学组成部分相关的是四个设计学习的组成部分:亲身体验(experiencing)、概念命名(conceptualizing)、评判分析(analyzing)和实际应用(applying)。卡兰齐斯等又划分了它们的次范畴,形成如下的框架(Kalantzis et al. 2005:72—75):

(1) 亲身体验:
    a) 已知的(the known),个人已掌握的知识,包括从日常生活中获得的知识;
    b) 新知的(the new),新的经历和信息。
(2) 概念命名:
    a) 命名化(by naming),给概念定义、应用概念等;
    b) 理论化(by theory),把概念连接形成理论。
(3) 评判分析:
    a) 功能性分析(functionally),找到因果关系、用途等;
    b) 评判分析(critically),发现意图、目标、目的、动机、观点等。
(4) 实际应用:
    a) 合适性应用(appropriately),在典型的语境中合适运用知识;
    b) 创造性应用(creatively),创造性地运用知识,把它们用到新的语境中。

卡兰齐斯和科普从五个方面来确定学习的过程及其要素(Kalantzis & Cope 2004)，分别是：(1) 学习重点(learning focus)，包括学习的领域和专业；学习范围和本阶段任务；已有水平，即已掌握的设计资源和已有的知识、能力等。(2) 知识目标(knowledge objectives)，具体要学什么，做什么，如要经历什么事、学什么知识、做什么分析、学会做什么事等。(3) 知识过程(knowledge processes)，是实际学习的过程，包括参与交际事件、学习知识概念、分析评价、实际应用等。(4) 知识结果(knowledge outcomes)，对学的东西掌握如何，可通过测试、评估来检测。(5) 学习者路径(learner's pathways)，如何从一个学习要素向另一个要素转移。

31.4 设计学习理论框架构建

设计学习的必要性是学会通过多模态学习，同时学会通过多模态进行社会交际，通过"转换"(包括"联通")实现学习目标。然而，在具体的学习过程中，还有很多因素都要纳入设计学习的理论框架中，包括学习课程、学生层次、具体学习目标、学习环境和条件等。所以，设计学习的框架一方面要适合不同因素的要求，一方面还要具有系统性和综合性，尽量把相关因素纳入框架中，形成一个比较完整的、系统的、综合的框架。

其他学者也力图创建理论框架来指导学生的学习。例如，扎米特曾设计新学习环境的课程和教学框架(Zammit 2011)，力图通过多层次的环形图来表示设计学习中不同要素之间的关系。最外层是学生学习方式之间的关系，即基础性、支撑性学习(学习老师所教的理论和方法等)，与独立学习和合作学习形成相辅相成的关系。第二层是学习的媒体，包括纸质材料、电子材料、生动和行动性材料(如录像、参与活动等)。第三层是学习中选择的模态类型，包括口头的、书面的、视觉的、多模态的等。第四层是学习的过程，包括发现和识别语篇，进而对其加以理解和运用、分析和评价，并创造新的语篇等。第五层表示学生能够把学习的东西语境化，能够适时用于其他学科和领域中。这个框架用一个环形图把不同类型、不同层次要素之间的关系表示了出来。但它的主要问题是：从内部来说，它没有把要发展的能力和意义表现出来；从外部来讲，没有把学习的条件和环境表示出来。

在本研究中，我们尝试用层叠模式，将外部的学习环境和学习条件，学习的媒介和模式，学习的主要内容、学习过程和学习结果系统地表示出来。有些比较复杂的要素则通过另外的图标把具体的内容表示出来（见图 31-1）。

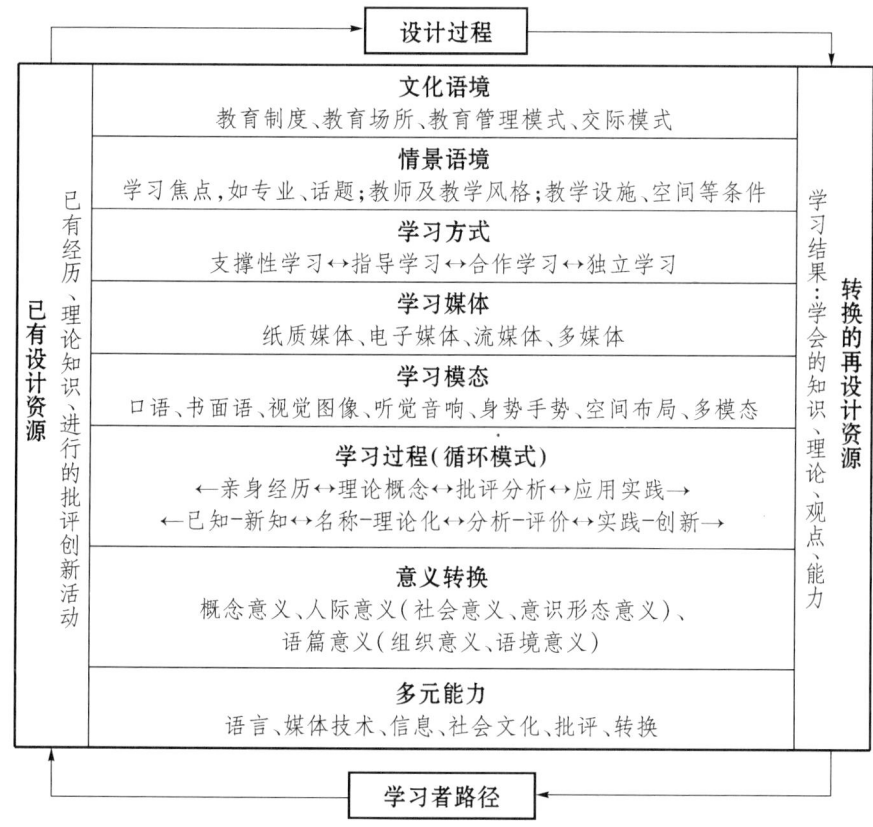

图 31-1 设计学习综合框架

这个设计学习框架的优势是它的综合性，把现有专家探讨的几乎所有方面都包括在内，并且说明了它们之间的关系。首先，设计学习涉及的所有方面都在新伦敦小组（1996）的设计框架内，即已有设计、设计过程和再设计，而设计学习主要是学习过程。其次，在设计过程中，学习的环境和条件被明确表现出来,即设计学习的文化语境和情景语境。文化语境确定了设计学习的大环境,包括教育制度、教育管理、教育场所;情景语境确定了学习的具体环境,即学习的内容、师资情况、教学设施和条件等。设计学习的大环境应是有利于学生学习的环境,要给他们提供良性竞争的环境,便于他们把学习对象转换为自己制造的意义。任何正规学习都是在这个大环境下进行的。再次,学习方式应适合于设计学习,即教师主要在支撑性学习阶段提供相关的理论、知识、概念,并给予学生指导,学生则通过合作和自主学习来自己设计学习过程,参与交际活动、分析评价、应用等。多媒体是现代学习的特色,设计学习包括学会使用相关的媒体及多媒体,提高学习效率。多模态是多媒体运用的一个必然结果,学生需要掌握不同模态的意义潜势、合理选择模态及模态组合,有效创造意义。

学习过程是从模态系统中进行选择、合理地体现意义、实现学习目标的过程。设计学习主要通过三个组成部分进行,即亲身经历和体验所学习的内容,学习相关的理论、概念和知识,进行评判分析评价,把理论知识应用于实践,创造新的意义及意义实现方式。

学习的结果是意义的转换,而且这种意义转换发生在各种意义上。韩礼德把意义分为概念意义、人际意义和语篇意义,但新伦敦小组(1996)把意义划分为五种,但这五种实际上是韩礼德模式的次分类,而且容易造成混淆,故我们采用韩礼德的模式。意义的转换是学习者获得了,或者更确切地说,提高了其多元读写能力,包括语言读写能力、媒体技术读写能力、信息读写能力、社会文化读写能力、评判读写能力和意义转换读写能力。

最后,这些转换的意义和读写能力是学习者获得的再设计意义资源,又成为其已有资源,促使其通过学习者路径选择新的学习要素进行设计学习,从而形成一个设计学习的循环模式。

31.5 简　评

作为一个多学科或超学科的研究领域,发展学习模式不仅仅是为了发展模式本身,而是为了应用;也就是说,它的有效性不在于这个模式多么漂亮,而在于它是否有可操作性、有显著的教学效果、是否适应时代的发展、能否解决当前遇到的问题等。设计学习理论的提出者和发展者基本都是在教学第一线的教师,他们既是教学实践者,又是研究者,把研究成果在教学实践中进行了检验。首先,本章不是提出一个新的理论,而是在一定程度上完善理论模式,使它具有系统性、完整性和综合性;同时,本章把系统功能语言学的语境理论纳入框架中,用以弥补以前研究的不足。其次,需要注意的是,本章把模态类型和意义类别划归为不同的层次,认为模态是体现意义、制造意义的,它本身有一个意义潜势支配它,但它们不是意义本身。这样,才容易讨论如何选择模态来体现意义。这个划分的意义是重大的,因为这样我们就可以把学习过程看作选择模态来体现意义、实现意义转换的过程。所谓"意义转换",实际上就是用旧的模态或模态组合来体现新意义,或者用新的模态组合来创造新意义。这和设计学习的理论模式是一致的。当然,作为一个指导实践的理论模式,它还必须经过实践的检验,通过教学实践来进一步完善、丰富和发展。

31.6　结　语

设计学习是多模态教学和多元读写能力培养时代的产物,它是现代科技的发展给人类交际带来新变化的结果。在过去近 20 年中,人们开始研究多模态学习的理论、方法和基本模式,都从某个方面对此课题做了比较深入的探讨。本章主要是把这些理论模式汇集起来,借助系统功能语言学的语境和语义理论,构建一个更加系统、完整和综合的理论模式。本模式把整个设计学习置入"已有设计—设计过程—再设计"的框架中,突出了设计过程。在设计过程中,文化语境和情景语境是制约意义选择的语境因素,学习方式是学生具体实施设计过程的措施,媒体和模态是用以实现意义的表达形式,学习过程是设计过程的核心,通过"亲身经历、理论概念、评判分析、应用创新"形成的循环模式实施设计学习过程,意义是学习转换的对象,多元能力是学习的结果。转换的意义和能力又通过"学习者路径"转化为已有设计,进行下一轮的设计学习。如上所述,这个模式还需要进一步的验证,因此,希望引起大家的关注,并希望能对外语教学、外语学习和研究有一定启示。

32

外语多元读写能力培养教学设计研究
——以学生口头报告设计为例

32.1 引 言

传统意义上的读写能力(literacy)一直是母语语言教育的培养重点,但读写能力一直被定义为对纸质语篇阅读和写作的能力(Lankshear et al. 2000; Larson & Marsh 2005)。随着电脑、手机的快速普及和互联网等数字通讯技术的迅速发展,人们的交际空间从现实的物质世界扩展到虚拟的网络平台。交际不再仅由语言完成,还可运用图片、声音、视频等交际媒体进行。这些交际媒体的变化正在影响着读写能力本质的变化。面对新技术的发展和社会的变化,新伦敦小组在探讨多元读写能力教学大纲时认为意义生成的模态包括语言、视觉、声音、空间、手势语以及综合运用前五种模态的多模态(New London Group 1996;2000)。尽管读和写仍是课堂学习的主要模态,但其他模态在教学中的作用越来越大(Jewitt 2005; Kress & van Leeuwen 2001; Kress et al. 2005)。

目前,我们会接触各种不同语篇,如微信、QQ、邮件、各种网站的资源、报刊、图书等。语境不同,读写能力的表现形式也不同。随着网络的普及,新媒体和网上读写能力已成为很多人日常生活不可或缺的一种能力。现代语篇的概念也已被大大扩展,远远超越了以印刷为基础的阅读和写作(Hagood 2003)。现代社会的读写能力包括掌握多样的、复杂的语篇、技术和数字媒体,也就是要具备多元读写能力(Kalantzis & Cope 2000)。

在中国外语教学中,对学生多元读写能力的研究既有理论层面上的,也有实践层面上的。胡壮麟和董佳(2006:3—12)、韦琴红(2009:28—32)、张征(2010:54—58)、张义君(2011:45—52)等结合对学生做的PPT的分析,指出现在大学生多元读写能力薄弱,需要加强培养;张德禄(2012a:9—14)从理论层面上构建了一个用于语言教学和学习的多元读写能力的培养模式,同样认为需要强化学生多元读写能力的培养。他们都强调新媒体、新技术的应用,强调不同模态的搭配生成意义。张德禄(2010b:48—53)认为外语教学的重点并不是知识,而是运用外语的能力,是知识、技能和整体素质的综合。思韦茨认为,文科学生应该发展文化、历史、科学、媒体、政治、评判、经济等多种读写能力(Thwaites 2003:14—29)。

中国的外语人才一方面具有特定的专业特色,同时也肩负着新时期所赋予的新的任务,因此,除了应该具备上面思韦茨所提到的文科生应该具备的能力外,还需要具备良好的跨文化、跨语言读写能力,很好的社会和道德读写能力、组织和领导能力,以利于将来能够立足于学科前沿,更好地从事搜索、选择和创新活动,起到组织、协调和领导的作用。这样新时期外语大学生应该具备多元读写能力可用表32-1表示。

表32-1 新时期中国大学生多元读写能力模式

能力类型	素质			专业		技术		操作	
多元能力	道德读写能力	社会交往读写能力	创新改革能力	语言和非语言读写能力	跨语言跨文化读写能力	媒体技术读写能力	模态模式读写能力	选择和搜索能力	组织和领导能力

与新伦敦小组(1996)的研究相吻合,本研究认为,时代的变迁与媒体技术的发展共同促使了中国外语人才多元能力的变化。它不仅需要专业

能力和技术能力的扩展和提高,同时也需要基本素质和操作能力的提高,即重视克雷斯和范律文所提出的"生产"和"分布"能力的发展和提高(Kress & van Leeuwen 2001:4)。这些能力需要对外语课堂教学进行综合改革来实现。

在外语课堂上,教师可以通过多种不同的形式来提高学生生产和解读多模态语篇的多元读写能力。其中,口头报告是使用最广泛的一种形式。设计口头报告像制造一款精致的产品,需要书面语,也需要其他的图表、图片、音频、视频及复杂布局等模态。学生要由"写作者"(writer)变为"制作者"(producer),他们要把上述多种符号组织起来生成意义,并在屏幕上演示出来。学生还需要在网上查阅、取舍、综合资料,还要考虑不同模态间的组合、搭配等。除了词汇、语法、内容、模态、顺序的选择外,还要注意页面的整体设计。学生的选择要受所处的社会文化环境影响。学生构建的语篇,要突出并立体呈现自己的思路、观念和观点等。

32.2 多元读写能力教学模式

新伦敦小组不仅探讨了多元读写能力的类型,还提出了多元读写能力教学模式,包括四个主要成分,即实景实践、明确指导、评判框定和转化实践(New London Group 1996,2000)。它们相互结合,成为有效培养多元读写能力的四个必要成分。它们没有固定的顺序,可以根据不同的培养目标和教学对象不断变化。

实景实践的关键因素是浸入到实践的交际过程中,以学习者已经有的经历和已经掌握的知识为基础来发展某些基本技能或者获取某些知识。明确指导的主要目的是发展学生的已有资源,让学生明确交际的基本规律、基本程序,了解相关的知识,有意识地控制他们学过的东西,能够了解哪是重点,哪是焦点信息,做到他们自己做不到的事情。评判框定是使学习者能够整理他们在实践中已经学过的东西,有意识地控制和理解知识系统和社会实践之间的历史、文化、社会、政治、意识形态、价值方面的关系。转化实践表示学生对其从实景实践、明确指导和评判框定中所学的东西在不同的语境中进行常规性或者创造性应用,在对学生的理论知识和实践能力进行测试时就把学生的这种能力作为主要测试对象。张德禄(2012a:9—14)认为多元读写能力教学模式的这四个过程形成一个循环模式;卡兰齐斯和科普 2000 年提出多元读写能力的教学模式不是一个封闭的教学进程,而是一个不断发展更新的教学经历。

从教学的角度,新伦敦小组(1996)提出了"设计学习"的概念,把设计理论分为三个部分——已有设计、设计过程和再设计。详见本书§31.2.1节所述。

卡兰齐斯和科普把四个教学组成部分与学生的学习联系起来,提出了设计学习过程的四个组成部分及其次范畴(Kalantzis & Cope 2005:72—75)。详见本书§31.3.4节所述。这样,设计学习的基本框架可以由图32-1表示:

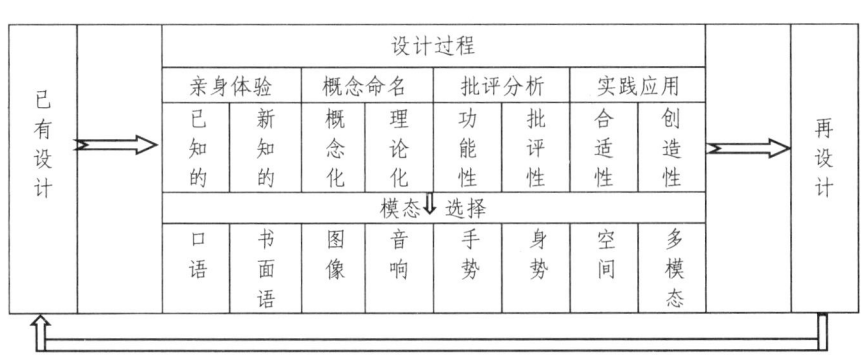

图 32-1 设计学习的基本理论框架

从图32-1可见,学习是一个既具有循环性,又持续不断的过程,是一个集知识学习与运用、思考、评判、应用与创新于一体的过程。

卡兰齐斯和科普认为通过设计学习培养多元读写能力,还可以使学生以小组为单位合作学习(Kalantzis & Cope 2012:11)。小组学习是"以学习小组为基本形式,利用教学动态因素之间的互动,促进学生的学习,以团队成绩为评价标准,共同达成教学目标的教学活动"(王坦 2002:68—72)。运用小组学习,学生可以共同构建知识、分享知识,课堂之外还可以随时随地使用媒体和网络继续学习;他们不但自己可以阅读、写作还可以给组员的写作做出评价。本章利用图32-1所示的"设计学习"理论框架,结合合作学习理论,探索如何采用口头报告的形式培养学生多元读写能力。

32.3 多元读写能力教学培养框架的应用

为探索多元读写能力教学培养框架的应用,研究者以某教师所教的某院校英语教育专业二年级学生为对象进行了系列实验。所学教材为外研社《现代大学英语》精读第 3 册(第二版)。在第一学期初,教师按自愿的原则把学生分成 4—5 人的小组。学生在完成每个单元的课程学习后,要按照老师的要求,分工合作,运用多媒体手段,以口头报告的形式,对课文主题进行拓展。通常学生会利用 PPT,向教师和其他同学展示他们的拓展内容。这个过程是设计过程,即教师教学和学生学习的综合过程。

下面以学生学完第 10 单元 Diogenes and Alexander 后,在教师指导下进行的口头报告拓展为例,说明在英语教学实践中运用设计学习的基本框架培养学生的多元读写能力的过程。

教学设计总是要建立在学生已经掌握的知识和发展的能力上,即建立在学生已有资源的基础上。学生经过系统学习,已大致了解本课采用对比手法,通过外貌、行为、对话描写,展示人物的性格特点及其哲学思想的写作方法。小组成员需根据自身的知识储备和喜好选择一个比较熟悉的中外哲学家,确定主题,最大限度地利用上述写作方法与课文所学词汇,把他们与主题相关的思想、言论、逸事等通过 PPT 展示、角色表演等形式呈现给其他同学。

32.3.1 口头报告设计的四种知识学习过程

教师引导学生通过小组合作设计口头报告时,学生要遵循四个知识过程,具体步骤如表 32 - 2 所示。

表32-2　口头报告设计学习知识过程

体验已知	体验新知识
• 让学生选择自己熟悉的哲人，讨论哲人的轶事 • 让学生给其他同学讲述自己熟悉的古代哲人或历史人物故事； • 让学生列举可能用到的英语词汇、短语、句子	• 教师以开放式问题指导学生选择资料 • 深入了解学习人物，从资料中找出与主题相关的小故事，区分哪些是需要学习的新知识 • 小组成员学习所选择人物的新的信息 • 以小组为单位阅读本组查找的资料并讨论与主题相关的信息和体现主题的主要观点 • 网上查阅并学习不同观点和论据 • 小组讨论如何选择不同模态
概念化 • 让学生描述故事，归类到某个记叙文要素中 • 让学生找出描写人物外貌、行为、态度等的词汇、句子，并归类 • 找出对比人物的词、短语或句子，并进行归类 • 找出描述故事发展不同阶段的词、短语或句子，并进行归类 • 段间、段内的过渡词，归类 • 不同模态资料归类，如视觉、动作、空间等	**理论化** • 分析、总结故事的主题和寓意 • 描绘出故事发展主线 • 设计幻灯片的总体思路
功能性分析 • 小组成员分析如何选择不同模态来表现人物 • 小组成员分析幻灯片呈现的文本结构和内容 • 小组成员分析幻灯片呈现的文本的语言特点	**评判分析** • 以小组为单位从不同角度分析所选人物特点 • 尝试不同的开头、结尾 • 讨论以什么样的方式展示才能达到吸引观众的目的 • 分析并讨论如何体现人物间的对话 • 分析幻灯片中不同模态如何搭配，人物间对话的语调、表情如何体现人物性格特点
合适性应用 • 以小组为单位，展示口头报告； • 讨论如何在故事中展现人物特点形象如：道具、服装的选择； • 编排故事，小组成员分别扮演不同角色，小组成员表演时在教室中站立的位置和出场顺序； • 幻灯片展示的顺序	**创造性应用** • 知识迁移：把本课所学的知识用于不同的人物、场景，解决不同的问题 • 模态媒体迁移：构建多模态语篇，不同模态的搭配和语言和其他模态的融合，不同媒体应用

32.3.1.1 体验已知知识和新知识

教师在实景实践环节让学生发言,把已知知识和新知识联系在一起。首先,教师让学生列举他们熟悉的哲学家及其代表思想、轶事、至理名言,如老子、孔子、庄子、韩非子等中国诸子百家的代表人物以及苏格拉底、亚里士多德、柏拉图、尼采、卢梭等西方哲学代表人物;让学生尽可能列举本课描写人物的词汇。其次,教师以开放式问题引导小组学生查找资料,分析、讨论找到的资料,帮助学生根据资料合理推断、解释老师的问题,搜集观点或论据,选择人物,确定主题。然后,教师让小组学生分别叙述他们认为其中有趣的部分以及能体现主题的重要句子、短语或词汇,并和小组成员分享。最后,由小组讨论决定在口头报告中使用哪些媒体、软件,并学习如何操作这些软件。

32.3.1.2 概念化和理论化

概念化:小组按记叙文的六要素描述他们选择的故事。把描写人物的句子、短语、词汇,分别按外貌、举止行为、态度等归类,并引导学生把这些小类归属到人物性格描写条目下。找出对比两个人物的句子、短语、词汇,把类比关系的句子归为一类,把短语、词汇分别归类为近义关系、反义关系等。让小组学生按故事发生、发展、高潮、结束四个阶段描述故事背景、编排故事情节,改编成口头报告的文本,并把段间、段内的过渡词归类。把不同模态的资料归类整理,尝试制作PPT,例如视觉方面,选择与主题适应的幻灯片背景、颜色、字体、图片等。

理论化:小组在编排新故事时,要把已知知识和新知识联系在一起,分析总结故事的主线和主题,展示幻灯片设计的总体思路等。

32.3.1.3 功能性和评判分析

功能性分析主要以小组为单位,分析幻灯片呈现的文本结构、内容、语言特点、写作手法,并总结这类文体的写作规则;从语言、视觉、声音、空间等模态,审视如何把不同模态结合,表现人物特点,讨论幻灯片的效果。

评判分析仍以小组为单位,从多个角度分析人物和对话,理解深层寓意,尝试不同模态融合的开头、结尾,讨论怎样才能吸引观众的注意力，达到自己的目的。教师还可以让那些持不同观点的学生，阐述自己的理由。

32.3.1.4 合适性和创造性应用

合适性应用：让小组学生应用已学的语类结构，构建自己的故事。以"why"为中心，分别从"who""what""when"和"how"几方面安排故事的要素。故事编好后，小组成员要探讨、分析故事情节安排的合理性；推敲文本、视频、音频及小组表演的呈现顺序，选择最适合的模态以增强人物形象，如此等等。

创造性应用：一是思考原文和新故事各要素的异同，把学到的新知识（新体验、概念、理论、分析、恰当性应用）用于不同的场景、人物、主题，解决不同的问题。二是进行模态、媒体迁移，把一种模态转换为另一种模态（如视觉转变为语言或语言转变为手势），一种媒体转变为另一种媒体（如从纸笔转变为带声音、图片或视频的幻灯片），一种场景到另一种场景的转变（如从国外转变到国内）。三是充分利用各种要素，与媒体和语类搭配，创造性地融合不同模态，把口头报告的文本转化成不同的模态和媒体，形成多模态语篇。

这四个教学阶段虽然各有重点，各自突出学生的某个能力方面，且按一定的顺序进行，但它们的顺序并不是固定不变的，而是可以根据培养目标和学生的实际能力调整顺序和所选择的教学阶段。同时，在每个教学阶段，虽然其无标记顺序是从左到右，但也可以根据实际需要变换顺序，或者把两者浑然一体，交叉融合进行，目的是有效地完成教学目标。

经过这个"设计过程"，学生的多元读写能力得到了发展，成为他们的"意义潜势"的重要组成部分，即成为"再设计"；而学生的"再设计"又转变为学生的"已有设计"，参与到新的"设计过程"中，从而形成一个循环模式。

32.3.2 口头报告的设计模态

设计概念的核心是创造性地使用已有意义资源生成意义（Fairclough

2000)。在英语教学中,学生的"设计学习"过程就是利用设计学习理念,运用多模态技术发展多元读写外语能力的过程。口头报告形式作为设计学习的载体是把传统文本转化成多模态语篇的过程,教师在课堂上指导小组成员利用各种模态生成意义时,应考虑的设计模态如表 32-3 所示。

表 32-3 口头报告的设计模态

语言模态	叙述文本、原始资料翻译、表演文本、PPT 展示的文本
听觉模态	音响声音、人物声音高低、语音语调、语速
视觉模态	道具、服装、PPT 背景、颜色搭配、字体、人物图片
手势语模态	表情、动作(小组成员间的配合或个人)
空间模态	小组成员出场顺序、排列位置、PPT 编排
多模态	语言模态、听觉模态、视觉模态、手势语模态、空间模态

32.3.3 学生作品实例分析

现以随机选择的一个小组为例,展示小组成员利用已整理的文本资料、PowerPoint 软件、小组表演构建新的意义设计,通过"设计学习"四个知识过程和多模态设计的各元素构建多模态语篇的过程。

该小组选择了他们比较熟悉的人物孔子,他们想通过小组的口头报告,尽可能全面系统地介绍孔子(见图 32-2)。小组成员输入精确的相关关键词,在网上搜索大量的资料,然后一起讨论、分析、选取资料,并按照自己的逻辑组织、安排资料。具体过程如下:

首先,小组成员互相合作,选取能代表孔子形象并符合当时社会文化环境的图片和文字,运用图片编辑软件 Photoshop 剪辑图片,使用 PowerPoint 中工具等添加动画,形成图片 1,学生以动画的形式依次全方位地展示孔子的生平(出生地、生活年代、主要成就、代表作等),同时播放背景音乐,并呈现能体现报告主题的观点、评价、总结的关键词(体验已知)。

展示图片 2 时,学生就孔子的主要成就展开论述,谈到孔子开创儒家学派、编撰《春秋》、修订"五经"、创办私学,打破传统贵族教育体制等主要成就,古朴儒雅的图片再现了当时孔子讲学的场景。同时,学生在舒缓、典雅的古典音乐背景下,给大家宣讲孔子的主要事迹,很容易让人联想到孔子"诲人不倦""因材施教""创办私学,广收门徒"的事迹(体验已知和新知识)。

随后展示图片3,重现子路见孔子的情景。小组成员把孔子和子路之间的古文对话,改编成现代文本,译成英语文本,表演时配合丰富的表情、落落大方的动作,可谓声情并茂。面对子路的疑惑,孔子因势利导,深入浅出地点评了子路的观点。让人体味到孔子循循善诱、诲人不倦的教育理念。在表演的过程中,小组成员需分析如何表演才能体现出两者间对话的深刻寓意(概念化、理论化);需决定采用什么样的方式突出二人的人物特点(功能性、批判性分析);要考虑不同模态的搭配和协同:如人物的服装、空间位置、出场先后等搭配,人物的语言、语调、语速、表情、手势、肢体语言等模态间协同(合适性、创造性应用)。

图片1

图片2

图片3

图32-2　学生口头报告中的 **PPT** 作品

在该口头报告中,小组同学通过合作学习,全面体会了"设计学习"的四个知识过程和多模态设计过程。这是小组学生经独立思考、选择、搜索、分析,集合自己的专业已知知识、新知识及媒体技术读写、模态模式读写能力创造的产品。在对不同模态的整合、转化、组合过程中,学生既有自觉合适性应用也有创造性应用。形成口头报告的过程就是学生外语多元读写能力的苏醒、发展、培育、养成的过程。从这个意义上讲,重要的不是学生最终形成的口头报告是否精彩,而是学生在形成口头报告的努力过程中是否尽力。毕竟新时期中国大学生多元读写能力的形成不是一堂课,一次口头报告能实现的,需要师生反复实践,锲而不舍地努力。

32.4 口头报告中多元读写能力培养对外语教学的启示

教师指导学生创作口头报告的过程对于外语教学改革会产生有效的启示。在新时期和多模态环境中,不仅要培养学生的外语读写能力,还需要培养学生的技术读写能力、评判读写能力、文化读写能力和道德、创新、操作能力等。

32.4.1 培养学生技术读写能力

多模态环境下,人们需要有能力利用多种模态生成意义,需要拥有的"读写能力"变得越来越复杂。图片等其他模态和文字一样是表征意义的,且在构建意义时所处的地位越来越重要,每个模态都能生成各自的意义,形成多模态意义表征。

学生利用不同的设计模态,把文本形式的新故事转化为结合多媒体、多模态的小组口头报告。使用幻灯片演示,图片展示等其他非文字信息是非常普遍的。他们需要大量使用现代信息技术、选择不同模态,如从网上搜索、下载图片、音频、视频、背景等资料,在幻灯片中利用软件技术组合不同模态烘托自己的主题等。在学生所有 PPT 中,第一步大都是通过图片或图片加文字引入要谈论的话题。在构建多模态语篇时,他们还要考虑具体的符号资源的模态供用特征以及不同模态间的关系,如电脑屏幕上突出空间组织、写作结构(主体部分、观点);注意文本字体的方向、形状、大小等,协调图片、图表、文本之间的关系;考虑页面的颜色、布局等。这些过程都有利于培养学生技术读写能力。

32.4.2 培养学生批判读写能力

在口头报告中,学生的批判读写能力不仅包括对资料及整合的批判式地思考,还包括采用不同模态和媒体,通过一定的形式把资料内容在屏幕上展示出来的能力(形式、模态、交流手段)。

学生在网络上查找资料时,要能辨别资料的有效性和相关性,最主要的是通过自己的批判读写能力准确有效地使用资料,即用自身已具备的知识,综合、组织新资料,以一种有效地方式交流新信息。例如:在查找网上资料时,学生要能理解、评价所找到的资料,识别自己需要的、有用的信息,还要能综合、转化各个角度的信息,这是一个批判读写的系列过程。教师采用"设计学习"的四个知识过程选择不同的模态,让学生通过和小组成员交流,主动学习。学生按自身的经验,整合新信息和已知信息,把整合的知识、技能运用到自己的口头报告中都需要运用批判读写的能力。

在语篇构建的过程中,学生通过设计过程转化为再设计,把资料在屏幕上呈现出来,需要用批判的眼光与思维选择相关的人物图片、筛选材料、组织人物对话、整合图片与文字材料、考虑语篇及文化背景、判断话语和图片的一致性等。例如,在设计人物对话时,要考虑采用书面语还是口语,人物的语音语调如何体现,不同模态如何转化、迁移、判断模态的主次等。在设计人物形象时,要考虑扮演者运用什么样的肢体语言和神情更逼真地表现人物,选取什么背景音乐,如何做到人物动作和屏幕展示的内容协调一致等。这些都需要学生下意识地运用批判读写能力。

32.4.3　培养学生文化读写能力

来自不同家庭的学生,因生活环境不同,对社会文化的感知也会有所不同;学生要能推己及人、推古至今,要能理解、解读不同的社会文化。

我们只能在一定的社会文化语境中做文章。在选取资料的时候学生既要考虑到所选人物当时所处的社会文化环境,还要考虑目前的社会文化环境以及学生自身所处的地区、学校、班级文化环境的特殊性。例如,本章前文(§32.3.3)学生选取孔子的资料,就必须了解孔子当时生活的社会环境,然后再选择资料;社会符号和文化语境相关联,在不同的文化语境中要选择不同的符号系统进行交际。学生要运用自己文化嗅觉及对当时社会环境的理解与感知选取适合人物的服饰、场景、背景、音频等文化符号,以衬托人物、突出主题。这样就通过多种符号和多模态语篇的阐释,再现了当时情景,使人对当时的文化背景和主题人物有更直观的感受。

其实,学生在网上查找资料也是一种不自觉的文化经历。如何理解网络上的文字、图片、空间布局、音视频信息,如何把它们融入自己的多模态语篇中,如何把自身的经历和社会文化结合起来,都是需要文化读写与选择。这些都有利于培养学生的文化读写能力。

32.4.4　培养学生其他能力

学生在设计过程中,并不是复制已有设计,而是选择相关资料重新加工,从不同的视角分析同一人物,因此,不同小组呈现不同的设计内容。这个过程有利于发展学生个性化学习,培养学生独立思考的能力。小组学生在故事中协商、扮演不同角色、设计形象、动作,选择道具等事宜也特别锻炼学生的实践能力和创新能力。

学生将来在社会工作,毫无疑问需要熟练运用越来越多的多媒体多模态语篇。教师需帮助学生把课堂所学知识转化为适应将来社会生活、工作生活的能力。在学校课堂呈现口头报告是以后参加会议、学术交流、公司汇报等工作的预演;学生在学校习得的多元读写能力,将来无疑会拓展为其他许多领域的关键能力。

总之，以小组为单位的学生"设计学习"有利于学生深入理解原文，能让学生更加有效地参与到课堂活动中，并发展不同的语言技能。口头报告不仅能提高学生阅读、翻译、口语、写作水平，还能提高学生技术读写能力和实际操作能力、组织协调能力、社会交往能力。与此同时，还能提高他们的评判创新能力、领导能力和合作互助能力。总体上讲，提高他们的整体素质。

32.5　结　语

本章以卡兰齐斯和科普（2005）"设计学习"的知识过程和新伦敦小组（1996）"设计模态"为理论基础，探讨了外语学生多元读写能力的类型和模式，并提出了英语课堂的多元读写能力培养框架。然后，通过在教学中让小组学生合作学习，做口头报告，同时分析学生设计多模态语篇和多元读写能力的学习过程，展示了该培养框架的应用价值。本研究表明，外语学生应具备的多元读写能力不仅包括语言读写能力和技术读写能力，还需要包括实际的操作能力和社会文化、组织领导、合作互助读写能力；同时，这些能力的培养都是可以通过合适的课堂教学活动设计来实现的。本章教学案例中学生所做的口头报告就是其中一例。当然，以小组为单位的口头报告，也有自身的局限性，如有些学生技术能力和语言读写能力不匹配；如何让学生更好地合作，克服不同能力间的差异等问题，还有待进一步探讨。

参考书目

Alexander, L. G. *Longman English Grammar*. London: Longman, 1994.

Algeo, J. It's a myth, innit? Politeness and the English tag question. In Christopher Ricks and Leonard Michaels, eds. *The state of the language*. Berkeley, CA: University of California Press, 1990: 443 – 450.

Algeo, J. The tag question in British English: It's different, i'n'it? *English World-Wide*, 1988(2): 171 – 191.

Aristotle. *The Rhetoric and the Poetics*. New York: Random House, 1954.

Arnheim, R. *Art and Visual Perception*. Berkeley and Los Angeles: University of California Press, 1974.

Austin, J. L. *How to Do Things with Words*. Oxford: Clarendon Press, 1963.

Bakhtin, M. M. *The Dialogic Imagination: Four Essays*, Holquist, M. (ed), Emerson, C. & Holquist, M. (Trans.). Austin and London: University of Texas Press, [written during the 1930s], 1981(1930s).

Bakhtin. M. *Problems in Dostoevsky's Poetics*, Trans. R. W. Rotsel. Ann Arbor: Ardis, 1973 (1929).

Baldry, A. & Thibault, P. *Multimodal Transcription and Text Analysis: A multimedia toolkit and coursebook*. London: Equinox, 2006.

Barthes, R. *Image, Music, Text*, London: Fontana, 1977.

Bateman, J., Delin, J. & Henschel, R. Multimodality and Empiricism: Preparing for a Corpus-based Approach to the Study of Multimodal Meaning-making. In Ventola, E. , Charles, C. & Kaltenbacher, M. (eds.), *Perspectives on Multimodality*. Amsterdam: John Benjamins, 2004: 65 – 87.

Beaugrande, R. de. *Linguistic Theory: The Discourse of Fundamental Works*. London: Longman Group UK Limited, 1991.

Bernstein, B. *Class, Codes and Control, Volume 1: Theoretical Studies Towards a Sociology of Language*. London: Routledge and Kegan Paul, 1971.

Berry, M. *Introduction to Systemic Linguistics, Vol 2: Levels and links*. London: Batsford, 1977: 6.

Birch, D. & O'Toole, M. *Functions of Style*. London: Pinter Publishers, 1988.

Bloomfield, L. *Language*. Beijing: Foreign Language Teaching and Research Press, 2002.

Bloor, T. & Bloor, M. *The Functional Analysis of English: A Halladayan Approach*. London: Edward Arnold (Publishers) Limited, 1995.

Brown, J. D. *The Elements of Language Curriculum: A Systematic Approach to Program Development*. Boston: Heinle and Heinle Publishers, 1995.

Brumfit, C. J. & Johnson, K. *The Communicative Approach to Language Teaching*. Oxford: OUP, 1979.

Butler, C. S. *Structure and Function: A Guide to Three Major Structural- Functional Theories, Part 1: Approaches to the simplex clause*. Amsterdam: Benjamins, 2003.

Butler, C. S. *Systemic Linguistics: Theory and Application*. London: Batsford, 1985.

Caballero, R. Cutting across the senses: Imagery in winespeak and audiovisual promotion. In Forceville, C. & Urios-Aparisi, E. (eds.), *Multimodal Metaphor*, Berlin/New York: Mouton de Gruyter, 2009: 73 – 94.

Chaney, D. *Lifestyle*. London: Routledge, 1996.

Cloonan, A. *Multiliteracies, Multimodality and Teacher Professional Learning*. Altona: Common Ground Publishing, 2010.

Derewianka, B. *Exploring How Text Works*. Sydney: Primary English Teaching Association, 1990/1999.

Derrida. J. *Of Grammatology*. Trans. by Spivak, G. Baltimore and London: Johns Hopkins University Press, 1967/1974.

Derrida. J. Structure, sign, and play in the discourse of the human sciences. In *Writing and Difference*. Trans. by Bass, A. London and Henley: Routledge & Kegan Paul, 1978: 278 – 293.

Dik, S. *Functional Grammar*. Amsterdam: North-Holland Publishing Company, 1978.

Dik, S. *The Theory of Functional Grammar, Part 1: The Structure of the Clause*. Dordrucht: Foris Publications, 1989.

Diver, W. The chronological system of the English verb. *Word*, 1963 (19): 141 - 181.

Diver, W. The Modal system of the English Verb. *Word*, 1964(20): 322 - 352.

Eggins, S. & Slade, D. *Analysing Casual Conversation*. London, Cassell, 1997.

Eggins, S. *Introduction to Systemic Functional Linguistics*. London: Continuum, 2003.

El Refaie, E. Metaphor in political cartoons: Exploring audience responses. In Forceville, C. & Urios-Aparisi, E. (eds.), *Multimodal Metaphor*. Berlin/New York: Mouton de Gruyter, 2009: 173 - 196.

Fairclough, N. *Analysing Discourse: Textual Analysis for Social Research*. London: Routledge, 2003.

Fairclough, N. *Critical Discourse Analysis: The critical study of language*. London: Longman, 1995a.

Fairclough, N. Critical discourse analysis — The critical study of language. *Journal of Pragmatics*, 1995b(26): 299 - 310.

Fairclough, N. *Language and Power*. London: Pearson ESL, 1989/2001.

Fairclough, N. *Mass Media and Language*. London: Edward Arnold, 1995b.

Fairclough, N. Multiliteracies and language: Orders of discourse and intertextuality. In Cope, B. & Kalantzis, M., (eds.), *Multiliteracies: literacy learning and the design of social futures*. South Yarra, Victoria: Macmillan, 2000: 162 - 181.

Fawcett, R. *Cognitive Linguistics and Social Interaction: Towards an Integrated Model of a Systemic Functional Grammar and the Other Components of an Interacting Mind*. Heidelberg: Julius Groos and Exeter University, 1980.

Fawcett, R., Lamb, S. & Makkai, A. (eds.). *The Semiotics of Language and Culture* (V. 1). London: Frances Pinter, 1984.

Fawcett, R. *A Theory of Syntax for Systemic Functional Linguistics*. Amsterdam: John Benjamins, 2000.

Fawcett, R. *Invitation to Systemic Functional Linguistics through the Cardiff Grammar: An extension and simplification of Halliday's Systemic Functional Grammar* (Third Edition). London: Equinox, 2008.

Fawcett, R. *Functional Syntax Handbook: Analyzing English at the Level of Form*.

London: Equinox, 2009.

Fawcett, R. *Alternative Architectures for Systemic Functional Linguistics and Other Theories of Language*. London: Equinox, 2012.

Firth, J. R. *Papers in Linguistics 1934 - 51*. London: Oxford University Press, 1953.

Foceville, C. Multimodal metaphor in ten Dutch TV commercials. *Public Journal of Semiotics* 1, 2007(1): 19 - 51.

Forceville, C. & Urios-Aparisi, E. Introduction. In Forceville, C., & Urios-Aparisi, E. (eds.), *Multimodal Metaphor*. Berlin/New York: Mouton de Gruyter, 2009: 3 - 17.

Forceville, C. Addressing an audience: Time, place, and genre in Peter van Straaten's calendar cartoons. *Humor*, 2005(18): 247 - 278.

Forceville, C. Non-verbal and multimodal metaphor in a cognitivist framework: Agendas for Research. In Kristiansen, G. Chard, M., Driven, R., & de Mendoza Ibanes, F. J. R. (eds.) *Cognitive Linguistics: Current applications and future perspectives*. Berlin/New York: Mouton de Gruyter, 2006: 379 - 402.

Forceville, C. Non-verbal and multimodal metaphor in a cognitivist framework: Agendas for research. In Forceville, C. & Urios-Aparisi, E, (eds.), *Multimodal Metaphor*, Berlin/New York: Mouton de Gruyter, 2009: 19 - 42.

Forceville, C. *Pictorial Metaphor in Advertising*. London: Routledge, 1996.

Foucault, M. The order of discourse. In Young, R. (ed.), *Untying the Text: A Poststructuralist Reader*. Boston: Routledge and Kegan Paul, 1981: 48 - 78.

Fowler, R. Notes on critical linguistics, Steele, R. & Threadgold T. (eds.). *Language Topics: Essays in honour of Michael Halliday*. Amsterdam: John Benjamins, 1987 (2) 481 - 492.

Gibson, J. J. *The Ecological Approach to Visual Perception*. Boston: Houghton Mifflin, 1979.

Goatly, A. Species of metaphor in written and spoken varieties. In Ghadessy, M. (ed.), *Register Analysis: Theory and Practice*. London: Pinter, 1993.

Goatly. A. *The Language of Metaphors*, London: Routledge, 1997.

Gregory, M. & Carroll, S. *Language and Situation: Language: Varieties and Their Social Contexts*. London: Routledge & Kegan Paul, 1978.

Gregory, M. Aspects of varieties differentiation. *Journal of Linguistics*, 1967(3): 177 - 198.

Guillaume, G. *L'architectonique du temps dans les langues classiques*. Copenhagen:

Munksgaard, 1945.

Guillaume, G. *Temps et verbe, Theorie des aspects des modes et temps.* Paris: Champion, 1929.

Hagood, M. New media and online literacies: No age left behind, [Supplement to Hagood, M., Leander, K., Luke, C., Mackey, M. & Nixon, H. Media and online literacy studies (New Directions in Research). *Reading Research Quarterly*, 2003 (38): 388 – 413], Retrieved September 15, 2007, from http://dx.doi.org/10.1598/RRQ.38.3.4.

Halliday, M. A. K., McIntosh, A. & Strevens, P. *The Linguistics Sciences and Language Teaching.* London: Longman, 1964.

Halliday, M. A. K. Notes on transitivity and theme in English, Part 1 & 2. *Journal of Linguistics, 1967 – 1968:* 37 – 81; 199 – 244.

Halliday, M. A. K. *Explorations in the Functions of Language.* London: Edward Arnold, 1973.

Halliday, M. A. K. *Learning How to Mean.* London: Edward Arnold, 1975.

Halliday, M. A. K. & Hasan, R. *Cohesion in English.* London: Longman, 1976.

Halliday, M. A. K. The teacher taught the student English: An essay in applied linguistics. *The Second LACUS Forum.* In Reich, P. Columbia, South Carolina: Hornbeam Press, 1976.

Halliday, M. A. K. *Language as a Social Semiotic: the social Interpretation of Language and meaning.* London: Edward Arnold, 1978.

Halliday, M. A. K. Linguistic function and literary style: An inquiry into the language of William Golding's *The Inheritors.* In Chatman, S. (ed.), *Literary Style: A Symposium*, OUP, 1971: 330 – 368. Reprinted in Halliday, M. A. K., *Explorations in the Functions of Language.* London: Edward Arnold, 1973, 103 – 143; reprinted in Freeman, D. C. (ed.), *Essays in Modern Stylistics.* New York: Methuen, 1981, 325 – 360.

Halliday, M. A. K. Language as code and language as behaviour: A systemic functional interpretation of the nature and ontogenesis of dialogue. In Fawcett, R., Halliday, M. A. K., Lamb, S. & Makkai, A. (eds.), *The Semiotics of Language and Culture: Vol 1: Language as Social Semiotic.* London: Pinter, 1984: 3 – 35.

Halliday, M. A. K. & Hasan, R. *Language, Context and Text: Aspects of Language in a Social Semiotic Perspective.* Victoria: Deakin University Press, 1985.

Halliday, M. A. K. *An Introduction to Functional Grammar.* London: Edward

Arnold, 1985.

Halliday, M. A. K. & Hasan, R. The grammarian's dream: Lexis as more delicate grammar. In *New Developments in Systemic Linguistics*, Vol 1: *Theory and Description*. Halliday, M. A. K. & Fawcett, R. P. (eds.). London: Pinter, 1987: 184–211.

Halliday, M. A. K. On the language of physical science. In Ghadessy, M.: *Register of Written English: Situational Factors and Linguistic Features*. London: Pinter Publishers, 1988.

Halliday, M. A. K. Systemic grammar and the concept of 'Science of Language'. 《外国语》1992 年第 2 期: 1—9.

Halliday, M. A. K. & Martin, J. *Writing Science: Literacy and Discursive Power*. London: The Falmer Press.. 1993.

Halliday, M. A. K. New ways of meaning: A challenge to applied linguistics. In Halliday, M. A. K. *Language in a Changing World*. Occasional Paper No. 13, ALAA, 1993: 1–41.

Halliday, M. A. K. *An Introduction to Functional Grammar* (2nd edition). London: Arnold, 1994a.

Halliday, M. A. K. Contexts of English. In Carlon, K., Davidse, K., & Rudzka-Ostyn, B. *Perspectives on English*. Leeven & Paris: Peeters, 1994b: 203–212.

Halliday, M. A. K. A recent view of 'missteps' in linguistic theory. *Foundations of Language*, 1995a (2) 2: 249–267.

Halliday, M. A. K. Language and the reshaping of human experience. In Webster, J. (ed.), *Language of Science*. Beijing: Peking University Press, 1995b: 7–23.

Halliday, M. A. K. The grammatical construction of scientific knowledge: The framing of the English clause. In Rossini, R., Sandri, G. & Scazzieri, R, *Commensurability and Translation: Kuhnian Perspectives on Communication and Theory Change*. Cheltenham: Edgar, 1999: 85–116.

Halliday, M. A. K. & Matthiessen, C. *Construing Experience through Meaning: A Language-based Approach to Cognition*. London and New York: Continuum, 1999.

Halldiay, M. A. K. *Computational and Quantitative Studies*. London: Continuum International Publishing, 2004.

Halliday, M. A. K. & Matthiessen, C. *An Introduction to Functional Grammar*. London: Hodder Arnold, 2004.

Halliday, M. A. K. *On grammar*. Webster, J. (ed.). Continuum International

Publishing, 2005.

Halliday, M. A. K., HCLS. *Announcing the First HCLS Conference.* The Halliday Centre for Intelligent Applications of Language Studies, City University of Hong Kong, 2006.

Halliday, M. A. K. & Hasan, R.《英语的衔接》. 张德禄、王珏纯、韩玉萍、柴秀娟（译）. 北京：外语教学与研究出版社, 2007.

Halliday, M. A. K.; 彭宣维、赵秀凤、张征等（译）.《功能语法导论》. 北京：外语教学与研究出版社, 2010.

Halliday, M. A. K. & Matthiessen, C. *Halliday's Introduction to Functional Grammar.* Oxon：Routledge, 2014.

Hammond, J. et al. *English for Social Purposes: A Handbook for Teachers of Adult Literacy.* National Centre for English Language Teaching and Research, Macquarie University, Sydney, Australia, 1992.

Hartmann, R. R. K. & Stork, F. C. *Dictionary of Language and Linguistics.* Essex：Applied Science Publishers, 1972

Harvey, D. *Justice, Nature and the Geography of Difference.* Oxford：Blackwell, 1996.

Hjelmslev, L. *Prolegomena to a Theory of Language*, 1943, 转引自：刘润清. 西方语言学流派. 北京：外语教学与研究出版社：2004：121.

Hodge, R. & Kress, G. *Social Semiotics.* Cambridge：Polity, 1988.

Hymes, D. H., On communicative competence. In Pride J. B. & Holmes J. (eds.), *Sociolinguistics.* Harmondsworth：Penguin, 1972：269–293.

Irvine, J. T. When talk isn't cheap：language and political economy. In Brenneis, D. & Macaulay, R. K. S. (eds.), *The Matrix of Language: Contemporary Linguistic Anthropology.* Westview Press, Boulder, CO, (original work published 1989), 1996：258–283.

Jakobson, R. Closing statement：Linguistics and poetics. In Sebeok, T. (eds), *Style in Language.* Cambridge, Mass：MIT, 1960：350–377.

Jarvis, H. Investigating the classroom applications of computers on EFL courses at higher education institutions in UK. *Journal of English for Academic Purposes*, 2004 (3)：111–137.

Jewitt, C. & Kress, G. (eds.). *Multimodal Literacy.* New York：Peter Lang, 2003.

Jewitt, C. (ed.). *The Routledge Handbook of Multimodal Analysis.* London and New York：Routledge, 2009.

Jewitt, C. Multimodality, "reading," and "writing" for the 21st century. *Discourse: Studies in the Cultural Politics of Education*, 2005(3) 26: 315–331.

Jewitt, C. *Technology, Literacy and Learning: A Multimodal Approach*. London: Routledge, 2006.

Johnson, K. Communicative approaches and communicative processes. In Brumfit, C. J. & Johnson, K. *The Communicative Approach to Language Teaching*. Oxford: OUP, 1979: 192–205.

Johansen, J. D. Sign structure and sign event in Saussure, Hjelmslev, and Peirce. In *Peirce's Doctrine of Signs: Theory. Applications, and Connections.* Ed. by V. M. Colapietro and T. M. Olshewsky. Berlin & New York: Mouton de Gruyter, 1996: 333.

Kalantzis, M. & Cope, B. and the Learning by Design Group. *Learning by Design*. Melbourne: Victorian Schools Innovation Commission, 2005.

Kalantzis, M. & Cope, B. A multiliteracies pedagogy: A pedagogical supplement. In Cope, B. & Kalantzis, M. *Multiliteracies: Literacy Learning and Design of Social Futures*, London: Routledge, 2000: 239–248.

Kalantzis, M. & Cope, B. Design for learning. *E-Learning*, 2004(1) 1: 38–93.

Kalantzis, M. & Cope, B. *Literacies*. New York: Cambridge University Press, 2012.

Kimps, D. Declarative constant polarity tag questions: A data-driven analysis of their form, meaning and attitudinal uses. *Journal of Pragmatics*, 2007(39): 270–291.

Koller, V. Brand images: Multimodal metaphor in corporate branding messages. In Forceville, C. & Urios-Aparisi, E. (eds.), *Multimodal Metaphor*. Berlin/New York: Mouton de Gruyter, 2009: 45–71.

Korner, K. Negotiating Authority: The Logogenesis of Dialogue in Common Law Judgments, Ph. D dissertation. Department of Linguistics, University of Sydney, 2000.

Kramsch, C. *Context and Culture in Language Teaching*. Oxford: OUP, 1993.

Kress, G & van Leeuwen, T. *Reading Images: the Grammar of Visual Design*. London: Routledge, 1996.

Kress, G. & van Leeuwen, T. *Multimodal Discourse: The Modes and Media of Contemporary Communication*. Arnold: London, 2001.

Kress, G., Jewitt, C., Ogborn, J. & Tsatsarelis, C. *Multimodal Teaching and Learning: The Rhetorics of the Science Classroom*. London: Continuum, 2001.

Kress, G. *Literacy in the New Media Age*. London and New York: Routledge, 2003.

Kress, G. Reading images: Multimodality, representation and new media. A paper presented at *Expert Forum for Knowledge Presentation*, 2004

Kress, G., Jewitt, C., Bourne, J., Franks, A., Hardcastle, J., Jones, K. & Reid, E. *English in Urban Classrooms: A Multimodal Perspective on Teaching and Learning.* London: Routledge Falmer, 2005.

Kress, G. & van Leeuwen, T. *Reading Images: the Grammar of Visual Design.* London: Routledge, 2006.

Lakoff, G. & Johnson, M. *Metaphors We Live By.* Chicago/London: University of Chicago Press, 1980.

Lankshear, C., Snyder, I. & Green, B. *Teachers and Technoliteracy: Managing literacy, technology and learning in schools.* St. Leonards, Australia: Allen & Unwin, 2000.

Larson, J. & Marsh, J. *Making Literacy Real: Theories and Practices for Learning and Teaching.* London: Sage Publications, 2005.

Leech, G. N. & Short, M. *Style in Fiction.* London: Longman, 1981.

Leech, G. N. *A Linguistic Guide to English Poetry.* London: Longman, 1969.

Leech, G. N. *Principles of Pragmatics.* London: Longman, 1983.

Lemke, J. *Using Language in the Classroom.* Geelong, Victoria: Deakin University Press, 1985a.

Lemke, J. Classroom communication of science: Final report to the National Science Foundation (U. S. A.). Available as *Research in Education* (ERIC Clearinghouse microfiche/hardcopy) ED 222 346, 1983.

Lemke, J. Discourses in conflict: heteroglossia and text semantics. In *Systemic Functional Approaches to Discourse: Selected Papers from the 12th International Systemic Workshop.* Ed. by Benson, J. & Greaves, W. Norwood, N. J.: Ablex, 1988: 29 - 50.

Lemke, J. *Semiotics and Education.* Victoria University, Toronto; Toronto Semiotic Circle Monographs, Working Papers and Prepublications, No. 2, 1984.

Lemke, J. Textual politics: Heteroglossia, discourse analysis, and social dynamics. School of Education, Brooklyn College, City University of New York, Mimeo, 1985b.

LeVine, P. & Scollon, R. *Discourse and Technology: Multimodal Discourse Analysis.* Washington, D. C.: Georgetown University Press, 2004.

Levinson, S. C. *Pragmatics.* Cambridge: Cambridge University Press, 1983.

Lim, F. V. Developing an integrated multi-semiotic model. In O'Halloran, L. L. (Ed.), *Multimodal Discourse Analysis: Systemic functional perspectives*. London: Continuum, 2004: 220 – 244.

Lotherington, H. *Pedagogy of Multiliteracies: Rewriting Goldilocks*. London: Routledge, 2011.

Machin, D. & van Leeuwen, T. *Global Media Discourse: A Critical Introduction*. London and New York: Routledge, 2007

Machin, D. *Introduction to Multimodal Analysis*. London: Hodder Arnold, 2007

Mann, W. C. & Matthiessen, C. Nigel: A systemic grammar for text generation, USC/Information Sciences Institute, *Research Report*, 1983: RR – 83 – I05.

Martin, J & Rothery, J. *Writing Report No. 1 Working Papers in Linguistics*. Department of Linguistics, Sydney University, Sydney, 1981.

Martin, J. Conjunction: The logic of English text. In Petofi, J. & Sozer, E. (eds.), *Micro and Macro connexity of Text*. Hamburg: Helmut Buske, 1983.

Martin, J. Language, register and genre. In Christie F. (Eds.), *Children Writing: A Reader*. Geelong, Vic.: Deakin University Press, 1984: 21 – 29.

Martin, J. *English Text: System and Structure*. Amsterdam and Philadelphia: Benjamins, 1992.

Martin, J. Interpersonal meaning, persuasion and public discourse: packing semiotic punch. *Australian Journal of Linguistics*, 1995(15): 33 – 67.

Martin, J. Getting interpersonal: Construing value in text. Paper presented at the 23rd International Systemic Congress. Sydney: University of Technology, 1996.

Martin, J. & Veel, R. *Reading Science: critical and functional perspectives on discourses of science*. London: Routledge, 1997.

Martin, J. Beyond exchange: Appraisal systems in English. Hunston, S. & Thompson, G. (eds.), *Evolution in Text*. Oxford: Oxford University Press, 2000: 142 – 175.

Martin, J & Rose, D. *Working with Discourse: Meaning beyond the clause*. London: Continuum, 2003.

Martin, J. Introduction. *Text*, 2003(2) 23: 171 – 181.

Martin, J & White, P. *The Language of Evaluation: Appraisal in English*. New York: Palgrave MacMillan, 2005.

Martin, J. Incongruent and proud: de-vilifying "nominalization". In Wang Zhenghua (eds.), *Studies on Discourse Semantics*. Shanghai: Shanghai Jiao Tong Universality Press, 2010: 401 – 411.

Matthiessen, C. & Halliday. M. A. K. *Systemic Functional Grammar: A first step into the theory* (with a Chinese translation by Huang G. W. & Wang H. Y.). Sydney: Macquarie University/Beijing: Higher Education Press, 1997/2009.

Matthiessen. C. Representational issues in systemic functional grammar. In Benson, J. D. & Greaves, W. S. (eds.), *Systemic Functional Approaches to Discourse*. Norwood, NJ: Ablex, 2003: 136 – 175.

Matthiessen. C. The object of study in cognitive science in relation to its construal and enactment in language. *Cultural Dynamics*, 1993(6/1): 187 – 242.

Matthiessen. C. Theme as an enabling resource in ideational knowledge construction. In M. Ghadessy(ed.), *Thematic Development in English Text*. London: Pinter, 1998: 20 – 54.

Melrose, R. *The Communicative Syllabus: A systemic functional approach*. London: Pinter, 1991.

Mukarovsky, J. Standard language and poetic language. In Garvin P. L., *A Prague School Reader on Aesthetics*, *Literary Structure and Style*. Washington: Georgetown University Press, 1964: 17 – 30.

Norris, S. *Analyzing Multimodal Discourse: A methodological framework*. London: Routledge, 2004.

O'Halloran, K. (ed.). *Multimodal Discourse Analysis: Systemic-functional perspectives*. London: Continuum, 2006.

O'Toole, M., *The Language of Displayed Art*. London: Leicester University Press (Pinter Publishers), New and Enlarged edition: Routledge, 2011.

O'Toole, M. *The Language of Displayed Art*. Rutherford: Fairleigh Dickinson University Press, 1994.

Ogden, C. & Richards, A. *The Meaning of Meaning*. London: Routledge & Kegan Paul, 1923.

Pharies, D. *Charles S Peirce and the Linguistic Sign*. B. V.: John Benjamins, 1985.

Piepho, H. -E. Establishing objectives in the teaching of English. In Candlin, C. N. (ed.), *The Communicative Teaching of English: Principles and exercise typology*. London: Longman, 1981.

Quirk, R., Greenbaum, S., Leech, G. & Svartvik, J. *A Comprehensive Grammar of the English Language*. New York: Longman, 1985.

Ravelli, L. Grammatical metaphor: An initial analysis. In Steiner, E., Erich, H. & Veltman, R. (eds.), *Pragmatics*, *Discourse and Text: Some systemically-oriented* approaches. London: Pinter, 1988a. 133-147.

Ravelli, L. *Metaphor, mode, and complexity: An exploration of co-varying patterns.* Department of Linguistics, University of Sydney, 1985.

Ravelli, L. Making language accessible: successful text writing for museum visitor, Linguistics and Education, 1998b(8/4): 367-388.

LeVine, P. & Scollon, R. (eds.). *Discourse and Technology: Multimodal Discourse Analysis.* Washington D. C.: Georgetown University Press, 2004.

Richards, J. & Rodgers, T. *Approaches and Methods in Language Teaching.* Cambridge: Cambridge University Press, 1986.

Royce, T. & Bowcher, W. *New Directions in the Analysis of Multimodal Discourse.* London: Lawrance Erlbaum Associates, Publishers, 2006/2013.

Royce, T. Multimodality in the TESOL classroom: Exploring visual verbal synergy. *TESOL QUARTERLY*, 2002(2) 36: 1912205.

Saeed, J. *Semantics.* Beijing: Foreign Language Teaching and Research Press: 2004: 307

Saussure, F. de. *Course in General Linguistics.* London: Peter Owen, 1916/1974.

Simon-Vandenbergen, A. Taverniers, M. & Ravelli, L. (eds.). *Grammatical Metaphor: Views from systemic functional linguistics.* Amsterdam: Benjamins, 2003.

Sinclair, J. McH. & Coulthard, R. M. *Towards an Analysis of Discourse: The English Used by Teachers and Pupils.* London: Oxford University Press, 1975.

Sinclair, J. *A Course in Spoken English: Grammar.* Oxford: Oxford University Press, 1972.

Skinner, B. *Verbal Behaviour.* Appleton-Century-Crofts: New York, 1957.

Sperber, D. & Wilson, D. *Relevance: Communication and Cognition.* Oxford: Blackwell, 1986.

Stein, P. *Multimodal Pedagogies in Diverse Classrooms: Representations, Rights and Resources.* London: Routledge, 2008.

Talmy, L., *Towards a Cognitive Semantics, VII. Typology and Process in Concept Structuring*, Massachusetts: The MIT Press, 2000.

The New London Group. A pedagogy of multiliteracies: Designing social futures. *Harvard Educational Review*, 1996, 6(1): 60-93.

The New London Group. A pedagogy of multiliteracies: Designing social futures. In Cope, B. & Kalantzis, M. (eds.), *Multiliteracies: Literacy learning and the design of social futures.* South Yarra: Macmillan, 2000: 9-38.

Thibault, P. J. *Social semiotics as praxis: Text, social meaning making, and Nabokov's Ada*. Minneapolis: University of Minnesota Press, 1991.

Thompson, S. A. & Mann, W. C. *Antithesis: A Study in Clause Combining and Discourse Structure*. Marina del Rey, CA: Information Sciences Institute, 1987.

Thompson, G. *Introducing Functional Grammar*. London: Edward Arnold/Beijing: Foreign Language Teaching and Research Press, 1996/2000.

Thwaites, T. 1999. Multiliteracies: A new direction for arts education[EB/OL]. http://www.swin.edu.au/aare/99pap/thw99528.htm.

Thwaites, T. Multiliteracies: A new paradigm for arts education. *ACE Papers*, 2003 (13): 14 – 29.

Tobin, Y. *Semiotics and Linguistics*. London: Longman, 1990.

Traugott, E. C. & Pratt, M. L. *Linguistics for the Students of Literature*. London: Harcourt Brace Jovanovich, Inc, 1980.

Van Dijk, T. A. *Text and Context: Explorations in the Semantics and Pragmatics of Discourse*. London: Longman, 1977.

Van Leeuwen, T. *Introducing Social Semiotics*. New York: Routledge, 2005.

Van Leeuwen, T. *Speech, Music, Sound*. London: Macmillan, 1999.

Vološinov, V. N. *Marxism and the Philosophy of Language*. Trans. Matejka, L. and Titunik, I. New York and London: Seminar Press, 1930/1973.

Weber, E. *Varieties of Questions in English Conversation*. Amsterdam: Benjamins, 1993.

White, P. *Telling Media Tales: The news story as rhetoric*, Ph. D. Dissertation. Department of Linguistics, University of Sydney, 1998.

Whittock, T. *Metaphor and Film*. Cambridge: CUP, 1990.

Widdowson, H. *Aspects of Language Teaching*. Oxford: Oxford University Press, 1990.

Young, L. & Harrison, C. (eds.). *Systemic Functional Linguistics and Critical Discourse Analysis*. London: Continuum, 2004.

Yu, N. Nonverbal and multimodal manifestations of metaphors and metonymies: A case study. In Forceville, C. & Urios-Aparisi, E. (eds.), *Multimodal Metaphor*. Berlin/New York: Mouton de Gruyter, 2009: 119 – 143.

Yus, F. Visual metaphor versus verbal metaphor: A unified account. In Forceville, C. & Urios-Aparisi, E. (eds.), *Multimodal Metaphor*. Berlin/New York: Mouton de Gruyter, 2009: 147 – 172.

Zammit, K. Charting a pathway: Embedding ICT and multiliteracies into the curriculum. In Ho, C., Anderson K. & Leong, A., *Transforming Literacies and Language: Multimodality and Literacy in New Media Age*. London: Continuum, 2011: 9 - 22.

常晨光. 语法隐喻与经验的重新建构. 外语教学与研究, 2004(1): 31 - 36.

陈夏南. 语法隐喻在商务英语合同中的应用和翻译. 江西师范大学学报, 2005(6): 126 - 129.

成方志, 霍翠柳. 从系统功能语言观看汉语的语气. 滨州师专学报, 2000(1): 50—52.

程雨民. 语言系统及其运作. 上海: 上海外语教育出版社, 1997.

丛迎旭. 概念语法隐喻研究的限制与扩展. 外国语, 2011(5): 46 - 53.

丛迎旭. 名物化英汉对比研究. 四川外国语学院学报, 2004(4): 89 - 92.

邓星辉. 基于多媒体视角下的外语教学. 外语与外语教学, 2003(9): 28 - 30.

董宏乐. 概念语法隐喻与英文写作能力的提高. 国外外语教学. 2002(3): 30 - 34.

范文芳. 语法隐喻理论研究. 北京: 外语教学与研究出版社, 2001.

范文芳. 试论语法隐喻的综合模式. 外语教学, 2007(4): 12 - 15.

冯伟. 多媒体外语教学优势分析. 湘潭师范学院学报, 2003(5): 131 - 133.

冯德正. 多模态隐喻的构建与分类——系统功能视角. 外语研究, 2011(1): 24 - 29.

冯胜利. 论汉语"词"的多维性. 当代语言学, 2001(3): 161 - 174.

葛俊丽, 罗晓燕. 新媒介时代外语教学新视角: 多元识读教学法. 外语界, 2010(5): 13 - 19.

何恒幸. 综合运用一致式和隐喻式: 功能语法分析新视角. 现代外语, 2004(1): 14 - 23.

何伟. 加的夫语法对悉尼语法的扩展——例证阐释. 北京科技大学, 2008(1): 108 - 116.

何伟. 语法隐喻: 形式变体和意义变体. 解放军外国语学院学报, 2008(5): 1 - 6.

侯建波. 语法隐喻: 新解和反思. 外语教学, 2008(5): 28 - 32.

胡壮麟. 认知隐喻学. 北京: 北京大学出版社, 2005.

胡壮麟. 语篇的衔接和连贯. 上海: 上海外语教育出版社, 1994.

胡壮麟. 导读. 载 M. A. K. Halliday. *An Introduction to Functional Grammar* (2nd ed.). London: Edward Arnold/Beijing: Foreign Language Teaching and Research Press, 2000.

胡壮麟, 董佳. 意义的多模态建构——对一次 PPT 演示竞赛的语篇分析. 外语电化教学,2006(1):4-11.

胡壮麟. 评语法隐喻的韩礼德模式. 外语教学与研究,2000(2):89-94.

胡壮麟. 社会符号学研究中的多模态化. 语言教学与研究,2007(1):1-10.

胡壮麟. 系统功能语言学的社会语言学渊源. 系统功能语言学前沿动态——第八届中国系统功能语言学学术活动周报告文集. 北京:外语教学与研究出版社,2009:63-73.

胡壮麟. 英汉疑问语气系统的多层次和多元功能解释. 外国语,1994(1):1-7.

胡壮麟. 语法隐喻. 外语教学与研究,1996(4):1-7.

胡壮麟,朱永生,张德禄,李战子. 系统功能语言学概论. 北京:北京大学出版社 2005.

黄国文. 导读. 载 Thompson, G., *Introducing Functional Grammar*. London: Edward Arnold/Beijing: Foreign Language Teaching and Research Press, 2000.

黄国文. 功能语篇分析纵横谈. 外语与外语教学,2001(12):1-5.

黄国文. 系统功能语言学的一个模式——加的夫语法. 北京科技大学学报,2008(1):93-100.

黄国文. 语法隐喻在翻译研究中的应用. 中国翻译,2009(1):5-9.

黄国文,何伟,廖楚燕等. 系统功能语法入门:加的夫模式. 北京:北京大学出版社,2008.

贾军. 语法隐喻在科技语言中的语篇功能. 南京航空航天大学学报,2005(1):64-67.

江淑娟. 科技英语中的语法隐喻. 广西社会科学,2008(1):162-162.

金昌吉. 汉语介词和介词短语. 天津:南开大学出版社,1996.

金立鑫. 语言研究方法导论. 上海:上海外语教育出版社,2007.

黎大志. 现代教育技术. 南京:南京大学出版社,2002.

李杰. 试论现代汉语语气副词状语的疑问功能. 徐州师范大学学报,2005(3):54-56.

李瑞芳,孟新令. 第二语言学习中语法隐喻对语言输入的影响. 外语教学,2004(3):79-82.

李文秀. 政治英语中的语法隐喻. 河北理工大学学报,2011(2):114-116.

李欣,李玫瑛,王佳子. 多模态自主听力教学模式有效性的实证研究. 解放军外国语学院学报,2012(6):59-64.

李战子. 多模态话语的社会符号学分析. 外语研究,2003(5):1-8.

林正军,王克非. 跨语言语法隐喻探讨. 外语学刊,2012(1):59-63.

林正军,杨忠. 语法隐喻的语义关系与转级向度研究. 外语教学与研究,2010(6):

403-410.

刘兵. 汉语介词的隐现与论元标识功能的转换. 云南师范大学学报, 2005（4）: 27-32.

刘承宇. 概念隐喻与人际隐喻级转移的逆向性. 外语教学与研究, 2005（4）: 289-293.

刘承宇. 语法隐喻的文体研究. 现代外语, 2003（2）: 121-127.

马玉蕾, 陶明忠. 语法隐喻·构式·类比映射. 外语教学, 2007（1）: 40-44.

潘玥, 方文礼. 概念语法隐喻——诗歌翻译的新视角. 江南大学学报, 2008（1）: 100-103.

朴正久. 现代汉语介词短语的分布类型及其语法条件. 绍兴文理学院学报, 2006（3）: 57-61.

齐彪, 刘海峰. 设计的必要性. 艺术理论, 2010（9）: 77-78.

齐沪扬. 论现代汉语语气系统的建立. 汉语学习, 2002（2）: 1-12.

申丹. 有关功能文体学的几点思考. 外国语, 1997（5）: 2-8.

束定芳. 隐喻学研究. 上海: 上海外语教育出版社, 2001.

思讯, 等. 多媒体电脑应用速成. 北京: 宇航出版社, 1996.

苏新春. 汉语释义元语言的功能特征和风格特征. 辞书研究, 2004（5）: 12-13.

孙承容, 宋德生. 概念语法隐喻与学生英语语篇建构水平的实证研究. 外语学刊, 2008（5）: 127-129.

唐青叶, 李东阳. 汉英语气系统对比分析与翻译. 上海翻译, 2007（3）: 69-73.

万莹. 现代汉语介词研究二十年. 探索与争鸣理论, 月刊2008（6）: 119-121.

王馥芳. 语法化理论与韩礼德的语法隐喻模式. 山东外语教学, 2001（1）: 35-38.

王惠萍. 英语阅读教学中多模态识读能力的培养. 外语界, 2010（5）: 20-25.

王仁强. 语法隐喻与汉语词典自指义项的设立. 外国语文, 2009（1）: 100-108.

王受之. 世界现代设计史. 北京: 中国青年出版社, 2004.

王坦. 论合作学习的基本理念. 教育研究, 2002（2）: 68-72.

韦琴红. 超文本化与大学生多元识读能力培养模式研究. 杭州电子科技大学学报, 2010（4）: 44-47.

韦琴红. 多模态化与大学生多元识读能力研究. 外语电化教学, 2009（3）: 28-32.

魏在江. 基于功能的英汉语情态隐喻对比研究. 现代外语, 2008（3）: 263-272.

魏在江. 英汉语气隐喻对比研究. 外国语, 2003（4）: 46-53.

文玉卿. 汉语是否有语法功能——评两份博士论文对主语的讨论. 国外语言学, 1994（3）: 17-22.

肖英, 吕晶晶. 语法隐喻理论对学术语篇翻译的指导作用. 西安外国语大学学报,

2007(1):74-77.

谢之君. 隐喻认知功能探索. 上海:复旦大学出版社,2007.

熊学亮,刘东虹. 英语学习中语法隐喻的迁移. 外语教学与研究,2005(2):100-105.

许婺,吴玲娟. 概念隐喻视角下的科技文本翻译. 上海翻译,2008(1):38-41.

严世清. 隐喻论. 苏州:苏州大学出版社,2000.

严世清. 语法隐喻理论的发展及其理论意义. 外国语,2003(3):51-57.

杨成虎. 语法化理论与语法隐喻的差异分析. 福建外语,2002(1):21-25.

曾庆敏. 多模态视听说教学模式对听说能力发展的有效性研究. 解放军外国语学院学报,2011(6):72-76.

张德禄. 社会交际中的合意性与语法中的语气和情态. 语言系统与功能. 胡壮麟(主编). 北京:北京大学出版社,1989.

张德禄. 科技英语的语言特色. 山东外语教学,1993(1):13-17.

张德禄. 论语言符号. 聊城师范学院学报,1994(专辑):1-8.

张德禄. 语言符号及其前景化. 外国语,1994(6):9-14.

张德禄. 功能文体学. 济南:山东教育出版社,1997.

张德禄. 论以语言符号为语言研究的基本单位. 外国语,1997(4):11-15.

张德禄. 论语篇连贯. 外语教学与研究,2000(2):103-109.

张德禄. 论衔接. 外国语,2001(2):23-28.

张德禄. 语篇连贯与衔接理论的发展与应用. 上海:上海外语教育出版社,2003.

张德禄. 语言的功能与文体. 北京:高等教育出版社,2005.

张德禄. 功能语言学语言教学成果概观. 外语与外语教学,2005(1):19-22.

张德禄,苗兴伟,李学宁. 功能语言学与外语教学. 北京:外语教学与研究出版社,2005.

张德禄,赵静. 论语法概念隐喻中一致式与隐喻式的形似性原则. 外国语,2008(6):25-32.

张德禄. 多模态话语分析综合理论框架探索. 中国外语,2009(1):24-30.

张德禄. 多模态话语理论与媒体技术在外语教学中的应用. 外语教学,2009(4):15-20.

张德禄. 适用性社会符号学的理论与实践研究. 外语与外语教学,2010(5):5-10.

张德禄. 多模态外语教学的设计与模态调用初探. 中国外语,2010(3):48-53.

张德禄,赵静. 论汉语形似介名化产生的条件. 外国语,2010(4):32-38.

张德禄. 多模态学习能力培养模式探索. 外语研究,2012(2):9-14.

张德禄. 论多模态话语设计. 山东外语教学,2012(1):9-15.

张德禄,雷茜. 语法隐喻研究在中国. 外语教学,2013(3):1-6.
张敬源. 加的夫语法对悉尼语法词组单位的扩展. 外语教学,2009(2):17-21.
张义君. 英语专业学生多元识读能力实证研究. 外语界,2011(1):45-52.
张征. 多模态PPT演示教学与学生学习绩效的相关性研究. 中国外语,2010(3):59-64.
赵德全,宁志敏. 解读报刊英语中的语法隐喻. 国外外语教学,2005(1):17-22.
周颖. 对语法隐喻与科学及真理相对论相关论题的反思. 外国语,2008(5):44-54.
朱永生. 系统功能语法中的"功能"辨析. 外国语,1992(1):8-12页
朱永生. 英语中的语法比喻现象. 外国语,1994(1):8-13.
朱永生. 话语基调的含义与主要内容. 外国语,1997(1):25-30.
朱永生,严世清. 语法隐喻理论的理据和贡献. 外语教学与研究,2000(2):95-102.
朱永生. 系统功能语言学多维思考. 上海:上海外语教育出版社,2001.
朱永生. 名词化、动词化与语法隐喻. 外语教学与研究,2006(2):83-90.
朱永生. 多模态话语分析的理论基础与研究方法. 外语学刊,2007(5):82-86.
朱永生. 多元读写能力研究及其对我国教学改革的启示. 外语研究,2008(4):10-14.

附 录

中英文摘要

第一部分 社会符号学与多模态话语研究
PART ONE SOCIAL SEMIOTICS AND THE RESEARCH ON MULTIMODAL DISCOURSE ANALYSIS

1 论以语言符号为语言研究的基本单位

内容提要：索绪尔主张语言学应该以语言符号为其研究的基本单位，从而力图在语言学领域发起一场革命。然而，其语言学革命没有发生。本章旨在研究以语言符号为语言研究的基本单位所涉及的主要理论问题，如语言符号的分类，其意义的确定和在语言交际中相互之间的协同关系，对以语言符号为语言研究的基本单位理论的优势和弱点进行评价，从某种程度上阐明了索绪尔的语言学革命没有发生的内部和外部原因。

关键词：符号学；语言符号；基本单位

On Taking the Linguistic Sign as the Basic Unit of Linguistic Analysis

ABSRACT: F. de Saussure argued that the linguistic sign should be taken as the basic unit of analysis in linguistics, and thus tried to launch a revolution in linguistics. But his linguistic revolution did not take place. The present chapter aims at studying the major theoretical issues concerned with taking the linguistic sign as the basic unit of analysis, such as how to classify linguistic signs, how to determine the invariant meanings of linguistic signs and how to use linguistic signs synergetically in linguistic communications, and also evaluates the merits and weaknesses of the theory. It traces the external and internal causes showing, to a certain extent, why Saussure's linguistic revolution did not take place.

Key Words: semiotics; linguistic sign; basic unit

2

符号的系统性与语言的意义系统
——汉英语言符号系统对比

摘 要：在古希腊时期，斯多葛学派提出了符号的能指和所指的概念，符号学理论由此产生，并不断发展，直到今天的索绪尔符号学理论。在这所有的理论中，包括以把语言看作一系列关系而著称的索绪尔，都或多或少地把符号看作一个独立的概念，从单个符号的角度来研究符号。然而，任何符号都不是孤立存在的，都是在与其他符号的对立和相互依存中发展起来的。所以，韩礼德认为，研究符号学不是要研究独立的符号，而是研究符号的系统。

本章通过汉英不同语言符号系统的对比，来研究符号系统的特点以及符号系统与语言意义之间的关系。语言的意义是以符号系统的形式在语言中存在和被选择的。然而，不同的语言表现出不同的意义编码系统，在层次、抽象程度、类别等方面都存在差别。同时，从意义的角度讲，并不是所有的符号系统都是十分完整的，而是存在不同程度的缺陷和空缺现象。语言使用者需要在现有的系统中，通过不同的选择方式和组合模式来尽可能全面地达到表达自己的意义的目的。

关键词：符号；系统；意义

The Systemic Nature of Signs and the Meaning of Language
— Contrastive study between the semiotic systems of Chinese and that of English

Abstract: During the ancient Greek period, the Stoics proposed the concepts of signifying and signified, so the theory of semiotics was born, and then developed continuously til the emergence of Saussurian semiotic theory. In all of these theories, including that of Saussure who considered language as a series of relations, the sign was considered as more or less an independent concept, and studied as a single sign. However, no signs can exist independently. All of them develop in contrast and interdependency with other signs. So Halliday thinks, semiotics does not focus on individual signs, but the whole semiotic systems.

The present chapter studies the characteristics of the semiotic system and the relations between the semiotic system and the meaning of language through the contrastive study of the different semiotic systems of English and Chinese. The meaning of language exists and is chosen in the form of semiotic systems. Furthermore, different languages display different encoding systems of meaning, and there are differences in levels, degrees of abstractness and type. At the same time, from the point of view of meaning, not all the semiotic systems are complete, but there are gaps in the systems to a certain degree. The language user has to achieve the goal of expressing their own meaning as comprehensive as possible through difference mode s of organization and patterns.

Key words: sign; system; meaning.

3
论语言符号的形式特征

内容提要：本章以现代语言学理论的发展为主要依据,对索绪尔的语言符号学理论进行了重新认识,提出了语言符号的本体是符号的形式特征的观点。索绪尔符号学的不足主要在于把符号的形式和意义混为一体,由此产生了难以解释的困难。本章提出了能指与实体分离和所指与意义分离的观点,探讨了符号的能指和所指的基本特点,所指的形式功能和系统特性。

关键词:语言符号;形式;能指;所指

On the Formal Features of the Linguistic Sign

Abstract: On the basis of the development of modern linguistic theory, this chapter is intended to reconsider Saussure's semiotic theory of language. It is proposed that the noumenon of language sign is the formal feature of sign. The deficiency of Saussure's semiotics mainly lies in its confusion of form and meaning, so it results in difficulty that is hard to explain. The chapter also proposes the idea of separating signifier and entity and signified and meaning, and discusses the basic characteristics of signifier and signified, and the formal function and systemic nature of the signified.

Key words: language sign; form; signifier; signified

4 论社会符号学的适用性

内容提要:本章探讨社会符号学适用性特点及其不同于索绪尔和皮尔斯符号学的方面。本文首先从资源、变化、原则和功能四个方面探讨社会符号学的适用性,并指出其作为适用符号学的六大特点:社会性、系统性、可用性、跨学科性、动态性、多模态性。在社会语境中对社会符号学系统的选择的结果是多模态话语,其研究范围包括以下四个方面:话语和社会实践、体裁、风格和情态。多模态话语通过四个方面实现连贯:韵律、构成、信息连接和对话。最后,我们讨论了适用符号学理论和实践之间的关系,设计出了一个适用社会符号学的综合理论框架。

关键词:社会符号学;适用的;多模态话语;资源;体裁;功能

On the Appliability of Social Semiotics

Abstract: In contrast to general semiotics, social semiotics focuses on parole and the application of semiotic theories to other fields. In the present chapter, it first shows its features different from the Saussurian and Peircian semiotics. Then it shows that, as appliable semiotics, it works in terms of the following four aspects: resources for social interactions, liability to change along with the change of contexts, following certain semiotic principles, and performing three metafunctions: ideational, interpersonal and textual, and proposes six characteristics which characterize it as appliable semiotics: social in nature, systemic for meaning-making, practical in orientation, cross-discipline, variable and changeable, and multimodal. The result of choices from social semiotics in social contexts is multimodal discourse, whose areas of research include the following four aspects: discourse and social practice, genre, style and modality. Multimodal discourses become coherent as a result of the following four aspects: rhythm, composition, information-linking and dialogue. Finally, the author discusses the relationship between theory and practice in social semiotics and proposes a relatively comprehensive theoretical framework for social semiotics as appliable semiotics.

Key Words: social semiotics; applicable; multimodal discourse; resource; genre; function

5
社会符号学理论建构问题探索
——社会符号的性质和应用研究

摘 要：本章首先探讨国内外学者对社会符号学的研究,然后论述社会符号与索绪尔等建立的普通符号学的符号之间的关系和异同,并且建立一个两种符号进行对比的模式图；接着探讨社会符号的产生和发展的历程：社会符号不是与普通符号学的符号不同的符号,而是从符号的实践和应用的角度来观察符号的特点；还对符号的类型进行了研究,指出了符号的层次和维度等问题;探讨了社会符号的实践性特点,指出了人类符号运用与人类社会实践的密切关系;最后,探讨了社会符号的应用问题,并且建立了一个社会实践中的符号意义变化的模式。

关键词: 符号;社会符号;系统;功能;多模态话语

Issues in the Theoretical Construction of Social Semiotics
—— The nature of the social sign and its practical use

Abstract: The present chapter first reviews how social semiotics is studied at home and abroad, then investigates the relations between general semiotics by Saussure, and social semiotics, and their similarities and differences, thirdly it sets up a model of contrast between the common sign and the social sign, and then probes into the origin and development of the social sign. It is shown that the social sign is not a different sign from the common sign, but is seen from the perspective of social practice and practical use; it also studies the different types of the sign, and the strata and dimensions, the practical nature of the sign and the relation between the use of the sign and the social practices. Finally, it sets up a model of semantic change in social practices.

Key Words: sign; social sign; system; function; multimodal discourse

6
论话语基调的范围及体现

摘　要: 本章根据话语基调与语义和形式的关系对韩礼德、格雷戈里和马丁对话语基调的定义进行比较和评论,理清三家各自对话语基调所涉及的有关概念的模糊认识,由此进一步认识了话语基调所涉及的范围、在情景语境中的地位以及它在意义层和形式层的体现,并提出了一个更具体的、有关话语基调的次范畴及其在意义和形式上的体现的框架。

关键词: 话语基调;定义;范围

On the Scope of Tenor of Discourse and its Realization

Abstract: The present chapter compares and comments on the definitions of the tenor of discourse given by Halliday, Gregory and Martin on the basis of the relationships among tenor of discourse, meaning and form, clears the hazy understanding of the concepts concerned and determines the scope of tenor of discourse, its place in the context of situation and its realization in meaning and form. Finally, a new and more specific framework of the subcategories of tenor of discourse and their realization at the semantic and formal levels is proposed.

Key Words: tenor of discourse; definition; scope

7 韩礼德、韩茹凯访谈解评

摘 要:本章对韩礼德和韩茹凯的专访进行介绍、解读和评论。本次专访主要就《功能语法导论》第三版、衔接研究、评价系统研究、加的夫语法、多模态语篇研究以及批评语篇分析和语篇分析六个议题征询了他们的观点和意见。韩礼德和韩茹凯对这六个议题谈了他们的独到见解,据此,本章对他们的观点根据这六个议题在国际国内的研究现状作了解读和评论,力图理清在这些领域一直存在的模糊认识和将来的研究方向。

关键词:系统功能语言学;语篇分析;功能语法

Interpretation and Comment on the Interview with M. A. K. Halliday and R. Hasan

Abstract: The present chapter is intended to introduce, interpret and comment on the interview with Halliday and Hasan. The two interviewees had been invited to voice their opinions on six major issues concerning the research development in the third edition of *Introduction to Functional*

Grammar by Halliday and Matthiessen, research on Cohesion by Halliday and Hasan, appraisal system by J. R. Martin, Cardiff grammar by R. Fawcett, multimodal discourse analysis, and the differences between CDA and DA in text analysis. As such, the present chapter interprets and comments on these six issues in terms of their research progress internationally and domestically, so as to clarify the issues in this area and make clear the future research orientations.

Key Words: systemic functional linguistics (SFL); textual/discourse analysis; functional grammar

8
论多模态话语设计

摘　要：设计在传统的系统功能语言学理论中没有地位,但在多模态话语分析理论中它是一个重要理论概念。本章探讨设计概念在系统功能语言学理论中的地位,分析设计的资源、设计的过程和设计操作框架。研究发现,设计是一个操作概念,处于话语意义和模态之间,是根据话语意义选择合适的模态或者组合的过程。同时,设计要受到情景语境、文化语境、交际目的、体裁和话语意义的制约,要根据这些因素从已有设计资源中选择,也可根据交际的需要创造新的意义,使用新的模态。设计的结果是用于生产的模态或模态组合结构,即多模态语篇。

关键词：设计；多模态；设计资源

On the Design of Multimodal Discourse

Abstract: The concept of design has had no place in the classic theory of systemic functional linguistics, but it becomes an important theoretical concept in multimodal discourse analysis. The present chapter is intended to investigate the place of design in systemic functional linguistics, the resources for design, the designing process and the operating framework for design. It is found that design is an operative concept, midway between discourse meaning and modes selected, the process of selecting appropriate modes and mode sets according to the discourse meaning. At the same time, design is constrained by the context of culture, context of situation, communicative purpose, genre and discourse meaning, and it selects modes from the available resources according to these factors, and can also create new meanings and use new modes according to communicative needs. The Redesigned is the mode or mode set constructions with the meaning they realize, that is, multimodal discourse.

Key Words: design; multimodality; resources for design

9

多模态语法建构问题探索

摘　要：根据符号系统的层次、类型和维度探讨多模态语法建构中的主要问题，力图澄清哪些符号系统适合建构语法，探究要为每个适合建构语法的符号系统单独建立语法，还是建构一个同类符号系统共享的语法。研究发现，从不同层次的符号系统上讲，只有三个层次的符号系统才有可能建立语法；从类型的角度讲，图像符号以及某些其能指和所指关系易于推断的索引符一般情况下没有必要建立语法；从维度的角度讲，不同维度的符号系统具有不同的语法模式和系统，因此，起码在起始阶段，应该为每个适合建构语法的符号系统单独建构语法。

关键词：多模态语法；符号系统；层次；类型；维度

Issues in the Construction of Multimodal Grammar

Abstract: The present chapter is intended to investigate the issues in the construction of multimodal grammars according to level, type and dimension of the semiotic systems, and make clear which semiotic systems are appropriate for the construction of multimodal structural grammar, and whether we should construct a structural grammar for each semiotic system which is appropriate for the construction of multimodal structural grammar, or for all semiotic systems of the same type. It is found that, in terms of level of the semiotic systems, only three-level semiotic systems are appropriate for the construction of a multimodal structural grammar; in terms of type of semiotic systems, generally speaking, it is not necessary to construct a structural grammar for the semiotic systems of the iconic type, and those of the indexical type whose relation between the signifier and the signified is easy to recognize; in terms of dimension of the semiotic systems, those of different dimensions exhibit different grammatical patterns and systems, so it is necessary to construct a separate structural grammar for each semiotic system which is appropriate for the construction of a structural grammar, at least at the initial stage.

Key Words: multimodal grammar; semiotic system; level; type; dimension

10

多模态话语分析的双重视角
——社会符号观与概念隐喻观的连接和互补

摘　要：多模态话语分析在语言学领域主要有两个研究视角：基于系统功能语言学的社会符号学视角和基于认知语言学的概念隐喻视角。两个研究视角之间的连接与互补可以从语言学基础层面、语言哲学层面、语境层面、主体理论构建层面进行探讨。通过研究和实例分析表明这两个研究视角在理论范式上可相互连接，在话语分析实践中可相互补充。两者的结合可以有力地促进多模态话语分析理论的发展。

关键词：社会符号学；系统功能语言学；多模态隐喻；概念隐喻

The Dual Perspectives of Multimodal Discourse Analysis
— The connection and complementarity between social semiotics and cognitive metaphor

Abstract: Multimodal discourse analysis (MDA) in linguistics can be approached mainly from two perspectives: the social semiotic perspective based on SFL and the conceptual metaphor perspective based on cognitive linguistics. The connection and complementarity between these two perspectives can be probed into in terms of the levels of their respective linguistic foundations, philosophical foundation, contextual level and theoretical formulation. Through case study and investigation, it is shown that the two perspectives share common grounds in their theoretical paradigms and can complement each other in MDA. The integration of the two perspectives can greatly promote the development of the theory of MDA.

Key words: social semiotics; systemic functional linguistics; multimodal metaphor; conceptual metaphor

第二部分 功能视角下的语法和文体研究
PART TWO RESEARCH ON GRAMMAR AND STYLE FROM A FUNCTIONAL PERSPECTIVE

11 语法隐喻研究在中国

摘 要：我国的语法隐喻研究具有引介阐释性、评判批评性、修补完善性、实际应用性、理论融合性和语言对比性的特点，但还存在研究的学科引领性、独立性不强，借鉴其他理论的研究成果不足，汉语语法隐喻研究薄弱的问题，将来需要在一致式基本定义的确定、隐喻式的范围、隐喻式基本运作方式、语法隐喻模式与语言类型学的关系、汉语语法隐喻的研究、多学科综合研究等方面进行研究。

关键词：语法隐喻；一致式；隐喻式；语言类型学；多学科综合研究

On the Study of Grammatical Metaphor in China

Abstract: The study of grammatical metaphor in China is characterized by introductions, interpretations, evaluations, criticisms, supplementations, applications, integration with related theories and contrastive analysis between languages. The main drawbacks lie in lack of leading and independent studies, insufficient nourishment from related theories and insufficient application of the theory to the study of Chinese language. Future studies of grammatical metaphor should focus on the accurate definition of the congruent form, the determination of the scope of metaphorical form, the basic model of grammatical metaphor, the relation between grammatical metaphor and language typology, the study of grammatical metaphor in Chinese language and multi-disciplinary researches.

Key words: grammatical metaphor; congruent form; metaphorical form; language typology; multi-disciplinary study

12

语法隐喻理论的发展模式研究

提 要：本章通过对韩礼德语法隐喻理论近三十年的发展过程进行梳理，归纳出语法隐喻理论的三个发展阶段和相应的理论模式：功能模式、分层功能模式、分层系统功能模式，并对各阶段的主要特征做了阐释，探讨了语法隐喻理论逐步被纳入系统功能语言学总体框架的发展趋势以及从动因、作用、体现形式等多方面研究语法隐喻的必要性等。最后，讨论了语法隐喻研究需要解决的问题和将来的研究思路。

关键词：系统功能语言学;语法隐喻;发展模式;概念隐喻;人际隐喻

On the Developmental Models of Grammatical Metaphor

Abstract: The theory of grammatical metaphor has undergone three stages of development and has developed three corresponding theoretical models: functional model, stratified functional model, and stratified systemic functional model. The present chapter studies the main features of each model, the gradual theoretical transition to the general framework of Systemic-functional linguistics, the necessity of studying grammatical metaphor in terms of motivations, functions and realizations, and some related issues. Finally, it discusses what problems in grammatical metaphor need to be solved and what can be further studied in the future.

Key words: Systemic-functional linguistics; grammatical metaphor; developmental models; ideational metaphor; interpersonal metaphor

13

论语法概念隐喻中一致式与隐喻式的形似性原则

摘　要：一致式和隐喻式是语法隐喻中的两个基本概念。关于二者在词汇语法层面上的关系,韩礼德指出,它们在结构形式上不存在必然的联系。本文对概念隐喻中的一致式和隐喻式在词汇语法层面上的结构形式关系从逻辑的角度进行重新审视,并区分出两种不同类别的一致式：形似一致式和非形似一致式。根据隐喻式是由一致式转化而来这一推断,本文指出,只有形似一致式才是概念隐喻的一致式,由此推断,一致性不能作为判定概念隐喻中一致式和隐喻式的充分条件。

关键词：一致式;隐喻式;形似性;义解性

On the Formal Similarity Principle in Ideational Grammatical Metaphor between Congruent Form and Metaphorical Form

Abstract: It is generally believed that congruent form and metaphorical form are important concepts in the theory of grammatical metaphor. As to their relationship, Halliday points out that there is no necessarily formal similarity between them. In this paper it is argued that their formal relations in ideational metaphor should be logically reexamined. The congruent forms in ideational metaphor are classified into two types in this paper: the one with formal similarity and the other without formal similarity. Based on the fact that metaphorical forms are transferred from congruent ones the paper claims that only the former type can be the real congruent form of ideational metaphor, and also concludes that congruence can not be considered as the sufficient condition to distinguish the congruent form from the metaphorical form.

Key words: congruent form; metaphorical form; formal similarity; paraphrase

14

论汉语形似介名化产生的条件

提 要：介名化是一种语法隐喻现象,但尚未得到人们的普遍关注。本章首先讨论介名化的基本类型形似介名化;然后进行英汉对比研究,最后通过分析汉语中形似介名化产生的可能条件和现实条件得出结论:情景介词语义的可替代性是形似介名化产生的根本条件,英语中不存在形似介名化;形似介名化是造成汉语非常规性动宾关系的重要原因之一。

关键词：形似介名化;产生条件;非常规性;动宾关系

On the Conditions of Preposition-Noun Nominalization with Formal Similarity in Chinese

Abstract: So far, in the study of grammatical metaphor in Chinese, little attention has been paid to the preposition-noun nominalization, one of important types of grammatical metaphor. The present chapter firstly discusses the basic form of preposition-noun nominalization with formal similarity (henceforth, PNFS for short), and then makes a comparison between Chinese and English in this respect. Finally, through the analysis of the possible and realistic conditions of PNFS, it is concluded that its basic condition is the substitutability of the meaning of the preposition by the meaning or logic relation of other words, from which the author infers that there is no PNFS in English, and that PNFS is one of the important factors resulting in the syntax-semantics mismatch in the verb-complement construction in Chinese.

Key words: preposition-noun nominalization with formal similarity; conditions; syntax-semantics mismatch in the verb-object construction

15 形式与意义的范畴化
——兼评《评价语言——英语的评价系统》

提　要：本章旨在讨论马丁发展起来的评价理论,兼评他在2005年与怀特合著的《评价语言——英语的评价系统》。本文首先探讨了具有不同目标和研究范围的四种语言研究的基本思路,然后又简单比较了韩礼德的系统功能语言学和马丁的评价理论,用以表明两者之间在研究目标和范围上的区别。通过比较研究发现,韩礼德的系统功能语言学理论是全面的和多层次的,但它仍然受形式范畴化的影响,特别是相对于社会符号范畴化和意义范畴化而言。马丁的评价理论是语义的,所以对社会符号系统有比较全面的描述,但同时,它在形式范畴化方面还需要完善和发展。所以,评价理论今后的一个主要目标是完善与体现评价系统相关的形式范畴化。

关键词：范畴化;评价系统;形式;意义

Formal and Semantic Categorizations
— Reviewing *The Language of Evaluation: Appraisal in English*

Abstract: The present chapter aims to discuss Martin's appraisal theory and at the same time review his new book *the Language of Evaluation: Appraisal in English* in collaboration with White in 2005. It first introduces four basic linguistic research approaches with different aims and scopes, and then briefly compares Halliday's systemic functional linguistics with Martin's appraisal theory to show the differences in the aims of the linguistic research in their theories. Through this comparative study, we can find that Halliday's systemic functional linguistics is comprehensive and multi-leveled, but it is also restricted by formal categorization, especially when it is viewed in terms of social-semiotic categorization and semantic categorization. Martin's appraisal theory is semantic, and so gives the social semiotic aspects a more comprehensive and systematic coverage, but it still needs perfection and further development in the relevant formal categorization. So one of the main tasks of the appraisal theory is to perfect the relevant formal categorization that realizes the appraisal system.

Key words: categorization; the appraisal; form; meaning

16 加的夫语法述评①

摘 要：本章重点对加的夫语法进行介绍和评论，首先简单论述了加的夫语法的产生与发展，接着对加的夫语法理论的重点方面进行了介绍，包括该理论的基本思想、基本模式和体现福西特提出的八大功能的基本语法模式；第三，提出了加的夫语法的五个特点：（1）形式和意义的双向性；（2）互动性与认知性的统一；（3）一体化的句法结构；（4）不同类型的意义由句法结构中的不同成分体现；（5）语义系统是在语言可及的范围内。最后，根据加的夫语法与韩礼德的系统功能语法的关系对它的作用和地位进行了简单评论，认为它是系统功能语言学内部的一个语法模式，与韩礼德的系统功能语法基本上是互补的，对于系统功能语言学的发展将起到促进作用。

关键词：加的夫语法；系统功能语法；形式；意义

---

① 感谢当代语言学顾曰国主编和编辑老师对本文提出的宝贵意见；感谢李君同学在资料的收集和整理方面做的基础工作。

A Survey of Cardiff Grammar

Abstract: The present chapter mainly introduces and comments on the Cardiff Grammar. First, it briefly shows the origin and development of Cardiff Grammar. Then it introduces the major aspects of the Cardiff Grammar, including its basic ideological stance, basic model and the basic grammatical patterns of the Cardiff Grammar from the perspective of how the eight meanings are realized in grammar. Thirdly, it presents five characteristics of Cardiff Grammar: (1) the bidirectionality of form and meaning; (2) the unification of cognition and interaction; (3) the unified syntactic structure, (4) the realization of the different types of meanings by different elements of the syntactic structure, and (5) the semantic system being within the boundaries of the linguistic system. Finally, it gives a brief comment on the status and role of Cardiff Grammar according to its relationship with Halliday's systemic functional grammar. It considers the Cardiff Grammar to be a grammatical model within systemic functional linguistics, complementary with Halliday's systemic functional grammar, and can promote the further development of systemic functional linguistics.

Key Words: Cardiff Grammar; systemic functional grammar; form; meaning

17

系统功能语言学的句法研究

摘 要：多年来，系统功能语法发展了两种模式：韩礼德的系统功能语法和福西特的加的夫语法。本章旨在通过研究者两种模式的关系，理清系统功能语言学的句法研究问题。本章介绍了系统功能语法的两种模式，探讨了这两种模式中的形式、功能和意义并讨论了它们之间的关系。研究发现：功能概念是一个关系概念，可以指形式和意义的关系，也可以指语言形式与情景语境和社会文化的关系。韩礼德的系统功能语法和福西特的加的夫语法的区别主要表现在功能所代表的不同关系上。

关键词：句法；系统概念语法；加的夫语法

Syntax in Systemic Functional Linguistics

Abstract: Over the years, there have been developed two models of systemic functional grammar: Halliday's systemic functional grammar and Fawcett's Cardiff Grammar. The present chapter is intended to study the relationship between them, so as to give a clearer picture of the syntactic study in this theory. The author first presents the two models of systemic functional grammar, and then studies form, function and meaning in relation to the two models, and finally discusses the relationship between them. The author has found that the concept of function is considered a relational concept; which may mean the relation between form and meaning and the relation between the form of language and its situational and sociocultural context. The difference between Halliday's systemic functional grammar and Fawcett's Cardiff Grammar mainly lies in the difference relations that function represents in their models of grammar.

Key Words: syntax; systemic functional grammar; Cardiff Grammar

18 论英语反意问句中附加问句与主句的可分离性

摘　要：本章从人际功能的角度探讨英语祈使句的限定成分，聚焦反意问句中主句与其附加问句的可分离性特点。从英语祈使句的限定成分在否定和强调形式中总是"do"的现象中得出祈使句的限定成分为"do"的一般现在时形式，强调施加影响的现时性；从祈使句的附加问句的限定成分为"shall/will"，陈述句的附加问句的限定成分和主句的可以不同，以及它们可以有不同的语气成分等现象中可见，反意问句的主句的语气成分与其附加问句的语气成分可以是分离的。本章同时也对英汉反意问句系统进行了比较。

关键字: 人际功能;限定成分;反意问句;附加问句;语气

On the Detachability of Tags from the Main Clause in Tag Questions in English

Abstract: The present chapter is intended to study finite in imperatives and the detachability of tags from their main clauses in tag questions in English from the perspective of interpersonal meta-function, and concludes that, in English, the finite element in imperatives is the auxiliary "do" which emphasizes the immediate nature of action on the basis of the fact that the finite element of imperatives is always the auxiliary 'do' when they are emphatic or negative. From the fact that the finite element of the tag questions of imperatives is *shall/will*, the finite of the main clauses and that of their tags can be different from each other and they may have different mood elements, we can find that the main clause and the tag can be detached from each other in mood elements in tag questions. The author also compares the system of tag questions in English with that in Chinese.

Key words: interpersonal meta-function, finite, tag question, tag, mood

19 汉语语气系统的特点

提 要: 韩礼德说,(语言学)"分析中用的范畴有两类:理论范畴和描述范畴……。理论范畴,从本质上讲,是适用于所有语言的……,但描述范畴原则上讲,是适用于某个语言的。"语气和情态是理论范畴,是从语言在人类交际中的基本功能发展而来。从这个角度讲,它们是普遍特征,适合于所有的语言。但它们的体现在不同的语言中是不同的。体现语气和情态的范畴是描述范畴。它们除了可以联合起来体现语气和情态以外,也是由语言的运作机制和基本的文化环境来决定的。本文旨在探索汉语语气中的描述范畴的特点,以发现语言作为符号系统的真实运作过程。

鉴于汉语是一个典型的分析性语言,没有标识性、数、格、时态等语言范畴的标记,汉语研究中还存在一些争议。其中之一就是汉语中是否有主语这个功能成分,其二是哪些特征决定汉语的语气;第三是语气在汉语中是怎样体现的。本文的相关研究问题包括:(1)汉语的语气和英语的语气是否相同?(2)汉语的主语与英语的主语是相同的概念吗?(3)汉语中是否有限定成分?(4)汉语语气的特点是什么?(5)哪些因素是必要的,哪些是可选的?通过探究汉语语气系统和比较汉语语气系统和英语语气系统的异同,研究发现了许多新的特征。

关键词:语气;情态;主语;谓语

Some Characteristics of Chinese Mood System

Abstract: Halliday says: "The categories used in the analysis are of two kinds: theoretical and descriptive.... The theoretical categories, by definition, are general to all languages; they have evolved in the construction of a general linguistic theory.... Descriptive categories are in principle language specific; they have evolved in the description of particular languages." Mood and Modality are theoretical categories, developed from the fundamental functions of language in human communication. So in this sense, they are universal categories, common to all languages. But how they are realized will vary from language to language. The categories that realize Mood and Modality systems are descriptive categories. Apart from their joint effect of realizing Mood and Modality, the specific categories are determined by the basic working principles of language and the basic cultural environment. So the present chapter is intended to explore the special characteristics of the descriptive categories of Chinese Mood in order to know how language really operates as a semiotic system.

Since there are no overt formal markers for the grammatical categories such as number, gender, case and tense in Chinese as Chinese is a typical analytic language, there remain a lot of controversies in the study of Chinese. One of these controversies is whether there is the grammatical function of subject in Chinese or not, the other is what are the major factors that determine Chinese Mood, and the third is how Mood is realized in Chinese.

The related research questions can be framed as: (1) Is Mood in Chinese the same as that in English? (2) Is Chinese Subject the same concept as that in English? (3) Is there Finite in Chinese? (4) What are the characteristics of Chinese mood system? (5) What factors are obligatory and what are optional?

Key Words: Mood; Modality; Subject; predicate

20 语篇结构的多层次性及其与小句的关系

提　要：本章主要研究语篇结构的多层次性与小句的功能的关系。韩茹凯提出了一个强有力的语篇分析模式,称为"语类结构潜势"。此模式既可以用以分析语篇,又可用以生成语篇。但这一分析模式把语篇分析与语法分析割裂开来,使两种分析模式无法有机地结合起来。本章引入范戴克的宏观结构理论,赋予语篇结构多层次性,将语篇结构分析与小句的功能结构分析联系起来,从而解决了韩茹凯的语篇分析无法与语法分析联系起来的问题。

关键词：语篇；多层次；宏观结构；功能

Multi-Level Nature of Text Structure and Its Relationship with the Clause

Abstract: The present chapter is intended to investigate the types of text structure and their relations. Mono-structuralists and multi-structuralists are hereby differentiated in which SFL is believed to favor the latter. The article proposes three types of text structures: holistic (generic), relational (logico-semantic, or topical) and exchange (dialogic, or negotiative), taking the holistic structure as the main object of study, which is then organized by relational structure and regulated by the exchange structure. It explores the hierarchical nature of text structure, and stratifies it into macro-structure, meso-structure and micro-structure. At last, it studies how text structure is realized in lexicogrammar, and has found seven lexicogrammatical features in realizing the text structure. The present study is mainly aimed at investigating the different types of text structure in a more detailed and precise way, and discussing how text structures at different ranks are realized in lexicogrammar.

Key words: text structure, lexicogrammar, realization

21
韩礼德功能文体学理论述评

摘 要：本章对韩礼德的功能文体学理论进行简略的介绍和评论,包括若干要点：(1)"功能"在功能文体学理论中主要起把突出的语言形式与情景语境,在文学作品中与作者的整体意义,联系起来的作用,它表示部分在整体中起突出作用,下层与上层相互关联;突出与前景化是不同的两个概念：前景化是有动因的突出,即对文体有意义的突出。(2)突出既可以看作性质上突出,也可以看作数量上的突出;既可以看作对常规的获取,又可以看作对常规的偏离,但韩礼德倾向于把突出看作获取常规和数量上的突出。(3)情景语境,在文学作品中作者的整体意义,是使突出特征前景化的动因,功能是连接两者的中介因素。(4)认为韩礼德的功能文体学理论对文体学起码有五项贡献,但还存在两项需作进一步澄清的问题。

关键词：功能；突出；前景化；相关性

Review of Halliday's Functional Linguistic Theory

Abstract: The present chapter gives a short introduction to and makes a brief comment on Halliday's functional stylistic theory. It mainly includes the following points: 1) Function* in the theory of functional stylistics mainly plays the role of relating the prominent linguistic form to the context of situation, or in literary works, to the writer's total meaning, which means that the part plays a role in the whole and the lower level is relevant to the higher level; prominence and foregrounding are two different concepts:

foregrounding is motivated prominence, i.e., prominence significant to style. 2) Prominence can be seen as qualitative or quantitative; as the attainment of a norm or departure from a norm. Halliday tends to view it as quantitative and the attainment of a norm. 3) The context of situation, or in literary works the writer's total meaning, is the motivation for prominent features to be motivated, and function is the medium of the two. 4) It argues that Halliday's functional stylistics makes at least five contributions to stylistics, and there still exist two issues that need to be further clarified.

Key words: function; prominence; foregrounding; relevance.

22
多模态功能文体学理论框架探索

摘 要：图像意义和文字意义的分配是关键因素：两者可能地位同等,相互补充,可以一方依附于另一方,还可以一方对另一方进行强化,或一方包含另一方,对另一方进行详述、扩展和提升等。其中的任何意义特征都可以成为突出特征。这些突出特征如果与情景语境和交际目的相关就成为文体特征。

关键词：功能文体学；多模态；话语；文体

On the Theoretical Framework of Multimodal Functional Stylistics

Abstract: In this chapter the distribution of the meaning realized by image and that by words is a crucial factor: the two may be equal in status, complementing each other, or one depending on the other, or one reinforcing the other, or one embodying the other, elaborating, extending or enhancing the other. Among these, any kind of meaning can become prominent features, and if these features are relevant to the context of situation or the communicative purpose, they will become stylistic features.

Key words: functional stylistics; multimodality; discourse; style

第三部分 功能教学研究
PART THREE PEDAGOGICAL RESEARCH FROM
A FUNCTIONAL PERSPECTIVE

23
系统功能语言学在外语教学中的应用

摘 要：本章以笔者与苗兴伟、李学宁的《功能语言学与外语教学》一书为基础，在简单总结了韩礼德及其追随者在这方面的研究成果的前提下，探讨了系统功能语言学可以在外语教学中应用的主要方面。首先，系统功能语言学可以用以设计教学目标，在此，系统功能语言学的发展学生的意义潜势的理论对教学目标的设计具有宏观指导作用；第二，它可以用以设计教学大纲，为语言教学提供一个交际模式；第三，它可以用以指导语法教学，使学生学习语法与用语言进行交际联系起来；第四，它可以用以指导语篇教学，为语篇教学提供了新的教学模式；第五，它可以用以指导听说教学，使学生把听和说的语言与交际目标和交流的意义结合起来；第六，它可以用以指导读、写教学，为阅读和写作以及阅读写作一起提供了教学的模式；最后，还可以用以指导语言测试，可从测试设计和测试分析两个角度为教学测试提供理论框架。

关键词：系统功能语言学；外语教学；韩礼德

The Application of Systemic Functional Linguistics to Foreign Language Teaching

Abstract: The present chapter investigates the major aspects of foreign language teaching to which systemic functional linguistics can be applied on the basis of the book "Functional Linguistics and Foreign Language Teaching" by the present author, Miao Xingwei and Li Xuening and after a brief summary of the research achievements by Halliday and his colleagues and followers. Firstly, the theory of systemic functional linguistics on developing the learners' meaning potential in language learning provides guidance for the design of teaching goals and objectives for foreign language teaching as it specifies the most convincing and final teaching goals for language learning and teaching. Secondly, it can help develop a new communicative curriculum for foreign language teaching as it can provide language teaching with a new interactive model. Thirdly, it can provide guidance for teaching grammar as it can make the teaching of grammar closely related to communication. Fourthly, it can be applied to the teaching of text as it can provide a new model for text analysis and interpretation. Fifthly, it can help develop a model of teaching oral English and listening comprehension, guiding the students to relate the language in listening and speaking to the communicative goals and the meaning exchanged. Sixthly, it can help develop a new model of teaching reading and writing. Finally, it can also be used to develop language testing, and provide theoretical frameworks for test design and test analysis.

Key Words: systemic functional linguistics; foreign language teaching; M.A.K. Halliday

24 韩礼德功能语言教学思想探索

摘　要：本章探讨韩礼德的语言教学思想和对语言教学的论述，主要包括以下几个方面：应用语言学不是一个学科，而是一个主题；语言学对语言教学的作用是提供描述；语言教学的最佳过程是使语言语境化的过程；语言教学的主要目标是发展学生的"意义潜势"；机构语言学对语言的描述更接近语言教学的目标，特别是外语教学的目标；儿童语言发展理论对语言教学很有启发；比较语言学中比较的语言方面主要是语法和语音等。但韩礼德自己对系统功能语言学在外语教学中应用研究不多，特别是没有研究具体的把系统功能语言学用于语言教学的教学方法。但其理论在语言教学中激发了许多新的教学方法。

主题词：语言教学；功能语言学；系统语言学；机构语言学

Reflections on Halliday's Theory of Language Teaching

Abstract: The present chapter is intended to study Halliday's theory and ideas on language teaching. It mainly includes the following major points: applied linguistics is not a discipline, but a theme; the role of linguistics in language teaching is to provide description; the optimal process of language teaching is that of contextualizing the language; the main goal of language teaching is to develop the student's "meaning potential"; the description provided by institutional linguistics is close to the goal of language teaching, especially foreign language teaching; child language development provides insight for language teaching; the aspects for comparison in language are grammar and phonology, etc. However, Halliday himself has done little practical research in applying the systemic functional linguistic theory to foreign language teaching, also he has not developed any practical methods for language teaching on the basis of systemic functional linguistics, but his theory has inspired many new teaching approaches and methods.

Key words: language teaching; functional linguistics; systemic linguistics; institutional linguistics.

25 功能语言学的语言教学研究成果概观

摘 要：本章主要探讨系统功能语言学的研究者和应用者,以及一些应用语言学家和语言教学研究者运用系统功能语言学理论在语言教学,特别是外语教学的诸多方面取得的成果。这些成果包括在利用系统功能语言学的系统观和功能观的基础上发展起来的长盛不衰的交际教学法;在韩礼德阶与范畴语法和系统功能语法的影响下发展起来的专门用途英语教学;在韩礼德等文化语境和情景语境理论的基础上发展起来的文化教学法;在韩礼德等的体裁理论的基础上发展起来的以体裁和语域为基础的写作教学法;在系统功能语言学理论基础上发展起来的主题协商教学大纲等。作者认为,现在已经到了对系统功能语言学在语言教学中的作用进行全面系统研究的阶段。

关键词：功能语言学；语言教学；成果

A General Survey of the Achievements Made by the Application of Functional Linguistics to Language Teaching

Abstract: The present chapter mainly investigates the achievements in the various aspects of language teaching, especially foreign language teaching by the application of the theory of systemic functional linguistics developed by Halliday, his followers, cooperators, applied linguists and scholars in language teaching research. These achievements include the prevalent communicative approach developed with the theories of system and function in systemic functional linguistics as one of its bases, the influential theory of language for specific purposes developed on the basis of Halliday's scale and category grammar and systemic functional grammar, the cultural approach developed on the basis of Halliday's theory of context of culture and context of situation, the method of teaching writing on the basis of the genre theories of Halliday and others, and the topic-interactional syllabus developed on the basis of systemic functional linguistic theory. Now it is high time to carry out comprehensive and systematic research on the role of systemic functional linguistics in language teaching.

Key words: functional linguistics; language teaching; achievements

26 语言教学目标系统及应用

摘 要：本章主要以麦尔罗斯的根据系统功能语言学建立起来的主题交流教学大纲中所列举的影响语言教学的主要因素为基础，构建出一个语言教学目标的系统网络，并提出了在具体教学中在这个网络中进行选择的基本方法和原则;同时,提出了一般性目标、特殊目标、阶段性目标和具体目标的四个层次的教学目标,并论述了它们之间的关系。

主题词: 教学目标;意义潜势;系统网络

The System of Language Teaching Objectives and Its Use

Abstract: The present chapter proposes a system network of language teaching objectives on the basis of the major factors that affect language teaching in Melrose's topic interactional syllabus constructed on the basis of systemic functional linguistics, and suggests the methods and principles for making choices from the system network. At the same time, it also proposes four levels of teaching objectives: general objectives, special objectives, stage objectives and specific objectives and expounds their relations.

Key words: teaching objectives; meaning potential; system network

27 语境理论与视听教学

摘　要: 本章主要探讨语境对于视听教学和多媒体教学方法的影响。语境是语篇产生的环境,而语篇是视听教学的基本单位。所以不同的语境因素为语篇教学提供了使用不同教学方法的条件,特别是为用多媒体教学提供了新的视角,为使用新的教学方法开辟了新渠道。从互文语境的角度讲,它为复习以及复习的方法提供了依据;从现场语境和文化语境的角度,它为在教学中哪些语篇需要非语言因素和文化因素来辅助教学,哪些不十分需要提供了依据;从上下文语境的角度,它为我们把学习项目与它在语篇结构中的作用结合起来提供了依据;从交流语境的角度,它为使用不同的交际教学方法,如角色扮演、变换语境、任务教学法等提供了依据。

关键词: 语境;多媒体;教学方法;情景语境;文化语境

The Theory of Context and Audio-Visual Teaching

Abstract: The present chapter is mainly intended to investigate the effect of context on audio-visual and multi-media teaching. Context is the environment of text, and text is the basic unit of audio-visual teaching. So the different contextual factors provide conditions for different teaching methods, especially they provide new perspectives for multi-media teaching and new channels for new methodology. From the point of view of intertextual context, it provides rationale for revision and methods of revision; in terms of immediate situation and cultural context, it throws light on when cultural and non-linguistic factors should be introduced as supplementary factors for teaching, and when not or when it is not quite necessary; in terms of linguistic context, it provides rationale for relating the items to be learned to their roles in text structure; and finally, in terms of interactional context, it sheds light on the use of the different communicative methods, such as role play, context shift, task-based methods, etc.

Key words: context; multi-media; teaching methodology; context of situation; context of culture

28 系统功能语言学对机助外语教学的启示

摘　要：计算机辅助外语教学为外语教学开辟了新的天地，而系统功能语言学可以为计算机辅助外语教学提供新的视角和理论基础。计算机辅助外语教学具有多维性、集成性、交互性和角色转换性等特点；新的外语教学手段使外语教学发生了新的变化，包括信息量的暴涨、学习的个性化、语言材料的形象化和真实化、学习环境的多元化、提供大量背景、为学生提供直接参与交际的机会等。从系统功能语言学的角度讲，在诸多涉及外语教学的因素中，计算机辅助外语教学主要在情景和语音文字两个层次上提供新的有利条件。根据系统功能语言学，外语教学的目的是发展学生的"意义潜势",通过语言在社会交际中的功能来学习语言,发展意义潜势。

关键词:计算机辅助教学;语境;多媒体;实体;系统;功能

Systemic Functional linguistics and CAI in Foreign Languages

Abstract: The present chapter investigates how systemic functional linguistics can be applied to CAI in foreign languages, and provides it with a new theory and a new point of reference. From the point of view of systemic functional linguistics, within the factors concerned with foreign language teaching, CAI mainly provides foreign language teaching with new favorable conditions at the levels of context and sound and writing. According to systemic functional linguistics, the aim of foreign language teaching is to develop the "meaning potential" of the students through the functions of language in social communications. More specifically, it is to display fully the merits of the facilities of CAI in foreign languages, and stick to some basic principles which make full use of CAI in language teaching to improve the efficiency and quality of foreign language teaching.

Key words: CAI; Context; Multimedia; Substance; System; Function

29

多模态话语理论与媒体技术在外语教学中的应用

摘 要:本章重点探讨用系统功能语言学理论为多模态话语分析和研究提供理论框架,并根据这个框架为现代媒体技术条件下的外语教学实践提供选择有效教学过程和实践的指导。在现代技术条件下,在多模态话语交际框架下,对模态的选择可以从三个角度进行:(1)为外语教学提供教学情景和便利条件;(2)为外语教学提供辅助条件;(3)为多模态话语交际提供多通道话语意义表达方式,提高教学效率。对于一定的话语以什么模态和媒体表达最为有效,是需要进一步认真研究的课题。
关键词:多模态话语;多媒体;现代媒体技术;选择

The Application of Multimodal Discourse Theory and Media Technology in Foreign Language Teaching

Abstract: In the present chapter, we mainly try to develop a theoretical framework for multimodal discourse analysis and research with the theory of systemic functional linguistics, and provide guidance for the choice of effective procedures and practice in foreign language teaching under the condition of modern media technology. In this case, the choice of modes and media in a multimodal discourse communication in a foreign language teaching setting can be made from the following three perspectives: 1) it should be able to provide new teaching environments and facile conditions; 2) it should be able to provide supplementary or enabling conditions; 3) it should be able to provide multi2channels formeaning2making in a multimodal discourse communication, and enhance teaching efficiency. As for what type of discourse can be best presented with what type of modes or media, it remains a topic for further research.

Key words: multimodal discourse; multi-media; modern media technology; choice

30 多模态学习能力培养模式探索

摘 要:本章在已有研究的基础上发展多元读写能力的学习和教学模式,首先通过新伦敦小组的设计理论探讨了多模态选择的资源、过程和结果,建立了多元读写的理论框架,并在此基础上,探讨了多元读写能力培养的学习模式以及学习内容,最后建立了一个多元读写能力的教学培养框架
关键词:多元读写能力;多模态;设计;外语教学;新伦敦小组

A Model for Developing Multiliteracies

Abstract: The present chapter explores learning and teaching models for developing multiliteracies on the basis of previous studies on this aspect. It first studies the resources, process and result of multimodal selection from the perspective of the design theory by the New London Group, sets up a theoretical framework for multiliteracies, and on the basis of this theory, it investigates the learning model and content, and finally establishes a teaching model for developing multiliteracies.

Key Words: multiliteracies; multimodality; design

31

论设计学习
——多元读写能力培养模式探索

摘 要：现代科技和多模态话语分析理论的发展召唤新的教学和学习方式，设计学习应运而生。目前这方面的研究仍缺乏系统性、综合性和完整性。笔者把整个学习过程置入"已有设计—设计过程—再设计"的框架中，构建了设计学习的理论框架。在设计过程中，文化语境和情景语境是制约意义选择的语境因素，学习方式是学生具体实施设计过程的措施，媒体和模态是用以实现意义的表达形式，学习过程形成一个循环模式，意义是学习转换的对象，多元能力是学习的结果。转换的意义和能力又通过"学习者路径"转化为已有设计，进行下一轮的设计学习。

关键词：设计学习；多元读写能力；多模态话语分析；模态；媒体

On Learning by Design
— Developing multiliteracies

Abstract: The development of modern technology and multimodal discourse analysis call for new ways of teaching and learning, hence the theory of learning by design. So far, many scholars in this field have carried out intensive research from different perspectives in this area, but broadly speaking, they are not systematic, comprehensive and synthetic. We put the whole learning process into the "available design-designing-redesigned" framework, and developed the theoretical framework of learning by design. In designing, context of culture and context of situation are brought in to control the choice of meaning, learning method is the practical measures for implementing the theory, media and modes are the form and expression for realizing the meaning, learning process forms a recursive pattern, meaning is the object of transformation in the learning process, and the multiliteracies are the outcome of the learning process. The transformed meaning and multiliteracies become available design again through the learner's path.

Key Words: learning by design; multiliteracies; multimodal discourse analysis, modality, media

32

外语多元读写能力培养教学设计研究
——以学生口头报告设计为例

摘　要：本章根据卡兰齐斯和科普"设计学习"理论的知识过程和新伦敦小组的"设计模态"理论，提出了英语课堂的多元读写能力培养框架，并通过在教学中让小组学生合作学习，做口头报告，然后分析学生设计多模态语篇和多元读写能力的学习过程，来展示该培养框架的应用价值。对英语课堂教学中口头报告个案研究将会对探索在日常课堂教学活动中培养学生多元读写能力有重要意义。

关键词：多元读写能力；教学设计；口头报告

Pedagogical Design on Developing Students' Multiliteracies in FL Learning
— A case study of students' classroom oral presentation

Abstract: The present chapter, based on the knowledge processes in the theory of *Learning by Design* put forward by Kalantzis and Cope (2005) and the *Designing Modes* provided by the New London Group (1996), proposes a theoretical framework of developing students' multiliteracies in the English classroom. It examines the application value of the framework through the students' oral presentation in their cooperative learning process and analyses how the students design and produce multimodal texts and how they develop multiliteracies. A case study of students' classroom oral presentation will highlight the significance of exploring students' multiliteracies in everyday classroom teaching.

Key Words: multiliteracies; teaching design; oral presentation